OVNIS
Attention danger !

ISBN : 2-912507-93-6
Illustration de couverture *Sentinel news*, avec nos remerciements.

JMG éditions
8, rue de la mare
80290 Agnières
tel. 03 22 90 11 03
fax. 03 22 90 17 28
email : jmg-editions@wanadoo.fr

Bernard Bidault

OVNIS
Attention danger !

Remerciements

En 1954, Jimmy Guieu a lancé un pavé dans la mare en écrivant *Les Soucoupes volantes viennent d'un autre monde* (éditions fleuve noir). Il était le premier à écrire en France sur le sujet. Il fut donc celui par qui le scandale arriva. Il nous expliquait, que non seulement les soucoupes volantes (baptisées depuis OVNI : Objet Volant Non Identifié) existaient réellement et qu'en plus, venant du cosmos, elles étaient d'origine extraterrestre.

Cela remettait en cause le regard de l'homme sur son passé, sur son devenir, mais aussi sur les dogmes des différentes églises. La notion démiurgique de création, les notions de cosmogonie et de cosmologie, et pourquoi pas toutes nos notions de physique moderne, n'allaient-elles pas être bouleversées par cette affirmation de Jimmy Guieu ?

Il me fit découvrir, comme à d'autres, qu'il n'y avait pas que la vie temporelle et que, sans s'en rendre compte, l'homme baignait entouré d'une multitude de mystères et de vérités cachées issues de vortex invisibles et inimaginables à l'esprit humain.

Heureusement, il fut très vite, rejoint dans sa quête par des chercheurs qui furent pour beaucoup ses amis et qui nous laissèrent des récits passionnants. Citons entre autres Robert Charroux, Guy Tarade, Jean Sider, Jacques Bergier, Jean Sendy...

Grâce à son livre, je devins un "cherchant" dans le domaine des ovnis. Un ufologue parmi d'autres, jusqu'en 1971 où je devins membre du G.E.P.A. (Groupement pour l'Étude des Phénomènes Aériens et des objets célestes insolites) ce qui me permit de découvrir des hommes exceptionnels comme le Général Chassin, René Fouéré et le grand savant, le professeur René Hardy, disparu "bizarrement" le 12 juin 1972.

Plus tard, le hasard, même si je ne crois pas trop à cette notion, me fit rencontrer Jimmy Guieu ainsi que son épouse Lucia, auquel des liens d'amitié fraternelle m'attachèrent.

La dernière fois qu'il vint passer quelques jours chez moi, près de Bordeaux, en septembre 1999, il était terriblement affaibli par la maladie. Pendant des heures, je l'ai questionné, je l'ai écouté, je sentais qu'il avait plaisir à me faire la synthèse de sa vie de chercheur. C'était sa dernière interview ! Cet homme, qui pendant des décennies avait parcouru le monde, rencontré une multitude de gens célèbres et d'anonymes pour essayer de percer le mystère du phénomène ovni nous a quittés peu de temps après, le dernier jour du millénaire. S'il me voit de l'Orient éternel où il est parti, il constatera que j'ai écrit ce livre, comme il me l'avait demandé, en témoignage de ma sincère amitié. Merci à lui.

Merci aussi à mon ami Jean-Claude Pantel, qui est, à mon avis, sans qu'il en ait pleinement conscience, le plus grand contacté d'Europe, et cela depuis trente ans. Il était aussi l'ami de Jimmy Guieu qui l'a fait connaître au public grâce à un film vidéo et des interviews radio.

Depuis trente ans, Jean-Claude vit dans ce que je suis obligé d'appeler, pour faire comme tout le monde : le "Paranormal", poussé à un point inimaginable.

Remerciements

J'ai vu les phénomènes incroyables et hors normes qui entourent Jean-Claude, provoqués par des entités invisibles qui le suivent partout, qui le font disparaître et réapparaître devant les yeux effarés des témoins, j'ai écouté les voix enregistrées des différentes entités qui s'adressent à lui. J'ai vu et lu leurs "messages" arrivant sur ordinateur, sur écran télé ou par téléphone. Après moult réflexions et analyses des aventures de Jean-Claude Pantel, j'en suis arrivé à croire que les "Intelligences" qui provoquent les phénomènes paranormaux et celles qui sont à la source du phénomène ovni viennent peut-être du même vortex ou d'autres dimensions qui nous sont, pour le moment, inaccessibles.

Il y a beaucoup trop de rapprochements entre les constatations que nous faisons lorsque nous côtoyons le paranormal et le phénomène ovni pour ne pas penser que ces phénomènes ont, sinon la même source dimensionnelle, du moins des points de connection évidents.

Dans quel but ? Telle est la grande question !

Il est bien sûr beaucoup plus facile, pour un esprit rationaliste, de ne pas se poser de questions, ou de tout rejeter bêtement sans essayer de comprendre le sens des choses.

Quant à moi, si je n'étais pas au contact de Jean-Claude, de sa gentillesse, de son érudition acquise avec le temps au contact de ses "amis de l'Espace Temps", jamais je n'aurai eu l'idée de lier le paranormal et les ovnis, ce qui risque de surprendre même mes amis ufulogues.

Merci donc à mes nombreux amis qui ne m'ont jamais pris pour un farfelu.

Merci à tous ceux qui m'ont téléphoné, écrit ou sont venus me voir après les interviews données au journal *Sud-ouest,* et après mon passage dans l'émission de télévision *Y a pas photo*, sur TF1, en mai 2000.

Merci enfin à Marie-Hellen, mon épouse, qui accepte avec patience et philosophie de vivre au contact de l'irrationnel, de la métaphysique et de l'ésotérisme, tous ces concepts souvent étrangers au commun des mortels.

J'espère que ce livre donnera envie à ses lecteurs de s'intéresser à tous les mystères qui nous entourent et qui ne mobilisent pas ou très peu les grands médias parce qu'ils ne font pas recette.

1.
ORIGINE DU PHÉNOMÈNE OVNI

Descartes (1596-1650), contrairement à ce qu'on pense communément, n'était pas un matérialiste convaincu. Dans certains milieux on considère même qu'il n'était pas "cartésien" ! Au contraire, son côté mystique lui fit écrire : « Je pense donc je suis ».

Cette phrase, d'une importance considérable, signifie que l'homme, en fait, ne peut être sûr que de sa propre réalité.

Partant de là, avec la bénédiction de Descartes, n'ayons pas peur d'aborder une réalité qui n'est pas la nôtre, car cela ne veut pas dire qu'elle n'est pas réelle mais qu'elle est "autre".

Si nous sautons quelques siècles et que nous abordons la physique quantique, nous nous apercevons que les notions de réalité et de non-réalité sont fluctuantes et qu'il est hasardeux d'affirmer que ce qui semble réel ou irréel à nos cinq sens l'est effectivement.

Ce qui me semble réel ne le sera pas obligatoirement pour certains lecteurs. C'est sans importance, le principal étant notre ressenti personnel.

De même que ce qui semble être ma vérité dans ce livre ne sera pas forcement la vôtre, je vous octroie bien entendu le droit de rejeter tout ou partie de mes écrits. Le propre d'une théorie, quel qu'en soit l'objet, est d'être un jour remplacée par une autre, ou simplement améliorée, c'est le seul moyen d'avancer dans la recherche.

Sachez simplement qu'il y a, derrière toutes les phrases et tous ces concepts que vous allez découvrir, quarante-cinq années de recherches diverses, d'expériences vécues, d'analyses et de contacts. Vous n'êtes pas obligé d'accepter mes théories ou mes conclusions, même si vous êtes un ufologue averti. Il ne s'agit que de mon expérience personnelle, et comme chacun sait, l'expérience des autres ne sert pas forcément à tracer sa propre voie.

Lorsque le producteur de TF1 m'a téléphoné pour participer à l'émission *Y'a pas photo* sur les extraterrestres, en me demandant de m'attacher surtout au terrible phénomène des enlèvements, j'ai développé mon savoir sur ce point précis, après avoir expliqué au producteur que j'allais tout faire pour ne pas effrayer les téléspectateurs. Mais la réalité étant ce qu'elle est, c'était un pari difficile, et certains passages n'ont pas été diffusés, peut-être à cause de diverses pressions...

Dans ce cas précis, quelques personnes seulement décident de ce que le téléspectateur peut voir et entendre. Pour un livre, ce travail incombe au lecteur et c'est beaucoup plus enrichissant, car il peut être informé même de ce qu'il n'accepte pas.

Qu'est ce que le phénomène ovni ?

Ceux qui s'occupent des ovnis sont appelés des ufologues, mot provenant de l'américain U.F.O. signifiant "Unidentified Flying Objects".

Quant au sigle français OVNI, il s'agit des initiales de "Objets Volants Non Identifiés".

Après de très nombreuses années de recherches dans ce domaine, je peux affirmer deux choses :

1. Aucun ufologue au monde, s'il est sérieux, ne peux prétendre détenir la vérité sur le phénomène ovni. Par contre, beaucoup de théories émises par différents ufologues de la planète peuvent contenir chacune un morceau de cette vérité.

2. Nous pouvons affirmer que la déroutante et incroyable réalité de ce phénomène mystérieux a une existence bien réelle dont se préoccupent tous les responsables militaires et civiles de la terre. En ce qui concerne la France, je recommande le rapport COMETA fait par les grands généraux de l'armée française, envoyé au Président de la République Jacques Chirac et au Premier ministre Lionel Jospin. Ce rapport a été divulgué dans le numéro spécial de V. S. D. de juin 1999.

Le temps où nous étions obligés de nous battre pour convaincre les gens de l'existence des ovnis est révolu. Bien sûr il existe, et il existera toujours, ceux qui, se prenant pour de grands esprits, nous expliqueront que tout ça est de la science fiction donc, sous-entendu, que les généraux les plus gradés de l'État Major militaire français sont des plaisantins. Que les pilotes d'avions, français et étrangers, ont des hallucinations lorsqu'ils sont escortés par ces engins inconnus, que les radars qui enregistrent au sol ce que voient les pilotes sont bons à mettre à la ferraille... etc.

Je préférerais qu'on dise "A.N.I." (Apparitions Non Identifiées) plutôt qu'ovni, mais cela compliquerait les choses car la majorité des gens, même parmi les chercheurs, en sont restés au mystère des objets non identifiés que l'on voit voler dans le ciel, or ce n'est pas toujours le cas !

En effet, des milliers de témoignages nous parlent d'êtres ou d'objets aperçus sur l'eau, dans l'eau, sortant de l'eau, sur terre ou sortant et entrant dans la terre.

Quand on parle du phénomène ovni, on est presque obligé de s'intéresser au paranormal car, avec le temps, on s'aperçoit que tous les mystères incompréhensibles pour l'homme sont reliés par des "passerelles".

Certains d'entre vous ne connaissent des ovnis que ce qu'ils ont lu de temps à autre dans les journaux ou les magazines. Certains pensent peut-être que ce phénomène est tellement extraordinaire qu'il ne peut relever que de la science fiction. Malheureusement il n'en est rien. Je dis malheureusement car il y a, dans le phénomène ovni, des éléments extrêmement inquiétants que vous découvrirez dans ce livre. C'est pourquoi, par moment, il serait préférable qu'il s'agisse d'hallucinations !

Je vous rappelerai une citation du grand savant français Camille Flammarion qui disait au XXe siècle : « L'observation positive, directe, scientifique, des phénomènes et leur interprétation normale nous ont conduits à penser qu'il y avait des êtres invisibles agissant dans notre atmosphère ». Camille Flammarion, reconnu dans le monde scientifique comme un des plus grands savants de tous les temps, était-il un farfelu ?

Quant à moi, je pense que lorsqu'un savant aussi génial et renommé affirmait ce genre de choses, c'est qu'il était sûr de son fait.

On peut aussi citer Chateaubriand qui écrivait dans le *Génie du Christianisme* : « C'est une méchante manière de raisonner que de rejeter ce qu'on ne peut pas comprendre. »

Comme ces grands hommes, n'écartons pas cette évidence : ce n'est pas parce que l'on refuse d'admettre quelque chose, ce n'est pas parce que quelque chose nous est incompréhensible, que ce quelque chose n'existe pas !

Origine du phénomène

Au cours de notre vie, nous sommes obligés d'accepter une multitude de préceptes tout simplement parce qu'ils ont été dictés par des spécialistes dans tel ou tel domaine. Il serait en effet absurde de tout remettre en cause parce que nous ne pouvons pas tout comprendre dans les domaines auxquels nous sommes confrontés chaque jour. Je donne souvent comme exemple l'air que nous respirons. Aucun de nos sens ne peut l'appréhender, donc ceux qui vous disent « ne croire que ce qu'ils voient » devraient nier l'existence de l'air... et refuser de respirer : C.Q.F.D.

Il en est de même pour le phénomène ovni. Il existe depuis la nuit des temps comme j'en apporterai la preuve et pourtant, peut être par peur de l'inconnu, il y a toujours des gens pour dire que les témoins, qu'ils soient pilotes d'avions, commandants de navires, astronomes, astronautes, forces de polices, généraux, savants ou simplement des millions d'anonymes, sont des illuminés.

Ces spécialistes en dénigrement systématique font parfois les malins dans les médias parce qu'ils sont connus du public comme journalistes, écrivains, conseillers scientifiques, mais surtout rationalistes indécrottables et complètement incultes dans le domaine des ovnis. Ils s'imaginent que leur notoriété leur donne le droit d'expliquer en deux ou trois phrases, pourquoi ce phénomène ne peut pas exister, au lieu de dire tout simplement qu'ils n'y croient pas ce qui, par esprit de tolérance, serait respectable.

Les Américains appellent ces détracteurs, des "Debunkers", nous avons gardé ce terme qui signifie : "qui démolit", "qui déboulonne".

Pendant des dizaines d'années, les debunkers ont été bien vus, et même encouragés par les gouvernements du monde à se produire dans les journaux, les radios, les télévisions. Pourquoi ?

Tout simplement parce qu'ils servaient de porte-parole aux responsables civils et militaires, qui préféraient tout nier par crainte de panique dans les populations. La célèbre émission d'Orson Welles du 30 octobre 1938, où il déclarait que les Martiens avaient débarqué, avec son cortège de suicides comme conséquence dramatique, est restée dans toutes les mémoires.

Je comprends personnellement l'angoisse des gouvernements planétaires devant un phénomène qu'ils ne maîtrisent pas. Ne pouvant pas garantir la sécurité de leurs concitoyens, ils ont préféré pratiquer la politique de l'autruche. Car les responsables savent autant de choses que nous, sinon plus en ce qui concerne les responsables américains, et tout dévoiler pourrait provoquer une panique incontrôlable.

C'est pourquoi dans tous les pays, les personnes travaillant pour l'état, beaucoup de scientifiques en particulier, devinrent des debunkers, plus souvent par nécessité que par conviction. Ce qui ne les empêche pas de nous fournir des renseignements utiles sous le sceau de l'anonymat.

La situation change depuis quelques années. Plusieurs responsables militaires ou scientifiques, qui ont approché le phénomène ovni durant leur carrière, prennent maintenant leur retraite, et certains n'hésitent pas à parler, surtout aux États-Unis.

Il y a aussi de nombreux films ou feuilletons télévisés, extrêmement populaires, qui ont sensibilisé les peuples de la Terre. Des scientifiques de renom aux USA n'hésitent plus à faire des conférences et à écrire sur le sujet des livres qui font des best-sellers.

En France, le plus surprenant, c'est la divulgation du rapport Cometa qui a réduit au silence tous les debunkers patentés. De grands hebdomadaires, comme *Match* ou *VSD,* traitent le sujet d'une façon beaucoup plus objective qu'auparavant. Même une revue comme *Science et vie*, parée de son auréole scientifique, après avoir ridiculisé les ufologues pendant des années, explique à ses lecteurs qu'il faut s'intéresser sérieusement au phénomène ovni. Il est difficile d'avoir raison trop tôt ! De nombreuses émissions de radios très intéressantes et très objectives traitent de ces sujets et de tout ce que l'homme ne comprend pas, en particulier sur Europe 1 tous les dimanches matin. Des émissions de télévisions, à leur tour, ont traité du sujet ovni avec des témoins sérieux et reconnus comme Pierre Beacq, le commandant d'aviation Jean Charles Duboc, dont le témoignage fut authentifié par les radars au sol, Jean acques. Velasco, qui dirige depuis vingt-cinq ans le SEPRA (Service d'Expertise des Phénomènes de Retombées Atmosphériques) dépendant du C.N.E.S. – donc service officiel – qui a déclaré devant les caméras : « On ne peut plus nier le phénomène ovni ».

Et puis, il ne faut pas oublier Internet et tous les sites consacrés aux ovnis qui donnent des informations difficilement censurables.

Après ces petites mises au point qui me paraissaient indispensables, il me semble que nous entrons dans une nouvelle ère où les faits seront plus facilement divulgués. Voici donc ce que j'ai appris en quarante-cinq ans de recherches.

Mes analyses et certaines de mes conclusions ne sont pas obligatoirement partagées par tous les ufologues. Ce n'est pas grave. Je le répète, la vérité sur l'intelligence qui se cache derrière ce que nous nommons "phénomène ovni" est certainement constitué par la compilation des analyses et conclusions de tous les chercheurs en ufologie… auquel il faudra ajouter dans le futur des découvertes que nous ne pouvons même pas imaginer aujourd'hui.

En attendant, acceptons de ne pas être tous d'accord sur nos analyses et sur la finalité de ce qu'il convient d'appeler "le plus grand mystère de tous les temps".

Il faut faire preuve de tolérance.

Vision moderne du phénomène ovni

L'épopée moderne du phénomène ovni commence en 1944 et non pas en 1947, comme il est dit et écrit régulièrement.

Je prends cette date de référence parce que c'est cette année-là que, pour la première fois au monde, un gouvernement, le gouvernement allemand, n'a pas hésité à créer un organisme officiel ayant pour mission de résoudre le problème des objets volants impossibles à identifier et qui perturbaient les pilotes de chasse.

Nous étions en 1944, la guerre, de plus en plus meurtrière, était à son apogée. Nous vivions dans la terreur de périr sous les bombardements, comme la plupart des civils en Europe nous passions nos nuits dans les abris. Pendant ce temps, dans les airs, les pilotes étaient souvent confrontés à des objets inconnus qui tournoyaient autour de leurs avions. Les pilotes de chasse en particulier envoyaient de plus en plus de rapports intrigants, dont le nombre finit par alerter sérieusement l'État Major Supérieur de l'armée de l'air allemande.

Une commission d'enquête fut nommée qui eut pour nom de code "opération URANUS". Elle comprenait des ingénieurs de l'aéronautique, des conseillers scientifiques et des officiers d'aviation.

Je rappelle que la guerre était à son paroxysme et que les militaires allemands savaient que la défaite était inéluctable. L'état major à Berlin n'avait pas envie de plaisanter et si cette commission Uranus fut constituée avec l'accord d'Hitler, c'est que les mystérieux objets volants qui virevoltaient autour des avions de chasse étaient pris très au sérieux. Ils ne pensaient pas que leurs pilotes étaient sujets à une hallucination collective.

Au départ, il faut bien reconnaître que l'état major allemand pensait qu'il pouvait s'agir d'une arme secrète américaine, mais le fait que ces mystérieux objets célestes semblaient s'amuser à tourner autour des avions, sans jamais les attaquer, était incompréhensible.

Ce qui est extraordinaire, c'est que les pilotes américains étaient bien entendu en présence du même phénomène et que leur état major, se demandait si Hitler, après les V1 et les V2, n'était pas en train d'essayer une arme secrète ?

Depuis quelques années nous savons que les pilotes russes, anglais, japonais et français ont été confrontés au même problème insoluble.

La guerre terminée, tous ces responsables militaires et politiques se sont aperçus qu'aucun État de la planète n'avait fabriqué ces objets volants inconnus, dont les performances et les formes aérodynamiques n'avaient rien à voir avec les avions de l'époque. Ils furent tellement effrayés qu'ils décidèrent de faire un "black-out" complet sur la question. Pas question de paniquer les populations déjà traumatisées par cinq années de guerre en avouant qu'ils ne connaissaient pas l'origine de ces engins. Il suffisait de tout nier en bloc et de s'en tenir à cette position. C'est l'attitude qui prévalut au cours des décennies suivantes.

Malheureusement pour eux, les mystérieux vaisseaux spatiaux se moquaient bien des diverses décisions gouvernementales et continuèrent à atterrir et à sillonner les différents cieux du globe, sous les yeux effarés de milliers, puis de centaines de milliers de témoins, beaucoup préférant se taire pour ne pas passer pour des fous.

Durant toutes ces années, les ufologues et les revues spécialisées amassèrent quantité de documents, passés souvent inaperçus, qu'il est bon aujourd'hui de porter à la connaissance des jeunes générations.

Les premiers rapports allemands

Voici par exemple les résumés de rapports d'observation pris dans les archives de l'aviation militaire allemande.

Le tout premier rapport émane de la base aérienne de Banak, en Norvège, base secrète de la plus haute importance pour l'armée.

Rapport adressé à la Luftwaffe à Berlin :

« – le 14 mars 1942 à 17h30, le poste de garde donne l'alerte, les soldats, bien entendu se précipitent à leurs postes de combat, les pilotes de chasse sautent dans leurs avions, les observateurs au sol, grâce à leurs jumelles, voient un engin de taille gigantesque, s'approchant silencieusement de la base. Le capitaine Fischer, ingénieur dans le civil, décolle sur un Messerschmitt 109 pour une mission d'interception dont il a l'habitude. Arrivé à 3 500 mètres d'altitude, il s'approche de l'engin, et donne par radio la description suivante : « C'est un énorme corps fuselé, sans ailes, sans aucune ouverture visible, sans inscription de reconnaissance, sa longueur est d'environ cent mètres, son diamètre d'environ quinze mètres. La "baleine aérienne" comme la baptise immédiatement le capitaine Fischer, ne bouge plus et reste en état stationnaire horizontal. Vu du sol, à la jumelle, le Messerschmitt ressemble à un moustique tournant autour d'un phoque. Brusquement la "baleine" monte verticalement dans le ciel à grande vitesse et disparaît !

Le pilote, il faut le rappeler, était un officier aguerri, d'une réputation au-dessus de tout soupçon, il est donc très intéressant de noter que, pour la première fois dans un rapport, on voit apparaître la remarque suivante : « Il ne pouvait s'agir d'un engin fabriqué de la main de l'homme. »

Ce rapport, contresigné par le commandant de la base, fut remis au Maréchal de l'air Herman Goering, qui en prit connaissance... et conclut... pour le côté officiel : « Que la solitude du grand Nord avait joué une sale farce à ses pilotes. » Or, Goering était lui-même un très bon pilote et il savait pertinemment que ceux de cette base secrète, parmi les meilleurs de l'aviation allemande, ne pouvaient retranscrire dans leurs rapports que la vérité, même si elle était stupéfiante.

En fait sans le savoir, Goering devint le premier débunker de l'histoire moderne des Ovnis.

Bien entendu les aliens (1) se moquaient éperdument de ce que pouvait dire ou penser un Maréchal de l'époque, comme ils se sont toujours moqués jusqu'à nos jours, de ce que pensent, disent ou écrivent les '' débunkers '' qui se sont succédés au fils des décennies...

Le 18 décembre 1943, les occupants des bases allemandes de Hambourg, Helgoland, Wittemberg, Neustrelitz virent passer au-dessus de leurs têtes un engin de forme cylindique, dont la vitesse fut calculée par les spécialistes présents comme dépassant les 3000 km/h , volant à 12000 mètres d'altitude et qui disparut beaucoup plus vite que sa vitesse initiale (2).

Le 12 février 1944, au centre d'essai de Kummersdorf, eut lieu le lancement d'une fusée expérimentale, en présence du gratin nazi, Goebbels, Himmler, ingénieurs et officiers supérieurs triés sur le volet. La caméra de poursuite enregistra le départ. Immédiatement après l'essai eut lieu le développement et le tirage du film, suivi d'une projection devant toutes les autorités

1. Terme générique qui désigne les êtres, humanoïdes ou non, que l'on a observés à proximité des ovnis.
2. Je rappelle qu'il faudra attendre plusieurs années pour dépasser le mur du son, c'est-à-dire la vitesse de 1191, 60 km à l'heure.

présentes. Stupéfaction ! Un corps sphérique que personne n'avait vu à l'œil nu sur l'aire de décollage, montait dans le ciel, en même temps que la fusée, et l'accompagnait en tournant autour d'elle comme ce fut le cas autour des avions de chasse.

Ce phénomène d'objets impressionnant la pellicule, alors que les observateurs au sol n'ont rien vu, se produit encore de nos jours. Des indiscrétions nous ont appris que des fusées américaines à Cap Kennedy, et des fusées françaises Ariane ont été ainsi accompagnées, sans qu'on s'en aperçoive à l'œil nu ou avec des jumelles.

Il ne faut pas s'étonner si l'opération Uranus fut mise sur pied. Surtout si l'on sait que, peu de temps après, les agents secrets de l'Amiral Canaris basés en Grande Bretagne, signalaient que des phénomènes aussi énigmatiques avaient lieu au-dessus des bases anglaises.

De nombreux rapports allemands existent, ainsi que de nombreuses photos et films, de ces vaisseaux spatiaux inconnus. Mais ces témoignages furent récupérés par les Américains et les Russes à la fin de la guerre, et bien entendu frappés du sigle : "Top Secret". Heureusement, dans la démocratie américaine, la majorité des informations, classées secrètes peuvent être consultées après trente ou cinquante ans... et non pas cent ans comme en France.

Mais il y a des secrets qui sont au-delà du "top secret" et, bien entendu nous n'en avons pas connaissance, ou alors il faut être très prudent, car ce genre d'informations, quand elles sortent, peuvent contenir une bonne dose de manipulation.

Certains documents "top secret" comportent des passages censurés. D'autres, adressés au Président des États-Unis, précisent en préambule que "Eyes only", c'est-à-dire qu'ils ne peuvent être que lus, même par le Président, mais en aucune façon reproduits.

Certains documents, même censurés, ont pu être consultés par les ufologues et nous savons que certaines pages, même cinquante ans après, sont toujours interdites de lecture.

Pourquoi un tel “Top Secret” planétaire, alors qu’aucun traité n’a été signé pour mettre en application cette loi du silence ? La réponse pourrait être la suivante : Depuis la fin de la seconde guerre mondiale, tous les Chefs d’état, qu’il s’agisse de démocrates, de dictateurs ou de rois sont réduits au silence. Parce que :

1. Ils craignent par-dessus tout que les populations s’affolent et deviennent incontrôlables si une vérité difficile, voire désagréable, était dévoilée.

2. S’ils dévoilaient certaines vérités, ils seraient obligés de reconnaître que les armes les plus sophistiquées, malgré les monstrueux budgets accordés à l’armement, ne peuvent rien contre la technologie des “aliens”. Les témoignages civils et militaires portant sur les rayons lumineux, les brouillards qui absorbent tout sur leur passage, les matérialisations, dématérialisations et rematérialisations instantanées, font que le prestige de ces responsables serait réduit à zéro et qu’ils perdraient tout crédit.

Alors la conspiration du silence continue. La majorité des responsables et des scientifiques de haut niveau se taisent depuis un demi-siècle, par crainte pour leur renommée ou leur situation.

Heureusement, des changements se font sentir grâce aux nouveaux modes de communication.

Inconsciemment peut-être, beaucoup sentent en abordant ce troisième millénaire, que les formes de pensée, basées sur l’anthropocentrisme, font partie d’une époque révolue. L’avenir, pour le regard de l'homme, est dans le cosmos, et l'existence d'extraterrestres fera de moins en moins peur aux habitants de notre "poussière d'étoile".

N'oublions pas que, depuis juillet 1969 et notre débarquement sur la lune, nous sommes en quelque sorte des extraterrestres. Notre atterrissage, ou "amarsage" sur Mars est déjà programmé et cela paraîtra naturel à nos descendants. Science fiction ? NON ! Pas plus que le phénomène ovni.

Kenneth Arnold lance les "soucoupes volantes"

En attendant, je vais vous conter ce qui se passa le 24 juin 1947 et qui fut pour beaucoup de chercheurs ufologues, dont moi-même, le début d'une recherche incessante. C'est l'histoire véridique d'un Américain dont l'aventure le fit entrer dans l'histoire.

Kenneth Arnold était propriétaire d'une entreprise à Boise, aux U. S. A. Il possédait un avion personnel et connaissait bien la région des Monts Cascade, dans l'état de Washington.

Ce 24 juin, il décolla pour une recherche en montagne, car, paraît-il, un avion C46 de la marine s'y était écrasé, ou du moins avait disparu quelque part dans les Monts Cascade. (Je reprends les témoignages de l'époque parus dans tous les journaux des États-Unis.)

L'après midi était ensoleillé, avec une très bonne visibilité, ce qui est très important pour la suite des événements. Kenneth survolait en décrivant de larges cercles la zone présumée de l'accident. Soudain, un éclair blanc/bleuté illumina tout le côté droit de sa cabine, puis un second éclair, puis encore d'autres. K. Arnold ne comprit pas : il n'y avait pas d'orage, aucun nuage, le ciel était bleu. Depuis le temps qu'il pilotait, il ne s'était jamais trouvé devant une telle situation.

Mais il n'avait pas le temps de beaucoup réfléchir. Il vit alors une formation de neuf objets scintillants d'un éclat métallique, volant au ras des sommets, à très grande vitesse.

K. Arnold savait bien sûr faire un calcul de vitesse par triangulation, et, stupéfait, il obtint 2 700 km/heure. Vitesse incroyable pour l'époque, puisque l'homme n'avait encore jamais franchi le mur du son.

Chaque objet, de forme discoïdale avait à peu près la taille d'un quadrimoteur C54. Arnold déclara qu'ils ressemblaient à des poêles à frire et se comportaient comme des soucoupes ricochant sur l'eau. Les journaux transformèrent sa déclaration en "soucoupes volantes". L'expression populaire était lancée !

Le dessous de ces engins était plat, avec semble-t-il une ouverture circulaire. Le dessous était plus bombé, d'après ce qu'Arnold put en juger.

La publicité médiatique faite autour de "l'incident Kenneth Arnold" provoqua une multitude de rapports transmis au siège de l'ATIC, organisme de renseignements américain de l'époque, auquel toutes les bases aériennes américaines devaient impérativement faire un rapport détaillé à propos des faits dépassant leurs compétences.

En haut lieu, on s'aperçut alors que de nombreux pilotes et techniciens en aéronautique avaient vu des choses surprenantes, extraordinaires et pour le moins incroyables. C'est la raison pour laquelle, le 23 septembre 1947, le directeur de l'ATIC fit à son tour un rapport au commandant suprême de l'U.S. Air Force, pour affirmer : les soucoupes volantes existent !

Il faut se rendre compte que pour les États-Unis, et en particulier pour les services de renseignements, la question d'une extrême importance qui se posa alors était la suivante : « Ces soucoupes volantes sont-elles d'origine soviétique ou... extraterrestre ? »

C'est pourquoi, dès le 30 décembre 1947, le secrétaire d'état à la défense, James Forrestal, signa un décret créant une commission spéciale d'étude sur les ovnis avec pour nom de code : "Project Sign".

La disparition du capitaine Mantell

James Forestal, tout comme beaucoup d'autres après avoir approché de telles énigmes, a disparu dans des circonstances restées encore aujourd'hui mystérieuses. Nous en reparlerons.

Le décret fut à peine signé qu'éclata un nouvel incident encore plus impressionnant que l'affaire Kenneth Arnold, qui allait passionner l'Amérique et le monde entier, et inquiéter fortement les autorités civiles et militaires. Il s'agissait de la disparition dramatique du capitaine Mantell survenue brutalement le 7 janvier 1948, soit une semaine après la prise de fonction de la commission "Project Sign".

Voici le détail de cette tragédie, tiré de l'ouvrage de mon ami Jimmy Guieu *Les soucoupes volantes viennent d'un autre monde.*

« Le 7 janvier 1948 à 13 h 15, un engin rond, d'environ soixante-dix mètres de diamètre, est signalé au-dessus de Madisonville (Kentucky) se dirigeant vers Fort Knox où se trouvent les réserves d'or des États-Unis.

- À 13 h 45, l'observateur de la base aérienne de Godman signale l'engin, les officiers l'observent du sol à la jumelle et à l'œil nu. Le commandant de la base, le colonel Hix, (ça ne s'invente pas) ordonne par radio à une patrouille de trois chasseurs F51 de prendre l'objet en chasse et de l'observer. La patrouille commandée par le capitaine Mantell, qui survolait Fort Knox se dirige vers la base.

- À 14 h 45, Mantell fait savoir par radio qu'il n'arrive pas à rejoindre l'engin et qu'il abandonnera la poursuite à 6 000 mètres si l'engin monte encore, car il n'a pas d'inhalateur d'oxygène.

C'est son avant dernier message.

- Mantell signale encore que l'engin est au-dessus de lui, qu'il monte à sa rencontre et que la vitesse des trois chasseurs est d'environ 500 km/h. Message de Mantell : « je m'approche pour mieux l'examiner, l'engin à l'air d'être en métal, il est énorme. »

À l'altitude de 5 000 mètres, l'objet continue à monter, les deux autres chasseurs décrochent et perdent Mantell de vue à cause des nuages. Ils abandonnent la poursuite et rejoignent leur base.

- Vers 16 heures, on trouve les débris du F51 de Mantell dispersé dans un rayon de plusieurs kilomètres, ce qui prouve que l'engin s'est désintégré en plein vol ! »

Comme le précise si justement Jimmy Guieu « la valeur de Mantell, pilote chevronné, et les faits incontournables confirmés par tous les témoins, ne permettent pas de classer cette catastrophe dans la catégorie des "hallucinations" ou "mystifications". » D'ailleurs, les services officiels se sont bien gardés de faire pareil amalgame.

Malgré les recherches faites sur le terrain, on n'a rien retrouvé du corps du pilote, pas le moindre objet personnel. Ce qui était incompréhensible à l'époque mais que nous comprenons beaucoup mieux aujourd'hui… car nous connaissons mieux le phénomène des enlèvements dus aux ovnis.

Le cas du capitaine Mantell est le premier de ceux qui ont permis aux spécialistes de l'ATIC d'affirmer que les ovnis existaient bien. Ce fait entraîna la création par les militaires de leur propre commission : le célèbre "Project Blue Book".

Un enterrement de première classe

Le 24 juillet 1948, près de Montgomery, toujours aux États-Unis, une catastrophe fut évitée de justesse, une collision ayant failli se produire entre un ovni et un DC3.

Le 1er octobre 1948 a lieu un véritable duel aérien entre un ovni et un pilote, le lieutenant Georges Gorman.

On voit immédiatement dans quelle atmosphère d'angoisse la commission *Project Sign* se mit au travail.

La commission entasse les rapports d'observations qui arrivent de toutes parts. Elle procède à des enregistrements, fait des classements, elle analyse et étudie les témoignages en détail, élimine ce qui lui paraît fantaisiste, et surtout tout ce qui peut être d'origine naturelle. Ceci pour essayer de dédramatiser. Ses conclusions sont définitives.

En septembre 1948, dans un rapport top secret, qu'elle envoie au chef d'état Major de l'US Air Force, la commission ATIC affirme que les Objets Volants Non Identifiés ne peuvent pas être d'origine soviétique, mais bien EXTRATERRESTRE. Mais le Pentagone, en l'absence de preuves repousse cette thèse... et dissout immédiatement la commission Project Sign. C'est ce que l'on pourrait appeler : casser le thermomètre pour supprimer la fièvre !

Je ne cite volontairement que des cas ayant trait à des rapports militaires tout simplement parce qu'ils ne peuvent raisonnablement pas être remis en cause ! Si j'ai commencé mon récit par ces témoignages, c'est que certains lecteurs sont sceptiques sur la réalité du phénomène ovni ; ils peuvent désormais se rendre compte que leur existence est indiscutable, indépendamment des interprétations données au phénomène.

Toutefois, la question qui reste posée est de savoir pourquoi et comment, étant donné que la majorité des témoignages et rapports militaires étaient top-secret, nous connaissons leur existence ?

Le fait est qu'à part les cas d'Arnold et Mantell, qui furent connus immédiatement et fortement médiatisés dans le monde entier, toutes les rencontres faites par les aviateurs et marins militaires américains furent couverts par le Secret Défense pendant des dizaines d'années. Or, les faits remontent aux années 1947-1948 et, en Amérique, contrairement à l'Europe, les archives peuvent être compulsées après trente ans.

Nous avons donc eu accès à beaucoup de documents lorsque le Congrès américain a commencé dans les années quatre-vingt à lever le secret. Mais nous ne sommes pas dupes. Nous savons que certains documents n'ont pas été divulgués. Seulement, pendant ces dizaines d'années, nous avions suffisamment d'éléments pour nous fonder une opinion avec les témoignages civils qui ont été corroborés par les rapports militaires et les fuites, dirigées ou non.

Le 11 février 1949, la commission Projet Sign fut remplacée par une autre commission, appelée "PROJECT GRUDGE" ce qui signifie en français : "projet rancune" ou "projet accordé à contre-cœur", avouez que c'est cocasse !

Le but de cette nouvelle commission était de comprendre et d'analyser les témoignages, pour ensuite en tenir informé chaque jour le gouvernement américain. Mais elle avait surtout pour mission inavouée de prouver au public et aux médias que le phénomène ovni était une vaste plaisanterie.

Qu'il s'agisse d'observations en vol, en mer ou d'atterrissages, il s'agissait de démontrer que les milliers de témoignages étaient en fait des observations d'avions, d'hélicoptères, de ballons-sondes, de satellites, d'étoiles, de phares de voitures, d'hallucinations collectives, et en dernier lieu, le plus drôle... de phénomènes inexpliqués... un point sur lequel nous pouvons tomber d'accord. Effectivement, un certain pourcentage de témoignages n'avait rien à voir avec les ovnis, même si les témoins civils étaient dans la plupart des cas de bonne foi. Quant aux témoignages militaires, ils étaient, et sont encore aujourd'hui, des plus crédibles.

N'oublions pas que cela se passait pendant la guerre froide, et que pour obtenir plus facilement le vote des budgets militaires, il valait mieux laisser courir la rumeur dans le public, donc chez les électeurs, qu'il y avait des phénomènes inexpliqués... et que cela pouvait tout aussi bien venir des Russes.

Cela explique le fait qu'une grande part de la population, à cause des versions officielles et de certains médias, aient pensé pendant des décennies qu'il s'agissait d'une affabulation.

Comme vous pouvez le constater, cette désinformation, cette manipulation officielles a toujours cours aujourd'hui, dans tous les domaines... et dans tous les pays !

La recherche en France

Bien entendu, durant ces dizaines d'années, les ufologues ont continué à travailler, à analyser, à interviewer les témoins civils, comme l'ont fait de leur côté tous les services spécialisés des principaux gouvernements de la planète... y compris la France.

Une lettre de la Direction nationale de la Gendarmerie française, reproduite dans le cahier photographique, prouve ce que j'avance.

En ce qui me concerne, j'ai eu la chance de rencontrer en août 1971 un des officiers de la gendarmerie française chargé de centraliser, sur Paris, les informations classées, analysées, répertoriées, provenant de toutes les gendarmeries du territoire, servant à faire des rapports aux autorités responsables concernant le phénomène ovni.

J'ai eu la confirmation, cette année-là, que nous n'étions pas de doux rêveurs, et que toutes les gendarmeries avaient ordre de prendre les témoignages au sérieux, et par écrit, y compris ceux apparemment fantaisistes ou qui n'avaient rien à voir avec les ovnis.

J'ai surtout appris quelque chose de la plus haute importance et que j'ignorais à l'époque. J'ai été en effet stupéfait et effrayé d'apprendre par mon interlocuteur que la raison du secret mondial entourant cette affaire était causée par le nombre de plus en plus important, et inexpliqué, d'enlèvements d'humains, mais aussi d'avions et de bateaux de fort tonnage, disparaissant corps et biens, sans laisser de trace.

Nous ne connaissions pas encore le phénomène des "abductés" et il semble que cet officier l'ignorait aussi.

Bientôt, dans tous les pays démocratiques, des associations de recherche furent créées, composées d'ufologues civils. Certaines de ces associations avaient la caution officieuse des autorités. C'est ainsi qu'en France fut créé le fameux G.E.P.A. (Groupement pour l'Étude des Phénomènes Aériens et des objets spatiaux insolites) dont je devins membre en 1971. Notre bulletin d'information a dû déplaire car, sans raison, l'association fut dissoute. Son Président était le Général d'aviation Lionel Chassin.

Puis fut créé le GEPAN, qui disparut à son tour pour être remplacé par le S.E.P.R.A. à la fin des années soixante-dix. Cet organisme, en tant qu'émanation du CNES, avait une filiation officielle. On lui reprochait son manque d'indépendance. En fait, aujourd'hui le SEPRA, qui a toujours été dirigé par Jean Jacques Velasco, n'hésite pas à dire et à écrire que le phénomène ovni est réel et non-humain. Jean Jacques Velasco n'a d'ailleurs pas hésité, en mai 2000, à participer à l'émission télé dont je parle précédemment.

Tous les ufologues de la première heure, avec des années d'expérience, ont toujours été prudents dans leurs déclarations et leurs écrits. Il en est heureusement aujourd'hui autrement, car il semble que, bon gré mal gré, les autorités ne peuvent plus censurer le flot d'informations provenant des différents médias et d'Internet.

Des années 1970 à 1990, nous ne pouvions pas oublier la mort incompréhensible du secrétaire d'état américain James Forrestal, après qu'il eut créé sa fameuse commission. Nous ne pouvions pas oublier les morts mystérieuses de l'astronome M. Jessup, de l'ingénieur Wilbert Smith, du docteur Olovo Fonles, de Charles Hunt Williamson, du journaliste Franck Edward, tous des ufologues de haut niveau et qui certainement avaient été trop bavards. C'est aussi le cas de notre ami, le professeur Hardy, docteur es science, grand savant français connu et estimé dans le monde entier, membre de l'Académie des sciences de New-York, spécialiste des missiles, créateur du premier satellite français, consultant pour l'armée de l'air et la marine nationale, auteur de deux cent cinquante brevets d'invention dans l'électronique, les ultrasons, la télévision, les communications, les infrarouges, l'optique. C'était un génie, mais il avait un tort, il était non seulement un très grand scientifique mais aussi un des plus grands spécialistes des ovnis et membre, depuis 1946, de l'Institut Métaphysique International de Paris... ainsi que du GEPA, auquel j'appartenais à la même époque. Tout le contraire d'un farfelu, un cerveau exceptionnel, un homme, on ne peut plus équilibré donc je raconterai plus loin la disparition.

Si j'insiste sur la disparition incompréhensible de cet ufologue, c'est pour montrer à quel point certaines vérités ne devaient absolument pas être divulguées... sinon : Attention Danger !

Beaucoup trop d'ufologues sont morts parce qu'ils pourraient avoir parlé, ou seulement avoir déclaré qu'ils allaient divulguer certaines choses.

Ayant été confronté moi-même en 1976 à ces “forces”, puis sous une autre forme en 1998, je vous garantis qu'il ne faut pas plaisanter avec ces phénomènes.

II.
Les ovnis dans l'histoire

Je pourrais citer des milliers d'exemples d'observations faites par des témoins anonymes, mais je vais pour le moment m'efforcer de ne citer que les témoignages de gens dont la parole ne peut être mise en doute, qui ont l'habitude d'observer le ciel comme les pilotes, la mer comme les marins, ou ce qui se passe sur terre comme les forces de police.

Nous savons que le phénomène ovni remonte bien avant 1947 ; certains même n'hésitent pas à l'associer à la création, ce qui, si l'on traduit correctement la Genèse, n'est pas dénué de fondement.

D'étranges disques

Des archéologues chinois ont découvert, dans une caverne, à la frontière de la Chine et du Tibet, sept cent seize disques en pierre avec un trou central recouverts de signes incompréhensibles et de hiéroglyphes. La datation au carbone 14 les fait remonter à 12 000 ans.

Les expériences faites sur ces disques donnent des résultats étonnantes, on a trouvé par exemple une proportion considérable de cobalt et d'un autre métal inconnu, un rythme de vibration inhabituel, comme si les disques avaient été chargés électriquement ou magnétiquement.

Aujourd'hui encore, les disques de Baian-Kara-Oula restent une énigme irrésolue, mais ont un rapport avec de vieilles légendes de la région.

Dans ces cavernes, les archéologues et spéléologues ont découvert des restes de squelettes datant aussi de 12000 ans, avec des crânes énormes et des membres atrophiés. Les parois des cavernes sont recouvertes de soleils levants, de lunes et d'étoiles au milieu desquels sont figurés une quantité d'objets circulaires qui semblent s'approcher de la surface de la Terre.

Mais il n'y a pas besoin d'aller si loin. Il suffit de voir les dessins peints ou gravés sur les parois des cavernes préhistoriques. En Italie du Nord, on y voit des figures humaines qui semblent porter un casque hermétiquement fermé. Les mêmes furent retrouvés en Australie. On distingue des formes d'objets circulaires parfois surmontés de dômes, avec sous l'engin des traits verticaux pouvant symboliser, soit un train d'atterrissage, soit le symbole d'une élévation vers le ciel. Vous trouverez ces gravures dans les grottes de Péch Merle et de Cognac, d'Altamira en Espagne, de Niaux en Ariège, ou la grotte des Cambarelles en Dordogne à la sortie des Eysies.

Des chroniques religieuses

Lorsque nous remontons dans le temps, il faut nous fier aux religieux, qui seuls savaient écrire et s'exprimer correctement.

En l'an 538, est né le célèbre chroniqueur Grégoire de Tours, mort en 594. Grâce à lui, la vie de nos ancêtres nous est parvenue.

On sait qu'il était fort estimé et qu'il notait dans ses célèbres chroniques tous les événements de son temps.

En 584 il écrit : « Il parut dans les ciels des rayons brillants de lumière qui s'entrechoquaient, se séparaient, s'évanouissaient. »

En 585 : « En septembre on a vu des rayons et des coupoles qu'on a coutume de voir et qui semblent courir avec rapidité dans le ciel. »

En 587 : « Nous vîmes pendant deux nuits de suite, au milieu du ciel, une espèce de nuage fort lumineux, qui avait la forme d'un capuchon. »

On voit que le mot coupole s'apparente à une soucoupe. Il dit « coupoles qu'on a l'habitude de voir », donc ça n'avait pas l'air étonnant pour les gens du VIe siècle.

Sautons quelques siècles et plongeons-nous dans des chroniques historiques et religieuses qu'on ne saurait mettre en doute :

En 1130 et 1142, deux dragons volants flamboyants sont passés au-dessus de Prague en Tchécoslovaquie.

Dans la nuit du 1er janvier 1254, les moines de l'abbaye de Saint Alban, en Angleterre, virent dans le ciel une sorte de grand vaisseau de forme élégante d'une meilleure couleur.

Le 3 août 1290, les moines de l'abbaye de Byland (Angleterre) virent avec une très grande terreur un énorme disque argenté passer lentement au-dessus d'eux.

En 1350, on construisit le monastère de Detchani, en Yougoslavie. Ce monastère est considéré aujourd'hui, à cause de ses mille fresques, comme le plus riche monastère d'Europe. Les livres qui décrivent ces fresques parlent de l'étonnement des visiteurs devant les détails ahurissants apparaissant à leurs yeux. En effet, on voit dans le ciel deux personnages enfermés dans deux vaisseaux spatiaux qui volent l'un derrière l'autre, d'ouest en est...

Le premier personnage tient dans la main quelque chose devant lui comme s'il dirigeait le vaisseau, la tête tourne en arrière pour surveiller, semble-t-il, son compagnon de vol qui le suit dans un autre engin, lequel tient aussi quelque chose dans la main.

Ces deux personnages sont analogues et ne ressemblent pas aux personnages traditionnels dessinés sur les fresques elles-mêmes.

Ce qui est très important, à mon avis, symboliquement parlant, c'est qu'ils n'ont pas d'auréole autour de la tête. Le dessinateur a voulu signifier que ces deux "pilotes" n'étaient pas des personnages religieux.

Les deux vaisseaux ont des formes aérodynamiques. Derrière les vaisseaux apparaissent nettement des ondes réactives symbolisées par des signes graphiques faisant ressortir l'extrême vitesse de ces engins. Les personnages qui observent la scène depuis le sol n'ont pas l'air très rassuré et semblent se presser autour d'un autre personnage coiffé de l'auréole, symbole de son origine divine, ou cosmique, comme on veut.

Sur une autre fresque, on voit le Christ, comme s'il était à l'intérieur d'une fusée prête à s'élever dans les airs. On le voit nettement qui, de sa main droite, attire avec force dans cette fusée un humain qui se trouve sur terre. Il y a là le symbolisme du Divin entraînant l'homme vers le royaume du ciel. Chacun peut, bien sûr, trouver une autre explication à cette iconographie, mais la question que nous pouvons tous nous poser c'est de savoir pourquoi ces vaisseaux semblent vouloir nous montrer qu'il y avait un rapport entre le Christ et ces engins ?

Il est aussi important de signaler que sur une icône de l'Académie religieuse de Moscou, on voit aussi le Christ dans un réceptacle de forme aérodynamique ressemblant à un vaisseau cosmique posé sur terre.

Je vous rappelle que tout cela remonte à l'année 1350 et que la notion de science-fiction n'existait pas. À cette époque, on ne dessinait ou ne peignait que ce que l'on voyait, ou que l'on avait vu dans des livres plus anciens.

Pour comprendre les fresques de ce monastère ainsi que l'icône russe, les spécialistes pensent qu'il existait de vieux grimoires, des textes apocryphes gardés précieusement dans les bibliothèques des monastères et expliquant certaines scènes de l'évangile originel, différentes de la version canonique de l'Église. La censure de cette même église garde peut-être au Vatican ces documents trop iconoclastes pour le commun des mortels au secret. Ou bien peut-être ont-ils disparu avec le temps ?

Mais ces fresques situées à quinze mètres du sol, à une hauteur où personne n'a pu faire de modifications, sont bien réelles, et ces représentations ne peuvent être remises en cause. Elles donnent par conséquent à réfléchir à tout ufologue sérieux sur le message que des religieux de l'époque ont voulu transmettre en représentant des objets volants en présence d'êtres ayant un rapport avec le divin.

Quelques cas historiques

Continuons à égrener les siècles :

- En 1254. Au-dessus de Paris, vers minuit, quelque chose, grand comme un bateau de l'époque resta visible dans le ciel de la ville, avant de disparaître lentement.
- Le 8 janvier 1388. Les moines du couvent de Raguse écrivent que plusieurs objets très lumineux et alignés sont passés au-dessus de leur couvent (notez la similitude avec les témoignages contemporains).
- Le 1er novembre 1461, d'après un texte écrit par des religieux, un énorme objet est apparu dans le ciel de France, ressemblant à une barre de fer, dont la longueur et la largeur corres-

pondaient à la moitié de la lune, avant de disparaître rapidement dans le ciel.

- En 1518, d'après le livre de bord, une étoile se posa sur le grand mât de la caravelle commandée par le conquistador Juan de Gripalva, puis monta dans le ciel en produisant un jet de flamme.

- En 1520, à Erfunt en Prusse, les habitants virent dans le ciel deux soleils, brillant tous les deux, quand tout à coup, un des deux atterrit brusquement puis repartit dans le ciel.

- Le 14 avril 1561, d'après la *Gazette de Nuremberg*, des boules de couleur rouge, bleu, noir, et des disques circulaires furent observés dans le ciel.

- Le 7 août 1566, dans le ciel de Bâle en Suisse, de très nombreux disques noirs et blancs se déplacèrent dans le ciel. Toute la population les vit. Une estampe de l'époque perpétue le souvenir de cette manifestation merveilleuse interprétée comme venant du divin.

- Le 5 juillet 1686, l'astronome allemand Kirch, dans la ville de Leipzig, observa un globe incandescent d'un diamètre qu'il estimait à la moitié de celui de la lune. Il émettait une lumière si puissante qu'on pouvait lire sans chandelle.

- Le 9 août 1762, un astronome de Lausane, M. De Rostan, écrit qu'il a observé pendant presque tout le mois "un objet en forme de fuseau" passant souvent devant le soleil.

- Le 17 juin 1777, Charles Messiers note qu'il a observé des objets ronds et noirs dans le ciel.

- En 1790, en France, près de la ville d'Alençon, un énorme globe apparut dans le ciel, entouré de flammes et se posa sur une colline, un "homme" vêtu d'habits collants en sortit et disparut dans le bois. La sphère explosa silencieusement devant les paysans accourus, selon un rapport de police de l'époque. (Rappelons qu'en France, en 1790, la police avait autre chose à faire que d'écrire des rapports, sauf s'ils n'étaient ou paraissaient de la plus haute importance.)

- De 1813 à 1821, un prêtre catholique relate dans ses courriers de nombreux passages d'objets inconnus dans le ciel du Chili, qu'il baptisa "boules de feu".

- Du 6 septembre au 1er novembre 1831, le docteur Warthmann, ainsi que ses aides observèrent dans le ciel de Genève, un étrange objet lumineux qui apparaissait chaque nuit.

- Le 4 octobre 1844, l'astronome (un de plus) Glaisier explique qu'il a observé des disques lumineux envoyant des vagues rapides de lumière.

- En 1847, d'après les archives locales, des "nuées de feu" ont été observées dans le centre du Japon.

- En 1853, l'Amiral américain Perry déclare que lors de sa visite au Japon, il avait lu dans les chroniques journalistiques qu'une intense activité d'objets célestes et lumineux avait été signalée dans le ciel japonais.

- En 1860, toujours au Japon, les journaux signalent des objets brillants comme des étoiles dorées et argentées, et deux lunes dans le ciel.

- Le 27 avril 1863, l'astronome Wolf, de l'observatoire de Zurich, signale avoir repéré un grand nombre de disques brillants venant de l'est du ciel.

- Le 6 juin 1868, dans la région d'Oxford en Angleterre, à l'observatoire de Radcliffe, les astronomes relevèrent "un objet lumineux se mouvant dans le ciel, s'arrêtant, et changeant sans cesse de direction".

- Le 12 août 1883 se produisit une observation dont nous avons un témoignage très détaillé : A l'observatoire de Zacatecas, au Mexique, le Professeur José Bonilla, a photographié, je cite : "des corps opaques qui se trouvaient entre le soleil et son objectif". À l'époque, les appareils photographiques, peu perfectionnés, étaient montés sur les télescopes et les photos étaient tirées sur plaque de verre. Dans son rapport, le professeur dit que pendant deux heures il a compté deux cent quatre-vingt-trois corps passant devant le soleil. Le matin suivant, il comptera 1186 de ces objets traversant l'espace entre la lune et la terre – chiffre effarant ! Ces photos, publiées dans les revues d'astronomie existent toujours aujourd'hui, et l'on s'aperçoit que ces "corps opaques" ressemblent étrangement à ce qu'on appelle aujourd'hui des ovnis. Bien entendu, la personnalité de ce professeur et sa réputation, ne permettent pas de douter de l'authenticité de ces photos.

Les observations des astronomes

Nos lecteurs doivent se demander pourquoi, de nos jours, les astronomes semblent ne rien voir de "bizarre" ? Rien n'est plus faux, les astronomes "voient" beaucoup de choses de nos jours, grâce aux appareils ultra-modernes dont ils disposent. Ils savent très bien qu'ils ont affaire au phénomène ovni, mais ils préfèrent ne pas en parler publiquement, sur ordre ou par crainte du ridicule, contrairement à leurs collègues des siècles passés qui décrivaient ce qu'ils voyaient sans savoir de quoi il s'agissait, donc sans arrière pensée.

- En 1881, M. Trecule, astronome français, fit une communication devant l'Académie où il décrit l'observation qu'il fit dans le ciel, le 25 août 1880, d'un corps "lumineux très brillant de forme allongée, qui en se retirant dans les nuages laissa tomber une substance qui tomba verticalement comme un corps grave, en laissant une traînée lumineuse qui s'éteignit en se rapprochant du sol, aucun bruit ne fut perçu, bien que le corps lumineux ne fut pas éloigné."

Il ne s'agissait pas d'un astronome débutant puisqu'il a pu s'exprimer devant les membres de l'Académie. On peut sans aucun doute le prendre au sérieux.

- Le 1er novembre 1885, un astronome, accompagné par de nombreux témoins, dit avoir observé, dans le ciel de Turquie, un "énorme disque volant".

- En 1887, (Témoignage officiel qui ne saurait être contesté) dans son bulletin, la Société astronomique de France explique qu'on a observé, le 12 novembre 1887, au cours d'une mission dans l'Océan Atlantique Nord, une énorme boule de feu, s'élevant lentement en sortant de la mer jusqu'à une hauteur d'environ seize mètres. La boule vint s'arrêter devant le navire, ce qui permit à tous les passagers de l'observer, puis disparut dans le ciel après "être restée cinq minutes immobiles".

- Le 18 novembre 1896, en Californie, dans le ciel de Sacramento, passa ce qui fut décrit comme une sorte de vaisseau qui sera aperçu ensuite au-dessus de San Francisco puis d'Oakland.

- Le 22 novembre 1896, soit 4 jours plus tard, le *San Francisco Examiner* signala à nouveau le passage d'un "objet volant inconnu" au-dessus de San Francisco.

- Le 11 avril 1897, le *New York Herald* décrivait dans un article l'apparition d'une "sorte d'astronef" au-dessus de Chicago.

- En 1897, les différents journaux régionaux, relataient qu'on avait observé cette année-là, de jour comme de nuit, des objets lumineux se déplaçant silencieusement au-dessus des villes de Sacramento, Denver, New-York, Kansas-City. Ces objets étaient de forme identique c'est-à-dire ovales et très grands.

Une anecdote amusante

En 1903, le grand mathématicien et astronome, Newcombe Simon, démontra par les mathématiques l'impossibilité de voler pour un plus lourd que l'air. Ce qui n'empêcha pas les frères Wright de faire décoller un "plus lourd que l'air" le 17 décembre de la même année !

Ce n'est pas la première fois, ni la dernière, que des scientifiques nous assènent des grandes vérités. La plupart se sont toujours trompés lorsqu'ils ont donné leur avis, souvent négatif, sur le phénomène ovni... En fait, dans la grande majorité, ils n'y connaissent rien, car ce n'est pas leur domaine. Soyons indulgents avec eux car nous savons qu'aujourd'hui, sans trop s'exprimer publiquement, de très grands savants essaient de comprendre l'incompréhensible en s'écartant du rationalisme obtus, et en se demandant si la science ne devrait pas s'allier au spirituel pour avancer dans la connaissance ? Nous reviendrons plus tard sur ce point important.

Observations au XXe siècle

Continuons un peu notre voyage dans le temps pour arriver à la période contemporaine.

- Le 28 février 1903, le lieutenant de vaisseau Frank Shoffied, commandant le navire de guerre USS Supply, observa avec son équipage, à 6 h 10 du matin (précision militaire), une formation parfaite de "trois disques volants". Le fait fut consigné sur le livre de bord. Déplorons le fait que le mathématicien Newcomb Simon n'ait pas été sur le bateau !
- Le 23 décembre 1909, d'après le *New York Herald,* à Worcester ; état du Massachusetts, un énorme vaisseau a éclairé la ville et la campagne avec un phare fantastiquement puissant. Le lendemain, le même phénomène fut décrit par la presse de Boston et de Willimantic.

J'ai conscience que ces quelques témoignages, extraits de milliers d'autres, puissent être fastidieux à lire, mais ils sont indispensables pour comprendre les origines du phénomène ovni, et bien prendre conscience qu'il n'est pas contemporain comme le croient beaucoup trop de profanes. Pour étayer mes propos, je n'ai repris que des témoignages indiscutables.

Avant d'exposer le témoignage suivant, je tiens à préciser que je ne m'en tiens qu'aux faits, et qu'il n'est pas question pour moi de heurter les croyances religieuses. En tant que chercheur en ufologie, je suis obligé de m'incliner devant les évidences, même si elles remettent en question ce que j'ai cru moi aussi avant d'en arriver, avec le temps, à ce que je pense savoir aujourd'hui.

Nous sommes entrés dans le IIIe millénaire et il y a beaucoup de choses que certains ufologues savent ou soupçonnent et qu'ils n'osent pas dévoiler pour ne pas effrayer les populations. Les autorités religieuses et politiques, ainsi que certains scientifiques au plus haut niveau, sont dans la même situation. Les faits nous font soupçonner un pan de vérité, même si nous n'en comprenons les aboutissants qui peuvent paraître effrayants.

Le miracle de Fatima, Portugal, en 1917

La définition du mot "miracle" donnée par le dictionnaire est la suivante :

"Événement, phénomène réputé contraire aux lois de la nature, et dont l'accomplissement inexpliqué est, pour certains croyants, l'effet de la volonté divine."

Celui qui s'arrête au dogme ne cherche pas plus loin, c'est son droit le plus absolu. Celui qui se dit "cherchant" découvre très vite et très facilement que la vision des trois petites filles de Fatima est réelle, mais qu'en même temps s'est produit un autre phénomène, décrit par la presse de l'époque, et dont on n'a pas parlé. Pourquoi ?

Voilà le récit des témoins oculaires, rapporté par les journaux au moment des faits :

« Un disque, à la circonférence bien nette, couleur argent, brillant sans faire mal aux yeux, se révèle dans le ciel quand la pluie cesse de tomber à 12 heures, heure locale, et que les nuages s'écartent. Il tourne sur lui-même à grande vitesse et se transforme soudain en une véritable roue de feu, lançant dans toutes les directions des rayons de toutes les couleurs de l'arc-en-ciel. Puis ce "soleil" descend en zigzag, s'arrête enfin et remonte dans les cieux. Peu à peu il redevient brillant comme un vrai soleil qui fait mal aux yeux, à la lumière insoutenable. »

Les lecteurs connaissant le portugais peuvent se rendre sur place pour consulter les archives des journaux de l'époque.

On voit bien dans cette description de ce que les témoins ont vu à Fatima, ce jour là, qu'il n'est pas question d'un quelconque miracle, mais plutôt de la simple relation d'un fait divers exceptionnel. Quelques remarques s'imposent pour mieux expliciter ce que les témoins et journalistes de l'époque n'ont pas su décrire.

- Un disque à la circonférence bien nette - disons dans notre langage moderne, un engin volant sphérique ou lenticulaire – se trouvant exactement sur l'axe Soleil-Fatima, très haut dans l'atmosphère, ne peut pas être aperçu du sol. Il descend vers la terre, vers la petite ville de Fatima, selon cet axe et se superpose au soleil à partir d'une certaine distance afin que l'effet de la perspective joue à plein. Autour du disque, les rayons du vrai soleil font une couronne, comme lors d'une éclipse, mais les yeux peuvent soutenir la vision puisque ce n'est pas l'astre solaire que l'on voit. S'il tourne sur lui-même, l'engin voit son champ magnétique agir sur les couches atmosphériques qui lui sont directement voisines, et qui peuvent alors réagir, comme des milliers de prismes, et donner des rayons de toutes les couleurs.

Tentons l'expérience. Prenons une pièce de monnaie entre le pouce et l'index et dirigeons là à bout de bras en direction du soleil. Nous Nous apercevons qu'en éloignant ou en rapprochant la pièce du soleil, à un certain moment, elle cache entièrement l'énorme soleil dont les rayons ne peuvent plus éblouir. Si l'on éloigne la pièce des yeux, et qu'on la rapproche doucement du soleil, nous voyons sur son pourtour une véritable roue de feu. Et si nous continuons à rapprocher encore la pièce du soleil, celle-ci ne le cachant plus, sa lumière devient immédiatement insoutenable pour les yeux.

À Fatima, la chute en zigzag de l'engin est possible, toujours selon l'axe Soleil-Fatima. La remontée de l'engin après une pause, sur cet axe, fait à nouveau disparaître l'objet dans le soleil où l'on ne peut plus le voir, sa masse visible diminuant au fur et à mesure de la remontée.

Progressivement, la lumière du vrai soleil devient insoutenable aux regards, puisque ce qui obstruait sa vue disparaît peu à peu.

Il n'y a donc là rien de miraculeux. Un ufologue expérimenté y voit l'apparition d'un ovni, comme il en est apparu des milliers de fois !

C'est là une explication facilement compréhensible, reposant sur des données mathématiques, physiques et même scientifiques, puisque reposant sur une expérience que l'on peut reproduire le nombre de fois que l'on veut, avec toujours les mêmes résultats, à condition, bien sûr, que le soleil ne soit pas caché par les nuages ! Je ne suis pas le seul à émettre cette explication et c'est bien la preuve qu'un ufologue peut étudier le phénomène ovni d'une façon rationnelle.

Ce qui est intéressant, c'est que des scientifiques, en acceptant cette explication rationnelle de l'événement, ne peuvent pas remettre en cause le fait qu'un objet, quel qu'il soit, cachait ou rendait visible le soleil en montant ou descendant dans l'axe Terre-Soleil, ce jour-là à Fatima. Nous avons de nombreux témoignages de visions d'ovni, produisant le même phénomène.

Bien sûr, il y a eu en même temps le témoignage des trois enfants, les messages de la "Vierge", qu'elles sont seules à avoir captés. Il n'y a aucune raison de mettre leur parole en doute, d'autant plus que nous avons des centaines de témoignages de cet ordre, le plus célèbre étant celui de Lourdes. L'Église en aurait répertorié deux cent cinquante-deux depuis la vision de Bernadette, en 1858. Elle s'est cependant bien gardée de reconnaître comme miracle religieux une seule de ces apparitions, y compris le "miracle" de Fatima, laissant faire les pèlerinages mais refusant d'en parler davantage. C'est curieux. À moins que le Vatican, comme dans d'autres domaines ne préfère se taire plutôt que de dévoiler des vérités dérangeantes. Vérités que nous soupçonnons depuis quelques années mais pour lesquelles nous ne pouvons pas fournir de preuves définitives.

Le célèbre savant Hubert Reeves a dit : « Chacun doit atteindre l'état d'adulte, c'est-à-dire élaborer lui-même sa propre vérité. » À chacun de voir. Retenons ce que disait également Ernest Renan : une parole qui commence à déranger, est une parole que l'on commence à entendre. «

Je ne peux m'empêcher de citer Jésus Christ : « N'enracinez jamais la vérité dans les cœurs humains, laissez là s'enraciner d'elle-même. » Il a dit aussi : « N'imposez pas aux autres ce que vous savez, mais faites aimer la recherche du Vrai. »

Je partage entièrement ces paroles qui ont guidé l'écriture de ce livre. Beaucoup de vérités sont cachées depuis très longtemps, et il faut de nombreuses années de recherche pour s'en approcher.

Un témoignage plus récent

Il est curieux de constater que les témoignages de certaines personnalités reconnues mondialement n'ont jamais été mises en doute, mais ils sont tellement gênants qu'on préfère les passer sous silence. Par exemple, tous les ufologues connaissent le témoignage du fameux navigateur solitaire anglais Francis Chichester, anobli par la Reine d'Angleterre. Il fut dans sa jeunesse un aviateur solitaire. En 1931, entre l'Australie et la Nouvelle Zélande, il aperçut soudain : « un navire aérien de forme sphérique, de couleur gris blanchâtre, qui disparaissait et réapparaissait devant (son) avion, puis accéléra et disparut ». Il a signalé son observation sur son livre de bord, sans émettre aucune hypothèse car, à cette époque, personne n'avait entendu parler des ovnis.

En octobre 1935, au cours de la guerre italo-éthiopienne, de nombreux rapports militaires firent état d'objets en forme de disques qui planaient silencieusement au-dessus de la ville d'Addis-Abeba.

III.
Révélations à Roswell

Je viens rapidement de vous parler du passé, or, comme disait Shakespeare, « le passé, n'est qu'un prologue ». Je vous ai parlé de l'année 1947, avec la retentissante affaire du capitaine Mantell. Mais il y eut aussi, cette année-là, la fameuse affaire Roswell dont on parle encore de nos jours.

Il s'agit du "crash" de plusieurs ovnis sur le sol des États-Unis, et de la récupération de certains humanoïdes morts et vivants. En ce qui me concerne, je dirai que cinquante-quatre ans après cet événement, je ne sais toujours pas où se trouve la vérité.

Mon ami Jimmy Guieu, avec qui j'en ai parlé plusieurs fois et qui s'était rendu sur place pour enquêter, était persuadé de la véracité des faits.

Je n'oublie pas non plus que nous étions en pleine guerre froide et que les Américains étaient prêts à n'importe quelle manipulation pour faire peur aux Russes.

Je n'oublie pas non plus que, même de nos jours, le dossier est toujours "ultra secret", alors que la guerre froide est terminée depuis longtemps, ce qui est pour le moins bizarre.

Lorsqu'on se prétend un ufologue sérieux, on ne peut affirmer quelque chose qu'après l'avoir vérifié et revérifiée. Le problème, dans l'affaire Roswell, c'est que les informations que nous possédons sont tellement énormes qu'après étude, on se dit que "ce n'est pas possible".

Effectivement, plusieurs ovnis se sont écrasés sur le territoire américain et des corps d'Aliens vivants et morts ont été récupérés par l'armée. Nous avons trop de témoignages concordants de spécialistes militaires et civils ayant été au contact de l'événement pour mettre l'information en doute. Mais plusieurs questions se posent :

- Pourquoi, au fil des siècles, jamais un seul ovni ne s'est écrasé sur terre ? On a vu que les chroniqueurs du passé décrivaient pourtant beaucoup de visions insolites.
- Pourquoi, ce crash d'ovni, a-t-il eu lieu justement en 1947, c'est-à-dire l'année où débuta officiellement, pour le grand public, le phénomène ovni avec les retentissantes affaires Arnold et Mantell ?
- Il n'a jamais été dit que quiconque avait tiré sur ces engins pour les faire tomber. D'ailleurs, tous les témoignages militaires que nous avons expliquent que les tirs dirigés vers ces engins ne leur ont pas fait plus de mal qu'une piqûre de moustique sur le dos d'un éléphant.
- Donc, ils seraient tombés tout seuls. Or, tous les témoignages que nous avons, civils ou militaires, nous font voir que nous sommes en présence d'une technologie incompréhensible dans l'état actuel de notre science, basée sur une physique que nous ne connaissons pas. Nous nous trouvons en face d'engins se jouant de toutes les lois de notre physique "terrienne", se déplaçant à l'aide d'une énergie inexpliquée (anti-gravitation ? électromagnétisme ? énergie de la pensée ? etc.). Énergie qui leur permet de se déplacer à des vitesses impensables, de s'arrêter ins-

tantanément, de rester en état de sustentation dans notre atmosphère, le temps qui leur convient, de disparaître à notre vue ou à celle des radars, parfois de s'évaporer doucement.

- Malgré tout cela, sans raison, ils se sont écrasés au sol. Depuis cette époque jusqu'à la fin des années soixante, vingt ou vingt-cinq ovnis se sont écrasés sur la planète, puis plus rien. On continue à les voir atterrir et repartir, mais jamais s'écraser.

Les faits

Reprenons les faits. Il y a eu au départ les témoignages de paysans se trouvant sur place quand l'engin est tombé dans leur champ et qui ont commencé à ramasser des débris. L'armée et les services secrets, très vite sur place pour tout embarquer dans des camions, ont demandé à ces témoins de revenir sur leurs déclarations et d'affirmer qu'il s'agissait d'un ballon sonde.

Beaucoup trop de monde était impliqué pour que le secret sur l'accident puisse être gardé. Depuis cette époque, de nombreux personnels, civils et militaires, confirment qu'il y a eu crash, ramassage des débris, que ceux-ci furent déposés dans des hangars gardés militairement, et que les cadavres ou les survivants furent emmenés dans des laboratoires.

Jusque-là, pas de problème, si on accepte le fait que malgré leur technologie que l'on sait invulnérable, ils se sont écrasés au sol pour une raison inconnue.

Mais tout serait trop simple... si l'affaire ne se compliquait ! En effet, alors qu'officiellement les autorités américaines veulent faire croire que l'affaire Roswell n'est que la chute d'énormes ballons sondes, d'un autre côté, on apprend, grâce à des documents autrefois classés "top secret", que très vite, d'autres ovnis sont tombés au sol, que d'autres Aliens vivants ont été récupérés, et que le Président des États-Unis a alors mis en place une commission ultra-secrète pour étudier en détail l'affaire des engins tombés au sol.

Cette commission, appelée "Opération Majestic 12" (Majestic twelve) n'a de compte à rendre qu'au Président des USA.

Il est curieux de constater que le crash eut lieu près de la base militaire de l'armée de l'air américaine abritant le groupe d'élite du 509e groupe de bombardement, la seule unité de vol qualifiée pour larguer la bombe atomique.

Quelques jours après, le lieutenant Walter Haut, officier d'information, qui ignorait qu'il avait affaire à l'un des plus grands secrets du siècle, publia le communiqué suivant :

« Les nombreuses rumeurs au sujet des disques volants sont devenues réalité hier, lorsque le bureau de renseignement du 509e groupe de bombardement de la 8e armée aérienne, à la base militaire de Roswell, a eu la chance de rentrer en possession d'un disque grâce à la coopération d'un fermier local et du bureau du shérif du comté de Chaves. L'objet volant a atterri sur un ranch près de Roswell la semaine dernière. Ne disposant pas du téléphone, le fermier a entreposé les débris du disque en attendant de pouvoir prendre contact avec le shérif, qui a informé à son tour le commandant Jesse Marcel, du bureau de renseignements de la base militaire. Une action a été immédiatement entreprise et le disque a été récupéré à la ferme. Il a été inspecté à la base aérienne de Roswell, puis a été remis par le commandant Marcel au Grand Quartier Général.

Suite aux réactions des journaux et de la population, l'État Major décida qu'il fallait nier qu'il y avait eu un crash d'ovni (quitte à faire passer le lieutenant Haut pour un menteur). Le général Ramey annonça alors que ce qui fut trouvé sur le ranch n'était rien d'autre que les restes d'un ballon météo. Cette version est toujours aujourd'hui la version officielle, malgré tous les témoignages, parfois de très haut niveau, qui ont été divulgués dans la presse ou dans les livres.

D'après ces témoignages, nous savons entre autres, que furent sorties des débris des feuilles d'apparence métallique d'un poids plus léger que le papier d'aluminium qu'il fut impossible de couper, perforer, brûler, déchirer, ou même froisser. Il n'y avait aucune marque après l'avoir frappé avec un marteau.

Ce n'est seulement qu'en 1998 que les ufologues du monde entier prirent connaissance pour la première fois des nouveaux documents sur Majestic 12, lors du congrès international "The UFO expérience". Il est intéressant de noter qu'à ce congrès ufologique assistait l'astronaute Edgar Mitchell (Apollo 14), qui déclara que les cosmonautes ont vu des ovnis dans l'espace et sur la lune.

Il faut savoir aussi que sur ordre du Président Truman, et ensuite du Président Eisenhower, cette commission "Majestic 12", composée de responsables des services secrets, de militaires et de savants, avait pour niveau de sécurité deux échelons plus élevés que "top secret".

Pour l'histoire, il faut souligner que cette commission fut créée sur recommandation du ministre de la défense James Forrestal, qui mourut, comme d'autres, d'une façon énigmatique, alors que, paraît-il, il voulait dévoiler au public certains secrets concernant l'affaire Roswell et les ovnis en général.

Des généraux américains de haut rang se sont rendus sur les bases où étaient entreposés les "engins accidentés". Mais des personnages beaucoup plus importants se sont intéressés à cette histoire à la demande du Président. Il s'agit entre autres du célèbre savant Robert Oppenheimer, le père de la bombe atomique, et du plus célèbre cerveau de la planète, Albert Einstein qui déclara : « la possibilité d'être confronté à des êtres intelligents n'appartenant pas à la race humaine, pourrait soulever des problèmes difficiles à régler... la présence de vaisseaux spatiaux non identifiés dans notre atmosphère, et probablement stationnés dans l'orbite de notre planète, a été rapidement acceptée de facto par les militaires. »

Quand le plus grand savant du XXe siècle croit à l'existence des ovnis, et en parle aussi librement au Président des États-Unis, c'est à coup sûr qu'il avait été mis au contact des ovnis tombés au sol, et certainement des survivants, et qu'il avait des informations que nous n'avons toujours pas.

Ceux qui mettent en doute la parole d'un tel génie se croient certainement supérieurs à lui ou alors n'ont pas le sens du ridicule !

Le colonel Corso

Tous les ufologues de la planète connaissent le nom du colonel Corso. Concernant le crash d'ovnis, dans la région de Roswell, c'est à l'heure actuelle le plus sérieux témoignage que nous possédons. Pourquoi le colonel Corso a-t-il levé une partie du secret ?

En 1998, le colonel Corso estima que les temps étaient mûrs pour que les jeunes générations connaissent la vérité. Lui et le général Trudeau – son supérieur hiérarchique - s'étaient mutuellement jurés de dévoiler la vérité, si l'un d'entre eux devait décéder.

Le général Trudeau est mort il y a trois ans. Le Colonel Corso, qui en raison de sa position élevée et de son âge, n'est plus lié par aucun serment de sécurité (il avait le droit de déclassifié lui-même des documents), était désormais prêt à parler. Peut-être a-t-il reçu l'autorisation du sommet de la hiérarchie ?

Il déclara : « Ce que j'ai fait a influencé l'avenir ; c'est pourquoi je veux le raconter maintenant à mes petits enfants, à tous les enfants. Nous sommes âgés maintenant mais tout continue. C'est pourquoi il est important que les jeunes lisent aujourd'hui ce qui s'est passé, l'origine de tout cela, et que c'est vrai. Ils doivent savoir ce qui a joué un rôle à cet égard et où tout cela conduit. C'est à ce genre de choses qu'ils seront confrontés. »

Depuis des années, la *Citizens Against UFO Secrets*, (*Citoyens contre le secret sur les ovnis*), s'efforce de faire libérer des documents secrets sur les ovnis détenus par le gouvernement américain, en invoquant la loi pour la liberté de l'information. À présent, leur président, le célèbre avocat Peter Gersten, envisage de pénétrer dans le "Saint des Saints" du black-out sur les ovnis en faisant un procès au gouvernement américain pour accéder aux informations sur les crashs d'ovnis et les autopsies d'Aliens. Pour éviter ce procès, les autorités américaines ont peut-être préféré suggérer à Corso de dévoiler quelques secrets ?

L'année dernière seulement, le colonel Corso a confirmé dans son livre sensationnel *Le Jour Après Roswell* que l'armée U.S. était en possession de ces informations.

Le colonel Corso n'était pas n'importe qui. Il avait un bureau à la Maison Blanche à l'époque de la présidence d'Eisenhower, et il avait dirigé au cours du mandat du Président Kennedy, le "bureau pour la technologie étrangère". Corso affirme que durant son temps de service, il aurait vu des extraterrestres morts, qu'il aurait lu des rapports sur des autopsies d'Aliens et aurait eu en main des fragments de vaisseaux de fabrication non humaine. Il les aurait remis à l'industrie, ce qui aurait donné lieu à d'importants développements technologiques, des fibres de verre jusqu'aux puces électroniques, en passant par les transistors et certains alliages de métaux. Aujourd'hui, certaines "fuites" de spécialistes affirment que les États-Unis ont sur la fameuse ultra secrète "base 51", grande comme un département français, des avions jamais montrés en public, capables de voler à des vitesses ahurissantes, fabriqués à partir de la technologie alienne. Ils auraient aussi une avance d'une trentaine d'années sur les autres nations, notamment dans le domaine des lasers.

L'avocat Gersten rencontra le colonel Corso (est-ce fortuit?) et lui fit signer un document juridique pour assermenter ses affirmations. Corso y consentit. Mais l'avocat estima que le secret n'avait pas été levé complètement. Fort de la possession des dires de Corso sous serment, il décida de porter plainte au nom de la CAUS contre le ministère de la défense américaine. Cela fut fait le 25 mars 1998, sous la référence civile 98-0538 PHXROS, en première instance auprès du tribunal de district de Phoenix, Arizona.

Voici le texte de la déclaration que Corso rédigea sous serment et signa fin mai 1998, il avait quatre vingt-trois ans. (Source : *Sentinel News Magazin* 2000 N° 130) :

- Moi, Colonel Philip J. Corso, déclare par la présente, sous serment, conscient des conséquences d'une fausse déclaration que la présente déposition est exacte.
- Que j'étais membre et officier de l'accusée (l'armée U.S.).
- Que durant le temps de mon service auprès de l'accusée, j'étais membre du Conseil National de Sécurité du Président Eisenhower et directeur du bureau pour les technologies étrangères de la Section de Recherches et de développement de l'accusée.
- Que le 6 juillet 1947, ou vers le 6 juillet 1947, j'étais stationné à Fort Riley, au Kansas, lorsque j'ai vu personnellement un être non-humain, d'une taille de un mètre vingt, avec des mains bizarres à quatre doigts, des jambes et des pieds grêles et une tête

énorme, blanche, en forme d'ampoule. Ses cavités oculaires étaient énormes, en forme d'amandes et se dirigeaient obliquement vers son petit nez. Le crâne de l'être était énorme, en dehors de son visage, dont les organes n'occupaient qu'un faible espace au bas de la face antérieure. Il n'avait qu'une petite fente, plate, en guise de bouche, totalement fermée, évoquant plutôt un pli entre le nez et la base du crâne dépourvu de menton, plutôt qu'une bouche en état de fonctionnement.

- Qu'en 1961, j'ai été en possession d'un document que je qualifie de "dossier Roswell", ce dossier contenait des comptes rendus de campagne, des rapports médicaux d'autopsie et des fragments technologiques provenant du crash d'un véhicule extraterrestre à Roswell, Nouveau Mexique, en 1947.

- Que j'ai personnellement lu les rapports d'autopsie concernant celle de l'être décrit précédemment et que j'ai vu en 1947 à Fort Riley.

- Que ces rapports d'autopsie déclarent que l'autopsie avait été pratiquée à l'hôpital Walter Reed qui, à l'époque, se trouvait sous l'autorité de l'accusée.

- Que ledit rapport d'autopsie qualifiait l'être d'entité biologique extraterrestre.

Fin de témoignage.

N'oublions pas qu'aux États-Unis, le parjure est passible de lourdes peines d'emprisonnement et que le colonel Corso est l'officier américain du rang le plus élevé ayant jamais déclaré sous serment avoir vu des cadavres d'extraterrestres, durant sa fonction officielle.

Pour terminer, du moins provisoirement, avec cette énorme affaire, je tiens à signaler qu'effectivement les puces électroniques, les transistors et les fibres de verre, sont apparus soudainement dans notre technologie. Est-ce qu'il y a un rapport avec les crashs d'ovnis ?

Des bases souterraines ?

Pour être honnête, il faut dire que certains témoins militaires ont fait des déclarations à faire dresser les cheveux sur la tête. Ils affirment que les Aliens occuperaient des bases souterraines, après un accord passé entre eux et le président Eisenhower. Ils affirment en plus que, devant les enlèvements de plus en plus nombreux d'humains, le Président donna l'ordre à l'armée de déloger les Aliens de leur refuge, mais que l'échec fut total face aux armes employées par l'adversaire. Ces affirmations ont été corroborées par des civils au fil des décennies. Jimmy Guieu m'a dit que, sur place, il avait eu la confirmation de ces faits. Est-ce que c'est ce qui expliquerait cet extrême "top secret" sur l'affaire de Roswell ?

Je vous laisse juges. C'est tellement énorme qu'il est difficile d'y croire, mais dans le phénomène ovni, comme vous le verrez, la vérité dépasse la fiction.

Comme je le disais au début de ce chapitre, le crash de ces engins m'apparaît incompréhensible, je dirais presque impossible. Mais ils se sont écrasés au sol et je me permettrai d'émettre une hypothèse toute personnelle que chacun est libre de rejeter... quoiqu'à mon avis, il ne faille rejeter aucune hypothèse relative au phénomène ovni, celles qui semblent les plus farfelues pouvant contenir une parcelle de vérité.

Partant du principe que nous avons affaire, avec le phénomène ovni, à une intelligence supérieure dont le mode de raisonnement n'a certainement rien à voir avec le nôtre, je me demande si cette intelligence alienne n'a pas provoqué elle-même, volontairement, quelques crashs de leurs engins, pour nous faire avancer technologiquement dans certains domaines : sachant par ailleurs que nous serions incapables de comprendre leur mode de fabrication et de propulsion, ce qui nous empêchait d'aller "marcher sur leurs plates-bandes".

Mais, me direz-vous, ça ne tient pas debout, aucune intelligence, qui plus est supérieure, n'aurait volontairement sacrifié ses pilotes.

La remarque est logique, mais je répondrai, là encore, que quarante-cinq années de recherche sur ce sujet me permettent d'affirmer que leur logique n'est pas la nôtre. Quand nous parlerons des enlèvements mes propos n'en prendront que plus de sens.

D'autre part, les jeunes lecteurs doivent savoir que, dans les fusées américaines et russes, avant d'envoyer des hommes dans l'espace, il y avait des animaux, qui ont souvent été perdus corps et bien. Rappelons-nous la célèbre petite chienne russe, Leïka, que l'on voyait partir vers les étoiles et dont on ne peut pas oublier le regard apeuré. Était-ce logique ? De quel droit avions-nous décidé que la vie du plus fidèle ami de l'homme n'avait tout à coup aucune valeur ?

Qu'est-ce qui nous prouve que ces humanoïdes retrouvés morts ou vivants dans les engins accidentés n'étaient pas pour cette "intelligence" des animaux sans importance ? Ou des sortes de robots biologiques, dont la mission nous dépasse, et dont la perte ne compte pas pour ceux qui dirigent le phénomène ovni, cachés dans ce que nous appelons les vaisseaux-mères, ou sur d'autres planètes servant de bases-relais ?

Aujourd'hui, nous terriens, réussissons des "clonages" d'animaux, et certains savants disent qu'il serait possible, très rapidement, d'envisager la possibilité, pour chaque humain, d'avoir son "clone" sur lequel nous pourrions prélever des organes lorsque les nôtres deviendront défectueux. Cela nous semble aberrant, mais qu'en sera-t-il dans l'avenir ?

Alors, si nous avons affaire à des civilisations ayant des milliers, voire des centaines de milliers d'années d'avance technologique sur nous, ce qui nous semble inconcevable est peut être envisageable, à condition, bien sûr, de mettre de côté l'anthropocentrisme naturel qui nous aveugle.

Le crash de Kalahari

Beaucoup plus près de nous, en mai 1989, eu lieu le crash de Kalahari, en Afrique du Sud, qui permit de récupérer deux extraterrestres, dont un vivant.

En 1997 a été présenté au public américain, dans l'émission télévisée "Strange Universe", l'interrogatoire filmé d'un "pilote" alien. Ce film aurait été réalisé en cachette par un militaire travaillant sur la base ultra secrète, dite "base 51". Ce militaire l'aurait fait pour gagner beaucoup d'argent et il a réussi à garder l'anonymat par mesure de sécurité et, d'après ses dires, « pour ne pas subir les mêmes attaques que le célèbre physicien, Bob Lazar, ayant travaillé lui aussi sur cette base et fait des révélations sensationnelles sur les humanoïdes récupérés. »

Y a-t-il un lien entre le crash d'ovni de Kalahari, considéré comme un événement considérable par les spécialistes sud-africains qui en ont parlé, avec ce film montrant l'interrogatoire d'un alien, dont l'apparence correspond exactement avec ce que les Sud-Africains ont décrit ? On sait aussi que les deux humanoïdes ont été transférés aux États-Unis dans une base militaire. Selon les déclarations d'un général sud-africain, « toute cette affaire serait soumise au plus strict secret. »

Un rapport médical serait malgré tout parvenu aux États Unis et la description physique des humanoïdes qui y est faite précise qu'ils ressemblent trait pour trait, à ce que décrivent tous les abductés de la planète. (1)

---

1. Abducté : personne ayant été enlevée puis libérée par les aliens.

Comme nous le verrons plus loin, il y a des dizaines d'humanoïdes de type physique différent. Nous pourrions donc accepter le fait que nous soyons visités par différentes "civilisations" extraterrestres et que, pourquoi pas, certaines moins évoluées technologiquement puissent avoir des accidents dans notre atmosphère.

Il est intéressant de noter que le Président américain, Jimmy Carter, se vit remettre, lors de sa prise de fonction, le document "Project Aquarius", explicitant l'interrogatoire d'une Entité Biologique Extraterrestre (E.B.C.). Les officiels américains, en effet, ne disent pas "humanoïde", mais "entité biologique", ce qui laisse supposer que nous aurions affaire à des sortes de robots vivants ! Dans une déclaration à des journalistes, ce Président n'a pas hésité à dire qu'il avait rencontré des extraterrestres. Ce qui lui coûta peut être sa réélection en tant que Président des États-Unis.

Tous ces divers témoignages autour des crashs d'ovnis et de la récupération de certains de leurs occupants, sont tellement incroyables, et pourtant certainement véridiques, qu'on a du mal, même avec l'expérience en la matière, à séparer la vérité de la manipulation.

Malgré tout, je vais vous donner les derniers renseignements dont je dispose, mais dont je ne peux divulguer les sources.

De nombreux crashs

Entre 1947 et 1952, il y aurait eu seize ovnis qui se seraient écrasés. Un en Arizona, onze au Nouveau Mexique, un au Nevada, un en Norvège, deux au Mexique. On aurait retiré soixante-cinq corps au total, parmi lesquels un ou plusieurs aliens vivants. Certains auraient survécu pendant un an. Mais le plus abominable fut la découverte, à l'intérieur d'un engin, d'une très importante réserve d'organes qui, sans aucun doute possible, provenaient d'êtres humains.

Le Président américain Truman fut si horrifié qu'il déclara cette découverte comme devant être classée au-delà de l'ultra-secret. Différentes commissions composées de scientifiques et de politiques triés sur le volet, travaillèrent sur ces crashs d'ovnis, et ne devant en référer qu'aux Présidents successifs.

Le célèbre Secrétaire de la Défense américaine, James Forestal voulut dévoiler une partie du secret. Il fut interné, sur ordre du Président, dans un centre médical de la Marine, pour troubles mentaux. Le 22 mai 1949, on lui attacha un bout de son drap autour du cou et un autre au plafonnier de sa chambre, puis on le balança dans le vide pour simuler un suicide par pendaison. Le drap ayant cédé, il tomba dans le vide et s'écrasa seize étages plus bas. Ce fut la première victime de la longue série de "suicidés" qui en savaient trop.

Le Président Truman informa en détail les principaux responsables politiques de la planète, y compris l'URSS de Staline. Une sorte de gouvernement mondial secret (les Bilderburgers) se créa pour s'occuper de cette affaire et, petit à petit, étendit ses pouvoirs à d'autres domaines. Ce service ultra secret s'installa en Suisse, à Genève... et serait toujours en activité.

À partir de 1953, sous la présidence du général Eisenhower, on signala dix crashs d'ovnis (neuf aux États-Unis et un en Afrique du Sud). On aurait récupéré vingt-six aliens morts et un vivant. Ce Président créa le fameux "Majestic 12", composé de douze hauts fonctionnaires parmi lesquels on peut citer Rockfeller, Dulles, Radford, Hoover, et plus tard Georges Bush, Brzezinki, Harriman, Dean Acheson, tous des membres de la "Trilatérale", que du beau monde !

Des contacts secrets ?

Sous la présidence d'Eisenhower, des contacts auraient eu lieu avec les aliens. En échange de renseignements technologiques, et pour éviter peut-être l'invasion de notre planète, un accord fut conclu engageant les Américains, à leur construire des bases souterraines. Ces aliens seraient du type "petits gris" qui, effectivement, sont ceux que nous retrouvons le plus souvent dans les témoignages de contacts du troisième type depuis cette époque jusqu'à nos jours. Mais le plus extravagant, c'est l'autorisation qui leur aurait été donnée, à leur demande, d'enlever des humains pour de (soi-disant) recherches médicales, à condition qu'ils soient ramenés en bonne santé sur leur lieu d'enlèvement.

Je ne peux pas me prononcer sur la véracité des bases souterraines. Mais, sur la question des enlèvements, nous pouvons mieux contrôler l'information. Il est certain que depuis lors il y a eu beaucoup d'enlèvements provisoires suivis d'expériences médicales très traumatisantes, mais malheureusement il y a encore plus d'enlèvements, sans possibilité de retour.

Il y aurait eu aussi d'autres contacts avec un type d'aliens d'apparence humaine qui nous auraient mis en garde contre la race des "petits gris". Ces extraterrestres humanoïdes auraient demandé que nous abandonnions l'énergie nucléaire, qui conduirait d'après eux automatiquement à notre destruction. En échange, ils nous offraient leur protection, mais refusèrent de nous donner accès à leur technologie qui risquerait de déstabiliser notre civilisation. Ces conditions n'ayant pas été acceptées, ils repartirent, laissant la place à la race des Gris.

Si cette version est exacte, cela apporterait une explication aux crashs d'ovnis incompréhensibles dont il a été question plus haut.

En effet, cette race "à visage humain" semble ne pas être en très bons termes avec la race des gris et ils auraient très bien pu provoquer ces crashs d'ovnis pour que nous nous rendions compte des véritables intentions de cette espèce, par la découverte, notamment dans les engins, des fameuses banques d'organes. Si l'histoire est vraie, cela voudrait dire que les dirigeants américains ont commis une grande faute envers l'humanité.

Cette histoire aurait l'avantage de nous donner une explication plus logique au fait que nous constatons à la fois des enlèvements définitifs d'humains et des enlèvements provisoires, sur lesquels sont pratiqués des examens médicaux aberrants, se répétant au fil des années, comme s'ils cherchaient toujours à comprendre la nature physique humaine. Cela pourrait être un leurre, pour nous faire croire, grâce aux psychiatres et à l'hypnose, qu'ils respectent les accords pris avec les Américains. Alors qu'il s'agit en réalité, au fil des années, d'enlever purement et simplement des centaines de milliers d'humains.

Très vite, le Président, et les membres du "Majestic 12" se rendirent compte que les petits gris les avaient floués. La création, à cette époque, du service secret N.S.A., complètement indépendant du Congrès, du Sénat et des lois de ce pays, semble nous prouver que la situation était sérieuse, car la démocratie américaine ne s'était jamais permis ce genre de fantaisie. Il avait fallu créer à un moment donné un service hors la loi pour des missions que même la C.I.A. semblait incapable de remplir.

La N.S.A., ainsi que le "Majestic 12" sont encore en activité de nos jours.

À la suite de la découverte de mutilations de troupeaux d'animaux, de plus en plus nombreuses et l'augmentation effarante de kidnappings définitifs et inexpliqués par les services de police, il fallut se rendre à l'évidence que les aliens avaient besoin d'organes humains pour la survie de leur race.

Malgré l'ordre express du Président, les services spéciaux de l'armée américaine, auraient été impuissants à les déloger de leurs bases souterraines. Il aurait été décidé de temporiser en attendant de disposer des armes adéquates. (Il y aurait peut-être là une explication à la soudaine décision du Président W. Bush de reprendre les recherches sur la guerre des étoiles.)

Des rapports confidentiels

Depuis très peu de temps, certains rapports secrets semblent avoir été divulgués dont certaines informations sont tellement énormes qu'on pourrait penser à une manipulation. Et pourtant, lorsqu'elles proviennent d'hommes aussi connus, et aussi haut placés que Milton William Cooper, que le colonel Corso, que Phil Schneider, et d'autres, tous ayant été dans le secret des secrets, ou témoins directs des faits, on a du mal à rejeter leur témoignage... surtout lorsque l'on sait que certains l'ont payé de leur vie !

Ce dont nous sommes certains, c'est que devant ces révélations, tous les Présidents américains successifs ont été effrayés. En particulier, John Kennedy, qui voulut tout révéler. Il fut très vite assassiné par les services secrets, ainsi que tous les témoins gênants. Son frère Bob, ministre de la justice, bien sûr au courant de la situation, fut assassiné à son tour, le troisième frère, impliqué dans une curieuse affaire de noyade, dû garder le silence après cet “accident”, ayant compris le message. Jusqu'au fils de John Kennedy, qui devait se présenter aux élections présidentielles et dont l'avion s'abîma en mer d'une façon inexpliquée. A t-on craint qu'il soit dans le même état d'esprit que son célèbre père ? Le Président Carter, très religieux, avait promis pendant sa campagne de dévoiler la vérité sur les ovnis. Lorsqu'il fut élu, il se mit à pleurer d'émotion en prenant connaissance du rapport “Aquarius”, comprenant qu'il allait être obligé de garder le silence sur un secret extrêmement lourd à porter.

Le nouveau Président W. Bush, fils de l'ancien Président G. Bush, avait dû être mis au courant de la situation bien avant son élection. Cela expliquerait, la rapidité avec laquelle il décida, dès son arrivée, de relancer les recherches sur la "guerre des étoiles" et d'accélérer les essais sur le rayon-tueur de satellites.

Tout cela est incontestable et ne peut être mis au conditionnel, hors nous naviguons en plein ultra secret.

Un rapport explosif

L'autorisation m'en ayant été donnée, je vous dévoile le document le plus explosif des États-Unis. (source : *Sentinel-New*). Il s'agit d'une partie du rapport sur le projet "Aquarius" pour le Président Carter. Il date de 1976.

Document d'information
à l'intention du Président Carter

En 1947, un avion, d'origine extraterrestre, s'est écrasé dans le désert du Nouveau Mexique. L'objet a été récupéré par l'armée. Quatre cadavres extraterrestres furent récupérés dans l'épave. L'enquête effectuée à ce sujet a révélé que les extraterrestres n'avaient aucun lien avec la race humaine. Fin 1949, il y eut un autre engin extraterrestre qui s'écrasa aux États-Unis, et il fut partiellement récupéré intact par les forces armées. L'un des extraterrestres survécut au crash.

L'étranger survivant, était du sexe masculin, et fut appelé "EBE". L'être fut soigneusement étudié par des collaborateurs du Service des Renseignements militaires sur une base du Nouveau Mexique.

La langue de l'extraterrestre fut traduite par l'utilisation de pictogrammes. Nous avons appris que l'étranger provenait d'une planète située dans la constellation Zêta Réticulum, à quelque quarante années lumières de la Terre. EBE survécut jusqu'au 18 juin 1952 et décéda des suites d'une maladie inconnue. Pendant le temps qu'il vécut il put nous livrer des informations précieuses sur la technologie du vol spatial, sur l'origine de l'Univers, sur des thèmes exobiologiques, etc.

L'ufologue américain William Moore fût expressément autorisé à communiquer le document intégral à d'autres chercheurs. Il a été publié pour la première fois en 1990 dans son intégralité, sauf une page, dont le contenu était si explosif que l'on déconseilla vivement à Moore de la publier, car elle explique le black-out fait sur le phénomène ovni.

Michaël Wolf, un bio-physicien américain, qui affirma avoir fait partie du groupe ultra-secret "Alphacom", une subdivision du "Majestic 12", envoya une copie de ce document au journal allemand d'ufologie *Magazin 2000.* Il confirme que le Président Carter avait les larmes aux yeux lorsqu'il lut le document dans sa totalité, et il comprit que certaines révélations ne pourraient que semer la confusion et mettre en péril les autorités en place.

Voici dans son intégralité, la page non publiée jusqu'à présent "Top Secret/que pour les yeux, niveau 7" :

« La plupart des documents gouvernementaux concernant les observations d'ovnis, les incidents et la politique gouvernementale à ce sujet, y compris le projet *Blue Book* de l'armée de l'air, ont été révélés au public en vertu de la loi sur la liberté d'information (FOIA) ou d'autres programmes de levée du secret.

"Majestic 12" pense que les documents et informations restants qui ne concernent pas le projet *Aquarius* relatifs à des faits technologiques et relatifs à des affaires médicales des extraterrestres, que le fait qu'un extraterrestre ait été capturé vivant et qu'il ait survécu dans le plus grand secret pendant trois ans, ne peuvent pas être communiqués au public du fait que l'on craint que ces informations puissent parvenir aux services de renseignements ennemis. Il y a eu d'autres informations, que nous avons obtenues d'EBE, qui ont été classées comme hautement sensibles et qui ne doivent pas être communiquées au public.

Cela concerne en particulier le "Projet Aquarius Vol. IX", qui traite de la première visite d'extraterrestres, il y a environ 5000 ans. EBE a affirmé que ses ancêtres avaient déposé un être humain sur Terre, il y a 2000 ans, celui-ci devant aider les habitants de la Terre à développer une civilisation. Cette information n'était que vague et l'identité exacte ou les informations confidentielles de cet Homo-Sapiens, ne furent pas dévoilées. Il est incontestable que si cette information devait parvenir au grand public, il en résulterait une panique religieuse à l'échelle mondiale.

"Majestic 12" a mis au point un plan qui pourrait permettre la révélation du *Projet Aquarius* Vol. 1 à 3. Ce programme de révélations se base sur une libération progressive d'informations, sur une certaine période, ayant pour objectif de préparer l'opinion publique à des révélations ultérieures. L'annexe de ce briefing renferme certaines lignes directrices pour des diffusions ultérieures à l'opinion publique. »

Reste une question : Qui était cet être dont il est question ? Évidemment, tous auront maintenant en tête une même réponse, énorme, et comprendront pourquoi les membres du groupe "Majestic 12" redoutèrent une panique religieuse à l'échelle mondiale. Nous ignorons évidemment s'il est effectivement fait allusion au Fils de l'homme, que chacun a maintenant en tête, et qui a dit « Mon royaume n'est pas de ce monde ». Par ailleurs, nous ne savons pas ce qu'il faut entendre par la formulation « déposé un être humain sur Terre ». (littéralement : *planted an human creature on Earth*) Il ne faut pas oublier que la communication avec EBE s'est faite par l'utilisation de pictogrammes et recours à la télépathie, donc par des méthodes où l'on ne tient pas forcément compte des subtilités linguistiques. Ensuite, et c'est à mon avis le principal, il reste à savoir si l'extraterrestre a dit la vérité, toute la vérité, ou seulement une partie de la vérité.

De plus, comme il est dit plus haut, il y a « des annexes renfermant certaines lignes directrices pour des diffusions ultérieures. » Autrement dit, le texte que vous venez de lire, qui est de la plus haute importance, est encore incomplet pour nous, mais le Président Carter a obligatoirement eu accès aux annexes. Quant à la communication avec EBE ou les aliens en général, tous ceux qui ont eu affaire à un contact du troisième type, ou tous les abductés dans leurs témoignages, vous diront que l'échange verbal avec les extraterrestres n'existe pas ou rarement. Nous entendons dans notre tête les paroles qu'ils veulent que nous entendions.

Personnellement, je ne suis pas gêné par cette révélation, car cela confirme ce que j'écris à propos de la traduction correcte de la Genèse, et de la Bible en général. EBE, dans le texte présenté au Président Carter, affirme ce que je sous-entends dans mes écrits.

Des déclarations du Vatican

Je comprends parfaitement que des lecteurs croyants et souvent pratiquants, aient du mal à admettre ce qui vient d'être dit. Afin de faire mieux comprendre et accepter ce qui sera exposé par la suite dans ce livre, je vais citer une déclaration venant d'un personnage de la plus haute importance de la religion catholique. Un dignitaire du Vatican, Monseigneur Corrado Balducci, membre théologique de la Curie Vaticane et du corps administratif, particulièrement intime dans ses fonctions avec sa Sainteté le Pape, a rendu cinq fois visite à la télévision italienne afin de manifester d'une façon convaincante que les "contacts" avec des êtres extraterrestres sont un phénomène authentique et naturel. Il déclara à la télévision nationale italienne en 1999 :

- « Le contact avec des êtres venus d'une autre planète est conforme à la vérité. »

Dans ses différentes déclarations, Monseigneur Balducci a fait un effort pour expliquer ce que sont les rencontres avec les extraterrestres. Elles ne sont pas démoniaques et ne doivent pas être prises comme des débilités pathologiques d'ordre psychologique, elles représentent également un cas d'entités perturbatrices, si bien qu'il s'avère nécessaire que ces rencontres soient traitées avec un maximum de prudence.

Il est bien entendu certain que Monseigneur Balducci n'a pas fait toutes ces déclarations sans l'autorisation du Pape, et sans que chaque mot ait été pesé à l'avance.

Il faut prendre en compte que ce prélat est un expert consultant "es démoniaque" pour le Vatican. L'Église catholique, au cours de son histoire, a classé comme sataniques de nombreux phénomènes nouveaux et incompréhensibles. Ici, pour la première fois, l'Église ne censure, ni ne condamne ces rencontres avec les extraterrestres, ce qui est un fait véritablement stupéfiant et ahurissant !

Monseigneur Balducci révéla à un visiteur américain que le Vatican « suit ce phénomène de forme, entouré de précautions silencieuses. »

Le Vatican, État officiellement reconnu, reçoit de multiples informations de ces nonces apostoliques à travers les différentes ambassades des pays où il est représenté. Monseigneur Balducci révéla qu'il avait obtenu des renseignements sur les extraterrestres "par une autre source", qu'il ne dévoile pas. Mais on peut penser, que, vue l'importance de la religion aux États-Unis, il y a longtemps que les différents Papes ont été informés du secret des secrets.

Monseigneur Balducci est membre d'un groupe qui agit dans son ensemble en tant que consultant et conseiller du Vatican, pour les différentes affaires concernant les humains qui auraient des rapports avec des êtres venus d'une autre planète. Par cela même, le sujet concernant les rencontres avec les extraterrestres, représente un thème sous-jacent interne, qui intéresse le groupe, en particulier en ce qui concerne la signification spirituelle pouvant se dégager d'une compréhension générale du contact extraterrestre.

Ces informations sont à mettre en parallèle avec celles du scientifique américain, le docteur Michaël Wolff, du Conseil de Sécurité National pour la direction et la recherche sur le phénomène ovni, également connu comme auteur et expert pour élucider les affaires du Vatican. Il est donc peut-être la fameuse source ?

Pour faire suite aux déclarations de Monseigneur Balducci, le Père Malachi Martin, de la Curie Romaine, n'a pas hésité à déclarer : « que la préoccupation du Vatican est de s'atteler devant un grand travail concernant le rapport et la mise à jour doctrinale qui devra se faire précisément lorsque le contact extraterrestre, sera autorisé, et proclamé comme un fait concret et accepté par tous les gouvernements du monde, dans les prochaines années du troisième millénaire. »

Tous les ufologues de la planète sont évidemment abasourdis mais extrêmement satisfaits que d'aussi hauts dignitaires du Vatican aient fait de telles déclarations à la télévision italienne. Nous ne pouvons que les remercier chaleureusement

Malheureusement, le public Français, endormis par les discours lénifiants de la "pensée unique" n'a eu droit, dans aucun média, à ces informations, pourtant si importantes pour l'humanité.

Les plus grands témoignages de l'histoire

En décembre 1966, le Professeur Mac Donald, qui fut retrouvé "suicidé", lui aussi et qui avait examiné les archives secrètes du *Project Blue Book*, avait déclaré : « Mon examen des archives me permet de déclarer que le public, le Congrès, et les scientifiques sont induits en erreur. Un large ensemble de preuve, recueillies depuis vingt ans, amène de nombreux chercheurs à la conviction que les ovnis sont extraterrestres. »

C'est cette déclaration qui a amené l'année suivante la création de la fameuse commission Condon, de façon à en atténuer l'effet et expliquer au public que le phénomène ovni était moins important que certains avaient voulu le faire croire.

Les années suivantes apportent la preuve qu'il était impossible de faire gober à des millions d'individus que ce dont ils étaient témoins était sans importance.

Un des plus grands événements du XXe siècle fut l'arrivée, le 21 juillet 1969, de l'homme sur la lune. Neil Armstrong et Edwin Aldrin foulèrent le sol lunaire, posèrent une plaque commémorative et laissèrent aussi une capsule cylindrique en silicone pratiquement pur, sertie dans une monture en aluminium argentée sur laquelle est gravé le message individuel de soixante-quatorze Chefs d'état terriens.

Pourquoi, et à qui est destinée cette capsule ?

Certainement pas pour les missions Apollo suivantes, ni pour de quelconques astronautes terriens appelés à fouler le sol lunaire par la suite.

Alors, pour qui ?

Est-ce pour le comité d'accueil qui attendait Armstrong et Aldrin sur la lune ?

Car il faut savoir que de nombreux cosmonautes américains et russes, notamment pendant les voyages vers la lune, ont été confrontés à des événements et des surprises énormes, provoquant des réunions angoissantes aux plus hauts niveaux gouvernementaux et scientifiques. La décision fut d'ailleurs prise, tant du côté Russes qu'Américains, qu'il valait mieux arrêter les voyages lunaires qui risquaient de mal tourner.

N'est-il pas étonnant que depuis trente-trois ans cette décision n'ait pas changé ?

Si vous étiez devant votre poste de télévision, cette nuit du 21 juillet 1969, à 3 heures du matin, vous avez dû remarquer la panne de la caméra. La raison est que toutes les images du film nous arrivaient en direct... mais différées de quelques secondes. Cela permettait aux spécialistes de censurer certaines images et de faire croire à des pannes. Trente mille images n'ont toujours pas été dévoilées au public.

Mais le temps a passé. Des cosmonautes vieillissants ont parlé. Nous savons pourquoi Collins et Cooper, tellement choqués par ce qu'ils avaient vu, furent interdits par la suite de vols spatiaux.

Nous savons qu'ils ont vu des traces sur le sol lunaire, nous savons qu'ils ont décrit les énormes disques en état stationnaire qui les observaient sur le bord des cratères, et d'après eux, dans une attitude menaçante. Nous savons par ailleurs que des satellites disparaissent parfois pendant des heures, voire plusieurs mois, pour réapparaître subitement, etc.

Pour empêcher les déclarations intempestives, tous les militaires américains furent astreints de respecter une nouvelle loi leur interdisant de déclarer quoi que ce soit aux médias ou au public, sous peine de révocation, d'amendes faramineuses ou de peines de prison de longue durée pour manquement à la raison d'état. Bien entendu, la France et les autres grandes puissances prirent les mêmes dispositions.

Si le problème n'était pas important, pourquoi ces lois d'exception ? Pourquoi ce secret absolu ?

IV.
Retour sur la Bible

Le but des ufologues, en étudiant des écrits anciens comme la Bible, n'est pas d'interpréter de manière fantaisiste mais de transcrire fidèlement des mots hébreux en français. Cela a bien sur une importance considérable sur le sens du texte. Un chercheur ne doit pas tricher avec la traduction, même si celle-ci peut contredire certains credos religieux. Cela n'enlève absolument rien au concept de Dieu.

Tout ce qui suit peut être vérifié dans les textes sacrés.

Le livre d'Enoch

Au temps pré-biblique, antédiluvien nous trouvons le livre d'Enoch. Il comprend trois textes apocryphes : hébreu-éthiopien et slave, ainsi nommés d'après leur langue respective de transmission.

L'apocryphe éthiopien, dont un exemplaire est arrivé en France en 1772, est divisé en cinq parties, dont la troisième a pour titre *Trajectoires des Lumières dans le ciel*. C'est une compilation d'un grand nombre de relevés d'observations et de notes, se rapportant à des objets lumineux parcourant le ciel. Il ne s'agit ni de comètes, ni d'étoiles, ni de planètes, cela est bien précisé. On est troublé d'apprendre qu'en ces temps très lointains, les hommes se sont attachés à noter les événements insolites venus du ciel... comme les hommes d'aujourd'hui.

Le livre d'Enoch nous expose les aventures des enfants des dieux : « descendus du ciel sur la Terre, avec les femmes des hommes de la lignée de Caïn, dont ils eurent des descendants géants. »

Je rappelle que le livre d'Enoch a la réputation d'être l'écrit le plus ancien qui existe, puisqu'il fut sauvé du déluge par Noé. Les apôtres Pierre et Judas parlent de ce livre, ainsi que beaucoup d'auteurs chrétiens, comme Origène, Procope, Justin etc.

En hébreu, Enoch (ou hanokh) veut dire : "celui qui sait beaucoup". La tradition nous enseigne qu'il aurait inventé l'écriture et l'arithmétique. On l'appelait "Père des Initiés" et "Père des dieux" et comme le prophète Elie, il fut enlevé au ciel "tout vivant sur un char de feu". « Le temps qu'Enoch vécut fut de trois cent soixante-cinq ans, puis il ne parut plus, parce que Dieu l'enleva. »

Dans la Bible de Chouraqui, on lit : « Hanokh va vers l'Elohim puis il n'est plus : oui Elohim l'a pris ". (Entête, Enfantement- 4 verset 23 et 24) Dans cette traduction de M. Chouraqui, il n'est pas question d'enlèvement par "Dieu" (IHVH) mais par Elohim, ce qui n'est pas du tout la même chose !

Nous sommes déjà en présence de chars de feu qui enlèvent les hommes dans le ciel pour une destination inconnue.

Que signifiaient ces chars de feu ? Nous pouvons penser que dans l'esprit de nos aïeux, le mot "char" devait représenter une énorme masse solide en métal brillant, entourée de lumières tellement éblouissantes qu'elles faisaient penser à du feu. Il est remarquable, à cet égard, que personne ne se soit soucié, depuis des siècles, de ces termes pourtant clairs écrits dans la Genèse. Pour quelle raison ?

En effet, soit on accepte les textes tels qu'ils sont et l'on ne cherche pas à comprendre, soit on admet qu'ils aient mal décrit ce qu'ils voyaient. Pis encore, nous mettons ces étranges descriptions sur le compte d'hallucinations, au risque de faire passer nos ancêtres pour des imbéciles. Cela ferait désordre puisqu'il s'agit de grands prophètes. On peut aussi censurer les textes, comme cela a été fait avec les manuscrits de la Mer morte, Mais la profusion des textes anciens, avec leurs traductions d'origine a empêché cette forfaiture envers les scribes.

Je suis persuadé que, pour avoir une vue globale du phénomène ovni moderne, il faut impérativement comprendre le message caché dans la Genèse.

Une relecture du texte sacré

Certains pensent que la Bible est un amalgame de contradictions et d'énigmes sans réponses. C'est oublier que ce texte sacré est passé de l'hébreu ancien, en latin, en passant par le grec, pour être traduit en français, pour ce qui nous concerne.

Les différents traducteurs ont retranscrit les mots dans leur propre langue, ce qui est logique, mais en oubliant, volontairement ou non, que chaque mot hébreu ancien revêt plusieurs significations dont la valeur symbolique disparaît quand le mot est sorti de son contexte.

Voici un exemple :

Dans *Jardin en Eden* verset 7, il est écrit :

« IHVH forme le glébeux – Adam poussière de la glèbe… »

Les scribes anciens avaient utilisé le mot AFAR, qui, bien sûr, peut se traduire par "poussière". Mais ce mot, symboliquement, était utilisé pour signifier ce qui est léger, détaché de la pesanteur, détaché du sol. En fait, ce mot Afar, utilisé dans le texte, évoque une matière agréable, puisqu'il s'agissait du désert, synonyme de beauté, grandeur et propreté, alors que, de nos jours, le mot poussière à une connotation désagréable et péjorative.

Comment peut-on accepter, surtout si l'on est croyant, une traduction aussi approximative, tendant à faire croire ou penser que LE ou LES créateurs de l'homme aient pu le faire naître d'une matière première aussi peu ragoûtante que la glèbe ?

Il s'agit là tout simplement, d'une traduction ordinaire en français du texte latin de la Vulgate, où l'on voit bien qu'il est impossible de comprendre ces histoires anciennes si l'on n'a pas la chance de connaître un rabbin traduisant la Bible à partir du texte originel.

Dans le texte 22, il est dit qu'Enoch va vers l'Elohim.

Si l'on traduit correctement la Genèse, on s'aperçoit qu'Elohim, traduit par DIEU au singulier avec un "D" majuscule, est une erreur monumentale... à moins que l'erreur soit volontaire... ce qui à mon avis doit être le cas !

En effet "Elohim" est, en hébreu, le pluriel "d'Eloha". Eloha veut dire "dieu" au singulier sans majuscule. Si on veut parler de Dieu avec un "D" majuscule on utilise dans la bible le mot YAHVE (IHVH) pour désigner le Créateur suprême.

On a donc bien voulu nous faire comprendre, en écrivant ces textes, qu'il ne fallait pas confondre (les dieux) Elohim et le DIEU unique YAHVE !

Ce n'est donc pas YAHVE qui enlève Enoch ou Elie au ciel (comme il est dit dans la Bible), mais Les Elohim, c'est-à-dire comme il nous est dit, ceux qui viennent de faire des enfants aux femmes des hommes.

On ne me fera jamais croire que DIEU, l'Être suprême, le Grand Créateur, est venu faire des enfants aux femmes des hommes. Ce n'est pas seulement iconoclaste, c'est absurde... et cela ne correspond pas à la traduction du texte !

Quels sont ces fils de DIEU qui prennent pour femmes les filles des hommes ? Que je sache, Israël, à l'époque, n'avait qu'un seul DIEU. Alors qui étaient ces fils de DIEU ? D'où venaient-ils ?

« Quand les hommes eurent commencé à se multiplier sur la Terre, les "Fils de Dieu" virent que les filles des hommes étaient belles et firent parmi elles leur choix pour les épouser. » (Moïse, livre I)

Dans ce même livre, il est dit : « les voici qui surgissent à nouveau ces Fils de Dieu qui vivent parmi les hommes ».

La Bible parle aussi de "géants" et les qualifie de Fils de Dieu qui vivent parmi les hommes et s'accouplent aux filles des hommes.

À cette époque, les hommes n'étaient pas grands, et si les enfants nés de ces accouplements mesuraient, ne serait-ce que deux mètres de haut, c'était certainement pour eux des géants.

Il est donc très clairement écrit, sauf pour celui qui, enfermé dans le dogme, ne veut pas voir, qu'il ne s'agit pas de DIEU le Créateur - celui-ci ne vivant pas au milieu des hommes - ni des hommes, nos lointains ancêtres, puisque le distinguo est nettement fait dans le texte !

Quel rapport avec les ovnis ?

Il est possible de l'établir avec les chars de feu, les êtres Elohim, que l'on prenait pour des dieux (ou du moins pour les fils de Dieu), et les enlèvements dans le ciel.

Nos ancêtres vivaient donc tranquillement avec des fils de Dieu. Pourquoi ce terme ? N'est-ce pas parce qu'ils étaient éblouis par la technologie de ces Elohim... et par leurs chars de feu leur permettant de disparaître dans les cieux ?

Dès la première ligne de la Bible, (Entête, Genèse-Sept jours) traduite par Chouraqui, on lit ceci : « Entête Elohim créait les ciels et la terre ». S'il s'agissait de DIEU, le scribe des origines aurait écrit YAHVE et non Elohim.

Or, dans la plupart des traductions ordinaires, cette première phrase d'une importance considérable, a été traduite par : « Au commencement Dieu créa les ciels et la terre ».

Voilà ce que disait le grand Voltaire de cette interprétation :

« Au commencement Dieu créa les ciels et la terre », c'est ainsi qu'on a traduit, mais la traduction n'est pas exacte. Il n'y a point d'homme un peu instruit qui ne sache que le texte porte « Au commencement les dieux firent ou le dieu fit le ciel et la terre. » (Voltaire, *Dictionnaire philosophique*)

Il n'est pas question, je le répète, de choquer qui que ce soit dans ses convictions religieuses, mais je persiste à dire qu'il est malhonnête de traduire incorrectement un texte afin de construire un dogme prétendument issu de textes eux-mêmes, et non pas en conformité avec la vérité.

Dans toutes les mythologies de la planète, il est question de Géants. Ils doivent donc bien avoir existé. Qui étaient-ils et d'où venaient-ils? S'agissaient-ils de cosmonautes venus d'une autre planète pour mettre en place sur terre une nouvelle civilisation? EBE, l'humanoïde récupéré par les Américains dans le crash d'ovni de Roswell, aurait-il dit la vérité? Une chose est sûre, c'est que la Bible parle sans détour de ces "géants" et les assimile aux "fils de Dieu" qui vivaient parmi les hommes, et s'accouplaient aux filles des hommes.

Si j'invoque la Genèse dans un livre destiné à tenter d'expliquer le phénomène ovni, c'est qu'il me semble indispensable de faire connaître des vérités trop longtemps étouffées par la pensée dogmatique qui ne veut entendre parler que d'un DIEU unique que l'on met à toutes les sauces, alors que la traduction correcte est très différente.

Une confusion incroyable fait que les différentes Bibles de la planète traduisent “Elyon” par le Très-haut, “Elohim” par l'éternel, “Shaddaï” par Tout-puissant. Alors que, Elyon désigne un dieu en particulier, mais en aucun cas le DIEU unique et Créateur. Quant à YHVH, auquel on accole le mot “Adonaï” (Seigneur), il s'agirait de ce DIEU créateur de toutes choses dans l'Univers. En fait, Adonaï en hébreu ancien, est un pluriel signifiant “mes seigneurs”. On est donc obligé de reconnaître que tout cela n'est pas clair, à moins d'être de mauvaise foi ou de refuser les évidences.

On peut essayer de comprendre qui étaient ces Elohim sans que cela remette en question la croyance en Dieu, tout en supposant que les hommes de cette époque craignaient ces Elohim à cause de leurs pouvoirs et de leur savoir surhumain.

Cela amène à se poser cette question : si Elohim est le pluriel d'Eloha, pourquoi ce sujet pluriel est-il très souvent utilisé avec un verbe au singulier ? (par exemple : Elohim dit... Elohim fait...)

La raison en est simple, c'est qu'à cette époque la tradition de ces peuples était de raconter des histoires non pas d'une personne appartenant à un groupe, mais d'un groupe de personnes auquel l'histoire est attribuée. C'est comme si de nos jours, un étranger parlant de notre peuple disait : « Le Français dit aimer le bon vin », cela voudrait dire bien entendu : « l'entité française, peuplée de Français, forme une unité qui dit aimer le bon vin ».

C'est en étudiant le livre d'Ezechiel que j'ai compris l'importance des traductions de l'hébreu ancien en ce qui concerne le mystère des ovnis.

Au premier abord, cela ne semblait pas évident. Après quelques cours d'hébreu, ce fut, pour moi comme pour d'autres qui m'ont précédé, une révélation que je voudrais faire partager.

Une des caractéristiques de la Bible, c'est qu'il y a plusieurs lectures possibles. En effet, nous le savons, le texte originel était en hébreu ancien. De plus, il s'agit d'un texte consonantique, c'est-à-dire sans voyelle et cela change complètement la signification si l'on n'y prend pas garde. Rappelons que les voyelles ont été rajoutées par les rabbins, au Moyen Âge. Dans les rouleaux des synagogues, il n'y a que les consonnes et ce sont les seuls textes canoniques véritables.

Pour donner une idée de la complexité de la traduction qui peut aboutir à faire dire ce que l'on veut aux textes, il faut s'avoir par exemple qu'en hébreu, un verbe, selon les voyelles que l'on rajoute, sera au passif ou à l'actif. C'est le traducteur qui en décide. Autre caractéristique, la phrase hébraïque se présente toujours dans un certain ordre. Dans une phrase énonçant un événement, le verbe est placé en tête. Si le verbe n'est pas en tête, il s'agit d'une phrase de pensée, de réflexion, d'analyse...

On voit combien il est facile de faire dire aux mots ce que l'on veut. Justement le verbe "faire", très utilisé en français, s'écrit, dans la Bible "Asa" que l'on traduit simplement par "faire". Or, "Asa" veut dire faire faire quelque chose, ce qui n'est pas du tout la même chose.

Il faudrait bien sûr consacrer un livre entier à la traduction de la Genèse. Ce qui nous importe ici, c'est d'en révéler certains points significatifs pour notre étude.

Revenons à la première phrase de la Genèse, « Beréschit bara Elohim èth hashmaïn weèth haarès », ainsi traduite par M. Chouraqui : « Entête Elohim créait les ciels et la terre. » "Entête" est la traduction du mot hébreu "Beréschit" que la plupart des bibles, ou textes religieux, traduisent par "Au commencement". Ce premier mot est, de l'avis des exégèses, d'une importance considérable.

Traduire “beréschit” par ”au commencement” est non seulement une absurdité, mais une malhonnêteté inexcusable vis-à-vis des centaines de millions de croyants qui font confiance aux autorités de leur Église. En traduisant “berésichit”, on donne une situation de départ ex nihilo (du néant), tout ce qui vient ensuite ne pouvant être que l’œuvre de Dieu.

Pourtant, dans la grammaire hébraïque, s’il n’y a pas d’article devant le mot, comme c’est le cas ici, cela implique que nous avons affaire à quelque chose d’indéterminé.

Il convient donc de traduire “entête” par “au début de cette histoire”, ou… “pour commencer ce récit”. Personnellement, je traduirai, en tenant compte de la suite du texte par : “L’histoire commence par Elohim créant les ciels et la terre”.

En traduisant correctement l’hébreu, nous voyons que nous ne sommes pas au début de la création, et qu’Elohim ne crée pas “ex nihilo” mais en partant d’un support qui existe déjà dans un état catastrophique où tout est à refaire.

L’intervention de Dieu n’est pas nécessaire pour remettre en état cette “poussière d’étoile” appelée Terre. Les Elohim sauront le faire, et c’est ce qu’ils font grâce à leur technologie avancée. Cela se trouve écrit noir sur blanc dans la Bible. Tout ce qui est décrit comme miraculeux, fantastique, merveilleux par les humains de l’époque, c’est exactement ce que nous ressentons aujourd’hui en présence du phénomène ovni.

Ces éclaircissements étaient indispensables pour appuyer la thèse selon laquelle les ovnis et leurs occupants sont sur Terre depuis fort longtemps.

Libre à chacun de refuser ce qui est écrit dans la Bible des origines. Je comprends que cela soit dérangeant, notamment pour les religions officielles. Mais on ne peut pas trahir les textes pour faire plaisir à une quelconque institution.

Nous lisons au chapitre XIII (*sortie d'Égypte*) : « Et le Seigneur marchait devant eux pour leur montrer le chemin, paraissant pendant le jour en une colonne de nuée, et pendant la nuit, en une colonne de feu. » (voir aussi *Exode* 14-19-24)

Ces colonnes de feu ou de nuées se sont manifestées plusieurs fois dans les temps modernes, en particulier le 17 octobre 1952, à Oloron, dans les Pyrénées, où plusieurs témoins, dont deux policiers, décrivent ce phénomène. Il ne s'agissait pas d'un phénomène divin puisque l'Église n'en a pas parlé...

Le livre d'Ezechiel

Je vais terminer ces témoignages bibliques par le grand prophète Ezechiel qui était reconnu comme un savant érudit et un grand Sage.

Le premier chapitre du *Livre d'Ezechiel* parle de sa vision ; mais dans ce texte, que veut dire "vision" ? S'agit-il d'une hallucination, selon l'expression moderne ? Il semble qu'en fait Ezechiel ait eu une vision claire et précise, son aventure ayant peut-être déclenché chez lui ses dons prophétiques. Il donne de cet événement une description riche en détails.

Il avait trente ans, c'était le cinquième jour du quatrième mois, il se trouvait avec les captifs, près du fleuve Chobar. C'était la cinquième année de la déportation du roi Joachin et de son peuple par Nabuchodonosor.

« Et je vis, et voici qu'un tourbillon de vent venait de l'aquilon, et une grosse nuée, et un globe de feu, et une lumière qui éclatait tout autour ; et au milieu, c'est-à-dire au milieu du feu, il y avait une espèce de métal brillant. »

Cette déclaration est en tous points comparable aux témoignages que l'on recueille aujourd'hui concernant les observations d'ovnis.

Il ajoute : « Et au milieu de ce feu, apparaissaient quatre animaux dont l'aspect avait la ressemblance de l'homme. »

Là encore on s'aperçoit que la route est sinueuse et pleine d'embûches de l'hébreu ancien au français moderne, puisque le mot hébreu "Haïyot" utilisé par Ezechiel, traduit ici par "animaux" signifie "êtres mystérieux", traduit en latin par "animalium" (êtres animés), et en français par animaux...

Une fois la première surprise passée, Ezechiel parle de "chérubins" puis "d'hommes".

Il dit :

« Chacun d'eux avait quatre faces et chacun quatre ailes. »

S'agissait-il de sortes de scaphandres spatiaux avec des casques à quatre hublots ? Quant aux ailes, il est impossible de comprendre à ce jour ce qu'il a voulu décrire. Était-ce des rotors d'hélicoptère personnel ? Les "Êtres" que nous observons aujourd'hui au sol, n'ont jamais ce type d'équipement. Leur technologie aurait-elle changé depuis ?

Il poursuit : « Leurs jambes étaient droites, et les sabots semblables à des sabots de taureau, qui étincelaient comme du bronze poli. » (*Ezechiel* 1-4). Tout cela nous fait penser à nos astronautes modernes quand nous les voyons monter dans leur fusée.

Il note que le "véhicule étincelant" vient du Nord en soulevant un nuage de sable. Puisque le sable se soulève, il s'agit bien, effectivement, d'un objet matériel se déplaçant dans l'air.

Laissons le prophète poursuivre son récit : « Tandis que je contemplais ces êtres vivants, je vis à terre, près d'eux, à côté de chacun des quatre, une roue qui avait quatre faces superposées. Elles se ressemblaient et leur structure était comme si une roue était au milieu d'une autre roue. »

Ezechiel croit que les roues sont engagées les unes dans les autres, en fait, on peut penser que la forme de l'engin ressemblait à quatre roues de diamètres différents, superposées, ressemblant à certains ovnis observés de nos jours.

« Les roues étaient d'une hauteur terrifiante, et tous les corps des quatre roues étaient pleins d'yeux autour. Lorsque les animaux marchaient, les roues marchaient aussi, et lorsque les animaux s'élevaient de terre, les roues s'élevaient en même temps. » (les "yeux" nous font penser à des hublots)

Ezechiel est prosterné, face contre terre. Une voix provenant des animaux (disons plutôt Elohim) dit : Fils de l'homme, lève-toi que je te parle !

Ezechiel : « J'entendis derrière moi le vacarme d'une violente rumeur, ainsi que le bruit du battement d'ailes des êtres vivants et le bruit des roues à côté d'eux. Puissant fracas. »

Nous sommes vraiment en présence d'un récit très précis fait par un témoin oculaire, dont la réputation à l'époque n'était plus à faire. Ces êtres parlent à Ezechiel et lui demandent de faire respecter l'ordre dans le pays.

Dès cet instant, nous voyons que quelque chose n'allait pas dans le fonctionnement de notre civilisation, et cela ne semblait pas convenir aux Elohim. Ezechiel dit qu'ils l'emmenèrent dans leur engin, et le ramenèrent sur Terre. Cet événement fit une très grosse impression sur le prophète. Plusieurs fois, dans ses récits ultérieurs, il reparle des roues, des yeux, des ailes. Le but de leur voyage était de l'alerter et le changer parmi ce peuple d'humain qui n'entend plus, ne voit plus, de faire régner à nouveau la moralité et l'ordre.

Au fils des siècles, le même type de message a été transmis à ceux qu'on appelle : les "contactés". De nos jours, les messages sont beaucoup plus inquiétants, puisqu'ils nous avertissent qu'en détruisant la nature nous précipitons notre civilisation vers une catastrophe qui anéantira tout sur la Terre !

Mais revenons à Ezechiel, pour nous poser, une fois de plus, la question : qui sont ces Êtres qui dialoguent avec le prophète ? Ce ne sont pas des hommes de l'époque, car on voit bien qu'Ezechiel est stupéfait par leur technologie. Ce n'était pas Dieu le Créateur, d'abord parce qu'ils sont quatre et qu'ensuite, si Dieu se déplaçait à bord d'engins volants circulaires... cela se saurait ! Il ne peut donc s'agir, à mon avis, que de ces êtres que les hommes prenaient pour des dieux : les Elohim. De même, si un jour prochain, nos astronautes débarquaient sur une planète éloignée et se trouvaient au contact d'êtres moins évolués, ceux-ci les prendraient certainement pour des “dieux”. Dans un tel cas de figure, nos astronautes présenteraient la même avance technologique que celle que les Elohim avaient sur nos lointains ancêtres.

En relisant le récit d'Ezechiel, nous voyons qu'il a été frappé par un spectacle effrayant pour l'époque et qu'il manquait de mots pour décrire précisément la technologie qu'il avait devant lui... comme de nos jours, beaucoup de témoins se trouvent interdits, paralysés par la peur.

Bien entendu, l'Église a classé Ezechiel comme un prophète obscur. Rien n'est plus faux. Seulement, ses descriptions sont très embarrassantes pour les religions monothéistes qui ont construit leur dogme sur l'existence d'un Dieu unique, créateur de la Terre et de l'Univers, tandis que, dès la première ligne du livre sacré, il est dit que c'est Elohim qui intervient, donc “les dieux”.

D'autres textes révélateurs

On trouve dans la Bible d'autres traces d'êtres venus d'ailleurs, notamment dans le passage consacré à Moïse et son Arche d'alliance dont la fabrication est décrite avec une infinie précisions (livre 2-25-10). Il est signalé à Moïse les dangers d'utilisation de cette Arche. En fait, des spécialistes en électricité, en reprenant la description donnée par la Bible, se sont aperçus qu'il s'agissait d'un puissant condensateur avec aimant. D'ailleurs, il interdisait à qui que ce soit d'approcher de l'Arche.

Les détails nécessaires à la fabrication de l'Arche d'alliance sont écrits noirs sur blanc dans le texte. l'Arche qui, à l'époque était entourée d'étincelles devait servir d'intermédiaire puisque Moïse s'en servait quand il avait besoin de conseils ou d'aide. C'est écrit en toutes lettres dans le livre Sacré des trois religions monothéistes !

À moins de n'avoir aucun sens de la réflexion, aucun sens d'analyse, de ne pas savoir lire, et d'accepter d'être complètement infantilisé, on voit bien que Dieu n'a rien à voir dans cette histoire.

Je suis trop croyant, je respecte trop Dieu, le grand créateur, pour croire qu'il puisse être mêlé à de telles histoires...

Les "manuscrits de la mer morte" décrivent les mêmes phénomènes. N'est- ce pas curieux ? Il y est question de chars célestes, de roues, de fumées qui sortent d'engins volants, des fils du ciel, etc.

Dans l'*Apocalypse de Moïse* (ch. 33), on voit passer dans le ciel « un vaisseau de lumière tiré par quatre aigles rutilants ". Moïse insiste sur le fait que personne sur Terre n'était capable de décrire la beauté de cette apparition.

Bien entendu, nous n'avons eu accès qu'à quelques rouleaux contenant des faits extraordinaires, alors nous pouvons nous demander ce que contiennent ceux qui restent cachés ?

Si l'on prend le rouleau de Lamech, malheureusement assez endommagé, on s'aperçoit, sans aucun doute possible, qu'une autre race que les terriens vivaient sur Terre ou venait leur rendre visite.

Le récit qu'en fait l'écrivain Eric Von Daniken dans *Présence des extra-terrestres* ne manque pas d'intérêt :

Bat-Enosch, épouse de Lamech, en l'absence de celui-ci, met au monde un garçon. C'est une désagréable surprise pour Lamech, qui refuse de croire qu'il est le père de cet enfant, tant sa physionomie diffère de celle du reste de sa progéniture. Il adresse à sa femme de sévères reproches. Celle-ci jure que l'enfant est bien de lui et non de quelque étranger de passage, voire même d'un Fils du ciel (de quel Fils du ciel Bat-Enosch parle-t-elle ?). Lamech, que les serments de son épouse ne parviennent pas à tranquilliser, s'en va chercher conseil auprès de son père, Mathusalem, qui l'écoute attentivement et, après mûre réflexion, décide de soumettre à son tour le problème au Sage Enoch. Il lui apprend que la femme de son fils vient de donner le jour à un garçon qui ressemble plus à un Fils du ciel qu'à un homme : yeux, peau, cheveux, allure générale, tout le différencie, affirme t-il, des autres membres de la famille.

Après avoir entendu son récit, le sage Enoch renvoie Mathusalem dans ses foyers avec une nouvelle des plus alarmantes : une sanction terrible doit frapper la Terre et ses habitants. La chair souillée va être condamnée à périr. Quant au nouveau-né, il est appelé à être le père d'une race nouvelle destinée à survivre à la catastrophe programmée contre l'humanité par le grand tribunal. Que Mathusalem s'exécute. Lamech n'a plus qu'à reconnaître ce singulier enfant et le baptiser du nom indiqué par Enoch, c'est-à-dire Noé.

Ce récit nous apprend que Mathusalem et les parents de Noé furent prévenus du déluge qui allait engloutir l'humanité. Peu après cette annonce faite à Mathusalem, le sage Enoch fut « emporté dans les cieux par un char de feu » !

Cet épisode nous renvoie aux révélations d'EBE, l'humanoïde de Roswell, au sujet de la naissance de la race humaine, décidée par des êtres venus d'ailleurs.

Comment expliquer autrement l'intervention répétée des "géants" ou des "Fils du ciel" dans les cycles humains de reproduction ? Comment expliquer la destruction de groupes humains jugés inaptes à survivre ?

Dans cette optique, le déluge devient une opération de destruction provoquée par des êtres inconnus débarqués de quelque région lointaine du cosmos dans le but d'anéantir la race humaine, exception faite de quelques individus destinés à créer une nouvelle civilisation.

Le déluge, dont la réalité est acceptée par les scientifiques modernes, a été préméditée plusieurs siècles avant que Noé reçoive pour instruction d'édifier l'Arche, il n'est évidemment plus question de la considérer comme un jugement de Dieu.

L'idée d'améliorer la race humaine en créant une race plus intelligente est une hypothèse plausible.

Cette idée n'est pas spécifique aux légendes du vieux continent. Tiahuanaco, site archéologique situé en Bolivie, sur la rive sud du lac Titicaca, à 3 900 mètres d'altitude, était le centre d'une civilisation pré-Inca très prospère, et les inscriptions gravées sur le fronton de la Porte du Soleil relatent le séjour sur terre d'une femme venue d'un autre monde pour donner le jour à de nombreux enfants avant de regagner les étoiles.

L'Ancien Testament ne se lasse pas de souligner le fait que "DIEU" créa l'homme à son image. (N'oublions pas, qu'en fait, il s'agissait des Elohim traduits par Dieu, alors qu'il fallait impérativement traduire par "les dieux").

On apprend aussi, par certains textes, que Dieu dut s'y prendre à plusieurs reprises pour être satisfait de son œuvre. Cette affirmation est acceptable s'il s'agit de l'œuvre d'êtres surdoués, ou du moins supérieurs du point de vue technologique, mais certainement pas si c'est l'œuvre de Dieu, le Créateur, qui étant parfait n'a nullement besoin de s'y reprendre à plusieurs fois pour créer ce qu'il a décidé de créer !

Vous comprenez pourquoi j'ai tant insisté sur la traduction correcte des mots hébreux, puisque, comme on peut s'en rendre compte, des phrases entières n'ont plus la même signification.

Nous pouvons en tout cas supposer, si nous admettons l'hypothèse d'un séjour sur terre d'intelligences étrangères, que l'homme façonné par leurs soins, ressemble à ces êtres légendaires - à leur image - dont parlent les livres anciens.

Pour moi, prétendre que Dieu, ce pur Esprit, pouvait se déplacer à bord d'engins en forme de roues, prétendre encore qu'il aurait pu s'accoupler avec les femmes des hommes, cela me semble tellement ridicule, tellement absurde, que je préfère passer pour un iconoclaste, ce qui sémantiquement parlant ne me dérange pas, plutôt que de suivre les manipulations des textes officielles au service d'un dogme.

Toutes ces preuves, qui ne peuvent pas être remises en cause, m'amènent à penser sans aucune retenue que les Elohim de la Bible n'étaient pas des terriens, qu'ils utilisaient pour se déplacer des engins qui ressemblaient aux ovnis que nous connaissons ; qu'ils sont intervenus dans l'histoire de l'humanité, comme ils interviennent encore de nos jours mais moins directement ; et qu'ils interviendront encore d'une façon très désagréable, comme ils nous en avertissent sans cesse... sans que, bien entendu, nous en tenions compte !

Les théologiens prétendent que les desseins de Dieu sont insondables et que les motifs qui inspirent ses apparitions sur Terre, ainsi que son style de gouvernement, nous échappent complètement. Je suis tout à fait d'accord, si on remplace Dieu par Elohim.

Libre sont ceux qui préfèrent fermer les yeux plutôt que d'être confrontés aux réalités.

En ce qui me concerne, je pense que la présence sur terre, et ce depuis fort longtemps, d'entités non-terrestres, est une réalité incontournable.

Si nous cherchons vraiment la vérité dans certains domaines, en ayant conscience qu'elle nous fut cachée pour différentes raisons, il faut sortir des sentiers battus, remettre en cause beaucoup d'affirmations qu'on a fait passer pour vraies à nos aïeux qui, pour la plupart n'avaient pas le niveau d'instruction et la capacité d'analyse dont nous disposons aujourd'hui. Il y a seulement cent-vingt ans, nos arrières grands-parents ne pouvaient pas même imaginer ce qu'était la navigation spatiale. Dès lors, ils n'avaient aucune raison de se demander si leurs lointains ancêtres avaient eu la visite d'êtres venus d'ailleurs. Ce concept ne pouvait pas venir à l'esprit de ceux qui lisaient la Bible. Plus loin encore dans le temps, la population, en majorité illettrée, était à la merci de quelques instruits qui leur apportaient la bonne parole... qu'il était hors de question de mettre en doute sous peine de passer pour hérétique et finir, comme beaucoup, sur le bûcher !

V.
Une planète sous surveillance

Revenons à l'observation faite à Oloron, dans les Pyrénées. Les témoignages m'ont été confirmés par mon ami Jimmy Guieu qui m'a autorisé à les retranscrire.

Le 17 octobre 1952, une douzaine de personnes virent dans le ciel des ovnis de forme circulaire accompagnés de "cigares volants". Ils décrivent des sortes de "toiles d'araignées" s'échappant des engins, se déplaçant, emportées par le vent, en de longs filaments floconneux (cette caractéristique n'a été vue qu'en de rares fois).

Les faits ont été rapportés par les témoins suivants : M. Prigent, surveillant général du collège d'Oloron, son épouse, institutrice, leurs enfants, le concierge du collège et sa femme, le professeur de gymnastique, deux élèves et une passante. Près de là, le Maire de Géronce et quelques habitants de cette localité disent également avoir vu cette étrange manifestation. Tous ces adultes sont connus à Oloron pour leur honorabilité et leur esprit positif.

A 12h50, donc, dans le ciel d'Oloron, une espèce de cylindre incliné à 45 degrés, se déplaça lentement en ligne droite en direction du sud-ouest. Il était blanchâtre, et de son extrémité supérieure s'échappait une fumée bleutée. Quelques instants plus tard, à l'avant de ce premier cylindre, apparurent en grand nombre d'autres objets apparemment sphériques. Ils se déplaçaient par paires et avançaient avec un léger mouvement d'ondulation et en zigzag. Lorsqu'ils s'écartaient l'un de l'autre, les objets se trouvaient alors, comme reliés entre eux, par une sorte de traînée blanchâtre. Ces ovnis laissaient dans le ciel comme de la condensation. Mais le plus étrange concernait ces "flocons", des sortes de fils de nylon soyeux qui tombaient avec lenteur. Certains restaient accrochés aux arbres, aux fils télégraphiques ou sur les buissons.

Malheureusement, cette mystérieuse matière passait à l'état gélatineux, puis finissait par se volatiliser en "fondant". Les témoins ont eu ces fils entre les mains et comprirent immédiatement qu'il ne s'agissait pas de fils d'araignée. Bien entendu, ils n'avaient pas de tubes de verre sur eux pour prélever ces filaments. Mais de toute façon, nous savons par d'autres témoignages qu'ils auraient disparu de la même manière et qu'ils ne seraient pas arrivés intacts au laboratoire d'analyses.

Monsieur Prigent dit que le ciel était absolument pur et qu'à son avis, ces objets se trouvaient à environ 10000 mètres d'altitude, ce qui est difficile à évaluer puisqu'il n'y avait aucun nuage pouvant servir de repère. Le cylindre avait la forme d'un "tuyau de poêle" couleur de plomb, d'une longueur d'environ deux mètres à l'œil nu ; ce qui, vu la distance, devait représenter une dimension fantastique. Les disques, quant à eux semblaient gros comme des poings. À la jumelle, M. Prigent dit avoir observé une sphère centrale rouge entourée d'un anneau jaune clair, comme l'anneau de Saturne. Cet anneau était fortement incliné vers le sol, ce qui est une des caractéristiques d'une majorité des ovnis en vol. Pour ne pas se fier à sa seule observation, il passa ses jumelles à son épouse, sans lui dire ce qu'il avait vu. Elle s'écria aussitôt : « l'anneau de Saturne jaune, entourant une sphère rouge. » Son fils de quatorze ans confirma ensuite qu'il voyait la même chose.

Monsieur Prigent était donc sûr de ne pas être victime d'une hallucination.

Revenons à ces masses floconneuses qui tombaient sur le sol. En l'air, elles semblaient relier les ovnis, deux par deux. D'après les témoins, la couleur de ces filaments était gris argent, comparables à des fils d'amiante ou d'aluminium. Ils pouvaient être enflammés et brûlaient avec une flamme très vive, comme du coton hydrophile ou de la cellulose.

C'est la première fois que nous pouvons toucher des matières sortant des ovnis, matière dont l'origine demeure mystérieuse, mais ce n'est pas la première fois qu'on se trouve en présence de substances dont l'origine demeure inconnue et mystérieuse (source : GEPA).

Pour ceux qui douteraient du phénomène d'Oloron, signalons ce qui se produisit vers 17 h 30, le même jour, à Mont-de-Marsan, situé à cent cinquante kilomètres d'Oloron. Les techniciens s'occupant du radar de la base aérienne déclarent : « Le radar «était devenu comme fou. Il était impossible d'effectuer le moindre relevé. Jamais nous n'avions observé de tels faits ».

Les techniciens sortirent pour voir ce qui se passait, et observèrent une sorte de “nuage grisâtre, tournoyant sur lui-même, à environ 2000 mètres d'altitude. L'objet se déplaçait rapidement et disparut à l'horizon”. Le radar mit dix minutes avant d'être à nouveau opérationnel… sans aucune intervention humaine.

Dix jours plus tard, à Gaillac (Tarn), se produisit le même phénomène devant des centaines de témoins.

J. Guieu cite le témoignage de M. Corbières, de son épouse et leurs voisins : « Le 27 octobre 1952, vers 16 heures, domiciliés dans la région de Toulouse, (toujours dans le sud-ouest) ils furent intrigués d'entendre les poules caqueter de façon étrange comme prises de panique. Levant la tête pour voir si un oiseau de proie n'était pas responsable de cet affolement, ils virent des engins scintillant au soleil, tournoyant lentement sur eux mêmes, groupés deux par deux, comme à Oloron. Les témoins virent d'abord quatre engins, puis une douzaine d'autres objets semblables aux premiers se joignirent à eux. Au milieu de cette formation de disques évoluait une sorte de "long cylindre volant blanchâtre", qui laissait échapper un panache de fumée blanche. De l'ensemble de ces engins, se détachait de la matière qui ressemblait à de la laine de verre. Arrivée au sol, au contact des doigts des témoins, cette matière se désagrégeait, devenait gélatineuse, et disparaissait complètement. Dix minutes plus tard, la formation d'ovnis survola Gaillac et s'éloigna vers le Lot et Garonne. »

Parmi les nombreux témoins figuraient deux gendarmes, qui touchèrent les mystérieux filaments tombés des ovnis. Selon eux, les engins de forme parfaitement circulaire avaient une partie renflée au centre "comme la coiffe d'un canotier".

C'est aussi ce 27 octobre 1952, mais à 2 h 15 du matin, que M. Gachignard vit atterrir un "cigare" sur l'aérodrome de Marignane.

Tout le midi de la France, durant cette journée, semble avoir été observé par des escadrilles d'ovnis ou par des engins isolés rejoignant par la suite le vaisseau géant cylindrique, comme s'il s'agissait d'une base de regroupement. Le phénomène survenu à Gaillac vers 16 heures, celui de Marseille à 23 h 30, (cigare lumineux en vol vu par Mme Saux) et celui de Marignane à 2 h 15, semblent être liés comme faisant penser à un plan d'observation préétabli.

Le 22 novembre 1952, à 19 h 15, un objet mystérieux se présentant sous la forme d'un cigare, a été vu, se déplaçant dans le ciel, à Dijon, à Saulieu et à Chatillon-sur-Seine. D'après les témoins, l'engin laissait une traînée lumineuse. Le même soir, à Londres, quarante mille personnes, rassemblées au stade de Highbury pour voir jouer l'équipe d'Arsenal, ont vu au-dessus d'elles le spectacle extraordinaire d'un vaisseau brillamment illuminé avec une longue queue flamboyante. Il se déplaçait lentement, et resta un instant immobile au-dessus du stade. (Peut-être voulait-il essayer de comprendre pourquoi tant d'humains regardent une poignée d'autres humains courir après un ballon ?) Satisfait, il disparut rapidement dans le ciel sans faire de bruit.

Lorsqu'on dit "rapidement", il faut se rendre compte de ce que cela veut dire. Un spécialiste des rayons cosmiques, Charles Moore, suivait les évolutions d'un ballon-sonde à l'aide d'un théodolite. Soudain, il vit un énorme objet ayant la forme d'un ballon de rugby, de couleur blanchâtre, volant plus haut que le ballon sonde, et se déplaçant dans une direction opposée. Il reprit sa lunette et repéra l'engin. Il avait l'aspect d'un cigare deux fois plus long que large. Brusquement l'engin bondit à la verticale, et, en quelques secondes, disparut. Moore observa le mystérieux objet pendant soixante secondes. Ses collègues, présents sur place, confirmèrent ses déclarations. L'engin était silencieux et n'émettait aucune traînée. Nous avons affaire ici à des spécialistes du ciel. Ces techniciens estiment que l'appareil se trouvait à quatre-vingt dix mille mètres d'altitude, qu'il avait environ trente-cinq mètres de long et qu'il était parti à la vitesse effarante de quarante mille kilomètres heure !

Voilà ce qu'on entendait par "rapidement" en 1952. Cinquante ans après, on est toujours incapable d'atteindre ni même d'approcher une telle vitesse avec nos fusées.

D'autres cas

Le 15 avril 1953, des filaments blanchâtres tombèrent du ciel en Nouvelle Zélande. Là aussi, il fut impossible de les analyser à cause de la brièveté de leur existence.

Le 11 novembre 1951, un fermier de l'Oklahoma (USA) a trouvé dans son champ une épaisse couche de lambeaux de feuilles métalliques de deux à douze centimètres de long, ressemblant à de l'étain. Un spécialiste des météorites a déclaré qu'elles n'étaient comparables à aucune substance métallique connue. Aucune empreinte n'a été trouvée dans le champ. Contrairement à Oloron, le témoin n'a pas vu les matières tomber des ovnis.

En France, le 16 juin 1952, près de Magneville, des bûcherons ont vu tomber du ciel, "comme un immense parachute". Ils ont entendu un "bruit de métal" et le "craquement des branches". Ils se sont précipités vers le point de chute... mais aucune trace n'était visible. Rien n'a été retrouvé, malgré les minutieuses battues de la gendarmerie.

Des cas plus anciens rapportent des faits similaires. 13 juin 1819, à Angoulême (Charente), à 6 heures du matin, le *Journal de la Charente* du 19 juin 1819 rapporte qu' « On a vu tout à coup dans l'atmosphère un météore. Il avait la forme d'une fusée, sa longueur, au dire des spécialistes, semblait être de mille deux-cent toises et il s'inclinait vers la Terre. Il jetait dans l'air un éclat extrêmement vif. »

Sachant qu'une toise vaut un mètre quatre-vingt quinze, mille deux-cent toises représentent environ deux mille trois cent quarante mètres. Si un objet de cette taille a pu être aperçu à l'œil nu, c'est qu'il se déplaçait dans l'atmosphère. Donc, si près du sol, un météore se serait obligatoirement écrasé sur la ville provoquant un formidable séisme à des centaines de kilomètres à la ronde. Étant donné que le journal a pu paraître normalement et que la sympathique ville d'Angoulême est toujours intacte, c'est que la catastrophe n'a pas eu lieu. Il ne s'agissait donc pas d'un météore !

En fait, après maintes observations de ce type, nous savons aujourd'hui que cet engin en forme de fusée, de dimension colossale, était très certainement un "vaisseau-mère" d'où sortent et reviennent les ovnis circulaires classiques.

Mais les aliens ne se contentent pas de sillonner le ciel. Leurs engins plongent également dans la mer, escortent les navires en se déplaçant à quelques mètres sous la surface de l'eau.

En 1967, le commandant Ardanza, capitaine du navire Naviro ainsi que son équipage déclara avoir navigué en présence d'un étrange submersible de trente mètres environ de long, à une distance d'une quinzaine de mètres. Les témoins disent n'avoir vu cet engin mystérieux que sur ou sous la mer, ils le décrivent comme n'ayant ni périscope, ni kiosque, ni garde-fou, ni superstructure, ni gouvernail de direction, ni parties saillantes. La description qu'en font les marins indique qu'ils ont cherché à savoir s'il s'agissait d'un sous-marin. Un article, paru dans le journal de Buenos-Aires, la *Voz del Interior* du 3 août. 1967, précise que la nuit était obscure et la mer phosphorescente. Il précise que l'objet avait une largeur de quatre à cinq mètres, et qu'il présentait lui-même une phosphorescence très vive, d'un blanc azuré qui tranchait sur la teinte vert clair de la mer. L'objet naviguait parallèlement au Naviero, à une profondeur de dix ou vingt mètres sans faire le moindre bruit. Après un certain temps, l'engin amorça un virage, passa sous la coque du navire pour réapparaître de l'autre côté, puis disparaître rapidement en faisant route à 145°.

On notera qu'il fut repéré par radar. Ce singulier submersible irradiait une puissante lumière sans que sa source soit localisée, elle semblait émise par toute la surface de la coque. Dans le télégramme adressé à la Préfecture maritime argentine, le commandant signalait bien qu'il s'agissait d'un objet lumineux. D'ailleurs, sans cela, il aurait été impossible de voir clairement l'engin à quinze mètres de profondeur, la nuit de surcroît !

M. Ardanza a dit et répété, que l'objet ne laissait pas de sillage, on est donc en droit de penser qu'avec son expérience de marin, il s'attendait à en observer un, et qu'il a été surpris, sans doute même frappé, de ne pas en découvrir. Dans son esprit, cette absence de sillage signifiait une absence d'hélice, inévitablement génératrice de tourbillons.

Écoutons un autre témoignage, celui d'Auréliano Negrin Armas :

« J'étais en train de pêcher à environ six miles en mer au large de La Caleta (île de Lanzarote – Canaries), il faisait beau, l'eau était calme. Tout à coup, à une cinquantaine de mètres au-dessus de moi, j'ai vu apparaître, comme tombé du néant, un objet volant très rapide qui tournait sur lui-même en lançant de longues étincelles de couleurs vives et changeantes. L'objet a continué à perdre de l'altitude et, à peu près à un mile de l'endroit où je me trouvais, il a percuté la mer en oblique et coulé à pic sans que son contact avec la mer n'ait provoqué le moindre bouillonnement, ni émission de vapeur. Il n'y eut aucun son perceptible. J'ai mis immédiatement mon moteur en marche et je me suis dirigé vers l'endroit où l'objet avait plongé. Je n'y ai absolument rien trouvé, aucune épave, aucune écume, aucune trace d'essence flottant sur l'eau, comme cela aurait été le cas si un avion s'était abîmé dans les flots. J'ai croisé pendant plus d'une heure, en regardant bien si un objet quelconque remontait à la surface, comme lorsqu'un avion sombre en mer. Rien, absolument rien, même pas la moindre bulle d'air, alors j'ai mis le cap sur le port d'Arrecife où j'ai rendu compte aux autorités de ce dont j'avais été témoin. »

Selon les autorités, le témoin est un marin de commerce, d'âge mûr, titulaire d'un brevet de pilotage, ayant parcouru le monde et sachant observer. Ces autorités maritimes locales font confiance à son jugement mais, bien entendu, ne peuvent pas se prononcer sur l'événement lui-même. Ce qui est intéressant dans ce témoignage, c'est le fait qu'aucune vapeur ne soit sortie de l'eau lors de la pénétration à grande vitesse dans la mer. Cela signifie que le métal de l'engin n'était pas chaud, et l'on peut supposer que les molécules du milieu ambiant n'étaient pas en contact direct, même à grande vitesse, avec les parois de cet engin. Une sorte de bouclier invisible de protection devait empêcher tout contact physique et tout frottement entre la structure de ces ovnis et l'air, l'eau ou la terre !

Une autre chose est extrêmement importante dans ce témoignage, lorsque le témoin dit : « j'ai vu comme tombé du néant, un objet volant. » Je confirme l'impression d'Aureliano, ayant moi-même été confronté à ce phénomène d'apparition soudaine, comme venue du néant. C'est pourquoi je préfère parler "d'extranéens" (venant du néant) plutôt que d'extraterrestres. Mes amis physiciens, me disent que tout objet venant d'une autre dimension que la nôtre (4e, 5e ou 6e, etc.) en entrant dans notre 3e dimension, nous donnerait cette impression d'apparition instantanée.

Partant de là, ce qui serait une catastrophe pour nos engins en chutant dans l'eau, est d'une banale normalité sans conséquence pour de tels vaisseaux spatiaux et leurs éventuels occupants.

Ovnis dans l'antarctique

(source GEPA)

Si plonger dans la mer ne dérange pas nos visiteurs de l'espace, naviguer dans les grands froids, survoler les glaces du cercle polaire, ne semble pas non plus les perturber, comme en font foi les témoignages suivants qui proviennent de savants mondialement reconnus et de scientifiques de haut niveau, spécialistes en particulier des phénomènes de météorologie.

En 1965, dans les solitudes glacées de l'Antarctique, des scientifiques britanniques, argentins et chiliens étaient affectés sur les bases anglaises des Orcades et celles argentines et chiliennes de l'île Déception. Le 3 juillet, les témoins décrivent un objet insolite qui survola les îles à haute altitude, et était animé de vitesses variables, allant jusqu'à huit cents kilomètres heure. Il passa par des accélérations brutales, suivit des trajectoires en zigzag et resta quelques instants en position stationnaire dans l'espace. Lorsqu'il survola les Orcades, il provoqua sur les appareils enregistrant le champ magnétique local des déviations spectaculaires. De couleur rouge jaunâtre, puis virant au vert, au jaune et à l'orange, l'objet fut photographié... hélas les clichés s'avérèrent inutilisables. Ce n'est pas la première fois que des photos de ces engins, prises dans de bonnes conditions, se révèlent vierges au développement, comme si l'intelligence qui les pilote avait décidé que ce jour-là, il n'y aurait pas de photo. Pour quelle raison ? Mystère !

Toujours dans les mêmes régions, le journal *Uto-Chili*, signale qu'en janvier 1956, des savants chiliens, qui travaillaient sur l'île de Roberston, avaient observé des engins insolites. Ces objets étaient en forme de cigare, d'aspect métallique d'une longueur estimée de cent-cinquante mètres. Ils restèrent visibles pendant deux jours, et se livrèrent à des manœuvres vertigineuses, exécutèrent d'incroyables virages à angle aigu, ou restèrent totalement immobiles pendant de longs moments.

Selon les calculs de ces savants, l'un des objets serait passé instantanément d'une vitesse zéro à une vitesse évaluée à quarante mille kilomètres heure. Un des observateurs ayant émis un éclair de lumière polarisée, l'un des objets parut y répondre en lançant un éclair lumineux et en effectuant une descente brusque à la verticale.

Une autre observation importante fut faite le 16 mars 1961 par M. Rubens Villela, météorologiste brésilien qui se trouvait à bord du brise-glace Glacier, alors ancré dans la baie de l'Amirauté, dans une île des Shetland :

« C'était peu après 17 h 30, je montais sur la passerelle, à environ quinze mètres au-dessus du niveau de la mer. J'étais avec trois membres de l'équipage, nous parlions à bâtons rompus, quand la "chose" survint. Un objet lumineux, multicolore, apparut, traversant le ciel. Mes compagnons et moi fûmes d'abord si stupéfaits que nous restâmes sans parole. Puis chacun exprima son opinion. « Le nez conique d'un missile, cria quelqu'un - Non c'est un météore, dit un autre - Une fusée, dit un troisième. « La vision était d'une beauté incroyable, "non-terrestre". Bien qu'elle ne dura que dix secondes, cette vision me laissa une impression inoubliable. L'objet était ovoïde, et sa coloration initiale était rougeâtre. Il se mouvait lentement en suivant une trajectoire rectiligne horizontale. De sa partie frontale, divers rayons parfaitement rectilignes et multicolores s'étendaient vers l'arrière. Les couleurs de ces rayons changeaient continuellement, les dominantes étant le vert, le rouge et le bleu. La particularité la plus frappante de toutes, c'est que l'objet laissait derrière lui une traînée de couleur orange, ayant la forme d'un tube parfaitement droit et donnant la nette impression d'être creux, vaguement comparable à un tube au néon. Soudain l'objet se divisa en deux. Il y n'y eut pas d'explosion, aucun bruit durant toute la durée de l'incident. Ce fut une division qui semblait "contrôlée", en deux parties égales, l'une des parties derrière l'autre, chacune en forme d'œuf, comme auparavant, et chacune projetant vers l'extérieur ses rayons latéraux. Puis l'objet brilla d'une lumière un peu plus forte, sa couleur passa au bleu puis au blanc et il disparut complètement.

Il ne parut pas changer de vitesse pendant toute l'observation. J'estime que l'objet se trouvait à faible distance du navire, environ cinq cents mètres. Il avait la taille d'un petit avion, et se déplaçait à environ soixante-dix kilomètres heure. J'ai noté immédiatement dans mon journal de bord ce que j'avais vu, mais je trouvais difficilement les mots pour décrire l'événement. En effet il ne ressemblait en rien à aucune des choses que j'avais vues antérieurement dans la vie civile ou dans mon métier. Je dis que cet engin me paraissait être quelque chose d'intermédiaire entre la matière et la lumière. Je ne vis rien de concrètement métallique. En tant que spécialiste, j'affirme qu'il ne pouvait pas s'agir d'un météore, en raison de sa faible vitesse et de son altitude, trois cents mètres, car si cela avait été le cas nous l'aurions vu tomber. Les couleurs alternaient selon un rythme, et il y avait comme une espèce de "pulsation" de la couleur. Ces changements rythmés donnaient l'impression que le phénomène était sous contrôle et pouvait être guidé ou téléguidé. »

Le témoin dit ne rien avoir vu de métallique. Il faut préciser qu'il a été souvent dit, particulièrement au cours des observations nocturnes, que ce que voyaient les témoins n'était pas l'ovni lui-même, mais la gaine luminescente qui l'entourait.

On a observé le 21 juin 1959, vers une heure du matin, en Nouvelle Guinée, l'apparition d'un objet solide, après extinction graduelle d'une gaine lumineuse qui le dérobait au regard. Autrement dit, la structure métallique se cache souvent derrière la lumière qui l'enveloppe. Quant au dédoublement de l'objet, cela n'est pas un fait nouveau, si ce n'est ici la précision avec lequel il est décrit. Pour ce qui est de la disparition soudaine, c'est un phénomène souvent rapporté dans les témoignages.

Nous sommes obligés de reconnaître que, de nos jours, le mécanisme de ces déconcertantes opérations reste toujours aussi obscur. Personnellement, j'explique ces disparitions instantanées soit par le fait d'une accélération de la vitesse atteignant un ordre de grandeur proche de la vitesse de la lumière (300 000 kilomètres à la seconde), soit par le passage dans une autre dimension. Mais ne sont que des hypothèses.

Des bases sous-marines ?

On en est venu à envisager la possibilité que les ovnis soient capables d'utiliser les profondeurs sous-marines comme bases opérationnelles. Cette supposition fantastique trouve son fondement dans une série de témoignages. Depuis une cinquantaine d'années, l'Amérique du Sud en particulier a été le théâtre de nombreux témoignages d'observations d'ovnis submersibles.

Le cas argentin le plus ancien est celui de Roméo Suarez, il date de juin 1950. Roméo habitait Ushuaia, capitale de la Terre de Feu. Il décida d'entreprendre une randonnée qui devait le mener de cette ville à Buenos Aire, soit une distance de quatre mille kilomètres à pied qu'il mit cinq mois et quatorze jours à parcourir. Cet exploit fit de cet homme un héros dans son pays.

Quatre à cinq jours après son départ, vers 23 heures, Suarez cheminait sur la côte atlantique, à six-cents mètres du rivage. Tout à coup, dans le silence de la nuit, il entendit comme le fracas de l'eau violemment fouettée. Les brebis qui dormaient dans l'herbe s'enfuirent apeurées. Il n'y avait ni vent, ni orage ou tempête. Immédiatement surgissant de la mer, un objet lumineux de forme ovale apparut à environ cinq cents mètres de la côte. Il s'éleva verticalement jusqu'à une certaine hauteur et disparut en direction de Santa Cruz.

Quinze jours après, également de nuit, quatre objets lumineux émergeant de l'Atlantique furent signalés à proximité de la côte. Ils prirent aussitôt verticalement de l'altitude puis, en formation parfaite, s'approchèrent de la côte et s'éloignèrent vers l'ouest en direction de la Cordilière des Andes.

En 1960, un événement attesté par la Marine argentine eut lieu pendant quinze jours dans le Golfe Nuevo. La marine essaya de couler durant tout ce temps, deux submersibles non identifiés. Ces intrus furent détectés par radar, mais la chasse des destroyers argentins resta totalement infructueuse.

En août 1962, M. Bordoli, un camionneur vivant près de Buenos Aires, déclara avoir vu, en compagnie de son fils, au cours de ses fréquents voyages par la route qui longe la côte sud Atlantique, d'étranges appareils lumineux qui, périodiquement, entraient dans le Golfe San Matias et en sortaient en se propulsant vers le ciel.

Les 19, 26, et 27 novembre 1963, de nombreuses personnes qui passaient du bon temps en bord de mer à Mar Del Plata, dirent avoir vu à la surface de la mer plusieurs objets lumineux. Ils étaient phosphorescents et avaient une coloration d'un vert bleuté. On pouvait les voir au ras des vagues de l'Atlantique.

Le 20 septembre 1967, des témoins déclarèrent avoir vu dans le Golfe San Jorge trois objets étranges qui, en décrivant des paraboles, se sont précipités ensemble dans la mer. Après quelques instants, les engins sortirent au ras de l'eau pour se mettre ensuite à tourner sur eux-mêmes puis, entourés d'une lumière resplendissante, ils s'élevèrent de nouveau pour disparaître dans l'espace.

Le 24 juin 1967, un certain nombre de passants observèrent à Buenos Aires le déplacement d'un objet lumineux qui, après avoir évolué au-dessus du territoire argentin, s'enfonça dans les eaux du Rio de la Plata. Le phénomène fut absolument silencieux.

Le 17 septembre 1967, une étrange boule de feu fut aperçue dans le ciel, puis plongea dans la mer devant la ville de Mar Del Plata. Le phénomène fut observé par de nombreux habitants de cette ville. Plusieurs témoins affirmèrent que l'entrée de l'objet dans l'eau se fit presque horizontalement. Cet événement fut confirmé par la sous-préfecture du lieu.

Fin janvier 1968, Alex Cobo professeur argentin à l'école de journalisme de Mar Del Plata et conseiller d'entreprise réputé, fut le héros d'un événement fantastique alors qu'il se trouvait en vacances à Torrès (Brésil).

Il cheminait de nuit, sur la plage pour profiter de la douceur et de la clarté de la nuit. Soudain, il était environ vingt-trois heures, il eut la surprise de voir un engin lumineux qui sortait de la mer au milieu d'un ruissellement d'eau. L'objet s'approcha de la plage et s'arrêta à vingt-cinq mètres du lieu où il se trouvait. Un rayon lumineux jaillit alors de l'engin, et le professeur se sentit comme paralysé. Il essaya de se mouvoir mais cela lui était très difficile. Peu d'instant après, deux "entités humanoïdes" apparurent debout près de l'ovni. L'une était plus grande que l'autre. Leurs statures dépassaient deux mètres de haut. Ces entités paraissaient être de cristal, pareilles à du verre. La manière singulière d'avancer attira l'attention de M. Cobo. Elles progressaient avec raideur, comme si elles n'avaient pas d'articulations. Elles semblaient momifiées. Il sentit qu'elles communiquaient avec lui par télépathie, l'informant qu'on les reverrait sur les côtes de Mar Del Plata. Puis les entités humanoïdes disparurent, et l'objet, s'élevant à la verticale, se perdit dans l'espace.

Le professeur Cobo, dont la carrière est bien connue dans les milieux culturels argentins, se distingue par son honnêteté. Il a attendu six mois pour raconter son aventure car il ne voulait pas faire l'objet de moqueries. C'est une façon de réagir très courante chez les témoins, ce qui laisse à penser que beaucoup d'observations d'ovnis sont restées sous silence faute de témoignages.

Vers le milieu de juin 1968, de nombreuses personnes habitant la Patagonie ont signalé aux autorités qu'elles avaient vu des objets lumineux qui, durant la nuit, entraient dans la mer, comme s'il s'agissait de sous-marins. Les autorités maritimes constatèrent sur les lieux de l'immersion que les bancs d'algues flottant habituellement à la surface de l'eau avaient été violemment brassés et déchiquetées.

Comme on peut le remarquer, il ne s'agit pas de faits isolés. J'ai choisi de citer les témoignages vécus dans cette région bien précise, avec des faits significatifs constatés par des gens dignes de foi, comprenant des scientifiques, des marins, des spécialistes de la mer et du ciel ainsi que des témoins habitués à vivre en bord de mer et à la regarder. Il est certain que les mers et les océans, dont la superficie couvre les trois-quarts du globe, constituent des cachettes idéales pour les ovnis.

Des ovnis au Canada

L'observation qui a eu lieu le dimanche 28 juillet 1968, à vingt-et-une heures, à Saint-Stanislas de Koatka, une ville située à environ soixante-dix kilomètres de Montréal, est d'un très grand intérêt. Il y est question d'un atterrissage d'ovni.

Ce jour-là, cinq jeunes, âgés de neuf à vingt ans, sont réunis dans la demeure de la famille Sauvé. À un moment donné, Denis (douze ans) jette un coup d'œil par la fenêtre sur les vastes champs de blé. L'obscurité est presque complète. Il aperçoit alors une "une espèce de cercle ceinturé d'un halo rouge brillant". Denis appelle alors les autres enfants qui accourent et tous contemplent, ébahis, l'apparition d'un second "objet circulaire" identique au premier. L'un s'arrête, l'autre descend doucement et se pose dans un champ de blé, à environ trois cents mètres de la maison.

Denis rappelle à ses frères, ce qui lui est arrivé l'année précédente à la même saison. Un après midi, alors qu'il roulait à bicyclette, un objet circulaire brillant et silencieux, l'avait suivi pendant environ cinq minutes, à six ou sept mètres du sol et à environ cent-cinquante mètres de distance. À travers la coupole de la partie supérieure de l'engin, Denis avait distingué trois personnages paraissant petits et noirs. Il avait été effrayé par cette rencontre et son père l'avait cru en voyant dans quel état il se trouvait.

Les enfants regardent toujours à la fenêtre. Un des objet lumineux reste posé dans le champ, l'autre a disparu. Les enfants descendent dans la cour. Denis, le plus hardi de tous, marche en tête, muni d'une torche électrique. Soudain, le faisceau de sa torche accroche une silhouette, à moins de quinze mètres. "L'être" porte sa main droite à la hauteur de sa figure. Cette main s'ouvre et se referme comme celle d'un bébé qui veut saluer. (Dans le faisceau électrique, les détails du corps de l'inconnu peuvent être vus avec précision). Les enfants, pris de panique, courent se réfugier dans la maison tandis que l'intrus recule, à petits pas, en direction d'une grange.

D'après les témoins, la "créature" avait une taille d'environ un mètre vingt, les épaules étaient larges, la tête chauve, noire ou brune, plus grosse qu'une tête humaine et comme enfoncée dans les épaules. Les yeux étaient ronds et ridés, les oreilles entourées de poils noirs et crépus. La bouche et le menton semblaient normaux. Dans l'obscurité, les jambes n'ont pu être observées, hors de portée du faisceau de la torche. La peau est "ridée", galeuse avec des bosses (selon les mots des enfants). La main avait cinq doigts et était très large, noire, bosselée, comme la peau d'un crapaud (ce sont des enfants de la campagne, ils se réfèrent à ce qu'ils connaissent le mieux).

Denis et Paul montent au second étage, et continuent d'observer l'ovni, toujours lumineux. Nicole appelle ses parents au téléphone. La petite Joanne, tremblant de peur, s'est enfermée dans la salle de bain. Régent qui se trouve à la fenêtre du rez-de-chaussée, aperçoit, droit devant lui, la même figure noire et laide et la main galeuse qui frappe à la vitre. Il entend même un grognement semblable au mugissement d'une vache. Paralysé de peur, il ne peut ni bouger, ni parler. La créature n'insiste pas, recule et disparaît à nouveau.

Les enfants se regroupent tous au second étage. Bientôt l'ovni, entouré de son halo rouge, s'élève verticalement, lentement, et s'évanouit dans le ciel. L'autre objet a dû partir plus tôt, car on ne le voit plus. Il n'y a eut aucun bruit.

Extraordinaire récit. Les témoignages ont été recueillis séparément, enfant par enfant, et les versions se recoupent. De plus, l'état de frayeur dans lequel les parents et les voisins alertés, les ont retrouvés ne pouvait pas être simulé, surtout pour la plus petite qui aurait craqué très vite s'il s'était s'agi d'un mensonge collectif.

Les traces au sol sont encore beaucoup plus déroutantes. À l'endroit où les témoins disent avoir vu que l'engin se poser, le blé a été écrasé et rabattu circulairement, comme sous l'effet d'un tourbillon, à l'intérieur d'une zone de cinq mètres de diamètre. De là, part une trace dans le blé de dix centimètres de large, et de vingt mètres de long, qui s'arrête brusquement.

Parmi les multiples témoignages, il est important d'exposer ceux, qui pour diverses raisons, ne peuvent être mis en doute. C'est le cas de celui-ci, qui s'est produit à Oka, province du Québec, le 29 août 1967.

Les faits ont été rapportés par *Le Petit Journal* du 1er octobre 1967 et le *Nouveau Samedi* du 7 octobre 1967.

Il est un peu plus de 23 heures. Yvan Guindon, treize ans, est seul à la maison avec ses deux petites sœurs dormant dans une pièce voisine. Soudain, Yvan entend une sorte de bruit d'ondes faisant « ion… ion… ion… ». Les chats de la maison se mettent à courir dans tous les sens. Dehors, le chien jappe d'une manière qu'Yvan n'a jamais entendue auparavant. Une lueur insolite attirant son attention, il se précipite à la fenêtre de la salle de bains. À cinquante mètres de la maison, le garçon distingue à travers les arbres, un étrange appareil luminescent d'où proviennent les vibrations sonores. Cet appareil se déplace de gauche à droite, à cinq ou six mètres du sol. À cet instant, Yvan entend de forts craquements, comme si des troncs d'arbres se brisaient, et un bruit de chute. L'engin, qui s'était éloigné d'une soixantaine de mètres, rebrousse chemin jusqu'à venir frôler la fenêtre de la salle de bains et s'immobilise un peu à sa gauche. Il fait toujours le même bruit « ion… ion… ion… » tantôt lent et grave, tantôt rapide et aigu. L'objet ne paraît pas tourner sur lui-même. Il a environ dix mètres de diamètre et cinq mètres de hauteur. (Un enfant de la campagne, âgé de treize ans, sait beaucoup mieux évaluer les distances et les ordres de grandeur qu'un enfant de la ville). La partie supérieure de l'engin émet une lumière blanche tandis que tout autour de la surface, d'apparence circulaire, des lumières jaunes, rouges et oranges, s'entremêlent en ondulant.

Cette particularité, bien connu des ufologues, ne pouvait pas être devinée par cet enfant, dont il faut reconnaître le sens aigu de l'observation. Du dessous de l'appareil, Yvan voit alors jaillir un rayon lumineux très intense qui ne s'élargit pas comme le faisceau d'une torche électrique. (Depuis cette époque, nous connaissons le phénomène des faisceaux de lumière tronquée, pratiquement inconnu en 1967, et que le témoin, là encore, n'a pas pu inventer). Ce rayon, animé d'un mouvement circulaire, semblait explorer la surface du sol, d'abord sous le véhicule puis aux alentours immédiats de son voisinage, comme s'il cherchait quelque chose. Il arrive bientôt à la hauteur de la fenêtre, et reste soudain braqué nez à nez avec Yvan qui prend peur. Yvan, monté sur un banc pour mieux voir est complètement aveuglé par cette lumière plus brillante que celle de l'arc de soudure électrique dont se sert son père. Il se jette à terre. Ses yeux le brûlent, il ne voit plus rien autour de lui. De plus, il ressent un fort mal de tête. Ce n'est qu'au bout de deux ou trois minutes qu'il recouvre la vision. Il se relève. L'objet est toujours là. Mais la lumière n'est plus dirigée vers la fenêtre. Du sommet de l'engin s'élève lentement une colonne lumineuse cylindrique, qui évoque pour Yvan, « les gros leviers hydrauliques servant dans les garages pour soulever les voitures ». Lorsque ce "pilier de lumière" atteint environ douze mètres de hauteur, il s'épanouit et retombe autour de l'objet, formant une sorte de mur transparent en forme de cloche, faisant penser à un rideau d'eau entourant une fontaine. Cette bulle transparente descend jusqu'au sol, où elle dessine un disque intensément lumineux d'environ quatre-vingt mètres de diamètre.

Les « ion… ion… » augmentent alors d'intensité, à l'instant où, soudainement, toutes les lumières s'éteignent. Puis, tout à coup, l'incroyable et terrifiant véhicule spatial se propulse verticalement à une hauteur d'environ trois cents mètres, en fonçant à une vitesse fantastique dans le ciel. Yvan, d'instinct, regarde la pendule : il est 23 h 25. L'observation est terminée, elle a duré près de quinze minutes, ce qui est considérable. Lorsque le père du jeune homme rentre à la maison, il est bouleversé de voir que son fils n'a plus figure humaine. Il était blême, les yeux rouges, injectés de sang. Les parents crurent d'abord que leur fils avait été victime d'un accident.

Le lendemain, à l'endroit où Yvan avait vu stationner l'objet, on trouva trois arbres brisés comme des allumettes. Trois mois plus tôt, le même genre d'observation avait eu lieu en France, au "Champ du Feu" dans les Vosges.

Des ovnis sur la Russie

Il est intéressant de prendre connaissance de la déclaration que fit, en 1967, le célèbre professeur Zigel, un astronome russe. (Plus loin, nous verrons la réponse du célèbre professeur américain, J. E. Mac Donald.)

« De nouveau, la polémique sur la vie dans les autres mondes. De nouveau, la crainte que cette vie existe et à un degré de civilisation très supérieur à celui de notre planète. Jusqu'à ce jour le scepticisme était plus fort que la tendance à en admettre la possibilité, mais à mesure que s'accentuent les progrès de la technique spatiale, les savants ont perdu leur air d'incrédulité et commencent à envisager la possibilité que d'autres planètes connaissent la vie dans des conditions semblables à celles de la vie qui nous est connue. »

Le professeur Zigel, qui enseignait à l'époque à l'Institut aéronautique de Moscou, a également déclaré à l'agence Tass :

« Le nombre des ovnis observés dans les cieux s'est considérablement accru. Afin d'exercer le maximum de contrôles possibles, on a créé dans la capitale russe un centre d'observation où les savants étudient la vitesse de ces engins et leurs périodes d'accélération et de décélération. » Il donna au journaliste stupéfait le "scoop" suivant : « La coupe faite dans un arbre qui poussait à trois km de l'épicentre de la région marquée par la chute de la météorite de la Toungouska (Russie), en 1908, démontre que cet arbre avait quatre-vingt dix sept ans au moment de l'explosion. Eh bien, en cinquante ans, les savants autorisés à se rendre sur ce site ont remarqué que le diamètre de cet arbre avait quadruplé, ce qui prouve, sans aucun doute possible, que la soi-disant météorite de la Toungouska, était en réalité un objet extraterrestre, propulsé par une énergie nucléaire inconnue et incroyable. En définitive, cela prouve l'existence de la vie en dehors de notre planète. »

Devant l'étonnement du journaliste de l'agence Tass, le professeur Zigel a montré une coupe pratiquée dans l'arbre ou s'inscrivaient les marques se rapportant à sa croissance anormale. En outre, l'arbre était couvert de feuilles et en pleine vie, alors qu'on a pu démontrer qu'il avait été desséché et était totalement mort lors de l'explosion.

Rappelons que cette explosion ravagea une très grande surface de la taïga, soit environ quinze mille kilomètres carré, détruisit environ soixante-dix millions d'arbres, que "l'objet", avant de s'écraser et d'exploser, avait effectué, d'après les observateurs au sol, une boucle de plusieurs centaines de kilomètres, comme s'il voulait éviter des zones habitées. Tout cela semble plus caractériser un engin dirigé par une intelligence, ou téléguidé, plutôt qu'un corps céleste du genre météore qui ne s'embarrasse pas de telles précautions. La revue soviétique *Spoutnik* cite d'autres spécialistes de l'Académie des Sciences de Moscou, qui affirment que la catastrophe aurait des paramètres rigoureusement identiques à ceux d'une explosion nucléaire. D'autres faits parlent en faveur de la nature artificielle de cet objet. Dans ce cas, si telle est l'opinion des savants soviétiques, on comprend mieux pourquoi l'accès à cette région n'est autorisée qu'aux missions scientifiques.

Le professeur Zigel poursuit : « Les observateurs continuent à enregistrer le passage d'objets volants d'origine inconnue. Pendant les deux derniers lustres, les États-Unis et l'Union Soviétique en étaient venus à s'accuser réciproquement d'effectuer des essais secrets donnant lieu à ce genre de confusions. Mais récemment, les savants russes et nord-américains sont arrivés à la conclusion suivante : étant donné qu'il n'existe aucune nation terrestre parvenue à un degré technique aussi avancé, ces objets volants n'avaient pu être lancés à partir de notre propre planète. Ces faits, joints à la découverte de certains fragments de métal, formés d'alliages qui nous sont inconnus, font sérieusement penser à l'existence d'une base inconnue située, bien entendu, hors de nos cinq continents. C'est le moment pour les nations de collaborer à l'étude de ce qui peut être considéré comme un problème qui leur est commun. Le moment est venu pour les gouvernements, d'oublier leurs rivalités intestines et de prendre conscience qu'il peut exister un danger extérieur à côté duquel nous sommes en train de passer d'une manière insensée. »

Par ces mots, le professeur Zigel, fait appel aux savants du monde entier pour qu'ils prêtent attention aux témoignages provenant des latitudes les plus diverses.

« Il est impossible, dit-il, qu'il y ait tant de visionnaires. Quelque chose d'extraordinaire se passe dans l'atmosphère qui nous entoure. Et ce tronc d'arbre en est une preuve que personne, jusqu'à ce jour, n'a osé réfuter. Comme s'il s'agissait d'une nouvelle séquence de science-fiction, les ovnis continuent à tourner autour de notre planète. D'où ils viennent, ce que sont leurs intentions, c'est ce qui reste encore un secret pour l'humanité. »

Le professeur Zigel a révélé que les astronomes de l'observatoire de Kazan avaient observé des objets inconnus en forme de croissant et d'une taille décrite comme "gigantesque", dont on a évalué le diamètre entre cinq cents et six cents mètres. Le savant soviétique a déclaré : « La possibilité que les ovnis soient originaires d'une autre planète mérite une sérieuse considération. (...) Les observations les plus caractéristiques ont trait à un "croissant volant très volumineux", de couleur orange, dont la partie convexe est orientée vers l'avant. Sa surface est un peu plus terne que celle de la lune. Des cornes du croissant sortent des jets, accompagnés parfois d'étincelles. Parfois, on observe un disque brillant précédé par un croissant. Parfois le croissant est précédé et flanqué d'objets, aussi brillants que des étoiles de première grandeur, qui se tiennent à distance constante du croissant. D'après les astronomes, la vitesse de tous ces engins est estimée à environ dix-huit mille kilomètres heure. Ils déclarent que ces ovnis sont des objets réels et ne peuvent être identifiés comme phénomène naturel connu. »

On peut penser que des astronomes, grâce à leur expérience, savent de quoi ils parlent quand ils font ce genre de déclarations. Autant que nous sachions, des objets de cette forme ont été jusqu'à présent rarement observés. Peut-être s'agissait-il d'un engin technologiquement nouveau, de l'apparition d'un nouveau type de machine sortie de l'arsenal d'une planète inconnue... ou d'une autre dimension.

Robert Vitolniek, astrophysicien de l'Académie des Sciences de l'URSS, nous décrit une observation qu'il a faite, avec ses collègues, à l'observatoire de Ogré, en Lettonie :

« Nous étions occupés à observer l'ionosphère, quand, à 21 h 35, nous avons aperçu dans la pénombre une étoile brillante inconnue qui glissait lentement dans la direction ouest. Au télescope, l'objet avait l'aspect d'un disque lenticulaire d'environ cent mètres de diamètre. Il était nettement renflé en son centre laissant apparaître une petite boule. Autour du disque, et à environ deux cents mètres de celui-ci, étaient disposées trois boules semblables à celle du centre. Ces boules gravitaient lentement sur son pourtour. L'ensemble du système devenait de plus en plus petit en s'éloignant de la Terre. Quinze minutes après le début de l'observation, les boules se sont séparées du disque et se sont dispersées dans des directions différentes. La boule centrale s'est écartée à son tour. Tous ces engins étaient de couleur vert mat. Puis ils furent si loin de nous que nous les avons perdus de vue. On peut estimer leur altitude à cent kilomètres (à cette altitude, seuls des astronomes peuvent en faire l'observation, et leur télescope permet de voir des détails invisibles pour un témoin au sol.)

À en juger par la vitesse à laquelle l'objet se déplaçait dans notre champ de vision, poursuivit R. Vitolniek, le système devait sûrement être immobile dans l'espace, son mouvement apparent étant dû à la rotation terrestre. Nous avons pensé au début qu'il s'agissait d'une fusée ou d'un satellite artificiel, mais dans ce cas, la vitesse de déplacement aurait été beaucoup plus importante que celle de l'objet observé. De plus, une fusée ou un satellite forme un corps unique, et non tout un système de plusieurs corps. »

Aimé Michel, le célèbre ufologue, rapporte dans son livre *Lueurs sur les soucoupes volantes*, l'observation faite le 29 août

1952, à la station météorologique de Villacoublay : « L'objet parut enfin se fixer sur le fond des étoiles, dont il sembla suivre le mouvement apparent ».

Seuls des spécialistes, dont c'est le métier, peuvent remarquer ce genre de "détail". Si j'ai choisi ces témoignages, dont l'authenticité est indéniable, c'est que ce fameux "détail" est d'une très grande importance. En effet, comment un objet peut-il être immobile, à cette hauteur, par rapport aux étoiles? Si des Aliens étaient dans cet ovni, ils regardaient la Terre tourner sous leurs yeux, tandis que derrière eux les étoiles étaient immobiles. Autrement dit, leur vaisseau se dégageait du mouvement de rotation de notre planète... alors qu'il aurait dû être entraîné à la même vitesse que le sont les satellites artificiels, c'est-à-dire à vingt-huit mille kilomètres heure

La phrase des techniciens de Villacoublay est très claire : L'ovni, était immobile dans le ciel à très haute altitude, comme les étoiles, et regardait la Terre poursuivre sous lui son éternelle rotation. Comment est-ce possible? Nous n'en savons rien! Une chose est sûre, c'est Robert Vitolniek, chef du service de repérage spatial Letton, qui le dit : « Il y a confirmation par les radars de la réalité matérielle des ovnis. Ces derniers sont des corps solides qui apparaissent généralement sur les écrans des radars comme des cercles parfaits et ne peuvent être, ni des satellites artificiels, ni des engins météorologiques. »

Par contre, nous savons aujourd'hui que certains ovnis, peuvent être "une réalité matérielle" durant un laps de temps, et d'un seul coup devenir "une réalité immatérielle", sous forme plasmique ou vaporeuse.

Toujours en Russie, un étrange découverte a été faite qui semble prouver la visite d'extraterrestres dans un lointain passé.

Au début des années quatre-vingt dix, dans une zone inexploréel des montagnes de l'Oural, ont été trouvés de très étranges objets en forme de spirales métalliques. Bien entendu les scientifiques russes qui ont fait cette découverte ont essayé de comprendre ce que pouvait bien faire ce genre d'objets dans ces montagnes. D'après leurs recherches, ces spirales qui ne mesurent pas plus de deux à trois millimètres et ont été fabriquées pour une utilisation inconnue. Mais la découverte sensationnelle est qu'au carbone 14, la datation de ces objets donne une ancienneté de trois cent mille ans. On peut supposer, connaissant les Russes et leur esprit rationnel, qu'avant d'annoncer un nombre d'années aussi incroyable, ils ont dû refaire plusieurs fois les expériences avant de se rendre à l'évidence. Il paraît que cette nouvelle a fait sensation dans les milieux scientifiques car les conséquences sur notre forme de pensée sont considérables.

Cela prouverait que, bien avant l'antiquité connue, il y avait eu au moins une autre civilisation intelligente et technologiquement assez avancée sur Terre. A moins que, autres hypothèse, ces objets n'aient pas été fabriqués sur Terre et y ont été déposés pour une raison inconnue par des voyageurs venant de l'espace. Il faut choisir une de ces deux solutions, aussi abracadabrantes qu'elles puissent paraître. En tout cas, les trois cent mille ans constituent pour ces savants russes une réalité incontournable.

Ovnis sur l'Espagne

Certaines régions semblent être le théâtre d'événements insolites et parfois terrifiants. C'est le cas pour ce qui s'est produit dans la localité de Noria, tout près de la frontière française, à deux mille mètres d'altitude.

La première aventure arriva à M. Pujador, alors qu'il se trouvait avec un groupe de 22 touristes, dans un refuge près de Nuria. Il raconte :

« Nous étions aux premières heures de la matinée, à l'entrée du refuge et quelqu'un a désigné un objet inconnu qui se tenait immobile dans le ciel. Tous nos compagnons du refuge ont alors observé le ciel. Cet objet était à une grande hauteur, et avait une forme aplatie. C'était une sorte de disque qui ne bougeait pas. Puis, nous nous sommes rendus compte que le disque commençait à descendre en se laissant tomber à la verticale. L'engin s'arrêta à une certaine hauteur, en même temps que sa forme circulaire se transformait pour devenir triangulaire. On pouvait très bien voir que les extrémités de ce triangle émettaient des lumières colorées. Il resta immobile quelques instants, puis fit des évolutions sans logique apparente et enfin il disparut rapidement dans le ciel. »

Ce qu'il faut retenir dans ce témoignage étonnant, c'est que plusieurs personnes ont pu assister à la fois à la transformation d'un ovni circulaire en un ovni triangulaire. Une telle transformation est difficile à concevoir pour un cerveau humain... y compris pour celui d'un ufologue expérimenté. En effet, dans l'état actuel de nos connaissances, il est impossible d'imaginer un disque métallique en position stationnaire dans le ciel. Ce serait aberrant !

De nombreux ovnis triangulaires, parfois de taille gigantesque ont déjà été signalés, mais c'est la première fois que des témoins assistent à leur changement de forme.

Monsieur Pujadora cru sans doute que s'en était fini de son "contact-ovni", pourtant une expérience encore plus insolite l'attendait quelques jours plus tard. Il se trouvait alors en compagnie d'un jeune prêtre dans un autre refuge, toujours près de Nuria. L'homme de Dieu fut tellement bouleversé par leur découverte qu'il refusa par la suite d'être nommé.

M. Pujador en fait le récit suivant : Il faisait nuit, ils s'étaient couchés vers 11 heures du soir. À minuit dix (le témoin regarda instinctivement sa montre), tous les deux furent réveillés en même temps par une sensation oppressante, un mélange d'angoisse, de peur et d'horreur. Le prêtre, qui occupait la couchette superposée, en voulant se débarrasser de son sac de couchage, le déchira avant de se jeter sur le sol deux mètres plus bas. M. Pujador alluma sa torche électrique. Instantanément, les deux hommes, sans raison, éprouvèrent réciproquement une véritable haine, jusqu'au désir de tuer. Par bonheur, ils réussirent à contenir cette pulsion incompréhensible. En proie à une subite crise nerveuse, ils se mirent à ranger leurs affaires, à allumer toutes les chandelles du refuge, à balayer le plancher, sans croiser leurs regards. Ils eurent chacun la sensation que quelque chose les attirait au dehors et qu'une force inconnue les poussait à faire des gestes insensés pour cette heure de la nuit. À un moment, le prêtre demanda à M. Pujador de l'accompagner hors du refuge. Ce dernier leva les yeux et vit dans le ciel, sur le Pic de Bâtiments, le même objet circulaire rouge qu'il avait déjà aperçu à cet endroit précis. Effarés, ils rentrèrent tous deux précipitamment. Puis, durant deux heures, ils purent observer l'ovni à travers le hublot de la porte. L'objet était rond, parfois triangulaire. Il émettait cinq faisceaux rouges, très bien découpés, terminés chacun par deux sortes de flèches lumineuses qui s'allongeaient et se rétrécissaient.

Dans ce témoignage, nous retrouvons le passage de la forme ronde à la forme triangulaire et, comme cela se passait au même endroit, il y a tout lieu de penser qu'il s'agissait du même ovni.

Le fait nouveau, c'est cette force invisible et inconnue qui commanda leur cerveau pour les réveiller ensemble, leur donner envie de s'entre-tuer et de faire des gestes irraisonnés. Nous avons ici la preuve que les ovnis ou leurs occupants, peuvent être dangereux, qu'ils peuvent manipuler le psychisme humain à leur gré, même à travers les murs d'une maison. Phénomène que nous aborderons de plus près lorsqu'il s'agira des aventures terrifiantes que vivent les abductés.

La dangerosité des ovnis a été rarement constatée. En général, cela arrive à des témoins isolés qui, d'une manière ou d'une autre, ont pu paraître menaçants pour les humanoïdes à bord d'engins, et plus particulièrement quand ils sont descendus à terre. Avec le temps, je pense qu'ils nous montrent leur force pour nous faire comprendre qu'il nous faut rester tranquilles.

Dans le cas présent, nous avons affaire à deux hommes qui dorment et qu'on réveille en même temps, comme pour faire une expérience, comme pour voir, ou nous faire voir, à quel point ils sont capables d'agir sur le cerveau humain. Ce qui me semble inquiétant, c'est qu'ils démontrent qu'ils peuvent agir à distance, les témoins ayant repéré l'ovni au-dessus d'une montagne. Qu'est-ce qui nous empêche de penser qu'ils puissent agir de la sorte, d'une distance encore plus éloignée, sans qu'il y ait moyen de les voir ? Ne peut-on pas imaginer que, lorsque des criminels disent avoir ressenti une force qui les poussait à tuer, il y aurait effectivement une intelligence néfaste qui les aurait poussés à agir, d'une façon qui nous est encore inconnue ?

Nous sommes quelques-uns à nous demander si certains suicides, certains meurtres que nous mettons sur le compte de la démence subite et incontrôlable, ne seraient pas en fait des manipulations de l'esprit, provoquées par des forces ayant un rapport avec ces mystérieux ovnis ? N'oublions pas que la Tradition, la religion, la sagesse populaire, parlent de personnes qui, à un moment donné "sont habitées" ? Il y a souvent un fond de vérité dans ces croyances qui remontent à la nuit des temps !

Je reconnais que, par moment, on a l'impression d'être en pleine science fiction. Pourtant, quand on entend le témoignage de ces deux hommes, dont un prêtre, on est obligé de réfléchir à notre “réalité”, à savoir si c'est bien la seule en vigueur dans notre espace vital ?

Quand j'étais enfant, il fallait tourner une manivelle pour téléphoner et passer par une opératrice. Aujourd'hui, mes petits-enfants utilisent un téléphone portable. Si à mon époque, quelqu'un avait suggéré l'idée révolutionnaire d'un tel petit ustensile, il aurait peut-être été traité de farfelu. Personne ne pouvait y penser, c'était trop invraisemblable. Il en est de même pour le phénomène ovni. Il ne faut rien rejeter a priori.

Le témoignage suivant se déroule au même endroit, dans le même refuge, mais deux mois avant celui que nous venons d'évoquer.

Trois jeunes filles, étudiantes de la faculté de lettres de l'Université de Barcelone, Anna, Carme et Ramona, étaient allées passer la nuit dans ce refuge, près de Nuria. Anna raconte que, cette nuit-là, après que les jeunes filles furent endormies vers 23 heures, elle a été réveillée vers minuit par un bruit de “petits pas” (elle insiste sur ce détail) qui venait du dehors.

À demi paralysée de terreur, elle entendit quelqu'un qui essayait d'ouvrir la porte en fer, celle-ci étant seulement maintenue fermée par une grosse pierre faute de serrure ou de verrou. Ce “quelqu'un” fit alors un énorme tapage contre la porte. Le bruit réveilla ses deux camarades. Les trois jeunes filles restèrent muettes, prises d'une frayeur bien compréhensible. Sans allumer leurs torches électriques elles écoutèrent le mystérieux promeneur.

Elles pensèrent que ce rôdeur devait être de petite taille, pour ne pas trouver la force de pousser la porte. D'après elles, même un enfant, en y mettant toute sa force, aurait pu en venir à bout. N'arrivant pas à ses fins, l'inconnu s'est retrouvé sur le toit du refuge où elles perçurent ses pas. Le mystérieux visiteur s'est promené ainsi pendant une heure environ puis ne s'est plus fait entendre.

Ce qui, à l'analyse, est incompréhensible, c'est de savoir comment ce visiteur, qui semblait si petit, a pu escalader les parois du refuge qui sont verticales et hautes de trois mètres, sans aucun point d'appui.

Avouons qu'il faut avoir les nerfs solides pour continuer à fréquenter ce refuge. Mais il faut savoir que, très souvent, les rencontres avec les ovnis sont angoissantes et parfois terrifiantes, comme on le verra dans les rencontres du troisième et du quatrième type.

En Espagne toujours, une autre histoire est relatée par le journal le Canarias 7 du 23 octobre 1997 qui raconte l'aventure arrivée à deux pêcheurs, Benicio Quintero et Onelio Gonzalès. Ces deux hommes ont eu une expérience avec des êtres inconnus, qu'ils ont pris pour des extraterrestres.

Voici les faits tels qu'ils ont été relatés par le *Canarias 7 :*

« L'incident inhabituel, qu'ils sont toujours incapables d'expliquer à ce jour, s'est passé tôt le matin, alors qu'ils pêchaient sur la plage de Verodal, dans l'île de El Hierro. Ils ont été surpris par d'innombrables petites lumières, et ont vu un groupe "d'êtres" qu'ils ont eu beaucoup de mal à identifier. Lorsque Benicio parle de cet incident, il a du mal à croire ce qu'il a vu. « Pour être franc, je ne voulais en parler à personne, dit-il, car j'avais peur que, de toute façon, on ne me croie pas ! » Il s'agit d'un petit artisan d'art passionné de pêche. "Une telle histoire ne m'était jamais arrivée, pourtant j'ai pêché bien des nuits sur cette côte".

Il était aux environ de minuit et ils conversaient entre eux, comme le font deux amis à la pêche. Tout à coup, quelque chose d'inconnu se rapprocha d'eux avec lenteur. "C'était des lumières avec d'innombrables couleurs, elles tournaient autour de la montagne directement derrière nous et descendaient toujours plus bas. Ce n'était rien de normal, il était impossible que ce soit quelque chose de normal, quelque chose qu'on ait l'habitude de voir."

Ils furent pris de frayeur et retirèrent rapidement leurs lignes de l'eau. À quatre pattes, ils se cachèrent derrière un buisson, et ils éteignirent leurs lampes de poche. Les lumières tournant lentement, se rapprochaient toujours plus. "Quelqu'un peut-il me dire comment elles savaient que nous étions cachés, là, dans l'obscurité ? Elles avaient la taille d'une personne normale, mais on avait comme l'impression qu'elles venaient en flottant de la montagne (un endroit inaccessible aux hommes), et des lumières multicolores tournaient autour de leur tête". Lorsque ces "êtres" ne furent plus qu'à une distance de quelques mètres, l'un des deux pêcheurs sortit du buisson et les éclaira avec sa lampe. "Il y en avait six ou sept, et les lumières continuaient à tourner autour de leur tête. C'est pour ça que nous n'avons pas pu les regarder correctement. Mais ils ne pouvaient pas être de notre planète. Ils ne parlaient pas, ils ne gesticulaient pas, c'était le silence absolu. Et nous aussi, remplis de peur, nous n'avons pas dit un mot. Je suis arrivé à éclairer le bas du corps de l'un d'eux avec ma lampe car, plus en haut, il n'y avait rien d'autre que de la lumière. Il portait une sorte de tricot moulant, brun sombre. Lorsqu'ils virent ma lumière, ils se retournèrent et s'en allèrent vers cet endroit inaccessible de la montagne, d'une manière incroyablement légère, comme s'ils flottaient."

Benicio et Onelio ne sont toujours pas remis de cette incroyable aventure. On ne sait pas s'ils sont retournés pêcher à cet endroit ! »

Toujours en Espagne, une vague d'ovnis sans précédent, a traversé le pays en 1996. Tantôt, les témoins virent des structures métalliques sphériques, des engins volants triangulaires et des disques plats. Souvent, des groupes entiers de personnes furent témoins de ces observations, indépendamment les uns des autres. Il y eut aussi bien des académiciens que des fonctionnaires ou des policiers pour assister à ces scènes. Certains observateurs prirent des photos et des enregistrements vidéo.

C'est José Manuel Castro, cultivateur, et deux de ses voisins, qui firent l'observation la plus surprenante, près de Lago, en Galice. Ils disent avoir vu au printemps une gigantesque boule lumineuse d'où auraient bondi plusieurs personnages humanoïdes. On découvrit ultérieurement sur le "lieu d'atterrissage" des empreintes de pas qui, selon l'avis de scientifiques venus sur les lieux, ne provenaient d'aucun être vivant connu. Les différentes empreintes étaient éloignées les unes des autres d'environ un mètre quarante. On voit aussi les traces "d'orteils" qui se sont enfoncés dans le sol sur une profondeur de quinze à vingt centimètres.

Au cours de l'été 1996, de nombreux témoins de Saragosse, de différents quartiers de la ville, virent dans le ciel un étrange engin, irradiant une lumière orange, très vive. Plusieurs témoins purent même filmer la scène au camescope. Un témoin, physicien de l'Université de Saragosse, estima le diamètre de l'engin à plus de cent mètres, et sa vitesse à cent-cinquante kilomètres heure.

Les militaires espagnols expliquèrent qu'ils accumulaient depuis des années des rapports sur les apparitions d'ovnis. Beaucoup de ces rapports ont été gardés secrets pendant vingt ans, mais ils commencent à être communiqués.

Une autre manifestation peu ordinaire eut lieu le 6 mai 1999. Deux Espagnols aperçurent un immense nuage lenticulaire qui ressemblait à ce que la presse appelle "soucoupe volante". Ils sautèrent immédiatement dans leur voiture pour essayer de se rapprocher de ce qu'ils n'osaient appeler un ovni. Arrivés à environ cinq cents mètres de "l'objet-nuage", ils stoppèrent pour prendre quelques clichés. La forme était très nette, révélant quelque chose d'anormal, le "nuage" défilait deux fois plus vite que les autres, et surtout... *en sens inverse.* À cet instant, leur attention fut attirée par le silence qui était absolu. Même les insectes ne se faisaient pas entendre, ce qui est totalement inhabituel en Espagne. Les photos et les négatifs ont été confiés à un spécialiste, qui n'a constaté aucune trace de manipulation.

J'ai personnellement ressenti ce "silence absolu" dans des aventures dont je parlerai plus loin. Je peux certifier que ce genre de détail ne s'invente pas ; en effet, on est obligé de se rendre compte de ce silence, que l'on ne remarque jamais dans la vie courante, même dans les endroits les plus calmes.

Il faut également savoir que les nuages lenticulaires existent naturellement et que c'est un phénomène bien connu des météorologues. Comme les aliens semblent s'amuser à nous manipuler, je tiens à mettre en garde les lecteurs. Si vous voyez ce genre de nuage, avant de penser qu'il s'agit d'un ovni, observez s'il va à la même vitesse que les autres formes nuageuses, s'il évolue en sens inverse. Il y a certainement énormément d'ovnis que l'on ne voit pas, car nous regardons très peu le ciel, surtout dans la journée. De plus, il est possible qu'ils se cachent dans les nuages si, pour des raisons mystérieuses ils ne veulent pas se faire remarquer.

Une étrange aventure est survenue au Neptune, un sous-marin de l'U.S. Navy au large des Îles Canaries.

Il quittait la base espagnole de La Rota pour rallier les États-Unis, quand, tout à coup, l'officier de service repéra un écho au sonar.

Le sous-marin américain se trouvait à environ trente mètres de profondeur. L'alerte fut aussitôt donnée car, d'après l'écho, il s'agissait d'une masse très importante s'élevant du fond de la mer, à neuf cents mètres de profondeur. Les instruments de bord s'affolèrent. L'écran radar ne transmettait plus que des éclairs sans signification. Puis une terrible poussée secoua le Neptune, qui sembla se dérober sous les pieds de l'équipage. L'incident dura une minute angoissante, puis ce fut le calme plat. Le commandant de bord donna l'ordre de faire surface. Debout sur la passerelle, les officiers mariniers purent alors contempler une île extraordinaire, véritable masse de maçonnerie surgie de la mer.

Un rapide examen des cartes permit de constater qu'aucune terre ne figurait à cet endroit. Tout à coup, trois disques étincelants jaillirent de cet inquiétant bunker avant de disparaître dans l'espace. L'océan se mit à bouillonner autour de l'île mystérieuse et, en quelques secondes, dans des remous gigantesques, bousculant le sous-marin, le monstre s'enfonça dans les flots. À l'intérieur du Neptune, une fois de plus, tout l'équipement électronique était perturbé par des fréquences parasites. Cette aventure fut évidemment longuement racontée par les marins du submersible le lendemain, lorsqu'ils débarquèrent au port. Mais, très vite, l'équipage fut consigné à bord et ensuite recommandé au secret.

Une fois déjà, le 26 avril 1967, des habitants de l'Île de Hierro, dans les Canaries, avaient vu apparaître "l'île de béton". Auparavant, en 1964, quatre industriels et leurs épouses avaient vu au cours d'une croisière de plaisance, cette étrange terre à éclipse.

Pour les ufologues de la région, il ne fait aucun doute qu'il existe une base sous-marine d'ovnis, entre l'Île de Hierro et l'Île de Ténérife. Bien entendu l'armée, n'appréciant pas qu'on bouscule ses sous-marins atomiques sans autorisation, conclua cette affaire par un black-out complet !

Des ovnis en Argentine

L'ufologue Guillermo Aldunati, parti enquêter au nord-ouest de l'Argentine, rapporte qu'un disque gigantesque a été aperçu le 18 août 1995, au-dessus de la ville de Métan.

Des centaines de témoins virent l'objet en train de manœuvrer dans le ciel, avant d'être touché tout à coup par des missiles aériens tirés depuis un "avion inconnu". Le disque commença à vaciller et s'écrasa au sol, sur une colline au nord de la ville. Des hélicoptères, aux couleurs de l'armée argentine, volèrent au-dessus des hauteurs. Un convoi armé de l'armée argentine boucla hermétiquement la zone durant plusieurs jours. Tout le trafic vers le nord fut dévié au cours des jours suivants, comme l'ont confirmé des centaines de chauffeurs routiers et d'automobilistes.

Le black-out a immédiatement suivi l'arrivée des militaires, ce qui n'a rien d'étonnant. D'après certaines indiscrétions, volontaires ou contrôlées (?), l'épave avait la forme d'une "soucoupe" de plus de deux cents mètres de diamètre dont le crash aurait provoqué plus de deux cents morts. Les cadavres ressemblaient aux célèbres "petits gris" mais ils étaient de plus grande taille. Il y avait de nombreux sacs mortuaires en nylon. Les dépouilles ont été acheminées à Mendoza pour être ensuite transportées aux États-Unis.

Comme dans toutes les affaires de crash d'ovnis, il est difficile d'en savoir plus. Une chose est sûre, jamais l'armée n'a prétendu ou confirmé qu'elle avait tiré sur l'engin pour l'abattre.

Un ovni a survolé trois villes, le 25 octobre 1998, dans la pampa argentine. D'abord, l'ovni fut aperçu au-dessus de la capitale provinciale de Santa Rosa. Il avait la forme d'un ballon ovale et était aussi clair que le jour. Les habitants de la ville observèrent l'engin pendant environ vingt minutes. À Ruta Provincial, à quarante kilomètres de là, l'objet fut repéré au milieu d'épais nuages, ce qui semble avoir été la cause des fortes pluies qui s'ensuivirent. Ensuite au-dessus d'Eduardo Castex, quarante kilomètres plus loin, les témoins décrivirent l'objet comme étant solide.

Selon l'agence de presse nationale *Telam*, un grand ovni en forme de "soucoupe volante" avec des lumières violettes, rouges et vertes, a été filmé par un cameraman professionnel à La Puerta, dans l'état fédéral argentin de Cordova. Le film a été réalisé le 5 octobre 1995, peu avant minuit. Gérard Ferrero put filmer pendant quinze minutes avant que l'ovni s'en aille. L'armée de l'air argentine examina le film durant une semaine, après qu'on ait découvert une substance gélatineuse et des empreintes bizarres sur le sol de l'aérodrome de San Carlos de Bariloche, à mille neuf cents kilomètres au sud de Buenos Aires. Un porte-parole de l'armée déclara que la nature de l'objet sur le film était inexplicable. Le gouvernement argentin a essayé, sans succès, d'empêcher les communiqués de presse, le roi d'Espagne Juan Carlos et le Président portugais devant atterrir sur cet aérodrome dix jours plus tard.

Le cameraman a déclaré : « Des pulsations violettes, vertes et rouges émanaient de l'engin pendant qu'il changeait d'axe. À l'aide de mon téléobjectif, j'ai pu discerner des petites fenêtres sur son côté. Il tournait, montait et descendait. J'ai eu beaucoup de mal à faire une mise au point nette avec mon appareil. Lorsque j'agrandis la prise de vue au studio, la forme de soucoupe volante était pleinement identifiable. »

Un autre témoin, Nestor Echarte, qui avait observé l'atterrissage d'un ovni identique à Bariloche trois mois plus tôt, affirma avoir découvert des empreintes profondes de quatre-vingt dix centimètres, certainement celles des appuis d'atterrissage de l'engin. L'armée de l'air envoya immédiatement des enquêteurs en hélicoptère sur les lieux. Ceux-ci trouvèrent une substance gélatineuse. Selon Echarte, celle-ci devint dure comme de la pierre en l'espace de quelques heures et les spécialistes ne purent ni la découper, ni l'analyser.

Cet ovni fut également aperçu par les passagers d'un avion de ligne et son équipage. Il volait parallèlement à l'avion, l'obligeant à interrompre ses manœuvres d'atterrissage pour éviter une collision.

Des ovnis au-dessus du Chili

En juillet 1995, il y eut une série d'apparitions près de Santiago du Chili, Les forces armées décrétèrent l'état d'alerte, ce qui prouve à quel point elles avaient pris l'affaire au sérieux. Les témoins décrivent les objets comme étant grands et lumineux, de forme ovale (cigare) d'environ trois mètres cinquante de diamètre, la plupart du temps de couleur rouge sur la partie supérieure. De la queue de forme allongée s'échappaient des étincelles multicolores. Bien entendu, l'escadrille inconnue continua sa route dans le ciel et disparut... ce qui a dû rassurer les autorités !

Des ovnis sur les Pays-Bas

En 1997, une vague d'ovnis très importante fut observée au-dessus de ce pays. Trois boules lumineuses furent observées, le 2 avril 1997, par la population de Hengelo (une ville de soixante-sept mille habitants). Les témoins pensèrent d'abord à des satellites, mais lorsque les objets de couleur blanche restèrent immobiles dans le ciel, ils se rendirent compte qu'il s'agissait "d'autre chose". Puis, les engins filèrent vers l'Allemagne.

Vers 22 h 15, le même jour, un couple qui roulait vers Hengelo, remarqua un objet scintillant dans le ciel. L'ovni, volant en zigzag dans le ciel nocturne, fut observé pendant une minute. Vers vingt-trois heures, un homme dit avoir vu deux boules de feu. Les différents témoins insistent sur la luminosité des objets et leur grande vitesse pour disparaître.

Selon le journal *Noor-Hollands-Week blad*, plus de trente ovnis, furent aperçus le 1er mai 1997 au-dessus de Heerhugowaard (quarante-cinq mille habitants), près d'Amsterdam. Monsieur Groeneveld observa la flotte d'ovni en train d'exécuter des manœuvres acrobatiques dans le voisinage de Verspronckslaan. Il dénombra, au moins trente soucoupes au-dessus de sa maison. Furent témoins de cet incroyable spectacle, sa fille, des amis et des voisins. M. Groeneveld déclara aux journalistes, avec humour : « je crois qu'on nous observe ».

Des ovnis sur la république Tchèque

Les informations qui suivent sont tirées de l'hebdomadaire tchèque *Spirit* et ont été traduites par mon ami, l'ufologue H. Chaloupek.

Le 25 août 1995, vers 13 heures, M. V. K. était à la recherche de champignons. Il traversa un pré, le temps étant menaçant, M. V. K. leva la tête pour vérifier s'il allait pleuvoir. Mais ce qu'il vit n'avait pas du tout sa place dans le ciel. C'était une énorme masse métallique gris foncé ayant la forme d'une balançoire enfantine. Il semblait que l'objet était absolument immobile, il ne brillait pas mais on voyait qu'il était matériel. C'était un engin colossal bien plus grand qu'un ballon dirigeable. Pris de panique, l'homme courut se cacher dans les bois. Quand il en ressortit pour regarder cette étrange apparition il n'y avait plus rien. Il commença à parler de ce qu'il avait vu quand il entendit à la radio parler des fameux "cercles dans les blés" qui étaient apparus aux environ de Trpesic. Il pensa qu'il pouvait y avoir une corrélation avec son aventure. Ce monsieur dit qu'il n'avait jamais cru aux ovnis, mais que, depuis son expérience, il ne sait plus quoi penser (c'est le cas de beaucoup de témoins).

Des ovnis sur l'Angleterre

L'important, dans ce qui va suivre, c'est qu'on se rend compte que "quelque chose" est en train de changer au niveau gouvernemental au sujet du phénomène ovnis.

Le dimanche 10 novembre 1996, Frédérick Howe, ministre de la défense du Royaume Uni, a alarmé les Britanniques en révélant à un journal l'existence de documents "top secret" sur les ovnis amassées par la Royale Air Force. Dans une interview obtenue par l'hebdomadaire *Sunday People*, le ministre aurait affirmé que tous les commandants de bases aériennes de la RAF ont l'ordre de présenter un rapport sur chaque rencontre avec un ovni. Il a ajouté : « dans la mesure où l'existence de formes de vie extraterrestres est concernée, nous restons l'esprit ouvert ». Cette déclaration n'a pas été suivie d'un démenti.

Cette surprenante déclaration eut lieu après un débat au Parlement britannique au sujet de l'incident ovni survenu le mois précédent, dans le Comté de Lincolnshire, au-dessus de la ville de Skegness. À cet endroit, deux ovnis, avaient été vus par la police et traqués par un radar de la RAF pendant six heures, alors qu'ils évoluaient au-dessus du golfe.

Martin Redmond, député, a déclaré lors de ce débat, qu'il voulait déchirer le voile du secret observé sur les ovnis par le ministère de la défense. Il avait appris, en outre, qu'un ovni avait violé l'espace aérien britannique.

Un autre officiel a été prié de dire combien d'ovnis avaient été répertoriés par la RAF en 1996. Celui-ci répondit à la presse : « que cette information coûterait beaucoup trop cher à obtenir ». (humour anglais...).

Ces informations sont tirées des journaux suivants : T*he Guardian, the Daily Mail, the Daily Telegraph, the Sun*, et de la B.B.C.)

Quand aurons-nous ce genre de débats à la Chambre des députés française ?

À trois occasions, en juin et juillet 1998, les médias anglais déclarèrent que des centaines de personnes avaient bloqué le standard des lignes téléphoniques de la police en décrivant de vives lumières vertes et blanches, dans le ciel nocturne.

À partir de 23 heures le 11 juin, il n'y eut pas moins de deux cent trente-huit appels durant une période de quatre-vingt dix minutes. Les témoignages parlaient tantôt de soucoupes volantes, tantôt de lumières plus grandes qu'une voiture, tantôt d'avions en feu, ce qui déclencha l'alerte à l'aéroport de Heathrow.

Dans le sud de l'Angleterre, Janet Troop déclara : « J'ai vu une lumière exceptionnellement vive, tellement vive qu'elle éclairait tout le ciel. C'était comme si quelque chose était en train de brûler. » Alan Lester déclara quant à lui : « c'était comme si la nuit s'était changée en jour ».

La respectable B.B.C. annonça que des auditeurs avaient vu le phénomène pendant trois nuits consécutives, les 5, 6 et 7 juin. Une auditrice témoigna sur les ondes de cette radio : « tandis que je roulais dans les faubourgs de Londres, tout le ciel était illuminé. C'était comme une boule de feu, cela semblait se déplacer parallèlement à nous, c'était à peine croyable ». David Kyte déclara : « cela volait au-dessus de ma tête. C'était spectaculaire, aveuglant. J'ai pensé à un vaisseau spatial ».

John Morris, météorologue, et un de ses amis ont observé le 28 mai 1999, vers onze heures trente, au-dessus de la ville de Huddersfield, pendant plus d'une minute, un engin métallique de forme triangulaire, estimé à douze mètres de long, qui a traversé le ciel à grande vitesse, sans bruit, et le plus effrayant, en rase-mottes. Il disparut ensuite derrière une montagne.

En Écosse, la petite ville de Bonnybridge est le théâtre de vagues d'ovnis qui se succèdent dans le ciel. Le conseiller municipal, Billy Buchanan, déclare avoir vu « un vaisseau spatial grand comme un cuirassé ». Il a montré une surprenante vidéo qu'il a utilisée pour enregistrer ses observations.

Dans la nuit du 1er mars 1999, un ami l'appela pour lui dire qu'une fois de plus un ovni était apparu dans le ciel de la ville. Buchanan prit sa caméra vidéo et se rendit sur les lieux « C'est là que nous avons vu un objet gigantesque. Il avait une couleur orangée et la taille d'un cuirassé. Il semblait avoir des "pulsations". Je réussis à le filmer pendant quelques secondes avant qu'il n'accélère et parte à une vitesse incroyable en direction de Fife. La police et les contrôleurs aériens locaux confirmèrent que rien de spécial n'avait été envoyé dans le ciel. » Jim Malcom avait déjà aperçu l'objet vers 19 heures. « C'était spectaculaire », déclara t-il. Un autre témoin, M. Mc Intosh déclara : « L'objet se trouvait très haut dans le ciel et paraissait vraiment gigantesque. Il tournait sur lui-même. Je l'ai observé pendant environ une heure, avant qu'il ne disparaisse. »

Une mort atroce au Brésil

Cette histoire, que l'on peut qualifier sans exagération de terrifiante, s'est produite en février 1946. Elle a marqué les esprits de tous les ufologues de la planète car cela a montré les périls possibles que pourrait comporter le fait d'approcher trop près d'un ovni.

L'incident eut lieu dans le bourg de Araçariguama, dans l'État de Sâo Paulo, au Brésil. La victime, Joâo Prestes Filho, était cultivateur. C'était un homme robuste, jouissant d'une excellente santé.

Son village, éloigné des grands axes de circulation, ne disposait ni d'électricité ni de réseau téléphonique. Rien ne se passait dans ce bourg sinon que, pendant les nuits, d'étranges lumières évoluaient dans le ciel, décrivant des trajectoires désordonnées au-dessus des bois et des monts de la région. Les habitants en parlaient au cours des réunions locales, et les opinions étaient divergentes quand à l'origine du phénomène.

Monsieur Filho avait invité son ami Santos à une partie de pêche sur les bords du Tieté. Les deux amis passèrent la journée à pêcher, sans problème. Ils rentrèrent vers dix-neuf heures, sous une légère brume.

Une heure plus tard, Prestes Filho, complètement terrorisé, fit irruption chez sa sœur Maria. Il lui expliqua d'une voix saccadée, qu'à l'instant où il ouvrait la porte-fenêtre de sa maison, il avait reçu de l'extérieur un faisceau de lumière intense qui l'obligea à se protéger le visage des deux mains. Étourdi, il dit être tombé à terre, sans toutefois perdre conscience. Lorsqu'il se releva, il se mit à fuir vers le centre du village pour trouver du secours.

Les voisins de sa sœur furent immédiatement alertés et tous écoutèrent l'histoire que Filho racontait sans pouvoir s'arrêter. Parmi eux, se trouvait M. Aracy Gomide, inspecteur fiscal de la Préfecture. Il fit le récit suivant :

« Les cheveux, la tête, les yeux, aucune partie visible du corps et des vêtements ne présentaient de trace de brûlures. Par contre, ses yeux étaient dilatés d'épouvante et il était très excité. Mais, peu après, la scène tourna rapidement à l'horreur. Les chairs de M. Filho commencèrent à prendre le même aspect que si elles avaient été cuites à l'eau bouillante. Elles se mirent à se décoller des os, tombant par morceaux de la mâchoire, de la poitrine, des bras, des mains, des doigts, des jambes, des pieds et des orteils. Quelques morceaux de chair restèrent suspendus par les tendons. Personne n'osa le toucher. Puis tout se détériora de façon horrible. Les os et les dents étaient à nu. Monsieur Filho refusa l'eau et les aliments qu'on lui tendait, et à aucun moment il ne sembla ressentir de douleur, ce qui est incompréhensible ! Son nez et ses oreilles se détachèrent et tombèrent sur le sol. Les témoins n'avaient plus devant les yeux qu'un spectre terrifiant se disloquant de mutilation en mutilation. Ses yeux étaient écarquillés de terreur. On voyait qu'il était conscient. Sa bouche se désarticulait et ses paroles n'étaient plus que des sons inaudibles. La confusion était générale. A l'aide d'une charrette on emmena à l'hôpital le plus proche le pauvre homme, dont le corps était presque complètement décharné.

Six heures après avoir été agressé par une projection de lumière, le cadavre de Prestes Filho revint à Aracariguama, car il était mort pendant le voyage. »

Monsieur Gomide, qui l'accompagnait, dit que, jusqu'au dernier moment, des sons gutturaux sortaient de ce qui lui restait de bouche, c'est-à-dire, en fait, un morceau de mâchoire. On ne saura jamais s'il continuait à raconter son horrible aventure.

Le certificat de décès indique : "Mort par brûlures généralisées". La police fit une enquête, mais que rechercher ? Sur les lieux, aucune trace ne fut relevée à l'intérieur comme à l'extérieur. Notre science actuelle est impuissante à expliquer la cause d'une mort aussi atroce.

Par la suite, des lumières furent encore observées dans la région, mais rien d'agressif. Avouez que, parfois, la réalité dépasse la fiction ! J'ai hésité à publier un récit aussi effroyable, mais il le fallait pour justifier en partie le titre de ce livre.

Que penser de cette terrifiante affaire ?

Certains auteurs d'ouvrages consacrés aux ovnis pensent que les occupants de ces engins viendraient des profondeurs de la galaxie pour porter assistance à notre pauvre humanité, afin de la protéger contre la menace de sa propre destruction et la ramener dans la voie du salut, qu'il soit physique ou spirituel. D'autres auteurs pensent que les extraterrestres sont des ennemis dont il faut se méfier et dont les intentions ne sont pas très positives.

D'abord, dans le cas présent, nous n'avons aucune preuve que le rayon mortel qui a frappé M. Filho soit sorti d'un ovni. Bien entendu, il fallait bien qu'il vienne de quelque part, et nous savons qu'en 1946 nous ne disposions pas d'une telle technologie. Ce rayon devait émaner d'une source apparemment étrangère à celles qu'on peut trouver sur notre planète et relevant d'une science qui, n'étant pas la nôtre, est obligatoirement extraterrestre. Mais les faits sont peut-être plus compliqués que ça ?

Le témoin n'a pas dit qu'il avait vu le rayon sortir d'un ovni. Soit il était tellement ébloui qu'il n'a pas pu le voir, soit l'ovni était si haut dans l'espace qu'il était impossible de le situer au moment de l'accident.

En dehors des périls possibles que pourrait comporter le fait de s'approcher trop près d'un ovni, au sol, ou stationnant à basse altitude, il faut bien reconnaître que les cas comme celui-ci sont extrêmement rares.

Rien ne permet d'affirmer que ce qui est advenu à M. Filho signifie que les êtres mystérieux qui ont tué cet homme l'ont fait volontairement. Ils ont pu vouloir simplement l'éclairer. Le rayon qu'ils ont braqué sur lui n'était peut-être, à leur mesure, que l'équivalent du rayon électrique de nos lampes de poche. Il est fort possible, que ce rayon qui détruisit M. Filho, était sans effet sur leur propre organisme... si organisme il y a?

Depuis 1946, date de cet événement, il semble que rien d'aussi atroce ne se soit produit... sauf quand les aliens, dans quelques cas, se sont sentis agressés. Comme nous savons depuis cette époque que les occupants des ovnis, quels qu'ils soient, savent parfaitement ce qui se passe dans la tête des humains, qu'ils semblent connaître à l'avance nos réactions, où nous nous trouvons, ce que nous faisons à l'intérieur de nos maisons ou de nos voitures, nous pouvons penser qu'ils ont été témoins des lésions et de la mort de M. Filho. Ils ont - peut-être - pris conscience dans ce cas du danger que représente, pour les êtres humains, le rayon dont ils se sont servis. Peut être la mort de cet homme a-t-elle été causée par une erreur de leur part. On ne peut rien affirmer, mais c'est une hypothèse probable étant donné le nombre de témoins disant avoir reçu un "rayon de lumière" sans en être affectés et cela depuis des dizaines d'années.

Il y a malheureusement une autre hypothèse, que je ne peux passer sous silence. Les aliens savaient parfaitement qu'ils braquaient sur M. Filho un rayon d'une puissance destructrice épouvantable, mais ils voulaient simplement en voir les effets sur un corps humain. Personnellement, je me demande s'ils n'ont pas voulu faire la démonstration aux terriens de leur puissance de destruction en guise d'avertissement. OVNIS ATTENTION DANGER, n'ayez pas l'idée de nous attaquer, la riposte serait foudroyante!

Aujourd'hui, en 2003, nous n'avons pas encore réussi à fabriquer un tel "rayon de la mort", du moins produisant de tels effets... mais les recherches qui ont été reprises dernièrement sur ordre du Président des États-Unis n'auraient-elles pas pour but de le mettre au point, dans le cadre projet “guerre des étoiles” ?

D'étranges êtres

Le 8 septembre 1996, un ovni de forme triangulaire a atterri près de Piracuba, dans l'état de Sao Paulo. De nombreux habitants de la ville ont vu l'objet s'ouvrir, et trois occupants apparaître. Les êtres avaient une taille d'environ quinze centimètres, avec des têtes énormes par rapport à leur corps, ils étaient revêtus de combinaisons. Ce n'est pas la première fois qu'on voit ce genre de petits personnages.

Toujours au Brésil, pour illustrer l'hypothèse de l'agressivité des êtres occupant les ovnis, voici le cas de M. Almiro Martins qui fit l'objet d'une sérieuse enquête de la part des médecins psychiatres et ophtalmologistes, ainsi que des autorités. Cet homme fait partie d'un service spécial de sécurité et, à ce titre, il subit très régulièrement des tests de surveillance psychiatrique, lesquels sont toujours des plus normaux.

Nous sommes en septembre 1970. Un soir, vers 21 h 30, Almiro était en service au barrage Funil, dans l'état de Rio de Janeiro. Il avait beaucoup plu et Almiro achevait une inspection du secteur. En regardant dans la direction d'un talus proche, il remarqua une rangée de lumières multicolores. La première hésitation passée, il décida de s'approcher de la source de ces lumières. Il stoppa à environ quinze mètres de l'engin car il perçut un son semblable à celui d'un réacteur, ce qui le rendit presque sourd.

Pensant à un danger imminent, il sortit son revolver de service et tira plusieurs fois. Entre le second et le troisième coup de feu un violent éclair sortit du talus dans sa direction. Il fut immédiatement aveuglé et il se rappelle que son corps fut paralysé par une forte chaleur, qui l'empêchait de bouger. Il est certain d'avoir tiré le troisième coup de revolver au hasard car il n'avait plus conscience de ce qui se passait autour de lui.

Un automobiliste et un autre surveillant de la sécurité furent les premiers à lui venir en aide. Ils déclarèrent qu'Almiro se tenait debout, l'arme encore braquée vers le talus et qu'il articulait péniblement : « Ne regardez pas, prenez garde à l'éclair, je suis aveugle ». Il avait le corps raide, comme paralysé. Il fut transporté dans une voiture où il commença à bouger. Lorsque les témoins voulurent voir eux-mêmes ces étranges lumières, l'objet était parti, mais ils furent étonnés de constater que le talus, cimenté, était soudainement asséché, ainsi que la terre en contrebas. Comme sous l'effet d'une puissante source de chaleur.

Après un passage de quelques jours à l'hôpital de Guanabara, Almiro Martins recouvra la vue.

Je cite cet exemple pour montrer que, par rapport aux événements de 1946, le rayon utilisé contre Almiro, en riposte à l'agression que représente l'usage d'une arme à feu, n'avait pas l'intention de tuer.

Voici une autre histoire de rayon lumineux. Elle eut lieu dans la région de Marilia, au Brésil. M. Rodrigués, contrôleur des finances, rentrait chez lui en voiture. Il était environ neuf heures du soir. Il aperçut une lumière qui planait sur sa gauche et pensa qu'il s'agissait d'un ballon. Tandis qu'il effectuait un virage à gauche, la lumière passa sur sa droite, accélérant, se plaçant ainsi juste devant la voiture. Puis l'objet lumineux s'arrêta, et M. Rodrigués commença à avoir peur. L'objet se mit à descendre et se tint immobile à quelques mètres du sol. M. Rodrigués prit la décision d'arrêter sa voiture. Soudain la “chose” se mit à briller intensément, comme si elle était phosphorescente, jusqu'à projeter l'ombre de la voiture du côté opposé, bien que les phares de l'auto aient été allumés. La lumière se dilata et s'accrut dans des proportions effrayantes, puis se dirigea comme un bolide dans la direction du témoin. N'hésitant pas une seconde, celui-ci éteignit ses phares, et, épouvanté, quitta la voiture qu'il abandonna au milieu de la route, la portière grande ouverte. Il courut sans se retourner pendant un kilomètre jusqu'à la maison de M. Campinho. Les deux hommes allèrent ensuite ensemble voir ce qui se passait.

Ils retrouvèrent la voiture comme elle avait été abandonnée. Plus aucune lumière, l'endroit était calme. Plusieurs personnes de la région déclarèrent aux enquêteurs avoir vu l'engin ce soir-là. De plus, on a appris que depuis plusieurs années, des habitants des localités environnantes disent avoir vu un "disque volant" se livrant à diverses évolutions dans l'espace.

L'armée brésilienne enquêta sur l'apparition d'un ovni près de Pirassununga (Sao Paulo). Le phénomène a été attesté par une centaine de personnes, mais le témoin principal est M. Tiago Machado, qui fut directement au contact de l'engin et de ses occupants.

Beaucoup de militaires témoins, mais à une distance plus éloignée, pensèrent qu'il s'agissait d'un immense parachute posé sur le sol. Vers sept heures du matin, Tiago âgé de dix-neuf ans, entendit un extraordinaire vacarme à l'extérieur de la maison et les cris de ses voisins. Il ouvrit les fenêtres de sa chambre et vit au loin "un énorme parachute irradiant une lumière bleue". Il appela les gardes de l'Institut de Zootechnie pour qu'ils l'accompagnent sur les lieux. Tous trois dévalèrent le terrain par des chemins différents en raison des marécages. Tiago, arrivé le premier sur les lieux, s'arrêta à dix mètres de ce qu'il décrit comme un "immense disque en aluminium". Immédiatement, du dessus de l'engin, un couvercle s'est soulevé et, de l'ouverture, sont descendus en flottant dans l'air deux petits hommes ayant chacun environ un mètre de haut. Deux autres restèrent dans une sorte de cabine, que Tiago compara à une cabine d'avion à peine plus vitrée. Les deux petits hommes marchèrent lentement vers Tiago. Il observa à travers leur casque que les deux êtres mystérieux avaient une face verdâtre. Ils portaient, de la tête aux pieds, des vêtements couleur aluminium, bottes et gants compris.

Au-dessous du casque, les humanoïdes avaient une espèce de petit tube en caoutchouc, d'où sortait une sorte de son très rauque. Tiago se demanda si ces sons gutturaux étaient leur voix normale et s'ils essayaient de correspondre avec lui. Mais, bien sûr, il ne comprenait rien et commençait à être effrayé, quand les petits hommes se mirent à faire des sortes de signaux avec les mains. Tingo eut alors l'idée de faire lui aussi des signaux, en montrant le ciel, pour savoir d'où ils venaient ? Ceux-ci, en réponse firent des signes avec leurs bras, et le témoin eut l'impression qu'ils voulaient indiquer un globe. Ils faisaient tournoyer leurs mains tout en les abaissant, ce qui lui suggéra un engin qui viendrait du ciel pour atterrir. Tiago avait ses jumelles suspendues à son cou, il eut l'impression qu'ils le regardaient avec crainte, puisqu'ils se mirent à reculer. Le jeune homme ayant retrouvé son calme, enleva les jumelles et les déposa lentement sur le sol, puis les remit à nouveau autour de son cou, comme pour faire voir qu'il ne s'agissait pas d'une arme. Ils semblaient ne pas comprendre, alors, à nouveau l'anxiété le reprit, et pour se donner une contenance, il se mit à fumer nerveusement une cigarette. Il se prit à penser que la curiosité des aliens grandissait, car il les voyait faire sans cesse des gestes avec les mains. Ils semblaient ne pas comprendre la signification de cette fumée qui sortait de la bouche de Tiago. Il sortit le paquet de cigarettes de sa poche, et le déposa lentement sur le sol, le poussant avec la main dans la direction des visiteurs. L'un de ceux-ci, plaçant la paume de sa main au-dessus du paquet de cigarettes, l'attira à lui comme un aimant l'aurait fait avec un clou. Le paquet de cigarettes était comme collé sur sa main, il l'appuya sur ce qui lui servait de pantalon, et Tiago, qui était tout près, vit le paquet disparaître comme absorbé à l'intérieur du vêtement. Ce n'est pas la première fois que nous entendons ce genre de détail que Tiago ne pouvait pas connaître.

Tous ces événements se passèrent plus vite qu'il ne faut pour les écrire. Les deux gardes qui l'avaient rejoint commencèrent à crier son nom, de plus en plus près, pour le retrouver. L'attitude des visiteurs changea alors. Ils reculèrent lentement sans se retourner, en continuant d'observer l'attitude du terrien. Puis, tous deux firent un mouvement du corps, se rapprochèrent de l'engin et, tout en faisant face au témoin, se déplacèrent en flottant dans l'espace puis pénétrèrent dans l'ovni par le panneau resté ouvert. Mais, gardant la moitié de son corps hors de l'engin, le deuxième prit à l'intérieur, une espèce de chalumeau d'où sortit un rayon de feu qui atteignit le garçon aux jambes. Celui-ci tomba immédiatement sur le sol. Tiago sentait ses membres paralysés mais resta conscient, ce qui lui permit de voir l'ovni s'élever, puis voler horizontalement entre les arbres à une vitesse incroyable.

Ses compagnons arrivèrent sur les lieux quand l'ovni décollait. Les parents de Tiago, son frère et quelques voisins qui accouraient vers l'endroit où se trouvait le "parachute", trouvèrent Tiago à demi paralysé qui criait sans cesse : « j'ai trouvé, j'ai trouvé de l'eau, de l'eau ». Ses jambes ayant enflé, les voisins déchirèrent le pantalon pour découvrir sur une partie comme une énorme bosse de couleur rouge. Beaucoup de gens ayant assisté de loin à l'atterrissage et au décollage de l'ovni, affluèrent vers l'endroit où Tiago était allongé. Le commissaire de police décida de transporter le jeune homme d'urgence à l'hôpital local. Les médecins trouvèrent étrange ce blessé qui n'avait aucune trace de coup et de blessure apparente. Tiago fut ramené chez lui après avoir récupéré l'usage de ses membres, sans qu'aucun soin particulier ne lui fût prodigué.

Devant la pression de la population, y compris celle des autorités locales civiles et militaires, une enquête officielle fut diligentée par un groupe d'officiers, accompagnés par des photographes et un médecin. Ils se rendirent d'abord à l'endroit de l'incident et découvrirent que le foin était écrasé sur la surface d'un cercle de six mètres de diamètre, ce qui les obligea à admettre qu'à cet endroit s'était posé un objet en forme de disque assez léger puisque la terre n'était pas enfoncée. A moins que l'ovni soit resté en sustentation à quelques centimètres au-dessus du sol, détail qui n'est pas venu à l'idée des enquêteurs.

Au centre du cercle, il y avait trois sillons de soixante-six centimètres chacun, et rien ne pouvait en indiquer l'origine exacte. Toutes ces informations proviennent du journal *Jornal do Brasil.*

Une fois de plus, nous sommes devant un témoignage où nous avons affaire à des occupants d'ovni descendant de leur appareil sans aucun appui matériel, en flottant dans l'air ou, du moins, en faisant une sorte de chute au ralenti. Ce phénomène a aussi été observé en France dans l'affaire de Cussac. Ces faits nous font penser que nos visiteurs se déplacent dans un champ de gravitation contrôlable à volonté, ou qu'ils sont capables de produire un champ d'antigravitation émis par les opérateurs restés à bord de l'engin, comme l'a d'ailleurs signalé le témoin.

Plusieurs éléments ne peuvent pas avoir été inventés, comme l'épisode du paquet de cigarettes qui a fortement intrigué les visiteurs. Il est vrai que, pour un extraterrestre, voir un terrien mettre un petit tube blanc dans la bouche, l'allumer et produire de la fumée devait être incompréhensible et tellement incongru qu'ils doivent nous prendre pour des arriérés.

Dans une autre déclaration, le témoin s'est rappelé que les yeux des visiteurs étaient d'une couleur jaunâtre, qu'il n'y avait aucune partie blanche, et qu'ils ne clignaient pas. L'extrémité du nez était aplatie. À travers le casque transparent, il est possible que les couleurs vues par le témoin n'étaient pas exactement ce qu'il a observé. Il est difficile, de nos jours, de décrire le visage de nos cosmonautes à travers la vitre de leur casque !

Comment ont-ils pu faire disparaître le paquet de cigarettes ? C'est une énigme de plus. Il en est de même pour le tube situé à la base de leur masque. Cela semble être tellement archaïque, qu'il est difficile de croire à un appareil respiratoire.

Ce qui est surprenant dans cette rencontre du troisième type, c'est l'agression gratuite dont a été victime Tiago. Que pouvaient-ils redouter de lui ? On peut penser que cette action était cruelle et sans raison logique. Mon hypothèse est celle ci : Les aliens, quel que soit le type auquel ils appartiennent, savent que leur technologie est dangereuse pour l'homme quand ils s'en approchent de trop près. Sachant qu'au décollage, ils allaient produire un champ d'énergie dangereux pour un terrien non protégé, ils ont voulu limiter les risques en le clouant sur place pour quelques instants, sachant cela sans conséquences futures pour lui.

On remarquera également que les petits hommes, ont commencé à reculer, dès qu'ils ont entendu les appels des compagnons de Tiago. Ils ont peut-être craint l'arrivée de plusieurs témoins près de leur engin, ce qui les aurait obligés à immobiliser beaucoup de monde.

Tiago, une fois rentré chez lui a bu une énorme quantité d'eau et beaucoup dormi. On retrouve ces détails dans plusieurs témoignages de contacts rapprochés. Sans raison médicale connue à nos jours.

Dernier point, aucun témoin ne fait mention d'un bruit quelconque, ni au décollage, ni à l'atterrissage, tout s'est passé dans un silence total et sans effet de souffle.

Tout nous prouve dans ce témoignage, corroboré par des dizaines de témoins, que nous sommes très loin de ce que nous avons l'habitude de voir dans notre milieu naturel terrien !

La panne du 9 novembre 1965

La panne du 9 novembre 1965 concerna tous les États du nord-est des États-Unis et le Canada. Si nous prenons une carte, nous constatons qu'elle a concerné des régions très peuplées avec des villes aussi importantes que Boston, Philadelphie, Cleveland, Detroit, Chicago, Minneapolis, Pittsburgh, New York, Toronto, Montréal, Québec, etc. Cela commença vers dix-huit heures. L'électricité s'arrêta progressivement. Il fallut environ dix minutes pour que toutes les régions que je viens de citer soient concernées. S'il s'était s'agit d'une panne technique, tout se serait arrêté d'un seul coup mais, dans le cas présent, tout s'est passé comme si un immense rayon invisible avait mis tout en panne au fur et à mesure qu'il progressait au-dessus des différents Etats. Cela dura toute la nuit jusqu'au petit matin. La vie était comme arrêtée, les rues et les avenues étaient dans le noir, uniquement éclairées par les phares des automobiles. L'obscurité était complète. Les voyageurs étaient bloqués dans les tunnels des métros, les trains arrêtés pendant douze heures en pleine campagne, il n'y avait plus de téléphone, des milliers de gens étaient bloqués dans les ascenseurs. Cinquante millions de personnes paniquaient. Les voitures furent réquisitionnées pour baliser les pistes des aéroports avec leurs phares.

Dans ce noir absolu, des millions d'Américains purent observer toute la nuit d'étranges boules de feu qui sillonnaient en silence le ciel de toutes les régions concernées.

Les explications que les autorités donnèrent ne firent qu'augmenter la colère des habitants. Ce qu'ils avaient observé dans le ciel les obligeait à croire que cette panne n'était pas naturelle, que si toute la technologie américaine n'avait pu rétablir le courant pendant douze heures, c'est que la panne était incompréhensible. Il était d'autre part curieux que l'électricité soit revenue partout et d'un seul coup... lorsque les premières lueurs de l'aube sont apparues !

Il faut savoir que quelques semaines plus tard, les mêmes pannes gigantesques eurent lieu dans le sud, au Nouveau Mexique, au Texas et dans tout le Mexique. Quelques jours après, ce furent le tour des États du sud des États-Unis, ainsi que plusieurs pays d'Amérique Latine. Quelques jours plus tard, l'Europe fut atteinte, en particulier les Pays-Bas et la Suède où les mêms phénomènes étranges se produisirent. Est-il utile de préciser que toutes ces régions, tous ces pays n'étaient pas alimentés par la même centrale électrique !

En quelques semaines, le phénomène avait frappé des centaines de milliers de kilomètres carrés qui furent plongés dans l'obscurité la plus totale, avec, présents dans le ciel, de mystérieux objets lumineux. Pourquoi ?

Dans son livre *Les jours noirs de l'Histoire*, Humboldt a étudié des cas d'obscurité subite ayant eu lieu avant la découverte de l'électricité. Il cite des chroniques de l'époque relatant la panique s'emparant des populations lors de faits considérés comme diaboliques. Par exemple, à Londres, en août 1763 et en mai 1780, tomba subitement en plein jour la nuit créant une obscurité totale, plus importante que s'il y avait eu une éclipse solaire. Aux États-Unis, en 1886 et en 1904, l'obscurité la plus totale tomba subitement, en plein jour, sur certains États, créant une panique monstre dans certaines villes où les gens croyaient que c'était la fin du monde.

Dans ces cas, les ténèbres ne durèrent qu'un quart d'heure ou une demie-heure. Puisqu'il n'y avait pas d'éclipse solaire, quel phénomène avait pu provoquer cette terrifiante obscurité ?

Dans le même esprit, relevons un fait mystérieux noté par les chroniqueurs européens de l'époque. Le 1er novembre 1755, un séisme gravé dans la mémoire collective du peuple portugais rasa la ville de Lisbonne et ses environs, causant d'énormes dégâts sur des dizaines de kilomètres et causant d'importantes pertes humaines. La panique fit que des milliers personnes (douze mille selon certains) vinrent s'entasser sur le port qui était construit avec d'énormes blocs de pierre et qui paraissait être une protection efficace. L'équipage d'un bateau qui, n'étant pas encore arrivé au port put assister au désastre. Le commandant du navire nota sur son livre de bord qu'il avait vu les milliers de personnes se tasser sur les quais. À ce moment-là, il vit comme une nuit noire s'abattre sur la ville et sur les quais, aussitôt suivie d'une énorme vague de plusieurs mètres de haut qui souleva le bateau et se dirigea vers le port. Quand la lumière réapparut, les marins virent que les quais étaient vides. Ils pensèrent logiquement que la vague avait emporté toute la population. Immédiatement, et pendant les jours suivants, on chercha sur l'eau, dans l'eau, et sur toutes les plages du pays, sinon des rescapés du moins des corps, des vêtements, des objets flottant. Rien, ce qui est proprement impossible.

Des ovnis en Norvège

Il était 23 h 30, le 29 octobre 1970 et la pluie tombait sans discontinuer. Monsieur Salvesen rentrait chez lui, tremblant comme une feuille et répétant à sa femme : « c'était une vision effrayante et, en même temps fantastique ».

L'histoire se passe près de Helleland, dans le comté de Rogaland. Tout commença vers 17 h 30. Monsieur Salvesen roulait avec ses feux de positions allumés. Soudain il perçut une lueur éblouissante, semblable à celle d'un arc électrique. Cette lueur lui fit tellement mal aux yeux qu'il arrêta immédiatement sa voiture. La lueur ne dura pas plus de deux secondes. Il ouvrit la porte du véhicule et regarda au dehors.

D'après ses déclarations, il n'oubliera jamais ce qu'il vit. En effet, à dix mètres au-dessus du sol, un objet circulaire lisse et brillant, comme s'il était nickelé, était là, immobile, silencieux, sans feux de position et donnant l'impression d'être menaçant.

M. Salvesen arrêta son moteur, sortit et se tint debout à côté de la portière. L'objet se déplaça alors d'un mouvement glissant, s'avança à sept ou huit mètres du témoin en conservant la même altitude. Il n'y avait aucun doute, il était observé par cet engin mystérieux. Le témoin eut la présence d'esprit de saisir un bloc notes se trouvant près de son siège et de faire un dessin de l'objet qui se tenait au-dessus de lui, et qu'il n'avait jamais vu.

« L'engin restait simplement suspendu au-dessus de ma tête, brillant et luisant. Je n'eus pas le temps de réfléchir, et la seule chose qui me vint à l'esprit, c'est que ne reverrai jamais un tel spectacle et qu'il me fallait donc faire un croquis. Sur le corps de l'objet, il n'y avait ni porte, ni fenêtre, ni panneaux quelconques. On ne voyait ni joints, ni rainures, et il n'y avait aucun emblème ou marque d'identification, comme on en voit sur les avions. Il y avait comme un bord doré qui faisait le tour de sa coque, et présentait des cannelures verticales comparables à celles qu'on trouve sur une tôle ondulée.

Au bout d'environ une minute, cette sorte de soucoupe s'éleva soudainement, sans aucun bruit il fila tout droit dans le ciel à une vitesse incroyable. Alors, à ce moment-là, j'ai senti que je n'étais pas capable de tenir sur mes jambes. Je fus heurté dans le dos par une force mystérieuse et invisible et je tombais sur la route. Au même moment j'entendis un craquement pareil à un coup de fusil, c'était le pare-brise de ma voiture qui volait en éclat, les morceaux se dispersant sur les sièges et le plancher. En même temps, à environ un kilomètre de hauteur, la "soucoupe" se transforma en une boule de feu et, presque immédiatement, la boule de feu disparut à son tour. Il n'y avait plus rien. »

Salvesen s'aperçut qu'il saignait à la main. Il remit le moteur en marche, nettoya un peu les morceaux de verre pour pouvoir conduire. Il se rendit au village voisin, pour acheter une feuille de plastique en remplacement de son pare-brise. En roulant, il remarqua sur sa langue une étrange sensation d'anesthésie comme lorsqu'on sort de chez le dentiste. Le lendemain matin, la main du témoin s'écaillait comme si elle avait été brûlée par le soleil. En frottant, sa peau s'effritait. Son épouse remarqua que ses globes oculaires étaient très rouges, cela dura deux semaines, pendant lesquelles la lumière du jour lui était intolérable. Les spécialistes n'ont trouvé aucune trace de radioactivité sur la voiture ni sur le pare-brise accidenté. L'examen des éclats de verre, ne donna aucun résultat. Par contre, la montre de Salvesen, qui avait toujours été précise, donnait l'heure de façon défectueuse depuis l'incident. Un horloger examina le mécanisme et ne trouva rien d'anormal. Ce n'est pas la première fois que les montres deviennent capricieuses après avoir fait "connaissance" avec les ovnis.

Autre chose que, ni le témoin ni les enquêteurs ne peuvent savoir, c'est qu'à mon avis M. Salvesen a subit une abduction durant le déroulement de ce qu'il décrit. En effet, dans son aventure, il est heurté dans le dos par une force mystérieuse qui le fait tomber. Cela fait penser à un retour brutal près de sa voiture, après un petit séjour pour des examens dans l'ovni. Seule une régression sous hypnose pourrait nous faire connaître la vérité.

Des ovnis sur la Suède

(source Gepa)

Cette étrange force qui a déplacé la voiture de M. Ceder est un cas assez rare dans les archives du phénomène ovni. Cet ingénieur suédois rentrait chez lui, le soir du 20 septembre 1971, quand vers 22h45, il se trouva soudain entouré d'un cercle de lumière intensément brillant, d'environ deux cents mètres de diamètre.

Près de Alvbynvägen, il remarqua une forte lumière semblable à une aurore boréale, avec des faisceaux verticaux qui éclairaient le sol d'une hauteur entre dix et cinquante mètres. Il regarda dans le rétroviseur de sa voiture, et constata avec effroi qu'il y avait aussi des faisceaux à une centaine de mètres derrière son véhicule. En d'autres termes, comme dit M. Ceder : « je me trouvais au centre d'une cage, de deux cents mètres de diamètre dont les barreaux auraient été constitués par des faisceaux de lumière. Immédiatement après, je ressentis une poussée anormale venant de l'arrière de ma voiture, et bien que j'ai écrasé à fond la pédale de frein, la voiture continuait à avancer. Puis tout devint noir autour de moi.

On aurait dit que cette noirceur était une masse dense de fumée flottant autour de moi, et m'empêchant de voir quoi que ce soit. Aucune lumière ne venait des phares de la voiture, alors que j'étais en plein phare. Ou bien cette masse absorbait complètement la lumière, ou bien les ampoules étaient éteintes pour une raison mystérieuse. Je ne savais pas si mes roues étaient encore bloquées ou non, mais je continuais à avancer, sans rien voir, sans savoir si j'étais dans le carrefour ou normalement je devais tourner. Quand je vis à nouveau les phares, j'étais à vingt mètres du croisement et immédiatement je remarquais, se détachant sur l'horizon, une masse noire qui commençait à s'élever du sol. Il n'y avait plus de poussée, alors j'accélérais à quatre-vingts kilomètres heure, gardant l'objet inconnu en vue. Il paraissait très grand, de la taille de plusieurs maisons. L'engin traversa la route et sa silhouette dans le ciel me fit penser à un énorme cerf-volant. »

D'après le témoin, l'objet était beaucoup plus sombre que le ciel, ce qui est normal dans ces régions, le ciel dans la direction du nord, étant plus lumineux que vers les autres points cardinaux. Il s'agissait bien d'une masse matérielle puisque le témoin ajoute qu'il pouvait parfaitement voir comment, dans son déplacement, l'engin cachait les étoiles qui réapparaissaient ensuite, après son passage. Une fois arrivé à son domicile, M. Ceder, scruta soigneusement le ciel autour de lui. Il n'y avait pas de nuages, la lune se trouvait sous l'horizon, les étoiles brillaient intensément. Le lendemain, plusieurs personnes de la région, témoignèrent du même phénomène.

Bien entendu, un rationaliste qui n'a vu d'aurores boréales que dans les livres, affirmera de suite, que M. Ceder a été victime de ce phénomène bien connu dans le ciel nocturne des régions polaires. Manque de chance, le témoin est ingénieur et il a l'esprit scientifique, de plus, il a un énorme avantage sur nous, vivant dans ces régions depuis son enfance, il sait faire la différence entre une aurore boréale et un phénomène inexplicable. S'il s'était trouvé devant un phénomène naturel il n'en aurait certainement pas parlé.

En général une voiture qui rencontre un ovni a son moteur qui cale et les feux qui s'éteignent. C'est le cas présent, M. Ceder voyant sa voiture avancer pouvait penser que le moteur tournait toujours. En fait, le déplacement du véhicule était dû exclusivement à la poussée qu'il recevait par l'arrière, le blocage complet des freins ne servant à rien, car il y a beaucoup de chance pour que sa voiture fût en état de lévitation, ou de quasi-lévitation, c'est-à-dire qu'elle était à quelques centimètres au-dessus du sol. D'ailleurs, le lendemain, en revenant sur les lieux avec un ami, il dit n'avoir retrouvé aucune trace de freinage.

Certaines voitures et leur conducteur ont été retrouvés, après une rencontre avec un ovni, à cent kilomètres du lieu de l'événement, parfois dans un pays étranger! Une fois de plus, je pense qu'il y a un "temps manquant" dans ce témoignage, mais il ne peut pas s'en rendre compte. Ce "temps manquant" se trouve entre le moment où il dit ne plus rien voir et l'apparition soudaine du carrefour. Il y a là de grandes chances pour que M. Ceder ait été victime d'une abduction.

Des ovnis en Australie

Cette aventure suédoise me rappelle celle d'un conducteur australien qui, le 31 octobre 1967, roulait dans la région de Boyuo Brook, à la vitesse d'environ cent kilomètres heure, lorsque, sans qu'il en ait la sensation, sa voiture s'arrêta, son moteur cala et ses phares s'éteignirent.

Un tube de lumière descendit vers le pare-brise de sa voiture et il sentit que, d'en haut, quelqu'un l'observait.

Par cet étrange tube de lumière il put voir un objet, d'environ dix mètres de large, bleuâtre et clignotant, en forme de ballon de football. Cet objet très brillant ne faisait aucun bruit. Le conducteur se borna à rester assis, immobile, regardant l'engin. Dans un éclair, l'objet disparut et l'automobiliste se retrouva à nouveau roulant à cent kilomètres heure, en n'ayant fait aucun geste, aucune manœuvre et avec ses phares allumés.

Il s'agissait bien entendu, de ce que nous appelons un ovni, mais l'on remarquera que, très souvent, les témoins parlent d'objet ou d'engin car ils ne se sont jamais intéressés à l'existence de ces vaisseaux spatiaux.

Ce qui est ahurissant, mais courant, c'est l'arrêt du moteur et des phares, puis leur remise en marche sans que le conducteur intervienne. Normalement ce n'est pas possible, comme pourra le confirmer n'importe quel spécialiste en mécanique automobile.

Des ovnis en Côte d'Ivoire

Nous retrouvons un même phénomène similaire dans un phénomène qui s'est produit près d'Abidjan, en Côte d'Ivoire. Deux amies roulaient vers leur domicile, à deux heures du matin. Elles s'arrêtèrent au bord d'une carrière pour boire un café, qu'elles avaient préparé dans un thermos. Tout à coup, elles virent une sorte d'objet volant phosphorescent, en forme d'œuf sur le plat, qui survolait la carrière à basse altitude. Les phares s'éteignirent d'eux-mêmes subitement, le moteur fonctionna encore un moment avant de s'arrêter à son tour. Elles eurent tellement peur, qu'elles ne bougèrent pas avant le départ de l'ovni. Ce dernier illuminait les lieux qu'il survolait.

« Il semblait glisser sur l'air, silencieusement. La nuit était très chaude mais la température monta encore subitement de cinq degrés au thermomètre de la voiture. Il faisait étouffant. Nous avons ouvert les portières de la 2 CV et entendu une sorte de crépitement continu. Nous avions nettement l'impression que l'objet nous observait. Puis il s'est mis à se balancer de gauche à droite, comme le balancier d'une horloge. Un feu bleu-vert s'est alors allumé sur son "ventre", et un feu rouge intermittent est apparu à son sommet. Ensuite il a pris de l'altitude à très grande vitesse, puis a disparu.

Après le départ de l'engin, la température est redevenue normale. Les phares se sont rallumés tout seuls et le moteur s'est remis en marche sans que nous touchions au démarreur. Nous estimons que l'observation a duré vingt minutes.

Sur le moment, j'ai pensé qu'il s'agissait d'une arme secrète russe. Je n'arrive toujours pas à croire au spectacle que nous avions devant les yeux. Nous ne nous étions jamais intéressés aux récits de "soucoupes volantes" mais depuis cette aventure incroyable nous sommes bien obligées d'y croire. »

Ce cas pourrait passer pour classique en matière de témoignage. Que les phares et le moteur se soient arrêtés n'est pas pour surprendre un ufologue. Ce qui est stupéfiant, c'est qu'un moteur qui a cessé de fonctionner pendant vingt minutes puisse se remettre en marche de lui-même. Tous ceux qui ont eu en main cette extraordinaire voiture qu'est la 2 CV savent qu'il ne s'agissait pas d'un démarreur à clé, mais qu'il fallait tirer sur une manette, et ce souvent pendant plusieurs secondes, avant que le moteur se décide à tourner. On peut comprendre qu'un "champ de force" créé par l'ovni ait paralysé le fonctionnement de la batterie, entraînant l'extinction des phares, puis l'arrêt du moteur par suppression des étincelles d'allumage. Qu'ensuite, l'objet s'éloignant, la tension soit revenue à la normale aux bornes de la batterie et que les phares se soient rallumés d'eux-mêmes, on peut l'admettre. Mais sans intervention extérieure, aucun moteur d'aucune voiture ne peut redémarrer seul après un arrêt aussi long. Ce seul fait nous prouve que nous sommes devant une technologie non terrestre !

Des ovnis au Pérou

Dans le haut-parleur de l'avion, la voix du pilote, M. Sanvitti, annonça subitement « Appel à tous, regardez par les hublots, il y a un étrange objet qui nous observe. C'est un ovni. » Les cinquante-deux passagers et les six membres d'équipages assistèrent alors à un spectacle qui les abasourdit.

Un engin lumineux de forme conique glissait à grande vitesse près de l'avion. Les liaisons radio furent coupées, ainsi que les lumières de la cabine. Durant une heure, les passagers et l'équipage contemplèrent dans un mélange de peur, mais aussi d'étonnement, la danse infernale de l'engin autour de l'avion. Beaucoup pensèrent que leur dernière heure était arrivée. L'ovni lançait de vifs éclairs de couleur rouge, orange, bleue, blanche, montait puis descendait, sautant d'un bord à l'autre en passant par-dessus la carlingue. Lorsqu'il fut très près des hublots, les témoins virent que la base de l'engin mesurait environ soixante-dix mètres de diamètre dans sa partie supérieure. Après une heure de manœuvres fantastiques, l'engin disparut dans une accélération incroyable au dire des pilotes. La radio et l'éclairage se remirent immédiatement à fonctionner.

Sans perdre de temps, le pilote se mit en liaison radio avec la tour de contrôle de l'aéroport de Lima. Mais, alors qu'il était en train d'expliquer ce que les cinquante-huit témoins avaient vécu pendant une heure, soudain le mystérieux engin réapparut comme s'il sortait du néant. Cette fois-ci, il n'était pas seul. Il était accompagné d'un second appareil. Les deux engins se mirent à voltiger autour de l'avion. Les témoins se demandaient s'ils ne vivaient pas un cauchemar. Heureusement, très vite, ils disparurent pour de bon en accélérant d'une manière hallucinante, aux dires des pilotes.

Quelques minutes plus tard, l'avion atterrit à Lima où les services médicaux et les enquêteurs prirent en charge les passagers encore effrayés par ce qu'ils venaient de vivre. Tous décrivirent de la même façon cette aventure terrifiante. Plusieurs témoins dont des ingénieurs, des journalistes, avouèrent ne pas croire à l'existence des ovnis, avant cette heure d'épouvante, mais que dorénavant ils allaient en parler autour d'eux.

Beaucoup de passagers étaient terrifiés et des femmes devenaient hystériques. Seuls les enfants s'amusèrent énormément de cette situation dont ils ne réalisèrent pas le danger !

Des ovnis aux États-Unis.

C'est dans ce pays que les témoignages sont les plus nombreux. Beaucoup d'associations ont vu le jour pour enquêter et analyser les dires et descriptions des témoins. De plus, la presse de ce pays étant entièrement libre et ne pratiquant pas l'autocensure comme c'est souvent le cas en Europe, la majorité des témoins n'ont pas hésité à se faire connaître. Des scientifiques de renom s'intéressent aux ovnis et émettent des hypothèses sans aucune hésitation. Sur les milliers de témoignages sérieux que nous possédons, je ne vais en transcrire que quelques-uns, parmi les plus récents.

Le 14 janvier 2000, à St. Louis (Illinois) un ovni grand comme un immeuble de deux étages est apparu dans le ciel, avec, à l'intérieur, une lueur rougeoyante. L'objet fut observé par Melvern Noll et quatre officiers de police. Il était quatre heures du matin lorsque l'engin lui passa au-dessus de la tête. L'objet se déplaçait très lentement et Noll dit avoir vu deux rangées de hublots d'aspect métallique à travers lesquels passait une lumière rougeâtre venant de l'intérieur. « Il était tout illuminé, et si bas que quelqu'un aurait pu me faire signe par la fenêtre. » dit Noll. Celui ci se rendit au poste de police et demanda que les postes de Lebanon soient prévenus, car l'ovni semblait prendre cette direction. Effectivement, quatre autres policiers ont vu l'objet alors qu'il planait au-dessus de Lebanon, puis Shiloh, Dupo et Millstad. Nous sommes là en présence de ce que nous appelons un "cigare volant".

Le 3 août 1998, M. Westover, de Marmette dans le Michigan, affirme qu'une boule incandescente serait entrée dans sa chambre à coucher durant la nuit. Il était entre trois et cinq heures du matin losqu'une lumière très claire traversa la fenêtre de sa chambre. Il dit que les poils se dressèrent sur ses bras lorsqu'il vit "une boule argentée de la taille d'un pamplemousse qui semblait se matérialiser à travers le mur de la chambre à coucher, pour finalement bourdonner autour de la pièce comme un insecte." Le témoin est convaincu qu'il semblait s'agir d'une machine vivante et intelligente ou qu'elle était dirigée par une intelligence. « Puis la boule vola directement vers mon plexus solaire, me donna un choc électrique non douloureux mais qui me fit perdre connaissance. »

Il y a une multitude de témoignages concernant ces sortes "d'orages en boules" qui sont, soit des sortes d'ovnis miniaturisés, soit, des objets téléguidés de l'extérieur.

Rappelons le témoignage de ce prêtre français qui a vu des petits personnages de dix centimètres de haut...

Dans un article publié en avril 1995, l'ancien directeur des télécommunications de la NASA, Maurice Chatelain, a lancé une bombe en révélant que les missions Apollo avaient trouvé sur la Lune « plusieurs structures géométriques mystérieuses d'origine non-naturelles ». Les trente mille photos censurées prises sur la lune et les témoignages des astronautes expliquent le fait qu'aucun homme n'ait été envoyé sur cet astre depuis des décennies...

Au cours d'une interview radio donnée le 6 mai 1996 à Washington, Donna Tietze, une ancienne technicienne photo qui a travaillé au *Johnson Soace Center* de la NASA à Houston, a révélé que, pendant les missions Apollo, un assistant avait pour travail d'effacer les ovnis se trouvant sur les photos lunaires, avant que la NASA les mette à la disposition de public et des médias. Il y a vingt-cinq ans que les ufologues ont dévoilé ces faits, mais nous étions accusés de dire n'importe quoi !

Pour enfoncer le clou, le 18 mars 1996, Mike Kaplan, directeur du programme de la Nasa intitulé "Origins" a déclaré devant les astronomes stupéfaits, lors d'une conférence en Espagne « Qu'une vie étrangère pourrait être découverte en dehors de notre système solaire dans les vingt-cinq prochaines années. Je ne pense pas que nous soyons seuls ! »

Le 16 mai 1999, de nombreuses bases militaires situées dans l'état du New-Jersey, furent survolées par une étrange sphère de couleur rouge. Dans l'une de ces bases, à Fort Monmouth, l'ovni passa au ras des antennes radar.

Le même jour, en Louisiane, un vaisseau triangulaire de couleur bleue fut observé, avec, à chaque sommet, une lumière pourpre très brillante. L'engin mesurait environ quatre-vingt dix mètres de long, et s'immobilisa à cent-cinquante mètres du sol. Les témoins qui se trouvaient sur place n'entendirent aucun bruit.

Le 26 octobre 1999, les équipages de deux avions de ligne ont aperçu un ovni de forme triangulaire au-dessus du Texas, avec une lumière très brillante à chaque angle. Le triangle volant se dirigea vers l'un des avions, puis changea de direction et fila à très grande vitesse, comme pour éviter la collision. Ce dernier détail est important car il nous montre que, soit il y avait à l'intérieur de l'ovni une intelligence qui dirigeait l'engin et savait ce qu'elle avait à faire, soit l'engin était téléguidé par une intelligence se trouvant à l'extérieur.

Dans la nuit du 21 octobre 1999, deux officiers de police de la réserve d'Indiens Navajo, au nord du Nouveau Mexique, ont "joué" pendant deux heures avec un ovni, qui survolait lentement la réserve. Plus les policiers essayaient de se rapprocher du mystérieux engin, plus celui-ci s'éloignait. L'objet ressemblait à un disque aplati qui envoyait un cône de lumière vers le sol. De nombreux témoignages émanant d'Indiens de la réserve furent recueillis par le chef de la police.

Une équipe de quatorze bûcherons de l'état de Washington, assista le 25 février 1999, à l'enlèvement d'un élan. Il était environ midi lorsque les bûcherons travaillant dans les Montagnes Rocheuses virent un petit objet en forme de disque survolant lentement la montagne avant de plonger vers la vallée. Ce qui leur sembla bizarre, c'est que le disque se déplaçait vers un troupeau d'élans en train de paître. Les animaux ne semblaient pas s'être rendus compte de la présence de l'engin, mais lorsque celui-ci fut vraiment très près d'eux, ils commencèrent à réagir en s'enfuyant de tous côtés.

Un élan adulte se dirigea seul vers un chemin forestier. À ce moment, l'ovni glissa au-dessus de l'animal qui s'éleva dans les airs comme aspiré par une force invisible.

Les témoins assistèrent au spectacle incroyable d'un ovni se balançant comme une feuille morte avec l'élan flottant au-dessous de lui. L'engin s'éleva pour éviter une pente aride. À ce moment-là, l'élan se rapprocha du disque qui parut en même temps augmenter de volume. Finalement, l'engin prit de la vitesse et disparut à leurs yeux. L'ovni avait absorbé l'élan.

Deux choses sont intéressantes. D'abord les témoins voient un petit disque puis, sur la fin de l'observation, il grandit et augmente de volume. Ces changements de forme, de taille et de couleur sont une caractéristique du phénomène ovni. Quant au pauvre animal, qui devait peser dans les trois cents kilos, il est à classer dans la rubrique "enlèvements" dont je parlerai en détail plus loin dans ce livre.

Le 19 février 1998, deux officiers sapeurs-pompiers du New-Jersey ont été les témoins d'un atterrissage d'ovni. Il était environ vingt-deux heures et ils roulaient dans leur véhicule de service lorsque le conducteur voulut tourner. Il fut obligé de freiner brutalement car, devant lui, directement à côté de la route, se trouvait un ovni circulaire reposant sur une sorte de train d'atterrissage à trois pieds. Pendant près d'une minute, tous deux fixèrent l'engin, puis ils décidèrent de partir de là le plus vite possible. Un des deux voulut retourner sur les lieux, mais son collège s'y refusa, alors ils rentrèrent à la maison après une heure de route.

Ils n'en crurent pas leurs yeux quand ils virent le soleil se lever ! En effet, selon l'heure où ils rencontrèrent l'engin et le temps passé sur la route pour le retour, il ne devait pas être plus de minuit. Tous deux se souvenaient parfaitement avoir observé l'ovni, pendant au maximum une minute. Ils se rappelaient avoir vu une petite échelle sortant de l'engin qui rejoignait le sol. Ils déclarèrent qu'il n'y avait aucun signe de reconnaissance sur l'appareil et qu'il semblait être construit en aluminium. Pour eux rien d'anormal ne s'était passé. Il manque juste six heures dans leur emploi du temps. Il ont vécu ce que l'on appelle en France un "temps manquant"...

En 1953, on découvrit dans le Connecticut, une étrange sphère métallique mesurant un mètre de diamètre. À l'intérieur de cette sphère tournait rapidement un disque. Dès sa découverte, elle fut apportée dans un laboratoire. A l'analyse, les chimistes et physiciens furent stupéfaits de constater que ce métal, hautement magnétique, était du "cobalt à l'état pur, allié à un composé de ferronickel". Pourquoi cet émoi ? Tout simplement parce que le cobalt à l'état natif n'existe pas sur Terre !

L'origine de cette sphère n'est donc pas terrestre. Que faisait-elle, dans cette région pratiquement déserte du Connecticut ? À quoi pouvait-elle servir ? Qu'est-elle devenue ? A-t-elle livré son secret aux laboratoires militaire ?

Ce qui est important, c'est qu'officiellement des scientifiques ont été obligés de reconnaître qu'ils avaient en main en objet non fabriqué sur Terre !

Monsieur Mac Donald, ami du professeur Hardy, doyen de physique à l'université de l'Arizona, a déclaré après avoir étudié trois cents cas d'observations d'ovnis : « Le nombre des manifestations d'ovnis, s'accompagnant de quelques formes d'interférences avec les réseaux terrestres de distribution d'électricité m'a convaincu que les ovnis sont parfaitement réels, avec une forte possibilité que nous soyons sous la surveillance d'intelligences extraterrestres. »

Quant au Dr Carl Sagan, astronome réputé à la Cornell University, il déclara : « Si nous sommes visités par des voyageurs extraterrestres, ce serait folie de s'en désintéresser. »

Le 10 décembre 1967, en réponse au savant soviétique Zigel, le professeur Mc. Donald déclara : « Je m'associe énergiquement à l'appel du Dr Zigel, en faveur d'une étude scientifique internationale des ovnis. Il est maintenant parfaitement clair que des objets essentiellement semblables et de nature inexplicable, sont observés dans le monde entier. En conséquence, des enquêtes à l'échelle mondiale sont une nécessité urgente. On a la preuve que des observations similaires continuent d'avoir lieu en Russie. Ce que j'ai appris des enquêteurs qui, aux USA, en France, en Angleterre, au Canada, en Scandinavie, au Japon, en Australie et ailleurs, s'intéressent aux ovnis, m'a donné ce même sentiment de nécessité urgente, d'un relèvement du niveau de l'étude scientifique des ovnis. Il serait imprudent, et peut être dangereux de différer la mise en œuvre de recherches, qui seraient réellement de grande envergure. »

Ovnis au Danmark

Il était vingt-deux heures cinquante, ce 13 août. Il faisait nuit. Un officier de police danois, Evald Maarup, regagnait son domicile situé à Knup, à bord d'une voiture de police. Il raconte :

« J'étais seul au volant de ma voiture de patrouille. Tout à coup, l'auto se trouva plongée dans une lumière d'un blanc bleuâtre et, au même moment, le moteur s'arrêta. Toutes les lumières de la voiture s'éteignirent. Je me suis rabattu sur le bas côté de la route. L'éclatante lumière extérieure, comparable à celle du néon, était si éblouissante que je ne pouvais rien voir. J'essayais d'appeler le poste de police par la radio de bord, mais celle-ci ne fonctionnait plus. La température s'élevait dans la voiture. Au bout d'un moment la lumière "s'éleva". C'était une lumière en forme de cône, dont la base avait de quatre à cinq mètres de diamètre. Regardant en l'air, penché sur le volant, je pus voir que l'extrémité supérieure du cône lumineux se situait à la base d'un objet gris. Aucun son ne provenait de cet objet.

Au bout de quelques secondes, la lumière fut comme aspirée vers le haut, de façon que l'espace situé sous le cône lumineux, se retrouva plongé dans l'obscurité. Je sortis de la voiture et vis comment la dernière portion du cône de lumière disparut à l'intérieur de la partie inférieure de l'objet, par un trou d'environ un mètre de diamètre.

Quand la lumière eut disparu à l'intérieur de l'engin, celui-ci commença à se déplacer. Il disparut en quelques secondes verticalement dans l'air, toujours sans le moindre bruit. Pendant qu'il s'éteignait, toutes les lumières de la voiture se rallumèrent d'elles-mêmes, je pus démarrer sans problème et joindre le poste de police par radio. Je peux ajouter que l'objet était circulaire, et que, vu du dessous, son diamètre avoisinait les dix mètres. À la base, il possédait un orifice d'où sortit et rentra le cône de lumière. L'objet avait deux protubérances sur sa face inférieure et se trouvait à plus de vingt mètres de moi. »

Sept autres témoignages, furent déclarés cette même nuit aux différents postes de polices danois.

L'intérêt de ce témoignage vient du fait qu'il vient d'un officier de police dont la bonne foi n'a évidemment pas été mise en cause.

Des ovnis en Italie

Le 3 octobre 1998, un policier aperçut à Rieti, un disque métallique d'un diamètre d'environ cinq mètres, volant à faible altitude, le long de la vallée du Tibre. L'ovni descendit jusqu'au niveau du fleuve, toucha l'eau puis reprit de l'altitude avant de disparaître. Peu de temps après, on signala la présence d'un objet semblable près de Rome. Le 13 octobre 1998, vers dix-huit heures, trois habitants de Collechio, près de Parme, aperçurent un objet ovale, de couleur argentée, qui traversa le ciel en position horizontale.

Le lendemain, vers neuf heures du matin, deux personnes se trouvant sur l'autoroute, en direction de Rieti, virent un "cigare" reflétant la lumière du soleil et planant durant dix secondes à cet endroit, avant de s'éloigner lentement.

Le soir même, vers dix-neuf heures quarante-cinq, des douzaines de témoins se trouvant dans les ports de Civitanova, Marche, et Porto Potonza, aperçurent une "forte lueur" émergeant de la mer et volant en zigzag.

Le 6 janvier 1997, vers six heures quinze, une boule de feu verte, survola la côte adriatique, près de Foggia. L'objet scintillant traversa les Appenins et se trouva dix minutes plus tard au-dessus de Rome. Cet engin illumina le ciel et fut aperçu par des milliers de personnes, y compris les pilotes de l'aérodrome Léonardo da Vinci. Le capitaine Del Mondo, pilote du vol Madrid-Rome, était en train d'atterrir, lorsqu'il remarqua la boule de feu, qu'il observa pendant quatre à cinq secondes. L'engin fut également aperçu sur l'autoroute et des témoins déclarèrent qu'après avoir effectué un léger virage, l'ovni plongea dans la mer.

Des ovnis sur la Belgique

Entre 1989 et 1991, une vague extraordinaire d'ovnis a survolé la Belgique, tant de jour que de nuit. La presse, les radios, la télévision en ont parlé. Le gouvernement fut interpellé. Il ne s'agit pas du témoignage d'un seul, mais de milliers de témoins, en particulier des forces de police, des pilotes d'avions de chasse, des radaristes.

Cette vague d'ovnis fut surtout impressionnante par le gigantisme des engins triangulaires qui furent observés. D'après tous les témoins, leur base dépassait deux cents mètres et ils survolaient parfois les toits des maisons à seulement cent ou deux cents mètres d'altitude.

Les témoignages retenus viennent des gendarmes, ou des forces de police alertées par téléphone et qui, se rendant sur les lieux, constatèrent l'évidence. : des monstres d'aspect métalliques circulaient sans autorisation dans le ciel belge. Les échos radar des différentes bases aériennes, constatèrent que ces triangles volants se déplacaient à la vitesse de cinquante kilomètres heure, quand ils ne faisaient pas du surplace, avant de repartir dans une autre direction. Ceci écarte définitivement l'hypothèse de l'avion américain F-117 A – le fameux avion furtif - qui ne peut voler en aucun cas à une vitesse inférieure à deux cent quatre-vingts kilomètres heure.

Inutile de reprendre les témoignages un par un, ce serait fastidieux. Par contre, ce qui est intéressant, ce sont les témoignages des pilotes de chasseurs F16 belges. Après avoir reçu l'ordre de décoller pour une mission d'interception, ils constatèrent avec effarement que, d'après leurs radars, les ovnis semblaient être immédiatement au courant de ce qu'allaient faire les pilotes. Ils passaient subitement de deux cents à deux mille kilomètres heure, puis se laissent tomber de mille six cents mètres à trois cents mètres, puis à deux cents mètres d'altitude pour éviter les radars des chasseurs. Si bien que les témoins au sol, qui suivaient le spectacle, voyaient ces énormes ovnis, rasant le sol, pendant que nos pauvres avions passaient au-dessus sans les voir. Le colonel De Brouwer déclara « Il n'existe actuellement aucune machine fabriquée par l'homme, avion ou missile, qui soit capable de telles performances. »

Les pilotes calculèrent que les accélérations de ces "masses volantes" étaient de l'ordre de 40 g. Les pilotes militaires, très bien entraînés, ne peuvent pas tolérer plus de 8 g d'unité d'accélération. Passée cette limite, ils seraient tués d'une façon foudroyante.

Ce qui a étonné le plus les pilotes, c'est que les ovnis semblaient être dirigés par une intelligence qui leur permettait de fuir les chasseurs et de comprendre la tactique des pilotes dès qu'elle était exécutée, comme s'ils avaient eu un espion dans le cockpit. Le même colonel De Brouwer déclara : « il y a une logique dans le comportement des ovnis. »

Ces déclarations de première main, nous permirent d'avoir des témoignages de la plus haute importance, mais ne durèrent pas longtemps. Les spécialistes belges en "debunking", depuis le ministères des armées jusqu'aux forces de police, imposèrent très vite le silence à leurs hommes.

Quitte à faire passer les radaristes et leur matériel, les pilotes, officiers, gendarmes, et bien sûr les milliers de civils pour des illuminés, certainement drogués comme il a été dit. Heureusement, les années ont passé et, comme en France, nos amis belges savent très bien que leurs dirigeants racontent n'importe quoi, pour la sacro-sainte "raison d'État".

Les faits, qui sont tenaces, montrent que le ridicule est du côté des debunkers.

Des ovnis sur la Chine

En Chine, le 7 juillet 1977, à Zhang Po, dans un cinéma en plein air, environ trois mille personnes étaient regroupés pour assister à la projection d'un film. Quand à vingt-deux heures trente, deux énormes ovnis de couleur orange, sont descendus du ciel et passèrent au ras de la tête des spectateurs qui ressentirent la chaleur se dégageant des engins. Puis les ovnis remontèrent rapidement dans le ciel avant de disparaître. Bien entendu la panique gagna immédiatement la foule. On compta la mort de deux enfants, et deux cents adultes blessés.

Ovnis sur l'Irak

Lors du bombardement de Bagdad par les avions américains, un immense ovni de forme triangulaire fut observé dans le ciel. Ce qui est curieux, c'est que des ovnis du même type ont aussi été observés au-dessus des terrains militaires ayant servi de base de préparation aux bombardiers américains... et ce, dans l'état de New-York, à la même heure ! Comme si les aliens savaient à l'avance, le point de départ et la destination de cette armada.

Au-dessus du centre de Bagdad, le 17 décembre 1998, vers deux heures trente du matin, un ovni triangulaire fut filmé par la caméra nocturne de la chaîne T.V. américaine CNN. L'engin, filmé en direct, était en état stationnaire dans le ciel de la ville, il se déplaça légèrement sur le côté lorsque la DCA irakienne commença à tirer sur lui. Il faut donc accepter que, soit une intelligence était à l'intérieur de l'ovni, soit que celui-ci était téléguidé.

Ovnis en Croatie

En l'an 2000, près de Kimarovac, sur une petite colline, on a découvert sur le sol une empreinte triangulaire mesurant trente-sept mètres de longueur par côté.

La terre, l'herbe et les pierres, à l'intérieur de cette empreinte, étaient enfoncées dans le sol d'environ vingt-cinq centimètres, comme si un énorme poids les avait écrasés.

Dans ce triangle, on constata que les pierres étaient parsemées de trous, alors qu'elles n'en avaient pas hors de cet endroit.

À ma connaissance c'est la première fois que nous sommes en présence d'une trace aussi nette d'un atterrissage supposé d'ovni triangulaire.

Des ovnis sur la Malaisie

En septembre 1996, durant quatre jours, un ovni gigantesque, au dire des centaines de témoins, se manifesta dans le ciel du village de Tanjung Lumpur, au sud de la capitale. Les habitants affirmèrent que le vaisseau spatial, était aussi grand qu'un terrain de football, et d'une hauteur de plusieurs étages. Tout autour de l'objet, des lumières rouges, oranges et vertes brillaient par intermittence comme des flashs d'appareil photo. Selon de nombreux témoins interviewés par les journalistes, les occupants qui étaient descendus au sol, avaient une taille d'environ soixante centimètres, de grandes oreilles et de petits yeux rouges. Aucun incident ne fut signalé concernant cette rencontre du troisième type.

Ce type d'aliens fut rarement décrit dans les témoignages au fil des ans.

Ovnis sur la France

Je n'ai pris que quelques pays et quelques témoignages par pays. Il est certain que c'est aux États-Unis que l'on trouve le plus grand nombre d'observations répertoriées. En ce qui concerne la France, il y a des milliers de témoignages depuis la fin de la seconde guerre mondiale. J'ai déjà parlé du célèbre cas d'Oloron. Je vais présenter maintenant les plus significatifs.

Il est normal que je commence par le témoignage du Commandant de bord Jean Charles Duboc, que j'ai rencontré sur le plateau de télévision de TF 1 en avril 2000 et qui s'est rendu ensuite à mon domicile.

Son témoignage fait partie des deux cent vingt témoignages reconnus de pilotes français, sur lesquels s'appuie le rapport Cometa, envoyé officiellement par les généraux les plus hauts gradés, au Président de la République Jacques Chirac et au Premier Ministre Lionel Jospin.

Pourquoi son témoignage a-t-il été retenu et confirmé par les autorités ? Tout simplement parce que, au moment où lui et les membres d'équipages étaient témoins de l'événement, les radars au sol confirmaient qu'ils avaient sur leur écran quelque chose de non identifié.

Jean Charles Duboc m'a raconté son aventure et ses observations en rapport avec le sujet, et m'en a autorisé la publication, ce dont je le remercie.

« C'était le 28 janvier 1994. Ce jour-là, j'étais commandant de bord du vol AF 3532, qui assurait la liaison Nice-Londres. D'après une copie de l'Octave (suivi de vol informatique) que j'ai conservée, je peux préciser qu'au-dessus de la région parisienne, à l'altitude de onze mille sept-cents mètres, à laquelle nous étions, la température extérieure était de moins cinquante-neuf degrés C. et le vent soufflait à cent quatre-vingt kilomètres heure. La visibilité était de plus de trois cents kilomètres et la couverture nuageuse était constituée d'altocumulus. Le vol était sans aucune turbulence. C'était une navigation dans d'excellentes conditions météorologiques. Notre vitesse était de six cent cinquante kilomètres heure. Le décollage de Nice avait eu lieu à 12h56 et l'heure d'arrivée prévue à Londres à 14 h 13. C'était un vol particulièrement calme, sans problème particulier.

Nous arrivons au-dessus de Coulommiers, lorsqu'un steward qui se trouvait à ce moment-là dans le poste de pilotage a remarqué un objet qui lui semblait être un ballon météorologique. Le copilote a ensuite vu l'objet, puis ce fut à mon tour de le voir. En fait je l'ai tout d'abord identifié comme un avion face à nous, à environ quarante-cinq kilomètres, à une altitude de dix mille cinq cents mètres et incliné de près de quarante-cinq degrés.

Perplexe, j'ai trouvé cette inclinaison anormale, car les aéronefs ne s'inclinent pas à cette altitude au-delà de degrés sans risque de décrochage. Cet objet nous a semblé ensuite de taille absolument anormale, il nous paraissait immense, sa couleur était rouge et les bords flous. J'ai eu l'impression d'observer une lentille gigantesque en évolution. Cela ne ressemblait à rien de ce que nous avions vu dans notre carrière de navigant.

Cet objet est resté tout à fait immobile pendant que nous le laissions sur notre travers gauche, à toujours une distance d'environ quarante-cinq kilomètres. Nous l'avons observé pendant une bonne minute, conscients de voir quelque chose d'absolument anormal.

Nous continuions à l'observer lorsqu'il s'est progressivement confondu avec l'environnement. Nous l'avons vu devenir "évanescent", transparent comme dilué dans l'espace. Cela était absolument ahurissant. Après nous être interrogés, nous avons contacté le centre de contrôle de Reims pour lui signaler cet objet non-identifié, comme nous y oblige la réglementation du transport aérien.

Nos trois témoignages concordaient après confrontation, à moins qu'il s'agisse d'une hallucination collective ? Nos instruments de bord n'étant pas destinés à repérer les autres aéronefs, nous n'avons aucun enregistrement de cette rencontre. Le radar de bord est uniquement destiné à repérer les orages pour pouvoir éviter les turbulences. La boite noire ne peut pas détecter les autres aéronefs ou des phénomènes éloignés de l'avion.

L'ovni n'a engendré aucune perturbation électrique ou magnétique. Pas plus que sur Paris quand il s'est trouvé à dix mille mètres au-dessus de la capitale. »

De cette expérience, le commandant Duboc n'a fait aucun rapport écrit dans l'immédiat, par peur du ridicule. Mais trois ans plus tard, un article de *Paris-Match* signalant un ovni au-dessus de Paris, correspondait exactement à ce que les trois témoins avaient observé. Le pilote est allé faire un rapport à la gendarmerie nationale.

« Mon rapport a été ensuite transmis au SEPRA, dirigé par Jean Jacques Velasco et au comité de l'IHEDN (rapport Cometa). J'ai été entendu pendant près d'une heure et demie par le groupe que dirige le général Denis Letty. Nous avons conclu que l'objet devait avoir environ trois cents mètres de diamètre. J'ai ensuite pris connaissance de l'enregistrement radar du Coda. Ce qui est très curieux, c'est que celui-ci indique que la trajectoire de l'ovni nous faisait quasiment entrer en collision. La distance minimale sur un enregistrement est de seulement dix secondes de vol. Ce genre d'observation est classique en guerre électronique. Si un missile avait été tiré sur cet ovni, il aurait vraisemblablement atteint notre A 320. Je ne pense pas qu'il soit donc souhaitable de tirer sur ce genre de phénomène... le copilote, Valérie Chauffour a, elle aussi, déposé son témoignage.

J'ai peu souvent parlé de cette rencontre, mais après m'être renseigné auprès de groupes de personnel navigant, j'ai eu la surprise de constater que près d'un pilote sur dix avait observé un phénomène volant non identifié. »

D'après ce que nous savons, le pourcentage serait encore plus important chez les pilotes militaires. Pourquoi, alors, ai-je demandé au pilote n'y a-t-il pas plus de rapports déposés ou rendus publics à ce sujet ?

Sa réponse fut la suivante : « Moi, je suis à la retraite, je n'ai plus de raison de craindre une mise à pied, une interdiction de vol. Lorsqu'on est pilote, on passe une visite médicale tous les quinze jours. Si vous n'expliquez pas un phénomène, si vous êtes soupçonné d'avoir des hallucinations ou des problèmes de visions, cela peut vous causer des problèmes. »

Les informations que donne ce grand spécialiste de la navigation aérienne, me semblent d'une telle importance qu'il m'a paru utile d'en faire profiter les lecteurs qui, certainement, ignorent le contenu de ce qui va suivre... et qui n'est jamais rendu public...

Jean Claude Duboc poursuit : « Il y a trois grands tabous dans l'aéronautique, il s'agit en premier lieu des rayons cosmiques à bord des avions. Depuis mai 2000, tous les navigants doivent être porteurs d'un “dosimètre” dont les relevés sont mesurés et calculés en fonction des recommandations du projet Sievert, reprise par la direction générale de l'aviation civile, l'Institut de protection et de sûreté nationale, l'Office de protection contre les rayonnements ionisants, et l'Observatoire de Paris-Meudon.

Le personnel navigant de l'aéronautique, ainsi que les cosmonautes seront classés prochainement parmi les personnes qui reçoivent des doses de radiation sur leur lieu de travail. À titre d'exemple, la dose de rayonnement cosmique reçue par un passager ou un membre d'équipage lors d'un aller-retour France-USA, représente environ une radio des poumons !... Ce fait est soigneusement caché aux équipages et aux passagers depuis près de trente-cinq ans !

En effet une recommandation de l'Organisation internationale de l'aviation civile, datant de 1964, demande aux compagnies aériennes d'effectuer des mesures de radiation à bord des avions de ligne. La modification de la réglementation européenne de mai 2000, divise par cinq la dose maximale applicable aux voyageurs, qui ne pourront recevoir qu'un millisievert par an et par personne au lieu de cinq. Les pilotes de lignes, les hôtesses, les stewards, reçoivent, entre deux et cinq millisievert par an, soit plus que la majorité des travailleurs du nucléaire. »

On ne parle pas des personnels navigants militaires qui, bien entendu, sont concernés au plus haut point, surtout pour ceux dont les missions durent souvent douze heures sans revenir au sol, dans des appareils bourrés d'électronique, avec des appareils de détection (avions-radar), dont les taux de radiation sont du domaine du secret militaire. D'après les confidences de certains de ces navigants, il serait très intéressant d'avoir accès aux dossiers gardés dans les hôpitaux militaires, concernant les décès afférents à ces diverses radiations. Mais ne rêvons pas : secret militaire !

Jean Claude Duboc continue ses passionnantes révélations :

« Le deuxième tabou est le suicide des pilotes de ligne aux commandes. Il sera levé par l'accident du vol Egyptair 990, si l'hypothèse du suicide du copilote doit se confirmer.

Enfin, le troisième tabou concerne le phénomène ovni, notamment les deux cent vingts observations visuelles confirmées par radar, dont la mienne. »

D'après ce que les ufologues ont pu recueillir comme renseignements, ce chiffre ne concerne que la France, en omettant beaucoup d'observations captées par les radars mais non enregistrées officiellement.

« Nous pouvons remercier l'équipe du Cometa. La question interpelle, passionne et dérange. Si les autorités commencent à considérer les faits d'un large point de vue, l'information doit passer progressivement tout en sachant qu'il y aura toutes sortes de réactions, estime Jean Claude Duboc. Le fond du problème est celui de la maturité du public. Est-il prêt à recevoir l'information ? Qu'elles seraient les conséquences d'une rencontre officielle avec une civilisation extraterrestre ? Quels bouleversements seraient induits ? Quels mouvements de panique de la population ? Quelle information donner au public ? »

VI.
Quelques cas incontournables

Témoignage d'un pilote français

Je connais bien Monsieur Cholet, qui a été durant trente-sept ans pilote à Air France et qui est aujourd'hui retraité. Durant sa longue carrière, il a rencontré des ovnis à trois reprises. Il a même eu la chance de prendre de magnifiques photos qu'il a eu la gentillesse de m'offrir, ce dont je le remercie. Un de ces clichés est reproduit dans le cahier photographique.

Voilà son témoignage :

Premier cas : Dans le ciel de Provence

« C'était le 9 avril 1965 en fin d'après midi, je volais sur un Breguet 763 F Basu. La réglementation nous limitait à effectuer seulement quatre étapes par jour. De ce fait, notre périple s'arrêtait ce soir-là à l'aéroport de Marseille-Marignane. Une fois au sol, nous restions dans l'appareil pour regagner Orly en tant que passager. J'étais accompagné d'un autre équipage qui se trouvait dans le même cas que moi.

Le poste de pilotage de cet avion était très vaste, nous étions quatre personnes en plus des membres d'équipage. Au plafond se trouvait une "issue de secours", que j'ouvris et, en attendant le départ, je m'étais assis sur le dos du fuselage pour jouir du panorama qu'offre l'étang de Berre. C'est alors que, levant mon regard à la verticale, j'aperçus dans le ciel un disque très brillant de couleur métallique. Il était 18 h 20. J'ai pensé qu'il s'agissait d'un ballon sonde météo. L'objet était immobile. J'interpellais le navigateur pour qu'il regarde ; il fut aussi intrigué que moi, mais il nous fallut refermer la trappe pour le décollage. Pendant que nous roulions sur le "taxiway", j'observais ma découverte. L'avion décolla, il était 18 h 40. Arrivé à l'altitude de croisière l'engin était toujours visible et avait le même aspect. Cela ne pouvait pas être un ballon sonde car il aurait disparu depuis longtemps.

Nous nous disions que nous observions un ovni et que, si ovni il y avait, ce devait être ce que l'on appelle un "vaisseau-mère" étant donné son très grand diamètre. Cinq minutes avant d'atteindre la verticale de Montélimar, il disparut instantanément de notre vue. Nous l'avions observé pendant environ trente minutes. Nous n'étions pas les seuls à l'avoir vu. Il a fait l'objet de centaines de témoignages dans plusieurs rapports. »

Deuxième cas : Une Caravelle, en "courte finale" à Orly, accompagnée par un ovni

Ce qui suit est incroyable, mais vrai. Les faits remontent au 30 novembre 1979, nous volions avec le SE 210 F. BOHC. Il était environ 21 h 40, nous venions de Marseille et nous nous apprêtions à atterrir à Orly. La visibilité horizontale était très bonne et l'avion glissait sur le plan de descente. Je pouvais admirer sur ma droite les lumières de Paris et de sa banlieue, celles d'Orly village défilaient sous nos ailes.

C'est à ce moment que j'aperçus, au bout de l'aile droite, cinq ou six lumières, comme si un autre avion nous suivait en vol de groupe. Ce n'était pas rassurant, je me remémorais la collision, sur cette même piste, du “stamp” avec une Caravelle quelques années auparavant.

J'appelai la Tour de contrôle et lui posai la question : « Y a-t-il un autre avion en finale ? » Le contrôleur me répond par la négative, mais me dit d'une voix troublée : « Effectivement, j'ai un écho radar sur votre droite qui vous suit ». Donc, je ne rêvais pas.

Je ne pouvais pas distinguer les formes exactes de l'engin, et je pensais : « c'est un ovni ». Était-ce un hasard... dès que j'ai eu cette pensée, les lumières disparurent instantanément, comme si les occupants de cet engin avaient capté mes pensées.

Je me dis : « si c'est ce que je pense, peut-être vais-je le retrouver sur ma gauche ? » Effectivement, j'aperçus de nouveau les mêmes lumières qui nous suivaient à gauche. Je tapotai l'épaule de mon voisin, et lui dis : « branche le pilote automatique, règle le radar et recherche un écho sur la gauche ».

Après quelques secondes, tout en surveillant la trajectoire de notre avion, main sur le manche, prêt à couper le pilote automatique, j'aperçus d'un œil furtif, l'écho sur notre radar de bord. De nouveau j'interrogeais le contrôleur de la Tour, lequel, d'une voix plus suffoquée que troublée, me répondit : « Cette fois l'écho est sur votre gauche ».

À cet instant, dans le poste de pilotage, les trois membres d'équipage avaient la tête tournée vers cet inconnu pour en distinguer les formes. « C'est bien un ovni «, dis-je, et une fois de plus, comme si j'avais claqué des doigts, les lumières disparurent. Le contrôleur, nous ayant autorisé à l'atterrissage, ajouta en substance : « venez me voir à la Tour. » – L'avion se posa à 22 h 00.

Un fait étrange reste à signaler : après le passage à la douane, deux inspecteurs en civil nous attendaient !

- « Vous êtes bien l'équipage Air France en provenance de Marseille ? »

Notre réponse fut affirmative.

Il nous fut répondu : « Rentrez bien sagement chez vous. »

Comme j'insistais, l'un des inspecteurs nous dit : « N'insistez pas, sinon vous risquez des emm… »

En fait si nous étions allés voir le contrôleur, nous aurions été obligés de déposer un "Air Miss" (risque de collision en vol) et il y aurait eu une enquête. Il fallait donc que ce soit sérieux pour obliger un commandant de bord à transgresser le règlement !

Ce n'est pas le premier témoignage où l'ovni disparaît instantanément, comme si, l'intelligence qui dirige ces engins disposait d'un moyen inconnu pour lire dans les pensées, disparaissant pour réapparaître très vite et semblant dire : « Vous avez vu juste, nous sommes bien ce que vous appelez un ovni ».

Il s'agit, bien entendu, d'une simple hypothèse.

Troisième cas. Il y a photo !

« Après onze ans de pilotage sur Caravelle, j'effectuai mon dernier stage de qualification sur un Boeing 727. Pour ce faire, mes compagnons et moi allions nous entraîner en Irlande, sur l'aérodrome de Shannon, une vaste base construite pendant la seconde guerre mondiale.

Nous étions le 12 juin 1980. Après un vol de nuit qui dura de 21 h30 à 23h30 notre équipage rentra à l'hôtel. J'avais avec moi ma caméra Beaulieu super 8 pour filmer l'entraînement et les lieux environnants.

Au moment où nous rentrions dans le hall de l'hôtel, une soudaine illumination, venant de l'extérieur, éclaira tout comme en plein jour. J'entendis le mécanicien me dire : « Cholet, viens voir ce qui se passe, c'est bizarre ». Je fis demi-tour, et ressortis.

L'atmosphère était illuminée, je dirais "ionisée" comme si nous étions pris dans une aurore boréale. À cette saison et à cette latitude, c'était impossible. Levant la tête, juste au-dessus de nous, et semblable à un gros soleil, une énorme lueur orangée nous éclairait. Je braquais ma caméra automatique et je filmais quelques secondes. L'engin, qui était en position stationnaire, disparut pour réapparaître immédiatement plus loin. Je filmai à nouveau. Il était à faible altitude, nous le distinguions très nettement. Il n'y avait plus d'hésitation, c'était ce qu'on appelle un ovni ! Il faisait environ quinze à vingt mètres de diamètre, avec un dôme sur le dessus comportant des petits hublots éclairant le sol d'une lueur rougeâtre.

J'avoue avoir éprouvé quelques palpitations. Mais j'ai eu le réflexe de continuer à filmer. Mon instructeur, commandant de bord et chef de stage, m'a dit : « rentre chez toi avec ton matériel, si tu ne veux pas avoir d'ennuis. » Comme quoi la vérité n'est pas toujours bonne à dire !

Cette aventure date de 1980. Heureusement, depuis deux ou trois ans la situation a très nettement changé. On sent que l'on prépare tout doucement les populations à des divulgations ultérieures.

Malgré les photos, les témoignages des équipages et les radars au sol, ces trois cas ne furent jamais homologués. Au contraire, il fut demandé aux témoins de se taire. Cela me fait supposer que des centaines d'équipages auraient beaucoup de chose à dire s'ils y étaient autorisés durant leur vie active. Les deux cent vingt cas homologués dans le rapport Cometa ne sont que la surface visible de l'iceberg !

Voici quelques autres cas exceptionnels parmi les milliers de témoignages obtenus en France.

Le plus connu, tant dans notre pays qu'à l'étranger, est celui de Trans en Provence.

Trans-en-Provence

Trans en Provence se trouve dans le Var. Monsieur Renato Nicolaï, maçon de métier, fabrique dans son jardin un abri pour sa pompe à eau. Il fait beau, le ciel est bleu, c'est la fin de l'après-midi. A un moment donné, il lève la tête et voit venir du ciel une masse métallique brillant sous les rayons du soleil.

Il observe la descente de cet objet mystérieux et silencieux qui atterrit à environ quatre-vingts mètres de lui. Il s'approche de l'engin et constate qu'il est rond, comme un énorme ballon, mais une sorte de rebord qu'il voit au milieu de l'objet, lui fait penser qu'il est constitué de deux demi-sphères posées l'une sur l'autre. L'engin n'émet aucun bruit, il n'a pas de hublot, pas d'insigne, lettres ou chiffres peints sur le métal, car Renato Nicolaï est certain qu'il s'agit de métal.

D'après lui, l'engin reste au sol pendant moins d'une minute avant de décoller, toujours sans bruit, à une vitesse fantastique.

Renato est un homme simple mais intelligent et il se rend bien compte qu'il vient d'assister à quelque chose de pas ordinaire, seuls les gendarmes pourront lui donner une explication.

Ce témoignage est banal, il ressemble à beaucoup d'autres, mais le fait de prévenir très vite les autorités en a fait une affaire de renommée mondiale.

Les gendarmes se rendent immédiatement sur les lieux après avoir entendu la déposition du témoin. Sur place, à l'endroit désigné de l'atterrissage, ils constatent qu'il reste des traces sur le sol, des empreintes, et que les végétaux ont visiblement souffert.

La gendarmerie décide d'approfondir son enquête, mais, en plus, elle prévient immédiatement le GEPAN qui envoie ses experts. Ceux-ci font des prélèvements de sol et de végétaux destinés à être analysés en laboratoire.

La première conclusion des experts scientifiques est qu'un objet métallique non identifié s'est bien posé à cet endroit. Les végétaux prélevés sur le site, après analyse, montrent que l'engin ne peut en aucune façon être un hélicoptère ou un quelconque avion.

En effet, la texture interne de la luzerne a été profondément modifiée au niveau des acides aminés et de la chlorophylle. D'après le professeur Bounias, du laboratoire de toxicologie de l'INRA, qui lui aussi procéda à des analyses, l'état des plantes pourrait avoir été provoqué par un très fort champ électromagnétique... phénomène qu'aucun objet volant humain n'aurait pu provoquer.

Avec les visites quotidiennes des gendarmes, de différents experts et de centaines de journalistes, la vie de M. Nicolaï devint vite infernale. Il décida après quelques années de repartir vers son Italie natale.

Comme c'est le cas pour beaucoup de témoins, cet ovni avait bouleversé sa vie.

Il reste que cette observation est la preuve reconnue par les scientifiques et des nombreux experts, qu'en France, le 8 janvier 1981, un objet métallique non identifié, volant et atterrissant, a bien été observé.

Les "debunkers" en sont encore bouche bée...

Cussac (cantal)

Cette autre affaire est mondialement connue, mais elle est plus ancienne. C'est certainement ce qui explique qu'aucun prélèvement de terre ni de végétaux ne fut effectué à l'époque. En dehors de l'enquête de gendarmerie, ce n'est qu'en 1978, que le conseil scientifique du GEPAN décida de mener sa propre enquête.

Les faits se déroulèrent le 29 août 1967, vers 10h30 du matin, sur les hauts plateaux du Cantal, dans un pré qui borde la départementale 57. Deux enfants François et Anne-Marie Delpeuche âgés de treize et neuf ans gardaient un troupeau de vaches. Ils étaient accompagnés de leur chien qui, par ses aboiements, les prévint qu'une vache s'apprêtait à franchir un muret servant de clôture. François se dirigea vers la bête pour la ramener auprès des autres. À ce moment-là, il aperçut de l'autre côté de la route, quatre enfants qu'il ne connaissait pas. Surpris par ce qu'il voyait, il appela sa sœur et, ensemble, ils aperçurent, près des quatre petits inconnus, une énorme sphère extrêmement brillante.

Ils se rendirent alors compte qu'il ne s'agissait pas d'enfants, mais de petits êtres aux vêtements et aux visages noirs. Ils ne devaient pas dépasser un mètre de haut pour les deux plus petits, et un mètre vingt pour les deux autres.

Deux d'entre eux étaient debout près de la sphère, l'un d'eux tenant dans la main un objet reflétant le soleil que François compara à un miroir, et il agita ses bras et ses mains, comme pour faire signe à ses compagnons. L'un d'eux était baissé, comme agenouillé devant la sphère et semblait chercher quelque chose par terre. Un quatrième, debout donnait l'impression d'observer.

François s'écria alors : « Vous venez jouer avec nous ? « A ce moment, les petits êtres, qui ne semblaient pas avoir vu les enfants changèrent d'attitude. Le premier s'envola dans les airs à la verticale et plongea la tête la première dans la sphère. Le deuxième et le troisième s'élevèrent de la même manière et plongèrent à leur tour dans une ouverture invisible située au-dessus de la sphère. Enfin, le quatrième s'éleva lui aussi, mais redescendit aussitôt pour ramasser quelque chose par terre - son miroir, pensa François – puis s'éleva de nouveau et rentra dans la sphère qui avait commencé à s'élever du sol d'environ dix à quinze mètres.

L'objet, en s'élevant, émit un léger sifflement, et décrivit des cercles, comme une spirale (d'après le geste fait par François pour appuyer ses paroles). L'intensité de la lumière émise par la sphère, qui était déjà très vive, s'accrut au point d'être difficilement supportable aux yeux des enfants. Enfin la boule lumineuse disparut à toute allure dans le ciel.

Pendant tout ce temps, les enfants sentirent une forte odeur de souffre. Leurs vaches et celles d'un troupeau voisin se mirent à meugler et à s'agiter fortement en même temps. Le chien aboyait et semblait très énervé.

Il semble donc que le départ de l'engin a produit le même effet sur tous les animaux présents jusqu'à une distance de trois cents mètres. Quant à l'odeur de souffre, elle présente une odeur similaire à ce que produit une forte concentration d'ozone. Cela a déjà été constaté par les témoins dans d'autres cas atterrissages.

Un gendarme, qui s'est rendu sur les lieux peu de temps après l'observation, a constaté la présence de traces sur le sol à l'endroit indiqué par les enfants, et a noté à son tour une odeur persistante de soufre. Un autre témoin situé à proximité de l'observation signala que, se trouvant dans son grenier à ce moment précis, il avait été alerté par un sifflement dont il ignorait l'origine.

Pendant plusieurs jours, les yeux des enfants pleurèrent comme a pu le constater un médecin.

Les petits aliens étaient tout noirs, mais d'un aspect brillant comme de la soie, précisa François. On suppose qu'il s'agissait d'une sorte de combinaison très moulante, enveloppant la tête et le corps. Les bras étaient longs et fins.

Selon les enfants, les pieds de ces étranges visiteurs, observés quand ils s'élevaient, étaient comme palmés. Les jambes étaient courtes et fines. La forme des mains n'a pas pu être distinguées. La tête semblait être de proportion normale, avec un crâne pointu et un menton proéminant. Ils semblaient porter une sorte de barbe.

Il est regrettable que les enfants n'aient pas pu remarquer les yeux car, d'après les descriptions, ces êtres ressemblent à d'autres qui seront décrits par la suite.

Valensole

Il s'agit encore une affaire très connue. Elle a été très bien suivie par la Gendarmerie Nationale et de nombreux médias en ont parlé.

Valensole est situé dans le midi de la France. L'apparition eut lieu le 1er juillet 1965. Pour travailler dans ses champs de lavande, monsieur Maurice Masse s'était levé tôt. Il était 5 h 45 du matin, le soleil brillait à l'Est et, avant de mettre son tracteur en marche, il alluma une cigarette tout en contemplant ses champs.

Soudain, une sorte de sifflement attira son attention. À environ une centaine de mètres de lui, derrière un carré de vigne, il vit un objet insolite posé sur le sol. La forme était celle d'une voiture, mais comme il n'y avait ni route, ni chemin, M. Masse comprit très vite qu'il ne pouvait pas s'agir d'une automobile.

Il s'agissait d'un appareil d'aspect métallique ayant la forme d'un ballon de rugby, avec un cockpit transparent sur le dessus. Il était posé sur six tiges en métal. Un plus gros tube central était enfoncé dans le sol.

Par prudence, il s'approcha lentement de l'engin et aperçut deux petits êtres habillés d'une combinaison très sombre. Ils étaient accroupis et semblaient observer un plan de lavande. Leurs têtes rondes et grosses comme un ballon de football étaient disproportionnées par rapport à leurs corps.

Comme il le dira par la suite aux gendarmes, Maurice Masse pensa sur le coup qu'il avait affaire à des astronautes ou à une

Arrivé à dix mètres de l'engin il se rendit vite compte de son erreur. Les petits "astronautes" se tournèrent vers lui. Il vit alors qu'ils n'avaient pas de casque, comme il le pensait, mais que c'était leur tête qui était grosse.

Ils se tenaient immobiles, le visage impassible. Très vite, Maurice Masse vit l'un d'eux diriger vers lui une sorte de tube qu'il avait pris sur le côté de son corps. Bien que conscient, il se sentit alors complètement paralysé. Les deux petits êtres semblaient discuter entre eux, bien que leur bouche ne bougeait pas. Par contre, il entendit très nettement des sons ressemblant à des bourdonnements d'abeilles et en conclut que ce devait être leur façon de parler.

Comme c'est le cas pour beaucoup de témoins ayant eu un contact rapproché, M. Masse déclara à tous ceux qui l'ont interrogé qu'il n'avait pas eu peur et qu'il se sentait détendu, malgré son immobilité complète.

Il a pu ainsi les observer lorsqu'ils se sont dirigés vers leur vaisseau pour disparaître par une porte qui s'était ouverte et refermée silencieusement. Il les vit derrière le cockpit transparent, puis le tube central qui était enfoncé dans la lavande rentra dans l'engin ainsi que les tiges métalliques.

Les humanoïdes le regardèrent avant de décoller à la verticale et de disparaître dans le ciel à la vitesse d'un avion à réaction.

Après une quinzaine de minutes, Maurice retrouva l'usage de ses membres. Il retourna au village raconter son aventure à ses amis et aux gendarmes qui se rendirent immédiatement sur les lieux.

À l'emplacement de l'engin il y avait, d'après les mesures prises par les gendarmes, au centre, un trou cylindrique de dix-huit centimètres de diamètre et de quarante centimètres de profondeur. Au fond du trou, après carottage fait par les policiers, on découvrit qu'il y avait en plus, au milieu, un autre trou cylindrique de quelques centimètres, vertical, et deux autres partant en oblique.

Plusieurs enquêtes furent diligentées par les gendarmeries de Valensole et de Digne quelques jours après l'atterrissage.

Comme beaucoup de témoins, M. Masse fut sujet pendant plusieurs mois à de véritables crises de sommeil le faisant dormir jusqu'à dix-huit heures de suite, ce qui n'est pas dans les habitudes d'un cultivateur. Ce détail provoqua l'inquiétude de son médecin et des enquêteurs.

Dans un rayon de six mètres environ où avait atterri l'engin, la végétation et la lavande commencèrent à dépérir après quelques jours. Pendant un an, il fut impossible de faire pousser quoique ce soit à cet endroit.

D'après ce que M. Masse dit à plusieurs enquêteurs, il eut d'autres contacts rapprochés depuis 1965, mais il est impossible d'en savoir plus car il refuse d'être dérangé... Il a simplement déclaré que sa vie a changé, qu'il se sent différent, qu'il souhaite à d'autres de vivre les mêmes expériences. Il semble d'ailleurs que ce fut le cas pour d'autres habitants de la région, en particulier ceux qui travaillent à côté du Centre des émetteurs hertziens de Riez... mais personne ne veut parler, car il y a des expériences qu'il faut impérativement avoir vécues pour être en mesure de les raconter.

L'Affaire de Nancy

Ce cas a été authentifié, après enquête, par le SEPRA. Elle a pour témoin un chercheur en biologie cellulaire dont l'anonymat a été protégé.

La gendarmerie a immédiatement enregistré son témoignage et prévenu le SEPRA dirigé à Toulouse par Jean-Jacques Velasco.

Le témoin était dans son jardin, le 21 octobre 1982 à environ 12h30. Il vit arriver vers lui ce qu'il prit tout d'abord pour un avion. Le ciel était très dégagé. Il vit l'engin perdre de l'altitude et descendre comme pour atterrir, puis il pensa qu'il allait se "crascher" sur sa maison. Mais l'objet, comme il s'en rendit compte, n'était pas un avion ordinaire. Il s'arrêta à environ un mètre du sol, et resta ainsi immobilisé, sans bouger pendant vingt minutes.

Rappelons que le témoin est un scientifique, il a donc pensé à regarder l'heure pendant la durée de son observation L'engin était de forme ovale, d'environ un mètre de diamètre sur quatre-vingt centimètres d'épaisseur. Son aspect était métallique, et de couleur bleutée. Il n'émettait aucun son, aucun souffle, pas plus que la moindre sensation de chaleur ou de froid. Après vingt minutes de stationnement au-dessus du sol, le petit engin partit brusquement à la verticale comme si, d'après le témoin, "il avait été aspiré par le haut". Il fut vite perdu de vue tant il était rapide. Le témoin dit avoir remarqué qu'au moment du départ, l'herbe de la pelouse se hérissa pour ensuite retomber dans sa position habituelle.

L'extrémité des feuilles d'un arbuste d'amarante était comme grillée par le manque d'eau. C'est un phénomène semblable à celui que l'on peut remarquer lorsque l'on soumet une plante à un puissant champ électrique, ce qui peut être le cas ici.

VII.
L'aventure extraordinaire du docteur X.

Je tiens à remercier le Docteur X. de m'avoir envoyé un courrier dans lequel il expose sa conception de ce qui lui est arrivé cette fameuse nuit du 1er novembre 1968, ainsi que les photos prises par différents témoins.

En exclusivité mondiale, il m'a raconté et m'a permis de publier quelques-unes des aventures qu'il a vécues... et qu'il continue à vivre, après les événements de 1968.

Jamais il n'a dévoilé aux médias ce qu'il continue de vivre dans une autre réalité. Les lecteurs de ce livre seront donc les premiers à voir que, lorsqu'on fait une rencontre du troisième type, la vie du témoin s'en trouve bouleversée pour toujours. C'est ce qui est arrivé au Docteur X.

Ce médecin est connu dans le monde entier sous le nom sybillin de "Docteur X" à cause de sa profession et des responsabilités qui y étaient les siennes. Il a préféré garder l'anonymat depuis 1968. Je ne donnerai donc pas son nom pour respecter sa volonté.

Il a une formation "rationaliste" et scientifique qui, on s'en doute, ne le poussait pas à croire aux ovnis, il en avait certes entendu parler mais le sujet ne l'intéressait pas... jusqu'à cette fameuse nuit où tout à été remis en question !

Commençons par prendre connaissance de son courrier :

« Il est difficile à un témoin de faire participer un ufologue à sa “rencontre” quel qu’en soit le type, étant donné que la description du phénomène ne concerne que la partie visible d’un iceberg.

L’autre partie, qui touche l’intimité du sujet, n’est pas communicable par des mots. Vouloir expliciter un “ressenti” c’est le détruire et le rendre incompréhensible.

En ce qui me concerne, jetons un coup d’œil rapide sur cette partie immergée qui est la plus intéressante et qui connaîtra une modification radicale de ma psychologie, au point de lui apporter une vision claire de son environnement, qui désormais n’aura plus le même aspect.

Quel est le point commun à toutes les observations ?

C’est un phénomène “Lumière”, quelle que soit sa couleur. L’interprétation que le témoin pourra en faire plus tard fera ressortir un état d’âme traduit par le mental suivant ses facultés. Mais bien plus cachée sera l’action de cette vibration lumineuse au niveau des cellules du corps.

Ce qui va suivre va paraître étrange ou fantastique aux lecteurs. Les scientifiques qui recherchent ce qu’est la matière, son origine, son but, etc., ont-ils pensé que la cellule n’était peut être qu’un photon à vitesse zéro ? Dans ce cas, nous sommes de la lumière, et sa rencontre ne peut qu’activer un processus de vie.

Le phénomène ovni ne date pas des années quarante, c’est certain ! Pline en parlait déjà en décrivant des objets célestes de forme ellipsoïde, avec des petits êtres. À chaque époque de l’humanité, l’homme s’est trouvé confronté à des apparitions.

Pour changer de sujet, les phénomènes qualifiés de spirites ne datent pas non plus du XIXe siècle. On croyait à cette époque-là que plusieurs décennies plus tard le mystère serait éclairci, il n’en a rien été. Il y a une quarantaine d'années, on disait la même chose au sujet des ovnis, et pourtant on n'a guère avancé.

Reste la réflexion de plus en plus intense qui se pose à l'humanité, et c'est cela sans doute, le but, avant qu'une civilisation comparable à la nôtre nous contacte. À mon avis, il ne faut rien attendre de celles qui peuvent nous dépasser de plusieurs millénaires, et qui ont la capacité de détruire notre humanité. Le contact officiel semble nous être refusé, pour le moment du moins. Il serait impensable et inutile d'expliquer le principe de la relativité d'Einstein à un gamin de la maternelle ! L'homme doit modifier sa position vis-à-vis de ce qui lui est étranger et abandonner sa peur ancestrale.

Ce qui est métaphysique pour nous, n'est certainement que de la physique pour "eux". Ils ont peut-être, d'ailleurs, leur propre métaphysique.

Sommes-nous surveillés sur notre Terre ? C'est pour moi une évidence, pourquoi en être choqué ?

L'apparition de l'homme sur Terre ? Il est naïf de la faire partir d'un organisme monocellulaire, ce qu'on appelle "l'évolution horizontale", rien n'est plus faux. Les scientifiques pensent que nous avons une mémoire génétique qui remonterait à nos origines. La lumière qui nous habite permettrait cette remontée... or, il n'y a nulle part trace de cellules originelles !

Alors... la porte des étoiles et ses mystères existent ; la clef pour l'ouvrir est en nous, il suffit de changer notre façon de penser ! »

Docteur X. Janvier 2002

Le témoignage du Docteur X.

Cette aventure hallucinante est connue de tous les ufologues de la planète. Elle a été révélée à des millions de gens par les médias.

Le Docteur X. vit dans le sud de la France.

Plusieurs personnalités de l'ufologie, comme Aimé Michel, ou des scientifiques comme le célèbre physicien français Jean Pierre Petit ou le professeur Bounias se sont intéressés à son cas et en ont vérifié la réalité. Mais laissons le Docteur X. témoigner :

« Mon aventure a commencé dans la nuit du 1er au 2 novembre 1968. Il y avait un gros orage sur la région. Mon fils de quinze mois babillait dans son lit et semblait nerveux ; je lui donnais un biberon d'eau et il se calma, puis je décidais d'aller me coucher.

Vers trois heures du matin, un volet qui claquait dans la chambre de mon fils me réveilla, et j'entendis sa voix. Il semblait être occupé à s'amuser plus qu'à dormir. Je décidais de me lever et je le trouvais debout, sautant dans son lit, nullement effrayé, me montrant les éclairs qui illuminaient la pièce.

Je m'apprêtais à refermer le volet. L'orage avait cessé mais il y avait encore de nombreux éclairs. Il n'y avait plus de tonnerre, ni de pluie. C'est là que j'aperçus deux objets très brillants et très particuliers par le fait qu'ils émettaient, au-dessous d'eux, une sorte d'énorme lumière qui éclairait le sol. Intrigué et, il faut l'avouer, un peu effrayé, je décidais de me rendre sur la terrasse pour pouvoir mieux observer le phénomène.

J'estimais les deux objets à environ deux kilomètres de moi. Je voyais malgré tout, au-dessus d'eux, des sortes d'antennes qui semblaient émettre ou absorber les éclairs qui zébraient le ciel. À ce moment-là, ils ont commencé à opérer un mouvement circulaire et se sont rapprochés pour se trouver à environ cent mètres de ma maison. Puis ils se sont "fondus" l'un dans l'autre, pour former une énorme boule lumineuse. À ce moment-là, j'étais certain qu'il ne s'agissait ni d'avions ni d'hélicoptères.

Je voyais très nettement les antennes qui semblaient aspirer l'électricité de l'atmosphère. Étant donné que l'objet était en stationnement au-dessus de deux maisons, les spécialistes ont calculé par la suite,- qu'il devait faire environ soixante-cinq mètres de diamètre.

À cet instant, comme s'il m'avait repéré, l'engin s'est retourné, braquant sur moi son énorme faisceau lumineux. La puissance de la lumière était effrayante. Je ne voyais plus rien, j'étais complètement ébloui. Je me suis protégé les yeux avec mes bras repliés dans un geste d'autodéfense bien inutile. Puis j'ai écarté les bras pour constater qu'à la place de l'objet il y avait une espèce de brouillard. Dans le ciel, une traînée de lumière, comme une fusée de feu d'artifice, partit à une vitesse fantastique, puis disparut complètement.

Je rentrai alors dans la maison pour réveiller ma femme, et lui raconter ce que je venais de vivre. Précédemment, je marchais en boitant car, quelques jours auparavant, je m'étais blessé avec une hache en coupant du bois et j'avais une plaie ainsi qu'une petite hémorragie interne. Rien de très grave d'après les clichés radio, mais j'avais des difficultés pour marcher. Il faut dire qu'en plus, suite à une grave blessure dont j'ai été victime pendant la guerre d'Algérie, j'étais pensionné à 90 %, car j'avais une atteinte neurologique me provoquant, depuis dix ans, de fortes douleurs et une difficulté pour me déplacer normalement.

Lorsque je me précipitais dans la chambre, j'étais tout excité et la première réaction de mon épouse fut de dire : « Mais on dirait que ta jambe va beaucoup mieux ! «

Effectivement. J'ai regardé ma jambe, il n'y avait plus de blessure, plus de douleur, plus rien. En tant que médecin, je ne croyais guère au miracle, j'ai donc très vite passé une autre radio qui a apporté la confirmation. Il n'y avait plus rien ! J'étais stupéfait !

J'ai donc raconté dans les détails ce qui venait de se passer et j'ai fait des dessins le plus précis possible. Puis j'ai sombré dans un sommeil profond et, aux dires de mon épouse, je me suis mis à délirer. Celle-ci, très intriguée par ce que je racontais, prit une feuille de papier et un crayon et nota les détails que je ne lui avais pas dit étant éveillé. Je déclarais que j'allais perdre la mémoire et que je la retrouverais en faisant une chute dans l'escalier. Ma femme a interprété mes propos comme le fruit d'un délire.

Toujours est-il que je me suis réveillé que dans l'après midi, vers 16 heures, complètement épuisé... et ne me souvenant de rien. Ma femme m'a montré mes notes, mes dessins, ça ne me disait rien. Ce qu'elle me racontait ne pouvait pas me concerner. Je dois dire que tout cela me perturbait, je me sentais très fatigué, comme après une anesthésie générale. Tant et si bien que je décidais de retourner me coucher. Je montais les escaliers menant à ma chambre et j'eus la très nette impression qu'une main invisible me poussait en arrière... et je dégringolais les marches... comme je l'avais prédit la nuit précédente dans mon “délire”.

J'étais un peu étourdi. Ma femme m'aida à me relever, et je m'aperçus que la mémoire était revenue ! Je revoyais, par des flashs, ce que j'avais vécu sur ma terrasse.

Je décidais alors de me mettre en rapport avec Aimé Michel, un ufologue mondialement connu et habitant dans la région. Deux jours plus tard, il était chez moi et commençait son enquête. Ensuite, nous nous téléphonâmes sans cesse, car, m'avait-il dit : « Vous me prévenez s'il se produit quoi que ce soit de bizarre. »

Cela n'a pas tardé. Un matin, je souffris d'une démangeaison au niveau du nombril. Puis j'ai vu apparaître comme une irritation rouge en forme de triangle avec, pour centre, mon nombril. Cette figure géométrique est restée visible pendant une semaine. Le plus fort c'est que, dès qu'il disparaissait chez moi, il apparaissait sur le petit ventre de mon fils, mais chez lui le phénomène ne durait que trois jours.

Dès que le triangle apparaissait il n'y avait plus aucune démangeaison, et quand il disparaissait, l'épiderme redevenait intact comme avant.

Bien qu'ayant un esprit scientifique, moi et d'autres avons essayé d'envisager l'hypothèse de la parapsychologie, la médiumnité, la suggestion par la pensée... tout était possible. Mais tout s'est écroulé quand, un an après jour pour jour, sans que j'y pense, le triangle est d'abord apparu sur le ventre de mon fils, puis sur le mien.

Depuis, tous les 1er novembre, le triangle réapparaît autour de mon nombril, mais pas sur celui de mon fils !

Depuis trois ans, il y a eu un changement, je sens les mêmes symptômes, comme si le triangle allait survenir, mais rien n'apparaît à la surface de la peau, alors que je sens nettement qu'il se forme à l'intérieur de mon abdomen.

En 1983, après quinze ans d'apparition du triangle, j'ai rendu visite à un ami radiologue qui possédait un nouvel appareil à "thermographie" capable de voir si la cause d'une affection est organique ou psychosomatique. L'analyse thermographique précisa qu'il y avait, sous le triangle, à l'intérieur de l'abdomen, une inflammation équivalente à une brûlure au troisième degré, mais reliée à aucun organe intérieur. On voit très nettement sur les radios (voir photos) que l'inflammation a la forme d'un triangle. Pendant la présence du triangle, on peut me toucher la peau, je ne sens rien !

Tous les amis du monde médical qui m'ont examiné quand le triangle apparaissait sous leurs yeux, pensent qu'il ne s'agit ni de mycose, ni de microbe, ni d'un phénomène d'origine psychosomatique. Ils ne peuvent pas se prononcer mais il y a longtemps que moi et les ufologues savent que ce phénomène incompréhensible du triangle est lié à l'observation dont j'ai été témoin et au rayon de lumière intense projeté sur moi. Bien sûr je ne peux pas donner d'explication. Quel est le but de toute cette histoire ? Pourquoi le choix s'est-il porté sur moi ?

Plusieurs 1er novembre de suite, les caméras de télévision sont restées braquées sur mon ventre pour enregistrer en temps réel l'apparition du triangle. Les témoins, scientifiques et autres, ont constaté qu'il ne pouvait pas y avoir de trucage. Et d'ailleurs dans quel but, et comment faire un trucage impossible à reproduire ? Pour les sceptiques, je précise que je n'ai jamais fait d'argent avec cette aventure et que, au contraire, j'ai toujours tenu à garder l'anonymat. De plus, comment expliquer la guérison instantanée de ma jambe ?

Ayant été grièvement blessé en Algérie puis pensionné à 90 %, comment expliquer qu'après ce passage dans le faisceau lumineux, les troubles neurologiques ainsi que l'invalidité motrice aient disparu, comme par miracle ? »

Pourquoi le Dr X. ?

L'intelligence en action derrière le phénomène ovni a transformé physiquement et moralement le Docteur X. Ce n'est pas la première fois que ce fait est constaté après une rencontre du troisième type. Dans le cas du Dr X., quand il se blesse, il cicatrise deux fois plus vite que le commun des mortels. Quelle en est l'explication rationnelle ? Son attrait pour le spirituel et la métaphysique ont été considérablement accentués après son aventure.

Nos "visiteurs de l'Espace" ont-ils choisi le Docteur X. justement parce qu'il est médecin, et donc qu'il a la possibilité de mieux analyser ses réactions physiques et morales que monsieur tout le monde ?

Reste une question majeure : pourquoi cette forme triangulaire sur le ventre ?

Aux dires des spécialistes, cette forme géométrique n'apparaît jamais en cas de maladie dermique, cela laisse supposer que nos visiteurs, qui semblent bien nous connaître, savent que nous écarterions très vite l'hypothèse du trucage, comme cela s'est effectivement produit.

Pourquoi pas une forme ronde ou rectangulaire ? Il faut savoir que le triangle est un symbole ternaire, il représente, par exemple, notre monde à trois dimensions. Ce symbole remonte très loin dans la tradition. Serait-il connu par d'autres civilisations dans l'univers ?

Ce qui est extraordinaire, c'est que le triangle du Docteur X. a pour centre le nombril et qu'il ressemble étrangement au symbole de "l'œil de Dieu", que l'on rencontre dans tous les triangles symboliques des initiés.

Est-ce que nos visiteurs ont choisi volontairement ce triangle, au symbolisme puissant et universel, pour nous passer un message ? Cela signifie-t-il que, notre langage ne nous permettant pas de communiquer avec eux, nous pourrions nous comprendre en utilisant des symboles ?

Ce n'est pas la première fois qu'un triangle apparaît après un passage d'ovni, mais dans les autres cas, il s'agit d'empreintes dans le sol visibles après un atterrissage.

En ce qui concerne la fameuse nuit du 1er novembre 1968, certains détails me font penser, que le Docteur X. et son fils ont pu être "abductés". Un célèbre professeur de Bordeaux, qui avait entendu parler de son cas, l'a fait régresser sous hypnose. Il n'en ressort rien que nous ne connaissions déjà. Mais, sur l'enregistrement effectué pendant l'expérience, il y a deux minutes où le Docteur X. est resté silencieux. Pour un ufologue cela signifie qu'il y a eu, pendant cette période, un blocage de la mémoire, un plan de vie effacé, que l'hypnose n'a pas pu violer.

Ce que j'appelle "l'intelligence ovni" est spécialisée dans ce genre de manipulation psychique. La preuve en est qu'avant sa chute apparemment programmée dans l'escalier, le Docteur X. avait curieusement perdu la mémoire !

Dans le volumineux dossier du phénomène ovni, l'affaire du Docteur X. défie toujours l'entendement. Pour les ufologues de la planète son cas reste l'un des plus extraordinaires.

Mais son aventure ne s'arrête pas là ! Depuis trente, ans, le Dr X. a vécu - et continue à vivre - des histoires incroyables qu'il m'a autorisé à publier. Comme nous le verrons, l'hypothèse que les phénomènes paranormaux et ovnis sont intiment liés s'en trouve corroborée. Par amitié, le Dr X. a accepté que je vous livre ses troublantes expériences, je l'en remercie.

De troublantes expériences

Redonnons la parole au Docteur X :

« Je sais que ce que je vais raconter va paraître complètement incroyable à certains, mais un ufologue comme Bernard Bidault, qui se frotte au paranormal en fréquentant le grand contacté qu'est Jean-Claude Pantel, ne peut que me croire. D'ailleurs quel serait mon intérêt à inventer de telles histoires, puisque j'en ai parlé à très peu de gens, et que j'ai toujours refusé que les médias en parlent ?

De temps à autres, un "être" en tous points identique à un banal humain, apparaît devant moi et m'emmène en promenade.

Un jour, c'était à l'époque où j'avais une Renault 8, il est venu me voir et m'a proposé une sortie en voiture. Il est monté à côté de moi, et nous sommes partis. Nous roulions sur une route goudronnée de ma région, il faisait très beau, le temps était sec (ces détails sont importants).

Tout à coup, apparut une espèce de brouillard insolite dans lequel le véhicule pénétra. Je pensais que nous allions en sortir très vite car, à cette saison, il ne pouvait pas en être autrement. Mais il se passait quelque chose de bizarre, j'avais l'impression que les roues de l'auto ne touchaient plus la route.

Effectivement, nous sortîmes du brouillard, mais nous n'étions plus sur la route ! Nous roulions dans un bois, sur un chemin de terre boueux car il pleuvait à torrent. Il faut être solide pour subir un tel choc ! Nous sortîmes enfin du bois. Mon "guide" me montra un superbe château style XIVe siècle et m'invita à m'y rendre.

Je connaissais ce château pour l'avoir vu sur des dessins et des tableaux. C'est à mon avis le vieux château du village où j'habite actuellement, mais le hic, c'est qu'il a été démoli il y a des siècles et qu'il n'est plus qu'un souvenir pour les gens de la région.

Mon guide me confirma que c'est bien le château auquel je pensais... et que nous étions, à ce moment, retournés au XIVe siècle ! Nous voilà donc en plein Moyen Âge, dans une voiture sans chevaux, dans la cour d'un château qui n'existe plus. Je restais calme. Depuis le 1er novembre 1968, plus rien ne m'étonnait.

Bien entendu, nos habits n'avaient rien à voir avec ceux que portaient les occupants du château, mais personne n'avait l'air de s'en étonner. Les maîtres du lieu, un homme et une femme qui seront par la suite, je le sais, sanctifiés par un Pape, nous accueillirent comme de vieux amis. Je compris que "l'être" qui m'accompagnait les connaissait, je me dis que ce devait être un voyageur du Temps. J'étais abasourdi. Je restais cois. Ils parlaient tous un vieux dialecte provençal mêlé à du vieux français et j'avais du mal à comprendre. Nous fûmes invités à déjeuner à la table seigneuriale.

Je passais mon temps à réfléchir et à me demander quel objet je pourrais dérober pour prouver, ne serait-ce qu'à moi-même, que je n'étais pas victime d'une hallucination, et que j'étais bien dans la réalité du XIVe siècle. Je me dis que ça ne servirait à rien car l'objet disparaîtrait dès que je serais de retour dans la réalité du XXe siècle. Puis l'angoisse me prit. Et si on ne pouvait pas revenir ? J'aurai l'air malin avec ma R8 sur les chemins du Moyen Âge ! C'était un coup à finir sur le bûcher... Mon compagnon n'avait pas l'air de se tracasser, je m'abandonnai à la confiance.

Au dessert il y avait, parmi d'autres fruits, des prunes. L'idée me vint d'en manger et d'avaler les noyaux. Peut être que ceux-ci ne disparaîtront pas à l'intérieur du corps ?

Dans l'après midi, mon compagnon prit congé de nos hôtes. Je le suivis. Nous reprîmes le chemin de terre de l'allée. Je constatais que les pneus et le bas de la carrosserie de ma voiture étaient couverts d'une sorte de terre glaise rouge. Et dire que je venais de la nettoyer !

D'un seul coup, nous reparûmes dans l'époque moderne. Je retrouvais avec plaisir le contact d'une route goudronnée. Il n'y a vait plus personne sur le siège passager, mon visiteur s'était volatilisé. J'arrêtais la voiture pour voir les pneus. Je n'avais pas rêvé puisque la terre du XIVe siècle n'avait pas disparue, je regrettais de ne pas avoir pris un objet d'époque qui ne se serait peut-être pas volatilisé.

Le lendemain, par les voies naturelles, je trouvais avec satisfaction les noyaux de prunes. Je n'avais pas pu les manger avant de partir, car ce n'était pas la saison, il n'y en avait pas à la vente, ce que me confirma mon entourage. Je n'étais donc pas fou. J'avais voyagé dans le passé. C'était fantastique mais incroyable, mais peut-être valait-il mieux que je n'en parle pas trop pour éviter d'être interné ! »

Il me faut préciser que mon visiteur du temps ne vieillit pas, il est exactement le même qu'il y a vingt-cinq ans.

Il y a quatre ans que je ne l'ai pas vu, peut être sa prochaine visite est-elle proche ?

Autre voyage dans le temps

Voici une autre aventure qui est arrivé au Dr X. :

«Près de mon village, il y a un cimetière que je connais depuis mon enfance. Bien sûr, il a été agrandi plusieurs fois depuis quelques décennies.

Un jour, je me suis rendu à pied à ce cimetière. Il faisait très chaud et tout à coup j'ai eu un étourdissement. Je pensais qu'il était dû à la chaleur. Je m'arrêtais au bord de la route et j'ai eu l'impression de "tomber dans les pommes". Et puis tout rentra dans l'ordre, j'étais à nouveau frais comme un gardon... le problème c'est que la route sur laquelle je marchais avait disparu. J'avais devant les yeux une route en terre, au bout de laquelle j'aperçus un vieux cimetière, celui que je connaissais dans mon enfance, *avant les agrandissements.* C'était impensable ! Il y avait, sur ma droite, un petit chemin qui descendait vers le village, je décidais de le prendre. Comme j'étais situé en hauteur, je vis beaucoup de vieux toits et de vieilles maisons comme il y avait avant la guerre de 1940. C'était incompréhensible, de nos jours les vieilles maisons ont été retapées, et de magnifiques demeures ont été construites. C'est alors que je dirigeais mon regard vers le bas du chemin... et j'eus un choc ! Je vis mon grand-père en train de monter péniblement la pente, avec son éternel mouchoir tenu sous son chapeau pour protéger sa nuque du soleil. Ma grand-mère était accrochée à son bras. Ils levèrent la tête. Ils m'aperçurent et s'arrêtèrent. Je vis dans leur regard l'incompréhension, la stupéfaction, peut être la peur. Ils ne pouvaient pas me reconnaître, j'ai trop changé, trop vieilli depuis cette époque. Ca ne pouvait être que ma tenue vestimentaire anachronique qui les dérangeait. A moins qu'ils aient perçu un air de ressemblance avec le gamin que j'étais alors ?

Ils ont repris leur ascension. Quand ils approchèrent de moi, je me mis sur le côté, ils ne me quittèrent pas des yeux. Nous n'échangeâmes aucune parole, j'en aurais été incapable. Je restais cloué sur place, pétrifié. Si je n'avais pas vécu tant d'aventures, cela m'aurait paru impossible. Maintenant ils s'éloignaient sur la route en terre où j'étais tout à l'heure. Ils se dirigaient vers le cimetière, certainement vers une tombe de mes aïeux. Je m'engageais sur la route afin de les suivre, mais j'avais beau accélérer le pas, ils s'éloignaient de plus en plus, ou alors c'est moi qui reculais.

En fait, je revenais dans la période actuelle. Je me retrouvais subitement au milieu de la route goudronnée, une voiture était sur le point de me percuter, le conducteur klaxonna furieusement et freina à mort, sans me toucher. Il sortit de l'auto pour m'enguirlander, mais il me reconnut, c'était un de mes amis. Il me demanda ce que je faisais au milieu de la route. Que lui répondre ? Je lui dis que j'avais eu un coup de chaleur, et que je ne savais plus ou j'étais.

J'étais de retour dans le monde moderne.

Un voyage à Paris

Une autre fois, par une belle journée ensoleillée, ma femme me demanda si je pouvais rentrer la voiture dans le garage pour éviter qu'elle ne se transforme en fournaise. Des amis devaient venir prendre le café et j'avais le temps de faire la manœuvre. Je descendis l'escalier de la cour et me dirigeais vers mon véhicule, lorsque... le téléphone sonna dans la maison. Mon épouse décrocha. A l'autre bout du fil, c'était moi qui lui parlais !

Elle demanda : « Qu'est-ce que tu fais au téléphone, tu étais parti ranger la voiture, où es-tu ?... »

Ma voix lui répondit tranquillement que j'étais à Paris, dans une chambre d'hôtel.

Je vous laisse imaginer la tête de ma femme.

« Mais nos amis sont arrivés, qu'est-ce que je leur dis ? »

– « Tu leur dis que j'ai été obligé de partir ! »

- « Comment peux-tu être à Paris, étant donné que tu étais ici il y a deux minutes ? »

Que pouvais-je lui répondre ? Je ne connais pas la réponse moi-même. Cette fois-ci, j'étais resté dans l'époque moderne mais j'avais fait un saut dans l'espace ! Le soir, ne me voyant pas rentrer, ma femme est allée se réfugier dans la famille. Dans la nuit, je me suis rematérialisé dans la cour de ma maison. Il ne faut certes pas chercher à comprendre, mais j'aimerai bien savoir quel but poursuivent ceux qui me font faire ces voyages ?

Une étrange boule

Un autre jour, je vis une grosse boule noire reposant sur la terre, pas loin de chez moi. Je me demandais ce que ça pouvait bien être ? Curieux de nature, je m'approchai. Cela faisait penser à une énorme boule de pétanque de couleur mate.

Arrivé tout près, l'objet semblant inerte et n'émettant aucun bruit, j'approchai la main pour le toucher. Immédiatement, une décharge d'énergie ou d'électricité atteignit mon bras. Je reculai d'un bond et décidai de m'éloigner.

Je regardai si je n'étais pas blessé. Rien, aucune trace... mais ma montre avait fondu. Il ne restait que le bracelet et le boîtier déformé. Il n'y avait plus de verre, plus rien à l'intérieur. Je n'étais pas content car, huit jours avant, j'avais donné cette montre à mon horloger pour réparer le verre qui était cassé. Il venait de me la rendre comme neuve !

J'appelai Aimé Michel auquel je racontai ce qui venait de se passer. Il ne fut pas étonné outre mesure. Comme tous les ufologues expérimentés, il avait tellement entendu de témoignages, réels ou bidons, qu'il gardait son calme. Il me dit de mettre la montre à un endroit où personne ne pourrait la toucher. Je décidai de mettre ce qu'il en restait dans une soupière ancienne qui ornait la table de la salle à manger. Aimé me dit qu'il allait venir l'examiner le plus rapidement possible.

La nuit suivante, je fus réveillé par un bruit au rez-de-chaussée. Je ne sais pas pourquoi, mais je pensai immédiatement à la montre. Je descendis les escaliers quatre à quatre, et allai regarder dans la soupière qui n'avait pas bougé de place. Par contre, la montre avait disparu. Personne n'avait pu entrer, tout était fermé et tout le monde dormait dans la maison.

Le matin suivant, j'appelai Aimé Michel pour lui raconter les faits et lui dire de ne pas se déranger.

Tous les jours, je regardais dans la soupière. Un matin, stupéfait, je retrouvai ma montre posée dans le fond. Chose incroyable, elle était comme neuve, elle avait été réparée, elle était dans le même état que lorsque je l'avais ramenée de chez l'horloger. J'appelai à nouveau Aimé Michel, qui me dit de la reporter à l'horloger, afin de lui demander si elle avait été ouverte... en effet, seuls ces artisans possèdent l'outillage nécessaire pour ouvrir les boîtiers sans les abîmer.

J'inventai une histoire plausible pour que l'horloger ne me croie pas complètement dérangé. Il examina la montre, l'ouvrit et me certifia que personne n'y avait touché depuis qu'il l'avait réparée. Il dit en être certain car, après chaque réparation, avant de refermer le boîtier, il mettait à l'intérieur un petit signe qui lui permettait de voir si quelqu'un d'autre que lui l'avait ouvert. Je le remerciai, remis ma montre au poignet, et repartis avec mon angoissant secret. La boule noire avait disparu depuis longtemps ! »

Tout cela prouve qu'une intelligence manipule ce que nous appelons le temps. Quant à l'affaire de la montre, on peut imaginer qu'elle a fait une régression dans le temps d'une quinzaine de jours et qu'elle est revenue telle que l'horloger l'avait réparée, ou encore qu' "ils" ont déposé cette montre pour réparation chez ce même artisan, sans explication, mais en agissant sur le cerveau de ce brave homme pour qu'il fasse les gestes nécessaires, sans en garder la moindre parcelle de mémoire...

AIP FRANCE

RAC 1-37
95 02 02

CENTRE NATIONAL D'ÉTUDES SPATIALES
Groupe d'Études des Recherches Aérospatiaux Non-Identifiés

FORMULAIRE DE COMPTE RENDU / *STATEMENT*

Formulaire à utiliser par les pilotes désirant adresser des comptes rendus d'observations de phénomènes aéropatiaux non-identifiés, et par les agents des organismes de contrôle de la circulation aérienne qui constatent ou reçoivent de tels comptes rendus par téléphone, télétype ou radio.

Statement to be use by pilots intending to transmit observation report of unidentified airspace phenomena and by operator report of unidentified airspace phenomare and by operators in Air Traffic Control Centers who state or receive these reports by telephone, teletype or radio.

A	PILOTE (*) ☐ *Pilot*	CONTROLEUR (*) ☐ *Controller*
B	Grade, nom prénoms / *grade.name*	
C	Compagnie ou service de *Company or flight control center* Adresse *Address*	
D	Identification appareil *aircraft identification*	
E	Type	
F	Indicatif d'appel *call or flight number*	
G	Aérodrome départ *departure airport*	
H	Destination	
I	Position estimée et cap au début de l'observation *Estimated position and cause at the beginning of the observation*	
J	Date et heure TU au début de l'observation (Zoulou Time) *Date and time UTC at the beginning of the observation (Zoulou time)*	
K	Altitude/Calage altimétrique au début de l'observation *Altitude/Altimeter setting at the beginning of the observation (flight level)*	... m/ft Vol horizontal (flight) ☐ / Montée (Up) ☐ / Descente (Down) ☐ — *Calage altimétrique* / *Altimeter setting* / *... hPa/QFE/QNH/1013,2 hPa*
L	Type de plan de vol *Type of flight plan*	IFR ☐ VFR ☐

(*) Rayer la mentions inutiles
Suite du Compte rendu au verso
(*) Delete where inapplicable

FRANCE © SIA

Formulaire de compte rendu
destiné aux pilotes ayant observé
des phénomènes aériens non identifiés.

RÉPUBLIQUE FRANÇAISE

MINISTÈRE DE LA DÉFENSE

DIRECTION GÉNÉRALE DE LA GENDARMERIE NATIONALE

Sous-Direction Organisation Emploi

Bureau défense opérations

35, Rue Saint-Didier, 75775 PARIS CEDEX 16
Télex : DIRGEND
Téléph. :
Poste :

N°

– 24 AOUT 88

Monsieur,

Par lettre du 5 août 1988, vous me demandez si le décret ou texte de loi faisant obligation à la gendarmerie nationale de communiquer tout procès-verbal relatif à un objet volant non-identifié au groupe d'études des phénomènes aérospatiaux non-identifiés (GEPAN), est toujours en vigueur.

J'ai l'honneur de vous faire connaître que :

- l'information du GEPAN par les unités de gendarmerie résulte non pas d'un texte de loi ou d'un décret mais d'une entente directe réalisée en 1975 entre le ministre de l'industrie et de la recherche et celui de la défense.

- les dispositions prises à cette époque n'ont pas été abrogées et restent en conséquence toujours appliquées par la gendarmerie qui transmet au GEPAN copie des procès-verbaux relatifs aux observations d'OVNI.

- la gendarmerie ne procède pas pour sa part à des investigations particulières : le GEPAN prévenu de toute observation dépêche éventuellement sur les lieux une équipe de scientifiques pour des recherches plus approfondies.

Veuillez agréer, Monsieur, l'expression de mes sentiments distingués.

Directeur Général de la Gendarmerie Nationale
Par ordre, le Général
Sous-Directeur de l'Organisation et de l'Emploi

MINISTÈRE DE LA DÉFENSE N° 166

Interrogée en 1988 sur la nature précise de ses relations avec le *Groupe d'Étude des Phénomènes Aérospatiaux Non Identifiés,* la Direction de la Gendarmerie précisait dans ce document, le caractère de ces rapports. Aujourd'hui, l'entente directe entre le ministère de la Recherche et celui de la Défense concerne le SEPRA.

MINISTÈRE
DE LA DÉFENSE NATIONALE

LE MINISTRE

1000 BRUXELLES, le 23-09-1992

Monsieur,

Votre lettre du 22 juillet dernier, par laquelle vous vous enquérez de la situation actuelle à propos des phénomènes, aérospatiaux non identifiés a retenu ma meilleure attention.

Malheureusement, aucune explication n'a été trouvée à ce jour. La nature et l'origine des phénomènes n'ont pas été déterminées. Une hypothèse est cependant à écarter puisque la Force Aérienne Belge a eu l'assurance formelle de la part des autorités américaines qu'il ne s'agissait pas d'un programme expérimental quelconque des Etats-Unis.

Je vous prie de croire, Monsieur, à l'assurance de ma considération distinguée.

L. DELCROIX

Entre 1989 et 1991, la Belgique a connu l'une des vagues d'observations d'ovnis parmi les plus importantes de ces cinquante dernières années. La revue française *Phénoména* interrogea M. Decroix, alors ministre de la Défense Belge qui confirma qu'il ne s'agissait pas d'appareils volants américains, même expérimentaux.

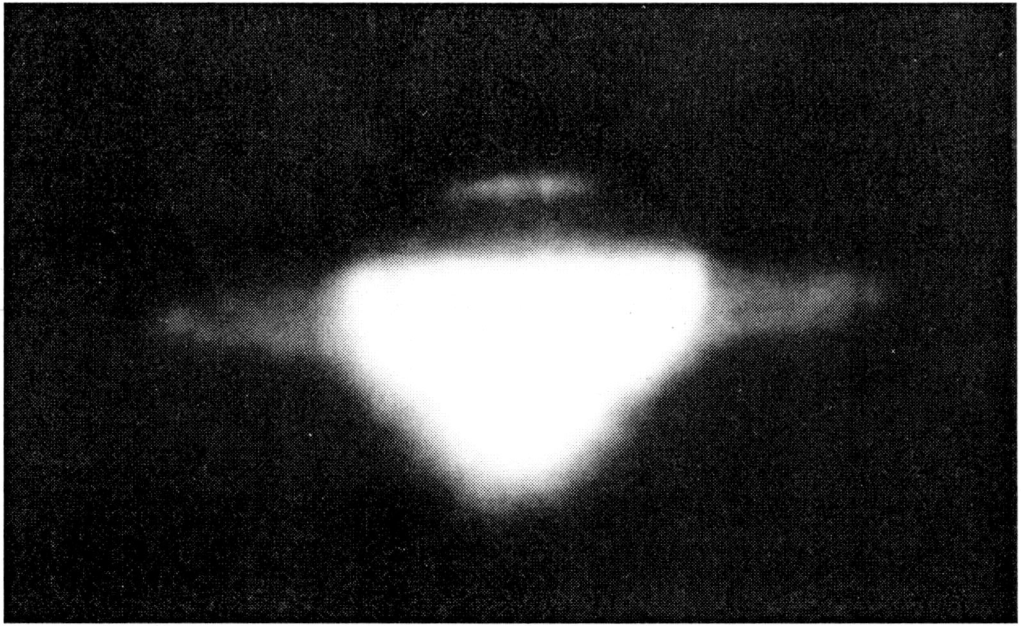

Photo prise par Maurice Chollet, pilote d'Air-France, le 12 juin 1980, dans la région de Shannon, en Irlande.
Le témoignage de ce pilote est consigné dans cet ouvrage.

Représentation du fameux « Chupacabras »
d'après de nombreux témoignages.

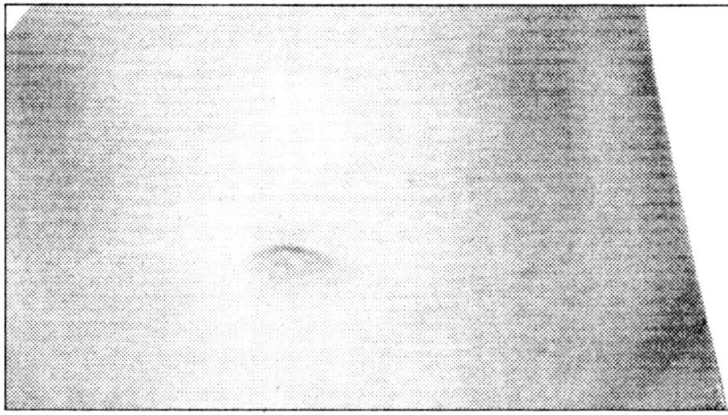

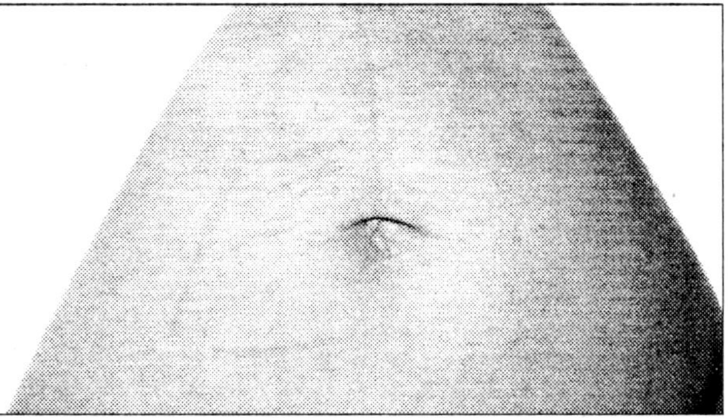

Ci-dessus :Un premier novembre,
le ventre du Dr X. avant l'apparition du triangle

Ci-dessus : Dans l'heure qui suit,
le pourtour du triangle se dessine.

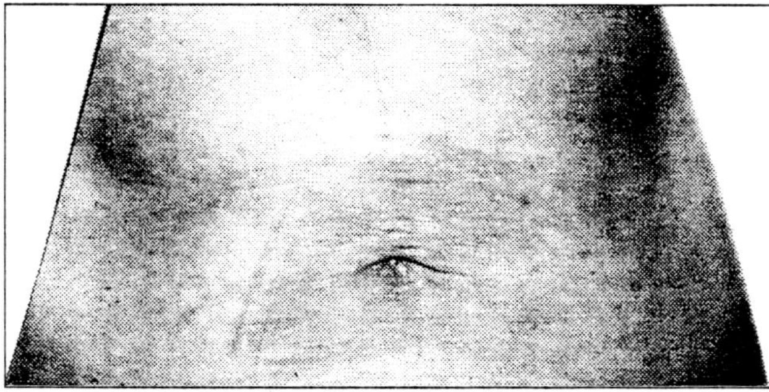

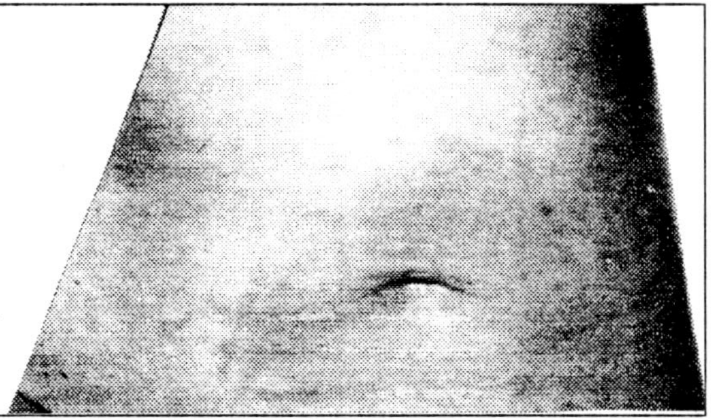

Ci-dessus : Environ une heure pus tard,
le triangle est nettement formé.

Ci-dessus : Après une heure et demie,
le triangle est complètement dessiné autour du nombril.

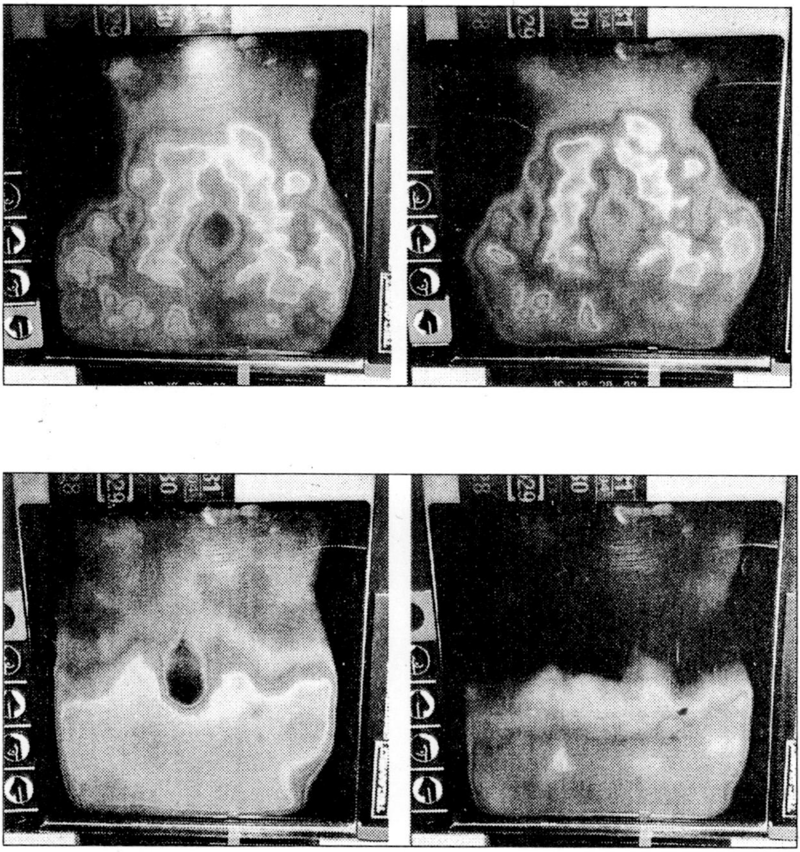

Comme on peut le constater, le triangle apparaît à l'intérieur de l'abdomen du Dr X. quand il était visible sur la peau. (cliché du haut pris le 2 novembre 1984). Il a disparu sur la thermographie du 16 novembre suivant (cliché du dessous) lorsque le triangle a disparu.

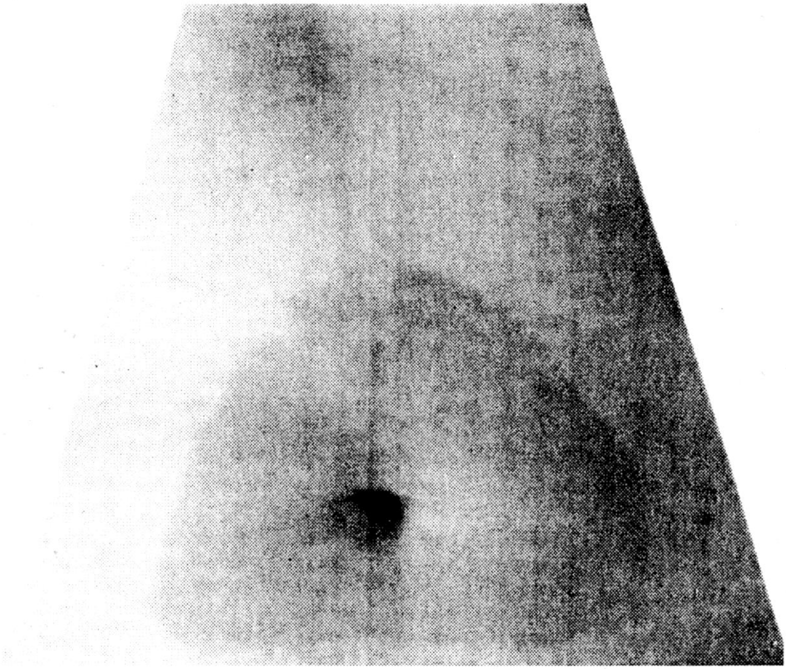

Photographie du triangle prise en plein soleil,
vers midi, huit heures après son apparition
sur l'abdomen du Dr X., le 2 novembre 1984.

VIII.
Des objets insolites

Il arrive que, lors du passage d'un ovni dans le ciel, des témoins voient des objets tomber sur le sol. Il est aussi arrivé que, lors du décollage d'un ovni, celui-ci laisse, sur terre ou accroché dans les branches, des matières ou objets insolites. Parfois même, des gens ramassent par curiosité des objets bizarres alors qu'ils n'ont rien vu de spécial aux alentours ou dans le ciel. Si cela vous arrive, le mieux est de ne pas y toucher et de prévenir au plus vite la Gendarmerie.

Les dangers de manipuler ces déchets sont divers. Citons en particulier les risques de brûlures graves ou, pire, de radiations qui ne sont pas à exclure. Dans le doute, il est donc impératif d'être prudent.

Il en est de même si vous êtes en face d'un engin que vous ne connaissez pas, immobilisé au sol et d'apparence inoffensif. Même si l'idée qu'il puisse s'agir d'un ovni ne vous vient pas à l'esprit, n'approchez pas. Vous risquez de subir de graves lésions corporelles qui n'apparaîtront que beaucoup plus tard, à moins que, comme cela s'est vu à plusieurs reprises, les "occupants" de l'engin vous immobilisent sur place à l'aide d'un rayon lumineux inconnu dont on ne connaît pas les conséquences à long terme sur l'organisme.

Voici quatre exemples illustrant cet appel à la prudence :

1. Près de Washington (USA), six ovnis survolaient l'île Maury. Soudain, l'un d'entre eux, fonça vers la mer et lâcha des objets qui s'éparpillèrent dans l'eau et sur la plage. Au contact de l'eau, cette matière provoqua un nuage de vapeur, il s'agissait donc d'une matière très chaude. Des témoins ramassèrent des morceaux d'une sorte de métal ressemblant à du mâchefer.

Ces débris furent remis à deux officiers de la *Military Intelligence* venus spécialement sur les lieux à bord d'un B29 de l'Air Force. Ces membres des services secrets repartirent dans le même avion avec le "mâchefer" insolite. Peu de temps après le décollage, l'avion s'écrasa dans l'état de Washington. Il n'y eut aucun survivant. Un banal accident d'avion peut-être, mais comment expliquer que, parmi les débris de l'avion, aucun fragment du "mâchefer" ne fut retrouvé, alors que le but prioritaire des enquêteurs militaires était de les saisir au plus vite ? Que se cachait-il sous cet innocent aspect de "mâchefer" ? Une force inconnue est-elle venue récupérer en vol cette matière ?

2. En Floride, quatre scouts et leur chef, âgé de trente ans, faisaient une marche de nuit. Au moment où ils allaient entrer dans une forêt de palmiers, ils aperçurent six lumières ressemblant à des hublots d'avions qui plongeaient dans la palmeraie.

Pensant qu'un avion venait de tomber, ils entreprirent immédiatement des recherches. Après quelques centaines de mètres, leur surprise fut énorme quand ils virent les six lumières immobiles sur la cime des arbres, ce qui est impossible lors d'un accident d'avion.

Le chef scout, armé d'une lanterne et d'une machette, se dirigea seul vers ces lumières insolites, ordonnant aux trois autres de prévenir le shérif s'il n'était pas revenu au bout de dix minutes. Ce qu'ils firent. Mais alors qu'ils expliquaient le déroulement des événements, le chef scout apparut, tremblant, pâle et balbutiant : « J'arrive, j'arrive... »

Son bras gauche était plein de sang et profondément brûlé. Son blouson était troué à plusieurs endroits, ses cheveux étaient roussis. Il raconta qu'après avoir marché pendant deux-cents mètres, il s'était retrouvé dans une clairière avec l'impression qu'il n'était pas seul. Soudain, la chaleur devint étouffante, il leva la tête et fut très étonné de ne plus voir les étoiles. Il alluma sa lanterne et la dirigea vers le ciel. Là, stupéfait, à un mètre au-dessus de lui, il découvrit une surface métallique grisâtre. Il n'eut qu'une envie : fuir. Il se déplaça lentement pour ne pas faire de bruit. Il arriva aux bords de l'engin et se retrouva à l'air libre. À côté de lui, stationnant sans toucher terre, à un mètre de hauteur, il y avait un immense disque d'une dizaine de mètres de diamètre, avec sur le dessus une sorte de dôme. Aucune lumière ne se dégageait de l'objet.

Tout à coup l'engin bascula doucement, son bord touchant presque le sol. Dans le dôme en forme de demi-sphère, il vit nettement une partie qui s'ouvrait. Ce fut la panique, une créature apparut, et une boule de feu se précipita sur lui. Elle flottait dans l'air et l'enveloppait entièrement. Une odeur épouvantable s'en dégageait et lui piquait la gorge. Il essaya de se protéger le visage avec les bras, mais tout devint noir et il perdit connaissance. Lorsqu'il revint à lui, l'engin était parti. Il était étourdi et ses membres le faisaient souffrir.

Il se releva, marcha en titubant, il voulait retrouver les jeunes scouts qu'il avait laissés sur le bord de la forêt. Il déclara par la suite aux policiers qu'il était surpris d'être encore en vie.

Dans la clairière où il disait être tombé, on ne retrouva que l'empreinte de son coude sur le sol. Sa casquette portant des traces de brûlures fut confisquée par les services secrets de l'Air Force arrivés de la base voisine. Il fut examiné avec la plus grande attention par les médecins de la base, mais jamais aucune explication ne lui fut donnée.

On aimerait savoir si le témoin a accepté, depuis cette époque, de parler sous hypnose, car on ne sait certainement pas tout de cette aventure, sauf... du danger de se trouver au contact direct d'un ovni !

3. Monsieur Ocampo voyageait dans sa voiture, il était environ quatre heures du matin. Il aperçut, posé sur la route, à trois cents mètres de distance, un immense disque plus large que la route qui émettait une lumière verte légèrement teintée de bleu. Il continua d'avancer pour observer le phénomène de plus près, mais l'engin s'éleva immédiatement dans les airs à une vitesse fantastique, puis partit à angle droit pour finalement disparaître à l'horizon.

Voyant un objet qui brillait sur la route à l'endroit où s'était posé l'ovni, M. Ocampo, s'approcha, descendit de voiture et vit dans les phares de son auto une masse métallique qui scintillait. Il toucha l'objet avec prudence, craignant qu'il soit brûlant. En fait, il fut surpris de constater qu'il était glacé. L'objet ressemblait à une sorte d'enclume ou à un énorme presse-papiers.

Le témoin prit le bloc de métal et le mit dans sa voiture. Il fut remis aux laboratoires de l'armée de l'Air, puis ensuite à ceux de la Marine. Le résultat officiel conclut qu'il s'agissait d'un métal inconnu.

Il est possible que le métal soit inconnu, mais il est aussi possible qu'il s'agissait d'un alliage que la métallurgie terrestre ne sait pas encore fabriquer. Pourquoi un vaisseau aussi sophistiqué qu'un ovni a-t-il pu oublier cet objet sur la route ? Un ufologue penserait qu'il a été laissé là volontairement ! Il n'est rien arrivé à ce témoin, mais rien ne nous prouve que tous les résultats de laboratoire ont été divulgués.

4. Près de Sao Paulo, au Brésil, Monsieur Dos Santos, veilleur de nuit, rentrait chez lui vers cinq heures du matin. Il découvrit dans la cour de sa maison une masse métallique en partie enterrée dans le sol. Sa couleur était grise et son poids, d'après le témoin, correspondait à celui d'une batterie de voiture. Il n'y avait aucune soudure visible, aucun rivet. Sa surface était lisse comme un objet chromé. Ce cylindre était gros comme les bidons de lait que l'on voyait autrefois devant les fermes. À chaque extrémité du cylindre, il y avait des cadrans ressemblant à des manomètres, avec une aiguille noire et une autre rouge et aussi des sortes de chiffres gravés et des caractères incompréhensibles.

M. Dos Santos, qui avait hâte d'aller se coucher, emporta le cylindre dans sa maison. Son épouse, plus prudente que lui, craignant qu'il puisse s'agir d'une bombe à retardement, lui demanda de le remettre dehors. Pour ne pas faire d'histoires, avant de se coucher, il mit l'engin inconnu sur le rebord de la fenêtre de la salle de bain. Le soir, ayant complètement oublié son étrange trouvaille, il partit travailler comme d'habitude. Sa femme étant enceinte, il repassa chez lui vers une heure du matin pour voir si elle allait bien.

En arrivant, quelle ne fut pas sa surprise de voir toutes les pièces de la maison éclairées, toutes les portes et fenêtres grandes ouvertes, ce qui, à cette heure tardive, n'était pas normal. À l'extérieur, dans la cour, il vit son épouse, son jeune fils et ses voisins en proie à une vive agitation. Son épouse lui raconta le cauchemar qu'ils venaient de vivre.

Alors qu'elle dormait, elle avait entendu très nettement une sorte de gros bourdonnement qui la réveilla. Il faisait une chaleur étouffante alors que dehors il faisait très froid. Se levant, elle vit une intense lumière bleuâtre qui provenait de la salle de bain. Elle était si effrayée qu'elle appela ses voisins. À peine ceux-ci étaient-ils arrivés dans la cour, voyant cette lumière intense et entendant ce bruit bizarre, qu'un fracas énorme se fit entendre, leur faisant penser qu'une partie du toit s'écroulait. Immédiatement après la chaleur, la lumière et le bruit avaient disparu.

Dos Santos entra dans la maison. Ce que personne n'avait osé faire. Dans la salle de bain, des tuiles cassées étaient répandues sur le plancher, le cylindre posé sur le rebord de la fenêtre avait disparu et au plafond il y avait un énorme trou, par lequel le cylindre avait dû "s'envoler".

Soit l'objet cylindrique, qui n'était pas aussi innocent que son aspect pouvait le faire penser, avait quitté la pièce par ses propres moyens, en trouant le toit au passage, soit, il fut récupéré de l'extérieur par un procédé et par une force inconnue ! On ne peut en dire plus mais ceci est la preuve qu'un objet ramassé et qui paraît inoffensif peut s'avérer par la suite extrêmement dangereux !

IX.
Les différents aspects physiques des « extraterrestres »

On a dénombré des dizaines de catégories d'ovnis, de tailles et de formes différentes. Ce qui est curieux, c'est que leurs occupants peuvent également être classifiés dans de nombreuses catégories. Si nous restons dans notre schéma d'analyse antropomorphique, nous en concluons que les ovnis et leurs occupants sont d'aspects différents, tout simplement parce qu'ils viennent de planètes différentes.

L'expérience nous a fait comprendre que notre façon terrienne, on pourrait dire "terre à terre", d'analyser les choses n'est pas applicable à l'intelligence qui supervise ces vaisseaux volants.

Nous ne pouvons pas affirmer qu'ils viennent d'endroits différents, mais nous savons qu'ils peuvent prendre les apparences qu'ils veulent. Il n'est pas rare que, sous nos yeux, nous voyons des engins circulaires devenir subitement triangulaires, puis se transformer en boules de feu ou suivre la mutation inverse. Il nous est impossible de comprendre ce processus, mais nous savons qu'il se produit.

Pour en revenir aux occupants de ces mystérieux engins, différents types d'humanoïdes ont été observés au sol par différents témoins en différents endroits de la planète. En voici une classification arbitraire mais synthétique.

Aliens du premier type

Ces visiteurs ont l'apparence extérieure des êtres humains normaux. Tous les témoignages concordent. Leur taille est d'environ un mètre soixante-dix. Parfois un peu plus. Ils ont des cheveux blonds, courts pour les hommes ou descendant sur les épaules pour les femmes. Cette notion de sexe est très subjective, puisqu'il semble que ce soit surtout la longueur de la chevelure qui ait permis cette classification. La couleur de leur peau va du clair au brun foncé, détail que l'on rencontre sur terre selon le lieu où l'on se trouve.

Les vêtements font penser à des combinaisons semblables à celles de nos plongeurs sous-marins ou, plus classiquement, à des uniformes de couleur kaki ou très brillante. Parfois, ils ont une sorte de capuchon sur la tête. Aux pieds, ils ont des bottes s'arrêtant à mi-mollet.

Ils ne parlent pas toujours au témoin mais, quand ils le font, c'est dans sa langue maternelle. Ils se servent aussi parfois de la communication télépathique. On a observé beaucoup plus d'hommes que de femmes. C'est le seul type de visiteurs où, d'après les témoignages, la notion de sexe apparaît à cause de la longueur des cheveux.

Il y a aussi une variante due à la taille qui peut aller de un mètre soixante-dix à deux mètres.

Dans ce cas, leur crâne est chauve ou invisible car, comme pour les plongeurs, seul le visage est visible. La peau peut être de couleur jaune. Les vêtements sont collants et comportent une sorte de ceinture. Selon les cas, les témoins les décrivent comme amicaux ou agressifs. Il leur arrive de diriger vers le témoin une arme en forme de tube qui envoie un rayon lumineux, brûlant et paralysant, empêchant tout mouvement.

Il est à remarquer que, quel que soit l'endroit, quelle que soit l'époque, c'est toujours la même sorte de tube envoyant un rayon lumineux qui est décrit, avec toujours le même objectif : paralyser momentanément le témoin. Le tube est parfois, mais rarement, remplacé par une boule.

Lorsque la taille de ces personnages dépasse deux mètres, leur peau est très blanche ou verdâtre. Dans ce cas, le vêtement est couvert de petites plaques lumineuses ressemblant à des écailles argentées. Ils tiennent dans la main une boule lumineuse servant à émettre un rayon paralysant.

Dans certains cas, peu nombreux, les témoins disent avoir vu l'alien lever la main, sans se servir de boule ni de tube, et se sentir immédiatement paralysé. Il y a eu aussi, dans cette variante, des communications dans la langue du témoin.

Aliens du second type

Les visiteurs de cette espèce ont aussi les caractéristiques physiques de la race humaine, mais ils sont de petite taille, variant de un mètre à un mètre vingt, et ressemblent à des enfants. Leurs yeux sont légèrement obliques, la peau est rosée ou blanche. Ils portent une sorte d'uniforme bleu ou gris verdâtre. Les vêtements de ces visiteurs sont en général très serrés sur le corps, avec une bande blanche brillante sur la poitrine. Ils ont sur la tête un casque, parfois une sorte de casquette ou encore ils sont tête nue.

Le plus souvent, ils ont une attitude de fuite. En cas de besoin, ils utilisent le fameux petit tube à lumière paralysante. Parfois, ils dialoguent dans la langue du témoin, mais le plus souvent, il n'y a pas de communication.

Une variante dans ce second type a pour différence la couleur de la peau, qui est noire ou très foncée. Leur vêtement est une combinaison noire collante. On ne signale pas d'utilisation d'arme. Une autre variante chez ces petits aliens est la couleur verte de leur peau. La taille semble alors plus petite que celle des autres. Le visage est plus allongé. L'attitude est décrite comme agressive car il y aurait eu des tentatives de rapt. Ils n'utilisent pas d'armes et n'entretiennent pas de dialogue avec les terriens.

Ces observations d'extraterrestres du premier et second type ont été faites en Italie, en Angleterre, en Argentine, aux États-Unis, au Danemark, au Brésil, au Canada et en France.

Aliens du troisième type

Ces visiteurs ont forme humaine. On les reconnaît à leur abondante chevelure blonde tombant jusqu'aux épaules. Le visage est jeune, les yeux légèrement obliques, la peau rosée ou blanche. Ils donnent l'impression d'être de constitution physique très robuste, comme des athlètes. Leur combinaison, avec une ceinture à la taille, est de couleur marron foncée. Avec eux, aucun cas d'agression n'a été signalé, pas même l'utilisation de tube à rayon. Ils ne semblent pas craindre notre contact et ont communiqué dans la langue du témoin.

Il y a deux variantes dans ce type :

La première est de petite taille : un mètre vingt à un mètre cinquante. La chevelure, blonde ou brune, tombe jusqu'aux épaules. Le visage, d'aspect humain, possède un menton proéminent. La peau est blanche. Ils portent la même combinaison avec large ceinture à la taille. En général, lorsqu'ils sont au sol, ils semblent ne pas s'intéresser aux humains, sauf s'ils s'approchent trop, ce qui entraîne, dans ce cas, l'utilisation du tube à lumière paralysante. Il semble que ces visiteurs préfèrent le dialogue par télépathie.

La seconde variante a pour caractéristique une grande taille : deux mètres ou plus. La longue chevelure blonde est toujours là avec la peau blanche et le robuste corps d'athlète. Un témoin a eu l'impression que les combinaisons étaient en caoutchouc. Un autre certifie que les visiteurs étaient pieds nus, ce qui lui aurait permis de nettement voir la forme de leurs doigts de pied. L'attitude à l'égard des témoins semble être l'indifférence, comme s'ils étaient conscients de leur force. On ne signale pas d'utilisation d'arme et ils fuient le dialogue.

Ces observations ont été faites surtout au Brésil, en Australie et en Argentine. Ceci ne prouve pas qu'il n'y en ait pas eu ailleurs.

Aliens du quatrième type

Nous nous éloignons de la ressemblance avec l'humain. Ces visiteurs ont une taille de un mètre cinquante à un mètre soixante-dix. Leur chevelure est courte et blonde, leur visage semble figé, sans aucune expression, avec des fentes à la place des yeux. Le nez est étroit et pointu. Comme pour les yeux, les témoins ont remarqué une fente à la place de la bouche. La peau est très ridée, comme brûlée. Ils sont habillés d'une sorte de chemise et de pantalon de couleur grisâtre. Sur la tête, ils portent une casquette plate. Ils semblent généralement observer les témoins, comme s'ils voulaient connaître l'attitude des humains à leur égard. Ils ne semblent pas disposer d'armes et ne paraissent pas avides des dialogues.

Il y a deux variantes connues dans ce type :

La taille caractérise la première. Elle varie de quatre-vingt dix centimètres à un mètre vingt. Dans ce cas, la tête ressemble à celle d'un très grand vieillard chauve d'apparence quasi-humaine. Les yeux sont ronds, la bouche consiste en une fente et les oreilles sont grandes. La peau est très ridée, de couleur blanche ou jaunâtre. Le corps semble normal et bien proportionné. Le vêtement gris ou vert collent au corps. Dans certains cas, l'attitude parait amicale, dans d'autres hostile. On n'a pas signalé d'usage d'armes. Un témoin a signalé avoir eu un dialogue en anglais avec une de ces entités.

La seconde variante présente une tête chauve disproportionnée par rapport au corps, pour une taille identique à la première variante. La peau est aussi très ridée et les yeux presque ronds. Le menton est proéminent, la bouche ressemble à une fente et le nez est pointu. La peau est de couleur noire ou rougeâtre. Les bras semblent trop longs (par rapport à nos critères) et les jambes sont courtes. La combinaison collante, de couleur verdâtre, grise ou bleue, a une ceinture à la taille. On trouve, dans certains témoignages, la tête couverte d'un capuchon ou d'une casquette. Leur attitude est la fuite quand ils découvrent la présence des humains. On ne signale aucun usage d'armes.

Le plus grand nombre de témoignages de ce type provient des États-Unis, du Brésil, du Canada et de la France.

Aliens du cinquième type

Leur caractéristique est de présenter une tête anormalement grosse par rapport au reste du corps.

Une première catégorie est caractérisée par un visage avec des yeux semblables aux nôtres. Ils mesurent de quatre-vingt centimètres à un mètre vingt. Leur grosse tête est chauve, le menton pointu et les pommettes saillantes. Le nez est décrit comme normal. Par contre, la bouche ressemble à un trou sans lèvres. Le torse large est bombé. La peau blanche est lisse. La combinaison est grisâtre ou verdâtre.

Ils ne semblent pas avoir une attitude agressive, sauf dans de rares cas où ils ont braqué un tube de lumière paralysant vers un humain.

Ce que les témoins avouent rarement, c'est qu'ils ont eu, eux-mêmes, au préalable, une attitude pouvant être interprétée comme agressive. En règle générale, ce type, comme beaucoup d'autres, préfère la fuite. Il n'a jamais été fait état de dialogue.

Une seconde variante comporte des énergumènes de quatre-vingt dix centimètres à un mètre quarante avec toujours une grosse tête ronde et chauve, mais cette fois, les yeux sont très gros et ronds. Le nez est pointu, la peau est "normale" ou foncée. La combinaison est la même avec parfois une bande autour de la poitrine. Certains portent un casque cachant le crâne. Plusieurs témoins ont remarqué l'épaisseur des semelles de leurs chaussures.

Il leur est arrivé de se servir de leur "tube" pour paralyser des témoins.

Des témoignages indiquent qu'ils ont dialogué en espagnol. Un autre affirme qu'ils ont essayé de l'enlever.

Ce cinquième type a été observé en Allemagne, au Pérou, aux États-Unis, au Venezuela, en Italie, en Espagne, en Suède et en France.

Aliens du sixième type

Dans ces cas, nous avons l'impression d'être en pleine science-fiction et pourtant de nombreux témoignages concordent pour décrire ce sixième type d'aliens.

Ils mesurent entre quatre-vingt dix centimètres et un mètre vingt. Un seul témoin signale les avoir vus portant un vêtement ressemblant à une grande tunique noire. Dans tous les autres cas, ces individus sont apparus nus, couverts de poils de la tête aux pieds, ce qui ne permettait de ne voir que les yeux, apparemment très grands.

Comme souvent, ils préfèrent la fuite plutôt que le contact avec nos semblables. Certains témoins disent qu'ils avaient un comportement apparemment amical. D'autres disent qu'ils ont fait preuve d'hostilité en braquant vers eux un tube émettant une lumière aveuglante et paralysante. Dans quelques cas, ils se sont adressés au témoin dans une langue inconnue.

Les seules observations que je connaisse ont eu lieu au Venezuela et en France.

Aliens du septième type

Ils sont d'une taille qui varie de un mètre soixante-dix à deux mètres. Une seule fois, un visage fut visible, montrant de gros yeux ronds, très écartés l'un de l'autre, et des sourcils épais. La peau était de couleur verte et tous ont été décrits comme ayant des torses très athlétiques. Ils ont un vêtement collant qui recouvre le corps et la tête, sauf le visage qui, dans presque tous les cas, a été vu portant une sorte de "masque à gaz" cachant le nez et la bouche.

Seul celui de deux mètres de haut semblait tenir à la main le fameux "tube" paralysant, mais il ne s'en servit pas. Les dialogues ont eu lieu en anglais ou en portugais.

On a observé ce type d'alien au Brésil, aux États-Unis, en Australie et en Iran.

Aliens du huitième type

Leur taille varie de quatre-vingt dix centimètres à un mètre vingt. Ils portent un très grand casque apparemment transparent sur la tête, puisque les témoins décrivent leur visage comme blanc ou très foncé et ceci pour un même équipage. Leur vêtement ressemblait à une sorte de scaphandre.

Comme souvent, ils préfèrent la fuite plutôt que le dialogue, mais un témoignage dit qu'ils prononcèrent quelques mots en anglais.

Ils n'avaient pas l'air agressifs et ne portaient pas d'armes.

Une variante porte sur la taille, qui passe de un mètre trente à un mètre soixante, et sur quelques détails vestimentaires.

Lors d'une rencontre, on signale que leur combinaison ressemblait à un scaphandre et enveloppait tout le corps et la tête, laissant apparaître la peau du visage à travers une glace. Cette peau était très ridée et jaunâtre. Deux sortes de lampes brillaient sur leur poitrine. Ils portaient des petites bottes montant à mi-mollet.

Il faut se méfier de ce genre de personnage, car ils ont tous à la main le fameux tube qui, selon les témoins, émet un rayon rouge, provoquant douleur, perte de conscience ou paralysie. Un témoin affirme être tombé à la renverse par le choc du rayon. Il n'y a jamais eu de dialogue. Ils ont une attitude de fuite ou, s'ils restent sur place, il faut s'attendre à être agressé par le rayon. Si cela vous arrive, il ne faut pas hésiter à consulter un hypnotiseur sérieux après vous être rendu dans une gendarmerie pour y déposer votre témoignage.

De nombreuses observations de ce type ont eu lieu en France, en Italie, au Chili, au Brésil, en Allemagne et aux États-Unis

Aliens du neuvième type

Tous ces visiteurs portent une sorte de scaphandre et mesurent entre un mètre quatre-vingt et deux mètres de haut. À travers la glace du casque qu'ils portent sur la tête on peut voir des yeux très enfoncés dans leur orbite. La peau est blanche et ils ont une allure svelte. Parfois, leur vêtement est très brillant. Il est parfois collant. Il n'y a pas de cas signalé d'agression. Seul un témoin dit avoir été aspiré à l'intérieur d'un ovni piloté par ces êtres et ensuite ramené au même endroit.

Plusieurs fois, ces aliens se sont adressés aux témoins dans une langue inconnue. Ce détail, bien qu'ayant déjà été cité, est curieux car avec une technologie apparemment commune, certains aliens parlent n'importe quelle langue terrienne et d'autres semblent se refuser à le faire.

Les observations ont eu lieu en Italie, aux États-Unis, au Brésil, en Bolivie, aux Philippines, en Argentine, en Espagne et en France.

Aliens du dixième type

Leur taille varie de deux mètres à deux mètres cinquante. Ils ont une grosse tête ronde et chauve avec des yeux gros et ronds. Dans certains cas, les jambes sont d'une longueur disproportionnée par rapport au corps. Leur peau est blanche, parfois rouge. Tout le corps est recouvert d'une combinaison transparente qui laisse voir un pantalon et une sorte de maillot d'aspect métallisé. Les témoins décrivent un sac métallique sur le dos, au niveau de la ceinture. Un seul témoin a remarqué la présence du tube paralysant qui n'a pas été utilisé. Un autre témoin dit ne pas avoir compris la langue utilisée par ces géants inconnus.

Ils ont surtout été rencontrés aux États-Unis, en Argentine et au Brésil.

Aliens du onzième type

Comme dans le cas précédent, nous avons affaire à des Aliens de grande taille puisqu'ils mesurent entre deux mètres et deux mètres cinquante. Mais c'est surtout leur œil unique qui a impressionné les témoins ! Cet œil se trouve au milieu du front et semble émettre de la lumière. Bien que la tête semble normale, en fonction de nos critères, il y a de nombreuses variantes décrites par les témoins. Ils n'ont pas remarqué d'oreilles ni de nez. Certains avaient la peau blanche, d'autres rouge et semblaient avoir deux grandes dents pointues sortant de la bouche. Naturellement, cela nous fait penser aux cyclopes de la Mythologie grecque.

La combinaison transparente laisse apparaître des vêtements métallisés. Ils sont généralement chauves. Les casques sont transparents avec, parfois sur le dessus, une sorte d'ampoule qui scintille. Ils ont de petites bottes. Leur allure fait penser à nos astronautes modernes.

Certains témoins ont déclaré avoir essayé d'attraper un de ces aliens. Mais le mouvement de leurs bras fut stoppé immédiatement et leurs mains paralysées, sans cause apparente. Aucun visiteur de ce type n'a fait acte d'agressivité.

Par contre, on peut se demander ce qui passe dans la tête d'un témoin pour oser agresser ce genre de personnage qui parait pour le moins effrayant !

Vu en particulier au Chili, au Brésil et en Argentine.

Aliens du douzième type

Nous sommes en présence de géants de deux mètres cinquante à trois mètres de haut. Ils ont un corps d'allure humaine et sont tous équipés d'une sorte de scaphandre transparent d'aspect métallique mat ou brillant. Ils n'ont jamais utilisé d'arme, leur taille est impressionnante leur faisant peut-être penser qu'ils ne craignent pas d'agression venant des terriens... mais gageons qu'ils sont armés comme les autres.

Aliens du treizième type

Il y a, à ma connaissance, très peu de témoignages concernant ce type. Il s'agit d'humanoïdes d'une taille de quatre-vingt centimètres ressemblant aux humains, avec une longue chevelure blonde et un seul œil très clair au milieu du front. Leur vêtement est couvert de bandes argentées. Ils ne portent pas de casque.

Les témoins n'ont pas vu d'arme et aucun dialogue n'a été signalé.

Aliens du quatorzième type

Leur taille est d'environ un mètre avec une tête de forme humaine portant de grands yeux ronds et une fente à la place de la bouche. Les témoins ont été impressionnés par les oreilles, semblables à celles des chauves-souris. Le corps, apparemment nu, était brillant, semblant recouvert d'une fine combinaison, comme celle des danseurs classiques. Leurs jambes étaient courtes et les bras longs. Les mains semblaient porter des griffes.

Aliens du quinzième type

La taille courante de ces aliens est de un mètre, mais les témoins ont été très impressionnés par le visage qui ressemblait à une tête de grenouille d'une couleur grise. Le coté droit de la poitrine était plus large que le gauche et le bras gauche nettement plus court que le droit. Ils portaient une combinaison collante de couleur grise.

Aliens du seizième type

Ils ont une allure apparemment humaine et sont entièrement recouverts d'une combinaison moulante. Leur tête est cachée par un casque brillant avec une petite antenne sur le dessus. Leur taille est impressionnante puisqu'ils mesurent entre quatre et cinq mètres de hauteur !

Il ne faut pas s'étonner si des témoins, seuls au moment du contact, ont préféré garder le silence afin de ne pas passer pour des affabulateurs. C'est la raison pour laquelle beaucoup de témoignages ont été faits par des personnes accompagnées.

Équipages d'Aliens de différents types

Un atterrissage survenu en France, le 18 octobre 1954, au Vezenay, a montré des visiteurs du premier type (hauteur : un mètre soixante-dix) accompagnés de visiteurs du second type (hauteur : un mètre) ressemblant aux premiers.

Il y a eu aussi des équipages du troisième type (un mètre vingt cheveux longs et blonds) avec des visiteurs du même type mais mesurant deux mètres de haut.

On trouve également des témoignages de visiteurs du huitième type (un mètre trente à un mètre soixante et scaphandre) accompagnant des visiteurs du neuvième type (deux mètres et scaphandre).

Je n'ai pris en compte que les témoignages les plus courants, mais il y en a beaucoup plus. On a dénombré de cinquante à soixante types d'aliens différents observés au sol ! La plupart du temps, ces créatures n'ont été vues que dans quelques cas, parfois un seul.

Leurs descriptions font souvent penser à des sortes de robots à la démarche incertaine, à l'allure et à l'aspect non-humain. D'autres ressemblent à des types déjà décrits mais avec des détails divergents. Par exemple de la barbe au menton ou des clignotants sur le casque...

Ces témoignages recueillis sur toute la planète ont permis d'établir cette classification.

Avec les années, la loi des probabilités nous amène à penser que ces témoignages ne peuvent être que véridiques même si les observations ont été faites par des personnes stressées et choquées par de telles rencontres bien éloignées de notre réalité.

La majorité des observations fait ressortir que la plupart des humanoïdes descendus de leur ovni ont une apparence humaine ou relativement proche. Mais on signale également des observations non humaines qui, bien que minoritaires, posent encore plus de problème. En voici quelques exemples :

En France, on a vu un être d'aspect brillant ayant la forme d'un gros morceau de sucre, fendu dans le bas, comme pour marquer la présence de jambes. Un individu était-il à l'intérieur ou était-ce un robot ?

En Australie, un être d'environ cinq mètres de haut, d'aspect mou et caoutchouteux, très gros, avec bras et jambes de couleur violette a été signalé.

Aux États-Unis on a vu de petits êtres de quinze centimètres de haut. Ils ressemblaient à des sortes de cylindres qui marchaient sur deux petites nageoires. Les bras et les jambes avaient l'aspect d'allumettes. On a également signalé dans ce pays des êtres de un mètre de haut ressemblant à des fantômes. Les témoins disent avoir distingué de grands yeux et une grande bouche au milieu d'un masse floconneuse semblable à un épais brouillard. Une photographie a même été prise par un témoin.

Toujours aux États-Unis on a signalé un être d'environ un mètre de haut avec une tête carrée, sans yeux, ni nez, ni bouche. Le corps ressemblait à une cloche, sans bras ni jambe.

En Italie, c'est un être de un mètre de haut, portant une sorte de scaphandre avec des ailes ou des ailerons à la place des bras que des témoins ont observé.

Au Brésil, on a signalé un être de un mètre de haut environ. Son aspect faisait penser à une sorte de ballon avec une petite tête, de petits bras et de petites jambes. Il portait des vêtement lumineux.

En Angleterre on a rencontré un être de un mètre quatre-vingts de haut, de couleur noire, sans tête. Le témoin a vu, sur les côtés, de grandes ailes ressemblant à celles des chauves-souris.

Certaines formes physiques semblent tellement absurdes, qu'on peut se demander si l'intelligence qui dirige le phénomène ovni n'essaie pas de nous manipuler en nous envoyant, pour une raison inconnue, des êtres aux formes les plus fantaisistes afin de tester la réaction des témoins et des humains en général.

Les ufologues se demandent pourquoi nous sommes témoins d'atterrissages d'une cinquantaine de types d'êtres aussi différents qui donnent l'impression de ne pas se connaître, de faire chacun leur besogne en s'ignorant, alors qu'ils disposent tous de la même technologie. Or, il est pratiquement inenvisageable que cinquante civilisations différentes viennent nous visiter en même temps. Faut-il penser qu'il existe, quelque part dans l'espace, une confédération de planètes poursuivant le même but ? Ceci expliquerait des types d'engins aux formes différentes mais aux modes de propulsion et aux performances identiques.

Bien des suppositions sont possibles.

Analyse des rencontres du troisième type

Les témoins visuels d'ovnis font ressortir qu'il existe différentes formes d'engins inconnus se déplaçant dans le ciel ainsi que sous la mer.

Beaucoup de témoignages font état de masses métalliques circulaires ou en forme de cigares. Les radars au sol les observent parfois avant qu'elles disparaissent d'un seul coup ou progressivement. Ces vaisseaux spatiaux semblent donc avoir la capacité de se matérialiser ou de se dématérialiser à volonté, de passer de l'état métallique à l'état gazeux, de devenir une boules de lumière ou de plasma.

Les ovnis ont-ils la possibilité de passer de notre espace à trois dimensions dans un autre espace à quatre, voire cinq dimensions ou plus ? Ont-ils maîtrisé les lois de la physique à un point que nous ne soupçonnons pas ?

Au delà de la rencontre du troisième type, celle où un humain rencontre un Alien, nous verrons qu'il existe des contacts beaucoup plus angoissants : ceux du quatrième type. Je veux parler d'enlèvements provisoires qui varient de quelques minutes à quelques jours de notre temps. C'est ce que nous désignons sous le terme d'abduction auquel il faut ajouter une notion appelée par les Américains "missing time" (temps manquant ou temps perdu, en français). Les personnes enlevées ne se souviennent de rien, mais il y a un "trou" dans leur emploi du temps. Nous sommes là à la lisère entre le phénomène ovni et le paranormal. Je décrirai plus loin ma propre expérience sur ce sujet ainsi que ma rencontre du troisième type.

Ajoutons à cela les contacts du cinquième type, c'est-à-dire les enlèvements définitifs. Chaque année, des milliers de terriens, parmi lesquels beaucoup d'enfants et de jeunes adultes, disparaissent. Cela concerne aussi une multitude d'avions, de bateaux, de sous-marins ou de voitures. Le phénomène touche aussi bien le monde civil que le monde militaire. Dans ce cas, nous avons affaire à un voyage sans retour vers l'inconnu.

Depuis quelques années, nous pouvons mettre dans cette catégorie une nouveauté tout aussi inquiétante, il s'agit des mutilations de troupeaux d'animaux, comme celles qui viennent de se produire dans le nord de la France et à côté de Nice.

En général, les rencontres du troisième type sont fugaces. Dès que les humains aperçoivent un ovni et ses occupants et qu'ils s'en approchent, les entités prennent la fuite ou remontent dans leurs engins et repartent très vite dans le ciel.

Lorsque les témoins s'approchent de plus près des visiteurs ou font un geste pouvant être interprété comme agressif, ils sont paralysés temporairement par un rayon lumineux sortant d'un petit tube que toutes les catégories d'Aliens semblent posséder. Parfois, le témoin se sent incapable de bouger après avoir simplement vu l'être de l'espace lever le bras ou simplement diriger sa main vers lui.

En cas de contact, quoi qu'il arrive, il faut être prudent, ne pas trop s'approcher, voire se cacher pour observer. Si, dans ce moment exceptionnel, on possède un appareil photo, il ne faut ne jamais utiliser le flash car les représailles pourraient être immédiates.

Les fameux "petits gris", semblent être surtout impliqués dans les opérations d'abduction. C'est ce type d'Alien qui est depuis quelques années le principal souci des ufologues, mais aussi, plus secrètement, de bien les gouvernements. Ils sont le cauchemar des humains abductés.

Les “Men in black”

Les “hommes en noir”, les fameux “men in black”, nous ressemblent physiquement. Ils viennent sonner à la porte de témoins ou apparaissent soudainement. Ils se déplacent à deux ou à trois. On ne les rencontre pas par hasard. Ils établissent le contact lorsqu’ils ont quelque chose à dire à un terrien.

Ceux que j’ai rencontrés en 1976 avaient le teint blafard, étaient habillés tous les trois de costumes noirs, de chemises blanches avec lunettes, cravates et chapeaux noirs. Ils communiquent avec nous par transmission de pensée. Ils se déplacent souvent dans des voitures anciennes, en particulier des volkswagen type “coccinelle”.

Depuis quelques années, on n’a plus, à ma connaissance, de témoignages de contact avec des hommes en noir. Par contre, ils semblent avoir été remplacés, dans l’entourage de mon ami Jean-Claude Pantel dont je vous parlerai plus avant dans ce livre, par des êtres d’apparence humaine, se déplaçant aussi par trois, mais habillés selon notre mode vestimentaire. Il y a parfois deux hommes et une femme qui parlent notre langue ou utilisent la transmission de pensée.

Ceux qui contactent Jean-Claude Pantel roulent dans une XM Citroën à quatre portes, alors que ce modèle n’a toujours eu, à ma connaissance, que deux portes, ou encore dans une voiture inconnue de marque “Victor Hugo”.

On n’a jamais vu d’hommes en noir à proximité d’un ovni, mais ils prennent souvent contact avec les témoins de faits ayant un rapport avec les ovnis. Ils affirment clairement être des terriens.

Effets à long terme

Dans ces rencontres du troisième et quatrième type, le phénomène ovni se confond avec le paranormal. Après quarante années de recherches, je ne suis pas le seul à penser que ces deux phénomènes ont des points de convergences qui échappent à notre compréhension.

Le phénomène ovni et le paranormal fonctionnent certainement selon les principes d'une physique que nous n'avons pas encore abordée. Cela fait bien sûr sourire les physiciens rationalistes qui travaillent dans un domaine qui n'a pas évolué depuis quatre-vingts ans, contrairement à d'autres disciplines scientifiques.

Les rencontres du troisième type sont peu nombreuses comparées au nombre très important d'observations d'ovnis. Tout se passe comme si l'intelligence qui les commande refusait le contact.

Quand il y a contact, les observateurs voient les humanoïdes s'affairer au sol, y soustraire parfois des échantillons de végétaux ou de terre avant de repartir.

C'est là une attitude complètement aberrante. On voit en effet ces Aliens utiliser une technologie ultrasophistiquée pour se déplacer, et venir ramasser les mêmes brins d'herbe depuis cinquante ans, comme s'ils n'avaient toujours pas compris la composition moléculaire de ces végétaux. Cela ne tient pas debout et cache quelque chose qui échappe à notre compréhension.

D'autre part, le comportement de fuite, que l'on retrouve chez tous les types de visiteurs, constitue un des principaux mystères du phénomène ovni. Pourquoi refusent-ils depuis si longtemps de nous contacter sérieusement ? À quel ordre supérieur obéissent-ils pour ainsi refuser tout contact sérieux et prolongé avec nous ?

Par contre, nous connaissons des contacts qui se sont avérés extrêmement positifs pour les humains qui en ont été témoins. Certaines personnes disent que leur conception de la vie a changé de façon inexplicable. Le plus extraordinaire, ce sont les guérisons instantanées qui ont suivi certains contacts du troisième type.

Je pense notamment au cas que m'a raconté mon ami Jimmy Guieu qui en avait personnellement vérifié l'authenticité. Il s'agit du cas de madame Baisle. Les faits remontent au mois de mai 1975. Cette femme souffrait d'un cancer à la gorge en phase terminale. Il ne lui restait plus que quelques semaines à vivre. Elle décida de profiter d'une belle journée de printemps pour aller promener son chien dans la forêt. Elle suivait péniblement un petit sentier. Soudain, le sous-bois fut éclairé par une masse lumineuse très intense. Elle se protégea le visage avec la main, vit la lumière s'approcher d'elle et en fut intégralement baignée. Elle sentit qu'on lui serrait doucement le cou. Cela ne dura que quelques secondes et elle n'eut pas peur. Puis la masse lumineuse disparut à travers les arbres.

Elle rentra chez elle mais n'osa pas parler de cette rencontre à sa famille, pensant que les traitements la faisaient halluciner. Le lendemain, elle avait rendez-vous à l'hôpital pour des examens de contrôle. Le cancérologue lui demanda en souriant si elle revenait de Lourdes car il n'y avait plus la moindre trace de cancer !

Mme Baisle pensa qu'il valait mieux ne pas signaler au médecin l'expérience qu'elle avait vécue, de peur qu'on l'expédie dans un hôpital psychiatrique. Elle vit toujours et se porte bien. Pourquoi elle en particulier ? Nous n'en savons rien. Elle n'était pas croyante et ne s'intéressait ni aux ovnis ni au paranormal.

Comment l'intelligence qui dirigeait cette boule lumineuse pouvait-elle connaître la grave maladie dont souffrait Mme Baisle ? Elle sentit qu'on lui serrait la gorge, justement là où se trouvait le mal. Elle n'a vu qu'une boule lumineuse, rien d'autre.

Pour quelle raison cette intelligence ne met-elle pas à la disposition de tous les terriens une telle puissance de guérison ? Quel cadeau ce serait pour notre civilisation ! Jean-Claude Pantel me dit toujours : « Il ne faut pas chercher à comprendre. C'est merveilleux. C'est tout ».

Notre ami commun, Jimmy Guieu, mort récemment de cette maladie, me disait : " tu sais, Bernard, tous ces êtres ne sont pas bons, ils n'ont pas de sentiments, ils n'ont pas d'affect. Nous sommes des cobayes pour eux. Ils nous observent comme nous observons une fourmilière. Ils font des expériences sur nous, physiques et mentales, pour voir comment nous réagissons. Ils peuvent nous guérir ou nous tuer quand bon leur semble. Peu d'ufologues se rendent bien compte du danger se cachant derrière ce phénomène ovni. » Et s'il avait raison ?

Dans certains contacts du troisième type, la communication s'est établie par transmission de pensée. Le témoin entend ce qu'on lui dit par l'intermédiaire d'une voix qu'il "entend" dans son cerveau. C'est ainsi que je l'ai personnellement ressenti lors de ma rencontre.

Le contenu des messages est toujours sensiblement le même, quasiment religieux : « Nous vous aiderons lorsque vous serez moins matérialistes, lorsque vous aurez compris que seul l'amour du prochain et de la nature peut vous sauver. Il y a trop de haine dans vos cœurs. Vous détruisez la nature que le créateur vous a donnée. Si vous continuez ainsi, vous disparaîtrez rapidement de la surface de la terre. »

Ces discours contredisent l'idée émise par Jimmy Guieu, mais où est la logique dans tout cela ? Nous sommes dans le domaine du témoignage, sans possibilité d'appliquer la moindre démarche scientifique ou même rationnelle.

Les témoignages humains, bien connus pour leur fragilité, constituent-t-il le seul embryon de preuve ? Je ne le pense pas car, même si des millions de personnes disent avoir observé des engins étranges et avoir eu des contacts avec des humanoïdes, cela ne prouve pas la réalité objective et la matérialité de tous les faits allégués. Les dernières expériences en physique quantique, la "loi d'Aspect" en particulier, nous montrent que la notion de réalité peut être à la fois objective et subjective.

La majorité des ufologues pense que les ovnis ne peuvent être que des objets matériels pilotés par des extraterrestres. Il est possible aussi qu'un processus engendré par une intelligence supérieure provoque une vision d'objets aériens ou posé au sol, d'entités à forme humanoïde, d'hommes ou d'animaux étranges, voire des visions de la Vierge, ou du Christ qui ne pourraient être que des sortes d'hologrammes.

Seule une étude globale et objective de toutes les hypothèses pourra nous permettre de comprendre l'inexplicable.

Un phénomène dangereux ou hostile ?

Les actions hostiles de la part des ovnis et de leurs occupant sont infimes comparées au nombre de témoignages qui ont été relevés depuis des décennies.

Dans le phénomène ovni en général, et avec les contacts du troisième type en particulier, les témoins se trouvent dans une situation tellement insolite qu'ils se croient en péril et adoptent une attitude pouvant être interprétée comme hostile par nos étranges visiteurs.

Est-il utile de le répéter, tant que nous demeurons ignorants de la nature exacte de leurs intentions, il nous faut rester prudents face aux ovnis et ne pas faire preuve d'un courage déplacé.

Observons quelques cas de figure en commençant par les pannes de voiture. Bien souvent, lorsqu'un véhicule se trouve à proximité d'ovnis, il subit une panne d'allumage, ou une extinction inexplicable des phares.

À notre connaissance, jamais un ovni n'a stoppé les moteurs ni les réacteurs d'un avion civil. Toutefois, dans les catastrophes inexpliquées, cette possibilité n'est pas à rejeter. Seule une enquête officielle dûment menée pourrait en apporter la preuve.

Les seuls cas d'agressivité connus portent sur des avions militaires, en particulier des chasseurs, qui avaient voulu jouer dangereusement avec des ovnis en essayant de les pourchasser. Ils ont été pulvérisés en vol.

Le péril est parfois indirect. Certains conducteurs ont déclaré avoir perdu le contrôle de leur voiture lorsque des ovnis ont foncé sur eux.

En Australie, une voiture a été survolée par un ovni qui évoluait à très basse altitude. Les passagers, pris de frayeur ont sauté de l'auto en marche et celle-ci a terminé sa course dans un fossé. Si ce genre d'aventure vous arrive, réduisez rapidement votre vitesse et continuez à rouler si votre moteur tourne encore. En cas de panique, arrêtez-vous, réfugiez-vous dans un abri et attendez calmement de voir si l'ovni atterrit ou poursuit sa route.

Après un survol à basse altitude, vous pouvez avoir été exposés à des radiations qui s'avèrent ne pas être dangereuses. Vous risquez simplement de souffrir d'irritation de la peau pendant quelques jours, comme après un coup de soleil. Tous les témoins disent avoir consulté un médecin par prudence. Ces radiations semblent surtout provenir d'ovnis très lumineux.

Les désagréments physiques ou matériels causés par les contacts avec un ovni ne nous permettent pas d'affirmer que leurs occupants aient effectivement voulu blesser les témoins. Ils ne se rendent peut-être pas toujours compte de la puissance du matériel qu'ils utilisent pour éclairer une voiture ou un témoin.

Pourquoi la majorité des visiteurs ont-ils une forme humanoïde?

Des milliers de témoignages, issus de gens honnêtes, signalent dans le monde entier la présence d'êtres anthropomorphes à proximité d'ovnis posés au sol.

Il est certain que, si seul l'homme a été crée à l'image de Dieu, comme ne cessent de le répéter les religions depuis des siècles, l'idée que des hommes pourraient venir nous visiter en venant d'autres planètes est insupportable pour certains de nos contemporains.

Les faits sont là. Les témoignages décrivant des géants, des lilliputiens, des robots et autres monstres repoussants sont minoritaires par rapport à ceux décrivant des êtres d'aspect humain, que nous appelons par facilité des "humanoïdes". Ceux-ci ont l'apparence et des comportements propres à ceux de la race humaine.

Depuis quelque temps, les films de science-fiction nous montrent surtout des types d'aliens sortis directement de l'imagination humaine : des sortes de pieuvres géantes avec d'immenses tentacules ou des êtres couverts de pustules, tous plus affreux les uns que les autres. Peut-être certains veulent-ils imposer, dans le subconscient humain, l'idée que ces êtres venant de l'espace ne sauraient être que des créatures du diable, en opposition avec celles de Dieu. L'axe du bien contre l'axe du mal a une dimension cosmique, en quelque sorte...

Quatre-vingt quinze pour cent des témoins décrivent des humanoïdes et non des monstres de science-fiction, ce qui est somme toute assez rassurant.

Il faut savoir qu'une des raisons pour laquelle beaucoup de scientifiques refusent de s'intéresser au phénomène ovni, c'est qu'ils pensent que les extraterrestres ne peuvent pas avoir forme humaine. Ils restent attachés au dogme Darwinien de l'évolution qui énonce que l'homme est le résultat de modifications et de mutations successives. Il serait donc impossible selon ce principe, que les mêmes mutations, dans le même ordre successif, dans les mêmes conditions physiques aléatoires, aient pu se répéter sur d'autres planètes pour produire un type d'individus nous ressemblant morphologiquement.

A contrario, la majorité des ufologues rejette la théorie de Darwin puisqu'elle est démentie par les témoignages de milliers de témoins.

Il n'est bien sûr pas impensable que, dans les millions de planètes habitées que compte l'univers, il y ait des êtres intelligents d'aspect non humanoïde, de structure chimique complètement différente de la nôtre : des formes de vie que même la science fiction ne pourrait imaginer.

Pour Darlington et Howells, grands savants biologistes, « il y a de si grands avantages à marcher sur deux jambes, à porter son cerveau dans sa tête, à avoir deux yeux au même niveau, à une hauteur allant de un mètre cinquante à un mètre quatre-vingts, que nous pourrions envisager sérieusement l'existence d'un pseudo-homme et d'une pseudo-femme ayant quelque ressemblance physique avec nous-mêmes. » Ces déclarations correspondent aux quatre-vingt quinze pour cent des témoignages recueillis après une observation rapprochée.

Selon Robert Bieri, les organismes vivants qui parviennent au niveau de la pensée conceptuelle ont une similitude notable avec l'homo-sapiens. Pour Howells, l'extraterrestre pourvu d'intelligence serait semblable à l'homme sous divers rapports. Pour créer une technique, il serait indispensable de disposer du mouvement et de l'aptitude à manipuler les éléments. Ce qui entraînerait l'existence d'une structure locomotrice et la possession de deux bras munis de doigts pliables. Les règles de constitution biologiques convergeraient nécessairement vers la forme humanoïde. Celle-ci ne serait pas exceptionnelle mais propre à toutes les entités intelligentes de l'univers.

L'astronome Thomas Gold pense que des êtres galactiques auraient visité la terre il y a mille millions d'années pour y déposer des formes microscopiques de vie qui auraient pu déboucher sur la race humaine.

Une théorie proche, émise par des biologistes, suggère qu'il n'y a pas eu un processus évolutif à partir d'une éventuelle contamination, mais l'établissement effectif sur terre d'êtres anthropomorphes venus de l'espace extérieur. Retenus, volontairement ou non, pour des raisons inconnues, leurs descendants durent supporter les conditions de notre habitat et subir des régressions qui les firent passer par des chemins d'involution (et non d'évolution) les rapprochant de l'animalité terrestre.

Par contamination, ou par modifications successives à partir d'entités anthropomorphes, la conformation humanoïde se serait propagée de la même manière à travers tout le cosmos. On pourrait donc en conclure que les membres d'équipage des ovnis répondent à une même norme anatomique, de caractère universel qui, bien entendu, nous concerne également.

L'Anglais Charles Bowen pense que la vision d'humanoïdes différents pourrait être l'effet de projections psychiques induites chez les témoins par des agents extérieurs dont les anatomies seraient différentes de la nôtre. Pour une raison inconnue, ces entités que nous ne voyons jamais ne pourraient pas se mouvoir dans le milieu terrestre. Elles recourraient à un expédient télépathique visant à modeler une représentation anthropomorphe dans le subconscient du témoin. Cette théorie pourrait expliquer les apparitions et disparitions subites d'humanoïdes, près d'un ovni observé au sol.

Bowen pense également que l'intelligence se cachant derrière le phénomène ovni, pourrait recourir mentalement à des suggestions hypnotiques afin de susciter des images hallucinatoires d'entités de type humanoïde ou autre. On pourrait ainsi mieux expliquer les différentes variations dans les descriptions des témoins. Ce serait l'intelligence invisible qui provoquerait délibérément la perception hallucinatoire chez le témoin, sans que celui-ci en ait conscience.

Une recherche tous azimuts

En tant qu'ufologue, je ne peux pas rejeter ces hypothèses ni surtout écarter la possibilité d'une intelligence se dissimulant derrière le phénomène ovni, comme je le pressentais il y a déjà trente ans. À cette époque, j'avais émis l'hypothèse que, parfois, il pouvait y avoir une forme de projection psychique. Comme c'est souvent le cas, cette hypothèse fut émise au même moment par d'autres chercheurs.

Pour espérer comprendre le phénomène ovni, le chercheur doit s'ouvrir à différents domaines. En étudiant l'occultisme, la vie des lamas et des yogis, on s'aperçoit que différents centres de recherche spirituelle parlent du corps éthérique, double du corps physique susceptible d'être volontairement séparé de ce dernier par un processus mental. Les scientifiques parlent à ce propos d'une projection d'un faisceau de rayons photoniques correspondant à tous les centres nerveux du corps humain. Le phénomène existe, même s'il est mal défini et si sa source est incorrectement explicitée.

Il ne faut rien rejeter.

Les théories de représentations immatérielles sont minoritaires et ne s'appliquent, selon leurs auteurs, que dans quelques cas. Celle de la représentation matérielle emporte l'adhésion de la majorité des ufologues, ce qui ne prouve pas pour autant qu'elle soit juste.

Il y a quelques décennies, les ufologues pensaient que nous étions en présence réelle d'humanoïdes vivants ou qu'il pouvait s'agir de robots mécaniques. La technologie fabriquait de plus en plus d'objets pour accomplir les taches humaines. À cette époque, parler de robots biologiques relevait de la science fiction et était une hypothèse tellement effarante que personne n'osait envisager cette hypothèse.

Aujourd'hui, le clonage nous est devenu familier, du moins en ce qui concerne les animaux.

Nos savants ont décodé le code génétique dans les molécules d'ADN. Si nous avons découvert la programmation de la vie dans ce code, il serait ridicule de penser que des intelligences venant nous visiter ne l'ont pas découverte, et ce depuis longtemps. Il n'y aurait rien de stupéfiant à penser qu'ils auraient pu créer artificiellement, à partir de leurs propres cellules, des types physiques à leurs ressemblances manipulés pour être adaptés à notre atmosphère terrestre.

L'intelligence extraterrestre pourrait aussi fabriquer des molécules synthétiques d'où naîtraient des sortes d'automates biologiques, n'ayant que très peu de rapport avec la forme humaine. On retrouve ces êtres dans les témoignages concernant en particulier les fameux "chupacabras" que nous retrouverons plus avant.

Une autre hypothèse, extravagante pour certains, est que les humanoïdes seraient des êtres humains, domestiqués pour remplir les missions que leur fixe une intelligence extraterrestre supérieure. Quand on voit, chaque année, le nombre incroyable d'enlèvements définitifs d'hommes, de femmes et d'enfants sur notre terre, on peut se demander à quoi servent ces enlèvements ?

À l'aide d'implants dans le cerveau il n'y aurait aucune difficulté, pour une civilisation technologiquement avancée, de transformer un humain ou un animal en un automate obéissant à distance. J'ai accepté depuis longtemps l'hypothèse que nous puissions être, pour les aliens, de simples cobayes.

Même s'il s'agit de clones, nous avons affaire de toute manière à des êtres physiques. S'agit-il de visiteurs galactiques ? Sont-ils présents dans notre système solaire ? Pourquoi pas. Les témoignages tardifs des astronautes lunaires américains semblent confirmer cette version.

Il faut se rendre à l'évidence. Il existe des humanoïdes de constitution physique. S'il s'agit de visiteurs galactiques ou de l'espace-temps, la nécessité s'impose à nous de réviser notre vision du monde. Il faut, en plus, envisager que le phénomène ovni puisse constituer un indice révélateur de la présence d'êtres ayant forme humaine dans le cosmos.

Pourquoi si peu de contacts ?

Pourquoi n'y a t'il pas de contact officiel ? Voilà la grande question que tout profane pose à un ufologue. Si l'on croit les témoignages de certaines personnalités américaines, ces contacts auraient eu lieu de façon officielle, mais secrète, à la suite de plusieurs crashs d'ovnis.

Mais ce n'est pas ce genre de contact qu'attendent les populations. Ce que les peuples de la terre ne comprennent pas, c'est pourquoi ils n'atterrissent pas sur nos aérodromes. Pourquoi ils n'établissent pas d'ambassade sur notre planète ? Pourquoi nous ne sommes pas invités à visiter leur planète ?

L'existence du phénomène ovni est indubitable, quoi qu'en pense le dernier carré des rationalistes qui nient tout jusqu'à l'évidence. Reconnaissons toutefois que le problème de l'absence de contacts est embarrassante par bien des aspects.

Aucun chercheur sérieux ne peut affirmer quoi que ce soit en ce domaine en dehors de quelques hypothèses que voici résumées.

Nous semblons avoir affaire à des types de visiteurs d'origine probablement différente.

Qui qu'ils soient, d'où qu'ils viennent, ils utilisent une technologie inconnue et se servent d'une physique que nous ne maîtrisons pas pour le moment.

Si nous nous fions à notre mode de raisonnement nos futurs voyages spatiaux et nos découvertes de planètes auront des buts précis. Il s'agira exclusivement de curiosité scientifique débouchant sur la découverte d'êtres vivants ou non. En cas de rencontre avec une civilisation extraterrestre, le contact sera soit amical soit hostile en fonction de paramètres que nous ne serons pas seuls à décider.

Si nous allons un jour sur d'autres planètes, les astronautes seront avant tout des scientifiques. Leur priorité, en prenant contact avec un environnement inconnu, sera de procéder à une minutieuse surveillance qui pourra peut-être durer très longtemps. C'est le principe même de la méthodologie scientifique.

Les scientifiques pratiquant l'éthologie (science des mœurs et du comportement des animaux dans leur milieu naturel) disent qu'il faut impérativement éviter de troubler la vie des animaux que l'on désire étudier. Depuis plus d'un siècle, les éthologistes étudient la vie des fourmis en faisant les mêmes gestes que leurs prédécesseurs. Si nous considérons que, pour cette intelligence qui nous visite, nous sommes comme des fourmis, il ne faut pas s'étonner qu'elle prenne son temps avant de nous "contacter" officiellement… si cela les intéresse !

Certains indices nous font penser que notre planète est soumise à ce genre d'étude. Pour quelles raisons refuserions-nous à une race intelligente, venant à notre rencontre, d'avoir recours à de longues investigations qui font partie de nos propres mœurs ? Ce raisonnement apporte une première réponse à la fameuse question.

Mais malheureusement, la raison profonde est certainement plus compliquée que cela. Le phénomène ovni nous a habitué à compliquer les choses sans logique apparente.

Nous pouvons imaginer que l'espèce humaine est victime d'une forme de manipulation.

Pour éviter un choc culturel brutal pour notre civilisation, il est peut-être impératif pour nos visiteurs de ne pas se presser.

Jusqu'à maintenant, leurs intentions ne nous semblaient pas hostiles. Certains témoins disent avoir eu l'impression que les humanoïdes, face à eux, avaient une attitude amicale. Méfions-nous. Nous savons, par les abductions, que les aliens peuvent provoquer des inhibitions dans le conscient et l'inconscient humain, faire voir ou entendre quelque chose d'inexistant, alourdi de révélations contradictoires ou de messages d'une naïveté déconcertante.

Sous couvert d'étude, il ne faudrait pas que les véritables intentions de cette Intelligence soient hypocritement masquées et que nous nous réveillions un jour en état de choc.

Grâce à notre expérience historique, n'oublions pas que des conséquences malencontreuses peuvent découler de contacts entre deux civilisations ou cultures différentes. Une culture ayant seulement quelques milliers d'années d'avance sur la nôtre l'absorberait et la détruirait, même en dehors de toute intention hostile.

Essayons d'imaginer des êtres venant d'une planète lointaine et totalement débarrassés de nos contingences matérielles. Face à eux, notre civilisation s'écroulerait comme un château de cartes.

Allons plus loin. Si cette intelligence est nettement supérieure à la nôtre, la surveillance de notre terre et de notre système de vie, nos guerres continuelles, la destruction de notre environnement, ne peuvent les décider qu'à une seule solution : éluder le contact avec la population terrestre pour éviter de provoquer un effondrement aux conséquences imprévisibles. Si l'on accepte cette éventualité et si l'on met de côté la thèse de l'invasion, si l'on accepte que leurs objectifs lointains sont amicaux, il faut accepter que leur surveillance préalable de notre système de vie prenne un temps plus ou moins long. Notion qui, du reste, n'a certainement pas la même valeur pour eux que pour nous.

N'oubliez pas qu'en ufologie, la règle d'or est de tout envisager, même l'absurde et de ne croire en rien de particulier ou de définitif.

X.
Les scientifiques et l'ufologie

Lorsque des scientifiques étudient le phénomène sans a priori, ils aident considérablement les chercheurs en ufologie. On demande souvent avec quelle énergie fonctionne un ovni. Il nous est impossible d'affirmer quoi que ce soit mais, à l'écoute de certains témoignages, on peut penser que les forces électromagnétiques jouent un rôle dans certains cas. Les physiciens travaillent sur la gravitation et l'anti-gravitation, lorsqu'ils auront trouvé la bonne formule, nous donneront peut-être la réponse concernant le mode de déplacement des ovnis.

Il y a une trentaine d'années, peu de scientifiques s'intéressaient au problème des objets volants non identifiés. Heureusement ce n'est plus le cas aujourd'hui. Le public ignore que beaucoup de médecins spécialistes, d'ingénieurs, de biologistes, d'astronomes, etc. s'intéressent à ce problème. Bien sûr, il existe encore une majorité de chercheurs dans tous les domaines qui refusent de s'y intéresser, c'est leur droit.

Nous en avons déjà parlé, dans les milieux scientifiques, l'image que l'on donne de soi est souvent d'une importance primordiale pour la suite d'une carrière. La plupart des scientifiques travaillent dans des laboratoires privés ou dépendant de budgets publics. Dans les deux cas, ils sont payés pour faire des recherches précises, et si possible pour aboutir à un résultat escompté. Dans cet état d'esprit, dire publiquement ou en privé que le phénomène ovni n'est pas quelque chose de sérieux, et le dire avec une certaine condescendance, ne risque pas de perturber la carrière d'un chercheur ou d'un scientifique. Mais affirmer le contraire reconnaître que l'on fait des recherches privées dans ce domaine ne peut apporter que des sarcasmes et, au pire, une "mise au placard". Ce sont les risques du métier avec, en prime le ridicule qui, s'il ne tue pas, discrédite à tous les coups.

Tous les laboratoires ont besoin de budgets renouvelables annuellement par des commissions ad hoc. Ces crédits financiers sont indispensables pour toutes recherches scientifiques ou techniques, que ce soit dans les laboratoires publics ou privés. Il ne faut pas que les gens faisant partie de ces commissions puissent être influencés par une perte de respectabilité due à un chercheur à l'esprit trop indépendant. Nous comprenons mieux maintenant pourquoi les scientifiques préfèrent en général se taire ou dire que le sujet ne les intéresse pas.

Aux États-Unis, pays beaucoup moins marqué par l'influence judéo-chrétienne que la vieille Europe, s'exprimer librement est un droit absolu et respecté; la presse, la radio, la T.V. sont un quatrième pouvoir où les scientifiques débattent librement et contradictoirement du phénomène ovni ou d'autres sujets tabous sur le vieux continent.

En dehors de ces considérations, beaucoup oublient ou ne savent pas remettre en cause les découvertes de la veille.

Nous entendons par exemple des hommes de science déclarer que si des engins extraterrestres franchissaient les limites de notre atmosphère, ils seraient obligatoirement repérés par nos radars, *ce qui n'est pas le cas*. Or, nous savons par les témoignages des radaristes, que les ovnis sont régulièrement captés sur leurs radars, qu'ils apparaissent souvent subitement, disparaissant des écrans pour revenir ensuite. Ce genre de déclarations, fait apparaître une méconnaissance du problème qui ne peut que creuser le fossé entre science et ufologie.

Rappelons aux debunkers que, d'après leurs anciens confrères, les météorites ne pouvaient pas exister, que les plus lourds que l'air ne pourraient jamais voler, que l'homme ne pourrait jamais voyager en chemin de fer sous un tunnel à plus de trente kilomètres heure sous peine de voir les poumons éclater, que les mathématiciens de génie Abel et Cauchy furent rejetés par M. Gauss, auréolé de son prestige. Souvenons-nous d'Evariste Galois, rejeté de l'École Polytechnique, chassé de l'École Normale, posant en une nuit les bases de la théorie des groupes avant de mourir le lendemain, à vingt ans, dans un duel. N'oublions pas Pasteur, rejeté par la communauté médicale parce qu'il n'en faisait pas partie, etc.

Toute l'histoire des sciences devrait rendre les scientifiques prudents, et ceux qui ne veulent pas ou ne peuvent pas s'intéresser aux ovnis devraient choisir de se taire, ce qui serait aussi une façon d'éviter le ridicule dont ils seront, à leur tour, couverts dans le futur.

Le dogmatisme scientifique relève d'un vice de formation de la pensée scientifique énonçant que l'apprentissage de la rigueur passe toujours par l'acceptation des seuls faits vérifiés. Pour qu'un fait soit accepté, il faut qu'il y ait collationnement de faits découlant de l'observation, puis vérification et reproduction à volonté, et seulement ensuite utilisation des principes déduits des études. Cette méthodologie, on s'en doute, a du mal à s'appliquer à la recherche ufologique.

Ce qui est dramatique, c'est que ce ne sont pas les témoignages que l'on met en doute en appliquant ce principe, mais la réalité des faits relatés... pour la seule et unique raison que ce que les témoins disent avoir vu ne peut pas exister en vertu des dogmes !

Entendons-nous bien. Mon but, par ces propos, n'est pas de sous-estimer l'apport passé et actuel de la science. Il s'agit simplement d'expliciter les antagonismes inhérents à deux conceptions de la recherche. Nous comprenons que le comportement scientifique a tendance à magnifier le niveau scientifique que l'homme d'aujourd'hui a atteint. Nous comprenons qu'après avoir envoyé un homme sur la Lune il y a plus de trente ans et "piétinant" depuis cette époque aux limites de notre atmosphère, il est difficile pour beaucoup de scientifiques d'envisager sans stupéfaction, d'incrédulité et de déchirement, que nous puissions être silencieusement visités, analysés, peut-être répertoriés, cartographiés, décortiqués, en bref traités comme de vulgaires cobayes.

Ce n'était pas prévu au programme, et l'anthropomorphisme de l'homme de science ne peut pas supporter cette simple idée. Cette façon que les aliens ont de se promener dans nos cieux, se jouant des frontières si chères à l'homme, cette façon d'atterrir sans autorisation n'importe où, de parfois sortir de leurs engins et de repartir comme des voleurs, sans bonjour ni au revoir. Tout cela est scandaleux, ne peut pas exister, n'existe pas ! toujours l'anthropomorphisme !

Il est vrai, comme le disait justement Michael Wallach que « le pouvoir de découvrir est souvent davantage la faculté de renverser les tabous qu'affaire de quotient intellectuel mirobolant, lequel peut-être ligoté dans une carcasse imperméable d'ultra conformisme ».

Forger par la réflexion et l'analyse des hypothèses nouvelles sur un phénomène inconnu, ovni ou autre, exige une grande liberté d'esprit semblant manquer à certains. Il est difficile d'être un homme “libre”.

Certains faits scientifiques ou historiques révélés au départ par la légende, les contes populaires, les chansons anciennes ou de vieux grimoires, furent ensuite vérifiés par les méthodes archéologiques ou les sciences expérimentales. C'est la preuve que ce qui peut passer comme hallucinatoire peut aussi être réel.

Nous sommes devant un blocage psychologique et culturel qu'il faut admettre, même si nous le regrettons. Mais la possibilité qu'une pensée autre que la pensée humaine soit peut-être sur le point de nous contacter, l'idée que le phénomène ovni puisse être régi par une intelligence, que cette intelligence soit, sur le plan scientifique et technologique, incommensurablement supérieure à la nôtre peut engendrer un phénomène de rejet dans le subconscient humain. Il faut l'admettre et tenir compte de ce paramètre.

Beaucoup de gens s'aperçoivent que des dizaines de milliers de témoignages concernant les ovnis peuvent relater l'activité dans notre ciel, la mer ou sur le sol, d'une ou de plusieurs civilisations non-terrestres. Nombreux sont ceux qui sont déjà freinés par la crainte d'aller à l'encontre de ce qu'il est raisonnable de penser, et qui semble remettre trop profondément en question notre culture... et certains principes de la science qui paraissent solidement établis.

Pour clore cette petite mise au point entre scientifiques et ufologues, je dirai que je comprends qu'un physicien soit effrayé par l'irruption d'une intelligence inconnue, se servant d'une physique que nous ne maîtrisons pas. Il ne sert à rien de faire l'autruche. Il vaut mieux, à mon avis, chercher à comprendre.

Provenance et mode de déplacement des ovnis

Grâce à des témoignages qui se sont avérés sérieux, nous savons que des contacts furtifs avec des humanoïdes existent.

S'il apparaît certain qu'il existe dans notre univers proche une multitude de civilisations, il faut admettre que les buts et les formes de relations qui se sont établies entre elles seront en rapport direct avec leurs niveaux de développement respectif.

Si le terrien d'aujourd'hui n'a, au fond, qu'une aspiration : explorer d'autres planètes, il faut admettre que c'est un processus logique de la pensée universelle, déterminé par une loi générale de développement propre à toute civilisation.

Quant à la provenance de ces ovnis, elle pose un problème insoluble à nombre de scientifiques qui estiment impossibles les voyages galactiques appelés à durer des siècles pour parcourir de nombreuses années-lumière.

Ils se basent sur le fait, incontournable pour eux, que la théorie de la relativité d'Einstein, empêche inexorablement de dépasser la vitesse de la lumière (300000 km/s). Or, il ne s'agit là que d'une théorie qui, comme toute théorie, est faite pour être, à terme, remplacée par une autre. Beaucoup restent confinés dans ce dogme. Pour eux, il est iconoclaste de remettre en cause ce que notre physique classique a admis depuis si longtemps. Non seulement, ils ne connaissent pas le dossier ovni, mais ils font preuve, par leurs déclarations, de leur suffisance. Plus grave encore, ils refusent à d'autres intelligences de l'univers d'avoir pu dépasser le niveau des connaissances actuelles de l'homme.

Il faut reconnaître que, pour certains scientifiques, il est malaisé d'abandonner un point de vue conventionnel et idéologiquement confortable.

De nombreux exemples nous montrent que les découvertes se font au moment où elles doivent l'être, le plus souvent par des chercheurs à l'esprit ouvert sortant du dogme des études universitaires. Heureusement, tous les scientifiques ne sont ni des sectaires ni des rationalistes bornés. Une nouvelle génération, surtout aux États-Unis, accepte d'aider les ufologues dans leurs recherches.

Dans certains domaines, les chercheurs semblent avoir compris que les connaissances dont dispose l'humanité sont limitées et ils se sont engagés dans des voies qui leur ont permis de faire des découvertes prodigieuses pour l'homme : c'est le cas de la biologie ou de la chirurgie.

Pour certains, les bases de la science sont inébranlables, alors que, pour d'autres, une grande partie de faits énigmatiques pour l'homme ont un rapport direct avec différentes formes de contacts cosmiques.

Si l'on veut réfléchir à l'origine "géographique" des ovnis et de leur mode de propulsion, il faut avoir une nouvelle approche de la matière, de la physique, de l'espace et du temps.

Avant l'invention du microscope, on supposait l'existence des microbes par l'analyse, en observant les manifestations indirectes de ces micro-organismes. Dans le domaine du phénomène ovni, concernant sa forme de vie, l'état de son origine cosmique on peut, par l'analyse, envisager qu'il y ait beaucoup de plans d'existence de la matière que nous ignorons, que l'interpénétration des mondes est une chose possible et que les mondes parallèles ne sont pas une vue de l'esprit.

Une nouvelle physique

On peut également envisager une physique dépassant de loin la nôtre, capable de procéder à une manipulation de l'espace-temps, permettant à nos visiteurs de se déplacer dans un hyperespace auquel nous n'avons pas accès.

Aujourd'hui, nous ne pouvons appréhender l'espace qu'en trois dimensions. Nous pensions depuis longtemps, avec les auteurs de science-fiction, que l'existence d'autres espaces, dans des dimensions inconnues, étaient possibles. De nos jours, des physiciens quantiques émettent des théories avec des espaces allant jusqu'à dix dimensions.

Dans ce domaine, on lira avec plaisir le livre *L'univers élégant* de Brian Greene, publié chez Laffont, dans lequel la théorie des cordes est abordée, montrant que des physiciens reconnus n'hésitent pas à s'aventurer dans une nouvelle conception de la physique.

Lorsque nous voulons passer des dimensions inférieures (notre système à trois dimensions) aux dimensions supérieures (à partir de la quatrième dimension) nous faisons jouer le principe selon lequel la distance entre deux points que nous avons l'habitude de mesurer dans notre espace peut être considérablement réduite et même ramenée à zéro lorsqu'on passe dans les dimensions supérieures.

Quand nous sommes dans le système à une dimension, la distance entre deux points est calculée en mesurant la longueur de la droite comprise entre ces deux points. Quand nous sommes dans le système à deux dimensions, c'est-à-dire sur une surface plane, la distance entre deux points est toujours la longueur de la ligne tracée entre ces deux points, mais dépend aussi et surtout de la forme de la ligne.

Lorsque nous passons du système à deux dimensions (le plan) au système à trois dimensions (le volume) deux points séparés sur le plan peuvent être rapprochés l'un de l'autre ou confondus l'un sur l'autre dans l'espace par courbure du plan.

Partant de ce principe reconnu universellement, il n'y a aucune raison pour ne pas admettre que, si nous passons dans un espace à quatre dimensions, nous devrions pouvoir faire coïncider dans l'espace deux points se trouvant à une distance infinie l'un de l'autre.

De cette manière, les distances cosmiques qui nous paraissent considérables, pourraient être ramenées à zéro. C'est peut-être la physique de demain.

Nous pourrions aussi dire que, plus il y a de dimensions au-dessus de la troisième, plus il y aura d'espaces correspondants à chacune de ces dimensions supérieures et plus il y aura multiplicité des plans d'existence de la matière. Y compris multiplicité des formes de vie, qu'elles soient intelligentes ou non, humanoïdes ou non. En essayant d'expliciter comment les humanoïdes-aliens peuvent venir nous voir malgré des distances incroyables, nous en arrivons à envisager la possibilité que certains visiteurs viennent d'un autre espace dimensionnel, d'un autre vortex comme disent certains initiés. Et donc que les contacts ne sont pas évidents pour ces êtres.

Si certains ovnis sont basés sur des planètes proches de la terre, dans notre système solaire, par exemple, il est possible qu'ils se servent de l'espace tridimensionnel et que les témoins les voient arriver et se rapprocher progressivement. Mais s'ils arrivent de planètes lointaines, s'ils sont obligés, pour gagner du temps, de passer par l'hyperespace (dimension supérieure) alors, dans ce cas, il ne faut pas s'étonner s'ils apparaissent subitement devant les témoins, semblant venir de nulle part, pour s'évanouir progressivement ou passer d'un seul coup dans le néant.

Les témoignages de mes amis pilotes d'avion cités précédemment et décrivant une disparition subite ou progressive et vaporeuse peuvent être expliqués par une translation dans l'hyperespace.

Si l'on accepte cette notion, on accepte celle d'espace-temps et nous avons vu que l'espace pouvait être réduit si l'on passe dans des dimensions supérieures. Il reste la notion de temps qui, pour un cerveau humain, est un problème très complexe. Nous avons l'habitude de considérer le temps d'une manière linéaire du présent vers le futur. Or, Einstein a tout bouleversé en montrant que le cours du temps est relatif. C'est la base de la fameuse théorie de la relativité. Aujourd'hui, de nombreux physiciens pensent que la théorie d'Einstein peut être dépassée et qu'il faut l'englober dans une autre théorie, plus vaste, qu'ils essaient d'élaborer. Ces physiciens pensent qu'Einstein n'a pas réglé complètement le problème du temps.

Les théories d'Einstein sur la vitesse de la lumière qui ne saurait être dépassée, sont certainement caduques si l'on se déplace dans l'hyperespace.

Si cela s'avérait juste, il ne faudrait plus être obnubilé par les distances astronomiques des étoiles. Les civilisations se trouvant très éloignées de nous pourraient être à la fois infiniment lointaines par nos calculs mathématiques mais aussi très proche par une façon de voyager que nous ne savons pas utiliser mais que "l'intelligence ovni" utilise peut-être depuis longtemps.

La civilisation des aliens, dont le niveau de développement est nettement supérieur au nôtre, pourrait perturber complètement l'équilibre de notre société. Si nous connaissions ses buts, nous n'aurions pas besoin de faire tant de suppositions. Pour l'heure, nous en sommes réduits aux hypothèses.

On se rend compte que depuis l'époque biblique notre terre a été visitée par des êtres venus d'ailleurs. Les témoignages se sont accumulés au fil des siècles, jusqu'au début de la seconde guerre mondiale. De cette époque jusqu'à aujourd'hui, on s'aperçoit que le nombre de témoignages augmente d'une façon incroyable, de quelques dizaines par an avant 1940, on passe à des milliers chaque année, connus et vérifiés. Pourquoi une si forte progression ?

Une raison plausible pourrait être la suivante : avant la guerre, les observateurs cosmiques pouvaient étudier tranquillement notre évolution morale et technique, notre façon de vivre, de nous massacrer aussi. Cela n'avait qu'une portée terrestre. À partir de 1945, l'explosion de bombes atomiques de plus en plus puissantes a pu inquiéter l'intelligence cosmique. L'homme venait de trouver une source d'énergie, pouvant non seulement amener à la destruction de la civilisation terrestre mais, plus gravement, provoquer une catastrophe cosmique qui romprait l'équilibre existant, ne serait-ce qu'au niveau du système solaire.

Cette raison, qui peut apparaître logique au regard d'êtres ayant atteint un degré d'intelligence supérieure, a pu entraîner la venue dans nos cieux d'une multitude d'ovnis différents inquiets de notre capacité à la destruction massive.

Nous sommes peut-être les seuls, dans notre galaxie, à mettre notre intelligence au service de notre propre destruction. Le fait, pour d'autres civilisations, de s'intéresser à nos faits et gestes paraît légitime et explicable. Notre planète est peut-être, parmi une multitude d'autres, un phénomène rare et exceptionnel à étudier.

La venue d'extraterrestres pour nous «remettre dans le droit chemin" relève peut-être de la science fiction. Cela peut paraître incroyable. Et pourtant l'histoire nous montre que l'incroyable est possible.

Trois hypothèses de contact

Il y a trois formes de contacts que nous pourrions envisager si nous étions à la place de l'intelligence ovni.

1. Premièrement, ils arrivent sur terre, ne prennent aucune précaution et entrent très vite en contact avec les autorités et le

peuple terrien. Ils nous dictent leurs volontés, nous imposent leurs façons de voir, nous expliquent, y compris par la contrainte, que nous sommes dorénavant à leur service, nous détruisent pour prendre notre place. Il ne semble pas que ce soit la solution adoptée par les Aliens.

2. En second lieu, ils s'aperçoivent que notre niveau d'évolution est sensiblement identique au leur. Ils prennent contact officiellement, procèdent à des échanges d'informations, à des transferts de technologie et nous laissent notre libre arbitre, pour évoluer dans un sens qui leur paraît correct, sans danger pour nous ni pour l'environnement de notre planète. Ils ne craignent pas de nous dévoiler des secrets pour notre avancée technologique. C'est une forme de contact à écarter pour le moment.

3. Troisièmement, ils arrivent dans nos cieux et accumulent au fil du temps toutes les informations nous concernant par des moyens que nous ne connaissons pas. Ainsi, certains êtres peuvent vivre parmi nous, sans que nous nous en rendions compte.

Ils nous surveillent sans cesse et continuent de le faire avec beaucoup de précision. Ils pourraient même envisager une intervention directe si l'humanité devenait une menace ou créait une situation catastrophique impossible à désamorcer.

Cette troisième hypothèse est celle qui correspond le mieux à l'état actuel des événements.

Pour conclure, certains physiciens n'hésitent pas à concevoir des modèles d'univers à seize dimensions (quinze d'espaces et une de temps). En fonction de telles théories, la physique classique, dite relativiste, avec ses maigres instruments d'observation et son mode de raisonnement à trois dimensions, n'est pas prête à comprendre ni à accepter que des vaisseaux cosmiques puissent prendre des raccourcis en se servant d'autres dimensions pour aller d'un coin de l'univers à l'autre, au mépris des distances séparant les différents coins du cosmos.

Quant à l'origine des ovnis et de ses éventuels occupants, après avoir étudié cette notion d'hyperespace décrite par certains scientifiques à la pointe du progrès, je crois pouvoir dire que nous sommes face à un mélange de la thèse extraterrestre et de celle des univers parallèles. Cette combinaison peut être compliquée par l'existence d'êtres vivant exclusivement dans des dimensions supérieures, ne pouvant pas se matérialiser dans notre espace à trois dimensions mais pouvant communiquer avec nous par l'intermédiaire de matérialisation d'objets, de transmission de pensées, d'images ou de sons...

Les moyens de propulsion

Depuis la chute du système soviétique, seuls les Américains investissent des budgets considérables dans la recherche. Leurs physiciens travaillent sur des théories nouvelles en physique qui leur permettront de voyager vers les étoiles sans se préoccuper des distances et du temps.

Ils axent leurs recherches sur les notions d'espace-temps, l'électromagnétisme, la physique quantique, l'antigravitation, etc. Il y a de fortes chances pour que les ovnis que l'on voit évoluer dans notre atmosphère, se servent d'un ou plusieurs de ces principes, ou en relation avec un de ces principes.

Même s'il y a de fortes chances pour que ces ovnis, ou leurs vaisseaux-mères, aient des bases sur les planètes de notre système solaire et dans les fonds sous-marins de nos océans, leurs bases initiales de départ, leurs planètes de vie, sont certainement à de telles distances de la Terre qu'il leur faut utiliser un système de propulsion qui éliminent le stockage d'énergie, le transport de moteurs lourds et encombrants et qu'ils aient résolus les notions de temps et de distance.

Ils n'utilisent probablement plus, peut-être depuis des millions d'années, les technologies que nous utilisons que depuis quelques décennies. Les signaux radios et les signaux optiques doivent faire partie de leur préhistoire, et il est affligeant de voir dépenser, à fonds perdus, des budgets pour des recherches qui ne servent à rien, comme le fameux projet SETI où des radioastronomes envoient des messages dans l'espace avec l'espoir de recevoir une réponse.

Pour communiquer entre eux, des intelligences galactiques se servent probablement de technologies dont nous n'avons aucune idée... peut-être ont-ils tout simplement amélioré le principe de la transmission de pensée au point de s'en servir à travers les immensités cosmiques ?

Rien ne prouve que notre cerveau humain soit capable d'être assez performant pour comprendre ou pour concevoir la technologie et les moyens de déplacements des différents types d'aliens que j'ai décrit précédemment. Mais il nous faut essayer. L'histoire nous prouve qu'il y a toujours, à un moment donné, un cerveau humain comparable à aucun autre qui arrive et bouleverse la science. Ce fut le cas d'un homme, qui, à douze ans, n'était pas un élève brillant et qui, à dix-neuf ans, révolutionnait toutes les lois de la physique. Il s'appelait Albert Einstein !

De nos jours, il existe une base ultra-secrète, grande comme un département français, appelée “zone 51” ou encore “Groom Lake”, près de Las Vegas, aux États-Unis. Le personnel, civil et militaire y est trié sur le volet. On a prétendu que, pour être certain que les membres du personnel travaillant sur cette base ne parleront pas, ils doivent accepter d'avaler certains médicaments agissant sur leur mémoire, ce qui leur permet de vivre normalement, d'être bien rémunérés, mais d'oublier l'objet de leur travail quand ils sont à l'extérieur. Cela parait gros et semble relever de la science-fiction. Pourtant, en 1982, un pilote de chasse anglais en vol d'entraînement dans la région, dut faire un atterrissage en catastrophe sur cette base. Ce pilote, un allié des Américains, fut retenu prisonnier sur la base pendant plusieurs jours comme un vulgaire ennemi et, quand il fut libéré, il était devenu amnésique au point de ne plus se souvenir de son nom. La mémoire lui revint après un séjour à l'hôpital... mais il ne se souvenait même pas avoir atterri à cet endroit.

Autre exemple intriguant, le fameux Bob Lazar, que tous les ufologues connaissent par ses déclarations incroyables sur la présence d'ovnis et de "petits gris" sur la "base 51", affirme que, lorsqu'il arrêta de travailler dans ces laboratoires ultra-secrets, il fut obligé d'absorber des médicaments et de subir des séances d'hypnose. Contrairement au pilote anglais, il ne fut pas amnésique, mais il semble bien que des "faux souvenirs" furent imprimés dans son cerveau afin qu'à son tour il manipule ses interlocuteurs sur les travaux réellement pratiqués sur cette base.

Nous pouvons supposer que les savants américains ont pris une avance importante dans certains domaines de la propulsion et qu'ils veulent le cacher au reste du monde. Cela pourrait expliquer la décision ultra-rapide prise par le Président Bush dès son arrivée au pouvoir, de relancer la soi-disant "guerre des étoiles".

L'antigravitation

Ceci nous ramène à la propulsion des ovnis. Des savants américains travaillent d'arrache-pied, selon certaines sources, sur l'antigravitation. Il semble, en observant le déplacement des ovnis dans notre atmosphère, qu'ils utilisent la force anti-gravitationnelle pour effectuer toutes les manœuvres ahurissantes dont nous sommes témoins. Il est certain que si une intelligence a trouvé le moyen d'utiliser la gravité, elle peut tout se permettre dans les domaines des voyages intergalactiques.

La théorie de l'antigravitation n'est pas nouvelle. Elle fut élaborée par un français, Jean Plantier, dès 1955.

En 1994, dans la revue *Classic and Quantum Gravity*, le physicien M. Alcubierre expliquait : « Dans un espace à trois dimensions, tel que notre espace-temps, on peut, en théorie, en se basant sur les équations de la relativité générale et en respectant la relativité restreinte (celle-ci limitant la vitesse d'un mobile à la vitesse de la lumière dans le vide) dépasser cette vitesse de la lumière comme bon nous semble, pour voyager vers les étoiles, et ceci dans un temps de quelques minutes à quelques heures, si l'on déforme localement l'espace-temps par des concentrations de "masse/énergie" de façon à contracter celui-ci à l'avant du vaisseau spatial et le dilater à l'arrière. Il suffirait, pour freiner, de produire une déformation inverse ! C'est l'espace-temps lui-même qui pousserait le vaisseau et on n'aurait à l'intérieur de l'engin, aucune impression de déplacement, on ne ressentirait aucunement les effets de la forge G. «

Lorsqu'on fit remarquer à ce physicien que, pour déformer l'espace-temps, il faudrait utiliser une forme d'énergie, sa réponse fut la suivante : « La théorie de l'électrodynamique quantique nous montre que, non seulement le vide n'est pas vide, mais que c'est un réservoir infini de particules virtuelles au niveau zéro d'énergie. « Partant de là, M. Alcubierre précise que l'énergie nécessaire sera tirée de l'énergie quantique du vide. Il faut bien sûr être physicien pour comprendre ce langage, mais ce qu'il faut retenir, c'est qu'un scientifique de haut niveau, lorsqu'il dirige ses recherches vers des domaines inconnus, nous donne des pistes possibles pour comprendre comment se déplacent les ovnis.

Un autre physicien, M. Puthoff, déclara que pour extraire l'énergie quantique du vide afin de la transformer en énergie électrique nécessaire à un moteur quantique, si petit soit-il, il ne sera pas question de se servir d'un quelconque système mécanique, mais plutôt d'un "plasma" ou gaz ionisé qui, étant chargé et dense, produirait le même effet.

Dans les observations d'ovnis, des témoins disent souvent avoir eu l'impression de voir ce qui fait penser à des gaz ionisés. Certains OVNIS ont une consistance faisant penser à du plasma. Y a t-il un rapport ?

D'autre part, il semble qu'il puisse y avoir un lien entre la gravitation et les supraconducteurs ; c'est ce que pensent certains physiciens comme J. Sarfatti qui affirme que de très grandes forces quantiques s'exercent sur les supraconducteurs, et il se demande si ces énormes forces pourraient distendre l'espace-temps. Beaucoup de physiciens refusent de croire à ses théories car elles rendent caduque celle d'Einstein sur la relativité générale et mettent complètement en cause les bases de l'électromagnétisme.

Mais si ce physicien a raison, ce qui ne semble pas avoir encore été prouvé, nous ferions un bond considérable dans la conception de nos moyens de déplacement dans l'espace, et ce serait une explication au fonctionnement de certains ovnis... car rien ne prouve qu'ils fonctionnent tous de la même manière.

Les déplacements par M.H.D.

La Magnéto-Hydro-Dynamique, ou M.H.D, est un système de propulsion proposé en 1976 par le physicien français Jean-Pierre Petit.

Beaucoup de scientifiques n'acceptaient pas l'existence des ovnis car il n'y avait pas de bang supersonique lorsqu'ils passent le mur du son, ce qui, selon eux, est impossible.

Après de nombreux travaux de laboratoire, Jean Pierre Petit démontra en 1989 que, non seulement la M.H.D. pouvait servir de propulseur, mais qu'elle pouvait aussi agir pour supprimer les ondes de choc. En résumé, il s'agit de produire un champ de force M.H.D. qui équilibre exactement les variations des différentes pressions entourant l'appareil en mouvement.

La M.H.D., en elle-même, est un principe connu puisqu'elle est utilisée depuis longtemps pour faire fonctionner les moteurs électriques. Il s'agit, d'après un ami spécialiste, de "l'interaction des champs magnétiques et électriques passant dans des fluides conducteurs". Se servir de la M.H.D. dans l'air est plus compliqué, car c'est un mauvais conducteur électrique. Il faut donc, en priorité, le rendre conducteur en le chauffant à haute température, puis utiliser des champs magnétiques et électriques de forte puissance à l'intérieur de cet air chauffé. Je ne vais pas entrer dans les détails, ni dans la polémique qui oppose les spécialistes entre eux. En effet, certains pensent que la M.H.D. ne peut pas être le mode de fonctionnement des ovnis. Certaines manœuvres, en particulier le stationnement immobile dans l'air puis les démarrages fulgurants, ne peuvent pas s'expliquer par ce mode de fonctionnement.

Ce qui est certain, c'est que de très nombreuses observations nous prouvent qu'il se dégage des ovnis des champs magnétiques de forte intensité qui perturbent fortement ou arrêtent le fonctionnement des moteurs automobiles et de leurs systèmes électriques.

Les transferts de Masse

Ce qui va suivre est une théorie élaborée par le chercheur Francis Gatti qui est, à mes yeux, un chercheur de grande qualité. Il pense, comme moi, qu'il est indispensable d'essayer de comprendre ce qu'on appelle les phénomènes paranormaux pour espérer comprendre le mystère des ovnis. Bien entendu, Francis Gatti est dénigré par la nomenklatura officielle parce qu'il n'est pas un scientifique reconnu.

Selon Francis Gatti, il faut rechercher l'explication du phénomène ovni avec l'aide d'autres connaissances que celles dont nous disposons. Actuellement, nous ne connaissons qu'un moyen de voyager qui dérive des lois de Newton, c'est à dire d'une action mécanique. La poussée d'une tuyère provoque une réaction qui met en mouvement inverse le vaisseau ou la fusée. Pour des voyages interstellaires, l'énergie nécessaire serait tellement énorme qu'aucune mission habitée n'est envisageable.

L'approche du phénomène ovni par l'étude des phénomènes paranormaux permet d'envisager l'avenir avec plus d'optimisme. Un état inconnu de la matière semble en relation avec des déplacements utilisant la dématérialisation et la rematérialisation. En travaillant dans ce sens, des déplacements à très grandes distances seraient envisageables. Le temps de trajet serait réduit à une constante de temps ridiculement courte, ceci quelle que soit la distance à parcourir. Tous les points de l'univers seraient à notre portée sans avoir à subir les temps de trajet et les contraintes énergétiques qui s'y rattachent. L'énergie de passage d'un état matériel à un état ondulatoire et l'inverse seraient seuls nécessaires.

Le processus d'élaboration d'un transfert de masse semble se dérouler en trois phases distinctes :

Phase 1 : Disparition virtuelle de l'objet ou de la personne. Sa nature physique disparaît mais sa réalité ne disparaît pas, elle prend un état invisible qui ne met pas en cause son intégrité.

Phase 2 : Création d'une entité cohérente invisible rassemblant l'ensemble des informations concernant l'objet ou la personne en cours de transfert. Cet état, qui pourrait s'appeler ondulatoire, ne semble pas subir de vieillissement. Tout se passe comme si la personne se trouvait en hibernation. En phase 2, l'être vivant ou l'objet sont comme figés. L'entité ondulatoire n'est pas localisée dans l'espace, elle pourrait se rematérialiser n'importe où dans l'Univers. La dépense énergétique n'est pas proportionnelle à la distance à parcourir.

Phase 3 : Transformation très rapide de l'entité ondulatoire en un objet physique dont la forme et les caractéristiques sont strictement identiques à l'objet initial.

On pourra objecter que la dématérialisation et la rematérialisation d'un être humain sont impossibles. C'est sans compter le nombre de fois où mon ami Jean-Claude Pantel s'est dématérialisé et rematérialisé devant ses amis, à chaque fois stupéfaits.

Revenons aux thèses de Francis Gatti :

Le transfert de masse n'est pas seulement un moyen de voyager sur de longues distances, il s'inscrit dans le contexte du fonctionnement de la motricité universelle.

Les civilisations qui utilisent ce procédé de transfert de masse disposent d'une supériorité sans commune mesure avec l'idée que nous nous faisons de la suprématie. Elles utilisent de façon subtile les forces originelles ayant participé à la construction de l'Univers visible.

Il est toujours possible de mettre largement en doute nos élucubrations invérifiables par les méthodes ayant cours actuellement, mais notre étude consciencieuse sur une longue période des phénomènes paranormaux nous permet de dire que tout semble se passer ainsi.

L'étude des poltergeists, la dématérialisation d'objet rematérialisés instantanément à dix mille kilomètres de distance, l'étude de certains phénomènes réputés paranormaux, nous permettent de supposer l'existence d'un procédé inconnu des terriens, permettant des voyages ultra-rapides sur de très grandes distances. Certains ovnis pourraient utiliser ce moyen de déplacement car il ne met pas en œuvre une propulsion proprement dite mais exploite des connaissances sur la matière que nous n'avons pas et qui sont en relation avec la texture de l'Univers.

XI.
Mutilations animales et phénomène ovni

Les Cupacabras

(Chupacabras signifie « suceur de chèvre » en espagnol)

Les Chupacabras constituent une énigme liée au phénomène ovni. Ces créatures sont à la limite de l'humanoïde, les témoignages font état d'une entité avec une tête, de deux bras, deux jambes, un corps, mais qui se comporte comme un animal sauvage.

Les premiers rapports qui le décrivent viennent de Porto Rico et datent de 1995. C'est donc un fait tout nouveau dans le vaste domaine des ovnis. S'il n'y avait eu qu'un ou deux témoignages, je les aurais mis avec les êtres bizarres impossibles à classer dans les différents types. Or, les témoignages arrivent maintenant de différents endroits de la planète, décrivant le même humanoïde à l'aspect peu sympathique et surtout très agressif.

Il y a plusieurs motifs pour classer les Chupacabras dans le phénomène ovni. D'abord, toutes les espèces vivantes d'une taille relativement importante ont été répertoriées depuis longtemps.

Or, cette entité cauchemardesque apparaît en un temps record dans les pays de l'Amérique Centrale, puis aux États-Unis et enfin dans toute l'Amérique du Sud. Bizarrement, alors que personne dans les médias n'en a parlé, d'autres témoignages décrivant le même humanoïde arrivent d'Afrique Centrale, d'Égypte, de Jordanie, d'Italie, d'Espagne. Comme s'il avait fait un bond par-dessus l'Atlantique.

Il faut se rendre à l'évidence, tout se passe comme si les Chupacabras étaient transportés à bord d'engins volants pour être ensuite lâchés dans la nature dans différentes contrées du globe avec une mission bien précise.

Lorsque nous parlerons du phénomène des abductions qui impliquent les "petits gris", nous constaterons que leur tête ressemble étrangement à celle des Chupacabras, en particulier les yeux qui effraient tant les humains enlevés.

Dernièrement, à Porto Rico, un policier s'est trouvé face à face avec un Chupacabras. Il a eu le temps de sortir son revolver et de vider son chargeur sur l'entité démoniaque. Une forte odeur ressemblant à celle de l'essence se dégageait de son corps mais, malgré toutes les balles qu'il prit, le Chupacabras s'enfuit en bondissant, laissant une traînée de sang qui fut analysée. La structure moléculaire de ce sang fait apparaître une forte composante de chlorophylle, voisine de celle de l'hémoglobine.

Un autre témoignage de contact rapproché a eu lieu également à Porto Rico. Le témoin, voyant ce petit monstre attaquer ses lapins dans leur enclos, frappa le Chupacabras avec sa machette alors que celui-ci s'enfuyait. Ce qui est très important dans ce témoignage, c'est que le témoin dit que lorsqu'il frappait, cela "sonnait creux" comme s'il frappait sur un tonneau vide.

Ce détail est important parce qu'il nous fait voir que nous avons certainement affaire à une sorte de robot biologique dirigé par une intelligence extérieure, probablement située dans l'espace.

Les témoins disent tous que le Chupacabras fait des bonds fantastiques. Certains l'ont vu sauter au-dessus des arbres. D'autres témoins certifient l'avoir vu voler. Je pense qu'ils voulaient certainement dire qu'il se déplaçait dans les airs. Il n'a en effet pas d'ailes, mais une sorte de nageoire dorsale tout le long de la colonne vertébrale, comme les poissons. Il semblerait que cette nageoire émette des couleurs changeantes comme on le constate souvent dans les vols d'ovnis.

Depuis 1995, ce sont des milliers d'animaux domestiques ou de ferme que l'on a retrouvés morts, vidés de leur sang, avec toujours la même blessure qui consiste en un trou dans la gorge d'une quinzaine de centimètres de profondeur. Les témoignages de fermiers sont nombreux et particulièrement explicites. Ils font état d'animaux enfermés dans des cages ou dans des étables solidement cadenassées pour éviter la visite des renards. Malgré ces précautions, ils ont trouvé tous leurs animaux tués de la même façon et... vidés de leur sang. Des dizaines de litres de sang disparaissent parfois au même endroit alors que la taille et la grosseur du Chupacabras ne semblent pas pouvoir les absorber. On peut supposer que, lorsque les fermiers constatent la tuerie d'animaux, le carnage a eu lieu plusieurs heures auparavant, parfois la nuit, et que donc ils n'ont pas pu rencontrer les Chupacabras qui viennent peut-être à plusieurs pomper leur récolte de sang frais.

On a retrouvé, échoués sur des plages, des cadavres de dauphins, de phoques, de baleines, avec toujours la même blessure, signature des Chupacabras, un trou dans la gorge et vidés de leur sang.

À ma connaissance, il n'y aurait que quelques cas de cadavres humains retrouvés vidés de leur sang, au Brésil. Il semble qu'en ce moment ce soit surtout en Amérique du Sud que les Chupacabras agissent avec le plus de virulence. Les habitants de ces régions, beaucoup mieux informés par leurs journaux que nous ne le sommes en Europe, prennent des précautions, surtout dans les campagnes. Les hommes sont toujours armés de leur machette lorsqu'ils sortent de leurs fermes, car ils connaissent désormais le danger relatif à ces êtres malfaisants.

Ce n'est pas la première fois dans l'histoire que l'homme est confronté à des "bêtes" assoiffées de sang. Tout le monde a entendu parler du "loup-garou" de la légende. Était-ce réellement une légende ? On peut également s'interroger sur la "bête du Gévaudan" qui, en Lozère, tua entre 1765 et 1768 une cinquantaine de personnes et beaucoup plus encore d'animaux. À l'époque, on a pensé qu'il s'agissait d'un loup ou un gros chien sans vraiment savoir de manière définitive de quoi il s'agissait.

Plusieurs témoignages d'enfants enlevés par les extraterrestres disent qu'ils ont suivi une biche qui leur a parlé. Il ne faudrait peut-être pas trop prendre ces témoignages à la légère parce qu'il s'agit d'enfants. Le dossier Chupacabras semble nous prouver que le phénomène ovni nous manipule comme il le veut, quand il le veut, sans que nous puissions intervenir efficacement.

Mutilations d'animaux

Vous pouvez vous demander pourquoi j'associe les Chupacabras qui saignent et tuent les animaux aux mutilations de bétail.

Dans le cas des Chupacabras, nous trouvons des êtres humanoïdes qui saignent les animaux, toujours selon le même scénario, sans prélèvement d'organes.

En ce qui concerne les mutilations d'animaux, ce sont des dizaines de milliers de bêtes qui sont retrouvées vidées de leur sang et mortes bien entendu. En plus, elles ont été victimes de prélèvements d'organes et des témoignages précis attestent la présence d'ovnis sur les lieux.

Les mutilations de troupeaux entiers d'animaux ont commencé à être signalées à partir de 1970, aux États-Unis, par les propriétaires de ranchs élevant parfois des milliers de bœufs constituant d'immenses troupeaux en liberté sur des centaines d'hectares.

Au début, les fermiers américains ont pensé que c'était l'œuvre de jeunes vauriens, détruisant pour détruire... puisqu'il n'y avait pas de vol ! Les cow-boys s'organisèrent et passèrent des nuits dans les prairies à observer les troupeaux. Malgré leur réputation d'hommes solides, à toute épreuve, ils furent effrayés quand ils virent leurs bêtes aspirées dans le ciel et disparaître dans des engins qu'ils prirent pour des "sortes d'hélicoptères". Ils alertèrent bien sûr immédiatement la police locale, qui retrouva sur place le lendemain matin les bêtes couchées sur le sol, mortes, les pattes brisées, corroborant qu'elles avaient bien été enlevées dans le ciel pour être ensuite larguées dans le vide.

Après les affaires de pilotes d'avions tués suite à leur rencontre avec des ovnis, après l'affaire de Roswell et les crashs d'ovnis, après les dizaines de milliers de témoignages concernant les observations d'ovnis dans le ciel ou au sol, après les témoignages de contacts avec les humanoïdes sortant de leurs vaisseaux spatiaux, voilà que les forces de police, les enquêteurs officiels et officieux se retrouvaient avec un problème nouveau et mystérieux à étudier... et à prendre au sérieux. Que nous réserve l'avenir ?

Une précision chirurgicale

Les enquêteurs spécialistes du bétail, pour la plupart vétérinaires, ont constaté que les animaux étaient complètement vidés de leur sang d'une façon incroyablement méthodique puisqu'il n'y avait aucune goutte de sang sur la peau ni sur le sol. Les mutilations sont inexplicables. Les yeux, les oreilles, la langue, les organes génitaux, les pis des vaches ont été prélevés d'une façon chirurgicale, mais par des "chirurgiens" disposant d'une technologie inconnue sur terre. Pour ne pas être considérés comme des hallucinés, les vétérinaires prennent des milliers de photos attestant du sérieux de leur travail.

Bien entendu, le F.B.I. chargé des enquêtes de police sur tout le territoire américain, essaya de "noyer le poisson" en déclarant qu'il s'agissait de l'œuvre de prédateurs ou de sectes sataniques. Mais devant la fureur grandissante des fermiers, ils préférèrent se taire et laisser faire... puisqu'ils en sont réduits à l'inaction.

Aujourd'hui, les mutilations d'animaux continuent, surtout en Amérique, puisque c'est là que se trouve le plus grand nombre de troupeaux gigantesques totalisant plus de cent millions de bovins. Mais d'autres pays sont concernés, y compris la France. En l'an 2000, les médias ont annoncé qu'un troupeau de vaches avait été trouvé, un matin, avec toutes les bêtes mortes et mutilées, dans le nord près de la frontière belge. Le fermier fut immédiatement arrêté, mis en garde à vue, puis mis en examen suite à la plainte de la S.P.A. Quelques mois après, les médias annoncèrent que le même scénario venait de se produire près de Nice. Là, le fermier fut amené à l'hôpital psychiatrique pour y être examiné. J'espère que ces deux malheureux innocents ont été mis hors de cause, les médias n'ayant pas pris la peine de nous informer des suites données à ces affaires.

On voit, dans le cas de ces mutilations faites à l'intérieur d'ovnis, qu'une technique beaucoup plus sophistiquée que celle utilisée par les Chupacabras a été mise en place. Pourquoi alors avoir envoyé sur terre cette espèce de robot biologique ?

Les ovnis sont liés au phénomène “mutilation de bétails” parce que de nombreux témoins disent avoir observé un ovni dans le ciel au-dessus du troupeau concerné. Ensuite, officiellement, l’armée et la police nient utiliser les sortes d’hélicoptères que décrivent les témoins. Enfin, les mutilations sont effectuées avec des instruments ou des techniques inconnus à ce jour sur terre. En plus, certains animaux que l’on retrouve au sol les membres fracassés, sont dans cet état parce qu’ils sont tombés d’une certaine hauteur. Ce ne sont ni des vauriens et encore moins les fermiers, qui peuvent être responsables de tels actes.

En conséquences, si cela ne peut pas être terrien… c’est que c’est provoqué par une intelligence extérieure à notre planète. Mais dans quel but ?

C’est une question angoissante pour les humains car, nous en reparlerons plus en détails, il est certain que les aliens ont besoin de sang frais… et qu’ils se servent, avec toutes les conséquences que nous pouvons imaginer.

Si les gouvernements se taisent depuis si longtemps, c’est que les spécialistes soupçonnent la vérité… mais qu’ils refusent d’aborder cette éventualité par trop effrayante.

XII.
Contacts du quatrième type. Les abductions

Le mot d'origine anglaise "abducté" signifie "enlevé". Les ufologues utilisent ce terme pour désigner exclusivement les êtres humains enlevés provisoirement par des intelligences inconnues, ayant la forme d'entités, que les victimes décrivent toujours comme des "petits gris". Les abductés sont ramenés sur terre, en général sur le lieu initial d'enlèvement.

Ce phénomène, qui concerne tous les pays du monde, pourrait être beaucoup plus important qu'on ne le pense puisque, très souvent, les abductés ne se souviennent de rien ou n'osent pas parler de leur aventure. Beaucoup d'abductés se demandent s'ils ne deviennent pas fou… surtout quand les abductions se répètent pendant toute une vie !

En France, si l'on fait ce genre de témoignage à un psychiatre, il vous catalogue immédiatement de délirant.

Malheureusement, que cela plaise ou non, j'affirme qu'en France, un certain nombre de gens traités en psychiatrie, sont victimes de tels phénomènes.

Il faut reconnaître que ce que décrivent les abductés de la planète sort tellement de notre réalité que l'erreur de diagnostic est compréhensible. Par contre, si des thérapeutes avaient quelques connaissances sur les mystères qui nous entourent, ils n'hésiteraient pas à envoyer leur patient chez un de leurs confrères pratiquant l'hypnose, ce qui leur éviterait de faire des erreurs dramatiques !

Dans ce domaine, les psychiatres et psychologues américains ont une avance considérable sur ceux de la vieille Europe. Dans le cas de symptômes étranges observés chez des gens paraissant équilibrés, ils n'hésitent pas à envoyer leurs patients chez des confrères spécialisés dans les interrogatoires sous hypnose...

Si l'on tient compte des milliers de cas étudiés aux États-Unis, les spécialistes pensent que ce sont des millions d'êtres humains qui sont concernés par ce phénomène d'enlèvement provisoire.

Que se passe-t-il avant l'enlèvement ?

La plupart du temps, les terriens appelés à être abductés ressentent la sensation "qu'il va se passer quelque chose". Quelquefois, ils sont attirés par télépathie à l'endroit où aura lieu l'abduction. Lorsque plusieurs personnes sont ensemble, une seule peut être abductée, les autres sont comme anesthésiées et ne se rappellent rien. C'est souvent le cas pour les abductés à l'intérieur des voitures.

Qui est enlevé ?

Des femmes, des hommes, des enfants, issus de toutes les couches sociales et de toutes les nationalités. D'après les témoignages obtenus sous hypnose, on s'aperçoit que les enlèvements commencent souvent dès l'enfance. Par contre, il semble qu'il y ait très peu d'enlèvements provisoires concernant les humains de plus de cinquante ans. L'explication vient peut-être des "expériences" qui sont pratiquées sur les abductés ?

Lorsque les enfants essaient de raconter à leur manière et avec leurs mots ce qui leur est arrivé, les parents pensent en général qu'ils racontent une histoire inventée de toutes pièces. S'il a, par exemple, des petites blessures, on pense qu'il s'est blessé en jouant. Si l'enlèvement a lieu la nuit, comme c'est souvent le cas, on pense que l'enfant a fait des cauchemars. Par contre, certains parents ne comprennent pas pourquoi, dans certains cas, l'enfant se réveille avec son pyjama enfilé à l'envers, alors que bien sûr il avait été mis la veille à l'endroit. Au lieu de rejeter systématiquement ce que racontent les enfants, les parents devraient, au contraire, les interroger avec soin.

J'ai remarqué que, souvent, même les adultes se retrouvaient avec des vêtements mis à l'envers lorsqu'ils revenaient dans notre réalité : lacets défaits, chaussures inversées, boutons de chemises ou de corsages non refermés, pantalon à l'envers, etc. Bien entendu, l'entourage s'apercevoit immédiatement de ces détails.

Lorsque mon ami Jean-Claude disparaît subitement, il réapparaît souvent devant ses amis avec des détails vestimentaires ne correspondant pas à la réalité d'avant sa disparition. Il n'y a pas d'explications rationnelles, simplement la preuve qu'il s'est passé quelque chose d'anormal.

Certains adultes racontent, sous hypnose, avoir vécu jusqu'à quarante enlèvements depuis leur enfance. Pour certains abductés, l'hypnose ne sert que pour les détails, car ils se souviennent parfaitement de l'essentiel et leur quotidien tourne au cauchemar étant donné qu'ils vivent dans la hantise d'un nouvel enlèvement. Aux États-Unis, des groupes de rencontres accueillent maintenant ces personnes. Elles sont aidées par des psychologues et peuvent échanger des informations sans être prises pour des malades.

Quand cela se passe-t-il ?

Les abductions s'effectuent de jour comme de nuit. Parfois, alors que la personne se trouve avec des amis, en famille, dans la foule, au supermarché, et sans que personne ne s'en aperçoive, ce qui nous fait dire que les aliens manipulent la conscience des témoins.

Dans cette forme d'enlèvement, il semblerait que la notion de temps n'ait plus la même valeur que dans la vie courante. Les abductés seraient dans un espace-temps différent.

Par exemple, le conducteur d'une voiture observe une boule de lumière dans le ciel qui descend vers lui. Le moteur cale, la voiture s'arrête puis redémarre presque aussitôt. Mais en regardant sa montre ou celle du tableau de bord, le témoin s'aperçoit qu'il s'est écoulé deux heures entre l'arrêt du véhicule et son redémarrage. Parfois le conducteur est perdu car il se retrouve à cent kilomètres du point d'arrêt, à un endroit où il n'avait pas l'intention d'aller. Certains se sont même retrouvés dans un pays étranger, à cinq mille kilomètres de chez eux.

Le témoin croit que le temps s'est écoulé normalement, mais il y a un "trou" et il ne se souvient pas de ce qu'il a pu faire. L'Américain Hopkins a baptisé ce temps perdu, de "Missing Time", c'est-à-dire temps manquant.

Ce temps manquant peut aller de quelques minutes à plusieurs heures, voire à plusieurs jours comme dans l'affaire de Cergy-Pontoise. Les témoins directs de cet enlèvement qui a duré huit jours, sont revenus sur leurs déclarations à la suite des pressions faites sur eux par les enquêteurs officiels, mais d'après mon ami Jimmy Guieu, qui me l'a raconté, après avoir interrogé l'abducté durant plusieurs jours, l'enlèvement ne pouvait pas être inventé.

Que se passe-t-il physiquement ?

Le sujet est comme anesthésié partiellement paralysé mais il est conscient de ce qui lui arrive, comme dans de nombreux contacts du troisième type. Il a envie de résister, mais il ne peut pas. En plus de la frayeur qu'il éprouve, il ne comprend pas que les éventuels témoins ne viennent pas à son secours. C'est la première source d'angoisse. Il est alors kidnappé par des entités terrifiantes, emmené par lévitation dans les airs, en passant à travers les murs s'il se trouve dans un appartement.

Où sont-ils transportés ?

Les milliers de témoignages sont concordants. Pris dans un faisceau lumineux, ils disent tous qu'ils se sont sentis monter vers un vaisseau de couleur noire et d'aspect métallique stationnant dans le ciel.

À l'intérieur de l'engin, beaucoup de témoins sous hypnose disent avoir vu des bocaux où flottent des embryons d'humanoïdes. Certains décrivent des petits enfants mi-homme mi-alien, que les femmes abductées sont obligées de prendre dans les bras. D'autres décrivent des sortes de séances de cinéma où ils voient des films montrant notre terre inondée, d'énormes raz-de-marée, des tremblements de terre gigantesques, des éruptions volcaniques épouvantables. Pour les rassurer, on leur explique par transmission de pensée que c'est l'avenir de la race humaine si nous continuons à maltraiter notre environnement. Les enfants hybrides, que beaucoup d'abductés décrivent, seraient, d'après les aliens, des naissances provoquées entre leur race et la nôtre afin d'assurer la survie de leur espèce.

Les abductés passent tous par une salle fortement éclairée où ils sont déshabillés puis étendus sur une table d'opération pour y subir les examens qui terrorisent tant les témoins.

Très souvent, les abductés décrivent l'intérieur du "vaisseau spatial" comme ayant de nombreuses grandes salles, ce qui pourrait laisser penser que l'intérieur est beaucoup plus grand que l'engin qu'ils décrivent, vu de l'extérieur.

Description des "entités" kidnappeurs

Ils sont petits, la taille varie de quatre-vingt dix centimètres à un mètre vingt. Ils ont d'énormes yeux faisant penser à ceux des fourmis géantes, mais sans pupilles et de forme ovale. Leur regard est pénétrant, scrutateur et effrayant. Les bras sont longs et maigres, terminés par trois ou quatre doigts, longs et durs comme du plastique. La peau est pâle, grisâtre ou grise, c'est pourquoi nous les appelons des "petits gris". Ils sont chauves, la tête est énorme par rapport au corps qui est frêle et semble recouvert d'une sorte de combinaison faisant penser à celle des plongeurs sous-marins. Le cou est mince et long.

Cette description est identique pour tous les abductés de la planète, à quelques variantes près. Ces abductés, bien entendu, ne se sont jamais rencontrés et vivent souvent à des milliers de kilomètres les uns des autres.

Il n'y a aucun exemple d'ufologue connu ayant été abducté, ou du moins en ayant conscience. Tous les témoignages proviennent de gens ne s'étant jamais intéressés au phénomène ovni. D'ailleurs, des enfants de cinq ou six ans ont d'autres centres d'intérêt.

Parfois, en plus des "petits gris", apparaissent quelques entités que les témoins décrivent comme des "grands blonds", d'aspect plus humanoïde, ou des êtres ayant l'aspect de femmes selon nos critères. Quand ces êtres différents apparaissent près des tables d'examens, c'est pour essayer de tranquilliser, par des impositions de mains ou par des paroles rassurantes en transmission de pensée, les humains allongés et immobilisés.

Ce qui est curieux, dans le cas des jeunes enfants abductés, c'est qu'il n'y a pas besoin d'hypnose pour qu'ils parlent… comme si l'intelligence qui dirige ce phénomène savait pertinemment que personne ne les croirait… et c'est effectivement ce qui se passe ! Ces enfants disent à leurs parents qu'ils sont méchants de n'être pas venus à leur secours. Puis, lors des enlèvements suivants (car ils subissent d'autres enlèvements), ils préfèrent ne plus parler. Et même leurs copains "petits gris" les font participer à un jeu extraordinaire. Ces histoires ne ressortent qu'une fois adulte et sous hypnose avec régression dans le passé ou, pour certains, de manière naturelle.

Un scénario effrayant

Le scénario est toujours très bien ficelé, très bien organisé. Et qui plus est, cette forte manipulation est extrêmement sophistiquée. Nous ne sommes plus dans notre réalité à trois dimensions.

Cela ne veut pas dire que ce que décrivent les témoins est une pure illusion, comme certains debunkers veulent le faire croire. Cela veut dire que la mise en scène est tellement surréaliste, que les expériences décrites semblent tellement absurdes, qu'un ufologue sérieux est obligé de se demander si les aliens, lors des abductions, n'agissent pas sur le cerveau des abductés pour les manipuler dans une finalité incompréhensible.

Sous hypnose, les abductés revivent les expériences vécues à l'intérieur des ovnis. Lorsqu'ils sont étendus sur la table d'examen et que les aliens commencent leur travail, la terreur envahit les témoins. Ils hurlent, au point qu'il faut souvent arrêter la séance d'hypnose, quitte à la reprendre plus tard.

Beaucoup d'abductés font des dépressions nerveuses lorsqu'ils se rendent compte, en écoutant les enregistrements, de la réalité de ce qu'ils ont vécu.

Les enlevés pénètrent dans une pièce fortement éclairée par une lumière blanche sans formation d'ombres, et dont la source est invisible. Ils sont très vite déshabillés et allongés sur une sorte de table. Les aliens utilisent alors un appareil muni d'un faisceau lumineux qu'ils dirigent sur la tête de l'humain et qui semble entrer et visiter l'intérieur du crâne. Ils examinent aussi la colonne vertébrale avec leurs longs doigts ou une longe aiguille qui pénètre entre les vertèbres. Ils observent toujours les cicatrices et les grains de beauté avec une attention particulière. Ils posent une sonde anale. Pendant tout ce temps, ils plongent leur regard effrayant dans les yeux des terriens, afin semble-t-il, de lire dans le cerveau ce que pensent et ressentent les abductés.

Ils prélèvent aussi du sang, de la peau, des cheveux. Tous les abductés disent que les expériences qui se succèdent les unes après les autres les font horriblement souffrir, ce qui ne semble pas perturber les expérimentateurs.

Ces aliens semblent complètement insensibles à la souffrance qu'ils provoquent chez leurs cobayes humains. L'émotion semble être une notion complètement inconnue de ces êtres. Par exemple, beaucoup de témoignages relatent que les abductés se retrouvent enlevés à l'intérieur d'un ovni en même temps que leur enfant. Lorsqu'une mère assiste aux manipulations chirurgicales faites sur sa fille ou son fils, la panique et la colère sont tellement grandes qu'elle essaie de s'interposer. Immédiatement, les aliens touchent le front de la femme qui perd tout de suite la conscience de ce qui se passe.

Pourquoi ces êtres semblent-ils désirer que des témoins, comme une mère, voient ce qu'ils font, et dans quel but ? Est-ce pour montrer aux humains qu'ils nous sont supérieurs, que résister est inutile, maintenant… et dans le futur ?

Tous les témoignages des abductés se ressemblent et donnent la nausée. Cela paraît impossible… et pourtant !

Les expériences les plus douloureuses sont celles ayant un rapport avec les organes sexuels, en tant qu'organes de reproduction.

Les femmes sont traumatisées par les tubes qu'on leur introduit dans l'utérus. Pour les hommes, les tubes sont introduits dans la verge ou carrément dans les testicules pour aspirer le sperme... bien entendu sans aucune anesthésie, ce qui pourrait nous faire penser qu'ils ne sont pas aussi évolués qu'ils veulent nous le faire croire, à moins qu'il ne provoquent la souffrance pour l'analyser.

Beaucoup de femmes, et parfois des hommes, disent qu'on les a obligés à avoir des rapports sexuels, soit avec des terriens ou terriennes abductés en même temps qu'eux, soit avec des entités humanoïdes ressemblant aux humains, mais jamais avec les êtres pratiquant les expériences chirurgicales. Tous disent qu'ils se sentaient comme conditionnés pour exécuter ces actes. Cela expliquerait plus facilement comment les hommes ont des érections dans des conditions aussi traumatisantes.

Beaucoup de femmes disent qu'elles se sont retrouvées enceintes, et qu'au bout de trois mois elles ont subi un nouvel enlèvement pour que le fœtus leur soit retiré et mis dans des grands tubes transparents remplis de liquide, afin de devenir des enfants hybrides. Ces femmes, qui ne se connaissent pas entre elles, affirment toutes que dans les années suivantes, lors d'un autre enlèvement, les aliens leur ont montré leur enfant, mi-humain mi-alien, les ont obligées à les toucher, les embrasser, à les prendre dans leurs bras. Ces femmes disent également avoir ressenti, à ce moment-là, une douleur morale et physique indescriptible. Lors de ces visites, elles ne subissent, en général, aucune auscultation chirurgicale.

Dans cet ordre d'idée, nous avons des cas dramatiques de jeunes filles enlevées entre douze et quatorze ans qui se retrouvent enceintes sans avoir eu de rapports sexuels et que, bien entendu, personne ne croit. Cela crée des drames énormes dans certains pays où l'intégrisme religieux et la misogynie règnent en maîtres. Dans nos pays plus civilisés, un simple examen gynécologique montre que l'adolescente dit la vérité puisque, pour une raison mystérieuse elle est encore vierge… ce qui ne résout pas le pourquoi de sa grossesse !

La plupart des abductés ont des troubles divers, surtout psychiques et relationnels, avec leur entourage. Comme personne ne les comprend ni ne les croie, cela peut amener des troubles mentaux bien réels.

Des exemples

Les deux premiers cas connus, du moins les plus célèbres, eurent lieu en 1957 et 1961. Ils furent l'objet de nombreux articles de presse et de livres.

Pour être honnêtes, nous devons reconnaître que les ufologues n'ont pas tellement cru à ces histoires qui semblaient être de la pure science-fiction. Il faut dire qu'à l'époque ce genre de récits étonnait. Mais depuis, les langues se sont déliées et les milliers de témoignages nous ont obligés à revoir le sujet.

Le premier cas est celui d'un brésilien âgé de vingt-trois ans, Antonio Villas Boas. Dans la nuit du 15 octobre 1957, peu après minuit, Antonio labourait ses champs sur son tracteur, phares allumés. Tout à coup le champ se trouva éclairé comme en plein jour. Il y avait autre chose que les malheureux phares pour produire une telle clarté. Antonio leva la tête pour voir l'origine de ce mystère. Un énorme vaisseau spatial dirigeait vers le sol cette éblouissante lumière. L'engin se posa doucement, sans bruit, à quelques dizaines de mètres du témoin qui, pris de panique, ne pensa qu'à s'enfuir, mais les phares de son tracteur s'éteignirent et le moteur s'arrêta. Il sauta de son siège et se mit à courir. Très vite, quatre humanoïdes casqués le saisissent et le firent entrer à l'intérieur de l'ovni. Dans son témoignage, Antonio dit qu'il se souvenait parfaitement de l'entrée par laquelle, lui et les entités, sont passés, mais qu'une fois à l'intérieur il n'a vu aucune porte ouverte ni fermée. Ce détail revient souvent dans les témoignages des abductés.

Dès qu'il fut entré dans une grande salle éclairée d'une lumière éblouissante, les humanoïdes lui prélevèrent du sang sous le menton. Il se souvient qu'il y avait une sorte de brouillard, ou de fumée, à l'odeur épouvantable, lui donnant l'envie de vomir. Puis, toujours d'après Antonio, une magnifique humanoïde complètement nue est arrivée, son langage se résumait à quelques grognements. Lui-même avait été déshabillé par ses ravisseurs. La femme humanoïde se plaqua contre lui et il n'eut aucun problème pour s'accoupler avec elle, malgré les nausées qui ne le lâchaient pas.

Quand tout fut terminé, l'alienne mit un doigt sur son propre ventre, puis sur celui d'Antonio, et enfin elle le pointa vers le haut. Antonio dit qu'il avait compris que le fruit de leur union allait partir vers le ciel. Il semblait qu'on lui expliquait, par transmission de pensée, que cette race d'aliens avait besoin des humains, hommes et femmes, pour éviter leur propre extinction.

Il fut ensuite ramené près de son tracteur. Pendant plusieurs jours et plusieurs nuits, il passa son temps à dormir et à vomir. Il fut examiné par les médecins et subit une expertise psychiatrique concluant qu'il était tout à fait normal. On remarqua deux petites cicatrices sous son menton et des brûlures sur le corps, il ne put s'en rappeler l'origine. Était-ce le contact avec l'alienne ? Les enquêtes de police et expertises médicales furent gardées secrètes pendant plusieurs années avant d'être divulguées lorsque d'autres cas apparurent dans les médias.

Antonio déclara à ses amis que, par la suite, il fut enlevé plusieurs fois et qu'on lui présenta l'enfant hybride né suite à son rapport sexuel avec la "femelle" Alienne.

Beaucoup de témoins, au cours des décennies, disent qu'ils ont eu l'impression d'avoir changé, intellectuellement parlant. Le cas s'est vérifié avec Antonio. En effet, celui-ci, qui vient de mourir, a exercé la profession d'avocat... alors qu'il était un jeune fermier illettré lors de son premier enlèvement !

Le deuxième cas connu eut lieu en 1961. Il fut fortement médiatisé aux États-Unis et parmi les groupements ufologiques de la planète. Quarante ans ont passé depuis, mais, dans l'énorme dossier des enlèvements, il reste un cas de référence car les aliens semblent avoir voulu nous montrer tout ce qu'ils étaient capables de faire.

Il s'agit de l'affaire des époux Betty et Barney Hill.

Certains détails, dans le témoignage de ces deux abductés, n'ont pas retenu tout de suite l'attention. Je pense avoir été un des premiers, en 1976, à m'apercevoir que le problème des abductions, si on se fiait aux témoignages, était beaucoup plus compliqué qu'on essayait de nous le faire croire. Lorsque j'expliquais, à cette époque, que les aliens nous manipulaient d'une façon extraordinaire, je ne pensais pas que les milliers de témoignages qui allaient suivre au cours des décennies suivantes, allaient me donner autant raison.

Concernant le cas des époux Hill, il faut se resituer dans le contexte de l'époque. Le racisme faisait des ravages aux États-Unis. Or, le couple Hill est composé de Betty, une blanche, et Barney, un noir, ce qui n'est pas courant et ne pouvait les faire passer que pour des farfelus, sinon des traîtres, dans leur communauté respective.

Les aliens ont-ils choisi ce couple atypique sachant que, de cette façon, les médias allaient en parler encore plus que s'il s'était agit d'un couple soit blanc, soit noir ? C'est en partant de cette interrogation que j'ai trouvé nombre de manipulations dans tous les témoignages... et que j'ai commencé à écrire un livre sur le sujet... livre qu'il m'a fallu suspendre après ma rencontre avec les "hommes en noir". J'ai compris heureusement très vite, qu'il était trop tôt pour dévoiler certaines choses. Il semble que, depuis, les aliens et les "men in black", laissent les auteurs, les médias, les télévisions et le cinéma, dire ce qu'ils veulent.

Revenons à l'aventure fantastique du couple Hill. Ils voyageaient de nuit sur une route déserte. Tout à coup, ils observèrent une masse lumineuse dans le ciel qui semblait accompagner leur voiture. Barney arrêta son auto, prit ses jumelles et observa l'engin qui émettait des jets de lumières de différentes couleurs, à environ cinquante mètres au-dessus d'eux. L'engin était énorme, rond, et il y avait comme des hublots sur son pourtour. Il s'immobilisa en illuminant la campagne d'une lumière bleutée. Puis il descendit, et, doucement, sans bruit, vint se poser dans un champ, sur le bord de la route, à une vingtaine de mètres de la voiture.

Barney, sans raison valable, ouvrit sa portière, descendit de son automobile et partit en direction de l'ovni. Sa femme le supplia de revenir. Rien n'y fit. Une force le poussait à agir de cette manière imprudente. Dans son témoignage, il dit avoir vu derrière les hublots des êtres habillés comme des militaires. Il cria : « Je ne peux pas le croire ». Une porte s'ouvrit sur le côté du vaisseau. Betty l'entendit crier. Barney, réalisant subitement le danger, rebroussa chemin en courant, sauta dans sa voiture, écrasa l'accélérateur et démarra sur les chapeaux de roues. Mais il n'alla pas loin ! Une sorte de brouillard (souvent décrit dans les témoignages) enveloppa leur auto. Betty et Barney entendirent nettement des “bips-bips” stridents et s’endormirent aussitôt profondément. Puis ils furent réveillés, toujours par le son de ces “bips-bips”, qui semblait provenir de nulle part. Barney était toujours au volant, Betty était assise à côté de lui, la voiture roulait sur une route qui n’était pas celle où avait eu lieu l’incident. Un panneau indicateur leur apprit qu’ils entraient dans la ville d’Ashland. Ils étaient donc à environ soixante kilomètres de l’endroit où ils étaient entrés dans le brouillard.

Enfin, ils arrivèrent chez eux, et s’aperçurent qu’ils avaient plusieurs heures de retard par rapport au peu de chemin qu’ils avaient eu à parcourir. Ils ne comprenaient pas le pourquoi de ces heures manquantes.

Les jours suivants, Betty et Barney ne purent pas dormir, et le peu de sommeil qu’ils avaient étaient des cauchemars incroyables. Comme tous les deux subissaient les mêmes maux, ils décidèrent de consulter un neurologue de Boston. C’est grâce à la présence d’esprit de ce spécialiste que la vérité est parvenue au monde. En effet, puisque le couple se plaignait des mêmes symptômes, ce médecin eut l’idée de mettre les deux patients sous hypnose, chacun de leur côté.

L’histoire invraisemblable que le premier raconta sous hypnose fit penser au praticien que le patient était vraiment très malade. Mais lorsque le deuxième raconta exactement la même histoire, lorsqu’il écouta les deux enregistrements strictement identiques, il comprit qu’il n’était pas question de maladie, mais d’une aventure fantastique, quoiqu’inexplicable par l’homme de science.

Betty et Barney découvrirent eux-mêmes ce qu’ils avaient vécu durant le “missing time” en écoutant, horrifiés, l’enregistrement.

Le début de l’histoire, tous deux s’en souviennent parfaitement dans les moindres détails, jusqu’aux fameux “bips-bips”. Jusque-là, leurs mémoires respectives fonctionnent parfaitement, et ils s'entendent raconter exactement ce que tous deux se sont remémorés pendant des jours et des jours. Mais ils furent stupéfiés par la suite.

Voilà en substance ce qu'ils entendirent :

Il y a ce son strident qui fait "bip-bip", le brouillard qui apparaît et d'où sortent des êtres étranges dont l'existence leur est inconnue. Ils sont petits, avec une énorme tête, de gros yeux noirs en amande, une fente à la place de la bouche, deux petits trous à la place du nez. La peau est grise. Ils avancent vers eux. Ils ne peuvent plus bouger. Il semble que leurs deux corps sont endormis, anesthésiés, paralysés. D'une façon mystérieuse, ils se retrouvent à l'intérieur de l'ovni qui s'était posé à côté de leur voiture. L'homme et la femme sont séparés, allongés sur des sortes de tables et subissent chacun des examens médicaux et physiques. Les petits êtres à peau grise sont effrayants à regarder, ils doivent être environ une douzaine à les ausculter dans tous les sens. Ils ont été déshabillés, on leur enlève des lambeaux de peau, des morceaux d'ongle, des mèches de cheveux. Un tube est enfoncé dans les organes génitaux de Barney pour lui soutirer du sperme. Betty voit, horrifiée, qu'on lui enfonce une longue aiguille dans le nombril, et les êtres humanoïdes lui disent télépathiquement qu'il s'agit d'un test de grossesse.

Dans l'enregistrement, on entend nettement que Barney est terrorisé par la peur, alors que Betty semble mieux la dominer. Les aliens, découvrant le dentier de Barney, semblent ne pas en comprendre l'utilité. Ils lui posent des questions pouvant faire croire qu'ils ne comprennent pas que cet objet sert aux humains.

Betty veut savoir qui ils sont, ce qu'ils veulent, d'où ils viennent. Elle n'a pas l'intention de se laisser faire comme un vulgaire pantin. Celui qui semble être le chef déroule une carte du ciel et demande à Betty de lui montrer où se trouve la Terre. Bien entendu, elle en est incapable, alors ils lui disent qu'ils ne peuvent pas lui indiquer leur provenance. Betty a l'impression que cet état de fait les amuse. D'ailleurs, ils insistent pour bien lui faire comprendre que c'est sans importance puisque de toute façon elle ne se souviendra de rien, et que c'est mieux ainsi. Ils ne connaissaient pas le caractère de Betty. Puisqu'ils lui ont laissé sa lucidité, elle décide d'observer un maximum de détails, se disant qu'elle se souviendrait bien de quelques-uns. Elle observe l'intérieur du vaisseau, mais ne voit rien de particulier. Son cerveau semblant fonctionner parfaitement, elle pense que personne ne voudra croire à leur histoire. Il faut donc ramener une preuve. Elle se paye le culot de demander si elle pourra emporter quelque chose ? On lui propose d'emporter un livre écrit dans une langue qu'elle ne comprend pas, et qu'elle soupçonne d'être non-humaine, ce sera une preuve indiscutable. Mais immédiatement, d'après les déclarations sous hypnose, des aliens présents s'opposent à ce qu'elle emporte quoi que ce soit. Le récit, sous hypnose, des deux époux, se termine à nouveau par les “bips-bips” puis le retour en voiture que nous connaissons.

Devant l'énormité de l'affaire, celle-ci resta secrète pendant plusieurs années, et ce n'est qu'en 1966 qu'elle fut dévoilée au public par le livre du journaliste John Fuller. Ce fut immédiatement un best-seller et les témoignages commencèrent à sortir du silence, les langues se délièrent et les plus grands psychiatres américains commencèrent, grâce à l'hypnose, à accumuler des dossiers de plus en plus dérangeant pour notre civilisation.

Comme dans les nombreux autres cas qui se succédèrent au fil des années, et comme je le disais précédemment, personne ne s'était rendu compte, à cette époque, que les déclarations sous hypnose contenaient une dose de manipulation qu'on ne pouvait nier.

Le carnaval de l'absurde

Les humanoïdes décrits par les époux Hill, en 1961, sont les mêmes "petits gris" que ceux décrits par les abductés depuis quarante ans. Mais ce n'est pas le plus important. En 1976, je disais à mes amis ufologues que le phénomène ovni et l'intelligence qui le dirige, par l'intermédiaire d'aliens plus ou moins robotisés, nous manipulait pour une raison inconnue, et qu'ils le faisait tellement grossièrement qu'on pouvait penser que cela faisait partie d'un scénario parfaitement mis au point. Je ne m'étais pas trompé. Aujourd'hui cela continue, et les ufologues qui passent leur temps à collectionner les apparitions d'ovnis feraient mieux d'essayer de comprendre ce qui se cache derrière ce qui nous est montré et qui ne reflète pas forcément la réalité.

Je m'explique. Prenons le cas du dentier de Barney Hill. En 1961, les "petits gris" semblent découvrir que les humains utilisent des fausses dents. Admettons. Mais, dans les témoignages récents, on s'aperçoit qu'ils sont toujours en arrêt devant une dent en or ou une fausse dent. Ils prennent toujours des lambeaux de chair en faisant souffrir leurs victimes, ce qui semble les amuser, des morceaux d'ongle, des cheveux. De deux choses l'une : ou ils sont nuls ou ils sont complètement abrutis, pour ne pas comprendre après quarante ans d'examens à quoi servent ces différentes choses. J'en ai suffisamment discuté avec Jimmy Guieu pour penser que les "petits gris" ne sont pas l'intelligence qui dirige le phénomène ovni, mais des sortes de clones, de robots biologiques, envoyés sur Terre pour faire des expériences sur les humains, peut-être pour voir combien de temps il va nous falloir pour voir et comprendre qu'ils nous manipulent.

Dans le cas précité, une carte du ciel fut déroulée et montrée au témoin. D'autres abductés ont vu des armoires. Les outils utilisés pour faire les examens médicaux ressemblent à ceux qu'on utilisait sur Terre il y a plusieurs dizaines d'années mais on ne comprend pas comment ces tubes peuvent entrer aussi facilement dans le crâne ou le ventre des humains. Une civilisation ayant peut-être parcouru des millions, voire des milliards, de kilomètres pour arriver dans notre système solaire est obligatoirement arrivée à un tel degré de technologie qu'il est impensable qu'elle utilise des outils aussi archaïques, et qu'elle fasse les mêmes expériences pendant des dizaines d'années pour comprendre comment fonctionne le corps humain !

Reconnaissons qu'une carte déroulée, puis à nouveau enroulée et remise à sa place dans un placard d'un vaisseau spatial, fait plutôt penser à une scène ayant eu lieu au temps de la marine à voile !

Et si ces absurdités étaient des sortes de messages codés afin de faire comprendre aux chercheurs qu'ils ne doivent pas rester figés sur l'étude exclusive de simples voyageurs extraterrestres, comme beaucoup le pensent encore aujourd'hui.

En 1967, Herbert Shirmer décrivit, sous hypnose, son enlèvement, et parla d'énormes ordinateurs à bobines aperçus dans l'ovni, semblables à ceux que l'on utilisait à l'époque dans les grosses entreprises. C'est vraiment nous prendre tous pour des imbéciles que de vouloir nous faire croire qu'ils avaient besoin d'ordinateurs à bobines pour traverser la galaxie ! Même de nos jours, ils paraissent ne vouloir montrer aux abductés que du matériel correspondant à la technologie humaine du moment.

Qu'il s'agisse des témoignages concernant des visions d'ovnis, de rencontres au sol du troisième type ou des abductions, on s'aperçoit que, selon notre logique, la contradiction, l'absurdité et l'aberration font partie d'un scénario où les "engins" et les "entités", quelle que soit la forme sous laquelle ils se présentent aux humains, veulent nous faire voir et nous faire croire à certaines choses incohérentes.

Comme il est impossible que cet état de fait corresponde au hasard, il faut bien admettre qu'il s'agit là d'une volonté délibérée de l'intelligence qui nous visite. C'est le jeu du chat et de la souris. Plus nous croyons comprendre, plus le phénomène ajoute de nouvelles et incompréhensibles complications.

Outre les anomalies dans le discours et le comportement des aliens, il y a aussi, de la part des abductés, des différences parfois énormes dans la description des vaisseaux spatiaux – réels ou virtuels – et de leurs singuliers occupants. Ces derniers, même s'ils se ressemblent, possèdent souvent entre eux des différences morphologiques pouvant nous faire penser que nous avons affaire à des races totalement étrangères entre elles, mais qui auraient les mêmes façons de faire, les mêmes motivations inconnues.

Les enquêtes effectuées en Amérique par Jimmy Guieu l'amenèrent à rencontrer les grands groupes ufologiques américains et les spécialistes leur servant de conseillers scientifiques ou médicaux. Ces contacts lui permirent de collectionner nombre de témoignages vérifiés et authentifiés, en particulier en ce qui concerne les abductions. Connaissant mon intérêt particulier pour ce sujet, lors de ses visites à mon domicile de Bordeaux, il m'a donné, avant de mourir, des témoignages d'abductés qu'il avait conservés. Il m'a conseillé d'écrire un livre et m'a autorisé à reprendre ces témoignages qui, d'après lui, étaient très connus aux États-Unis et au Canada, où ils ont été fortement médiatisés. Jimmy, comme beaucoup d'ufologues, pensait que tous ces êtres rencontrés par les témoins ne pouvaient être que des extraterrestres venant d'autres galaxies. Sa grande tolérance lui faisait accepter le fait que je n'étais pas d'accord en totalité avec cette hypothèse, pensant que c'était certainement beaucoup plus compliqué qu'il n'y paraissait.

L'abduction de pat Mac Guire

L'histoire de Pat Mac Guire était des plus intéressantes parmi celles qu'il m'a fait connaître.

Pat Mac Guire possédait un grand ranch dans le Wyoming, une région désertique. Son rêve, depuis très longtemps, était de creuser un puits pour y trouver l'eau. D'autres s'y étaient essayés avant lui sans succès.

Au début des années soixante-dix, il creusa un puits d'une centaine de mètres de profondeur, à un endroit qu'il pensait avoir choisi par intuition. L'eau jaillit en quantité incroyable, lui permettant d'irriguer toutes les terres cultivables.

À cette époque, et au cours des années suivantes, Mac Guire, ainsi que plusieurs fermiers de la région, dirent avoir observé des ovnis au-dessus des prairies et même au-dessus des maisons. Mais pour Pat, cela ne s'arrêtait pas là. La nuit, lorsqu'il dormait, il avait l'impression d'être paralysé et de ne plus pouvoir bouger. Dans la maison, les objets et des meubles se déplaçaient. Un jour qu'il était à la chasse avec des amis, il disparut pendant une dizaine de minutes sans qu'il pût donner d'explications. Son troupeau subit des mutilations, il retrouva des bêtes mortes, vidées de leur sang, la langue, les yeux, les organes sexuels ayant disparu comme découpés par un chirurgien. Cela se passait toujours après qu'il ait vu des engins passer dans le ciel. Il a même vu un de ses animaux enlevé par un ovni.

Ce qui est extraordinaire, dans son cas, c'est que l'on y trouve toutes les composantes du phénomène ovni à l'exception de l'enlèvement définitif. On trouve les observations dans le ciel, les mutilations d'animaux et les phénomènes paranormaux.

En 1979, le professeur Leo Sprinkle de l'Université du Wyoming, spécialiste des abductions, se mit en contact avec Pat Mac Guire. Ce psychologue très réputé, au cours d'une séance d'hypnose à laquelle il se soumit, s'aperçut qu'il avait lui-même été enlevé dans son enfance, ce qui explique les nombreux saignements de nez qu'il avait la nuit.

Mac Guire, malgré toutes les aventures dont il était le témoin, ne s'intéressait pas à toutes ces histoires d'ovnis, mais le professeur arriva à le convaincre que, sous hypnose, il comprendrait ce qui arrivait à ses bêtes. Il n'en fallait pas plus pour convaincre un éleveur.

L'enregistrement ne parlait pas des mutilations ou d'enlèvements d'animaux, mais Pat fut stupéfait lorsqu'il s'entendit décrire l'intérieur d'un ovni où il avait été enlevé. Il entendit les petits êtres tout gris lui expliquer comment et à quel endroit il devait faire le forage de son puits pour obtenir de l'eau. Il savait maintenant que ce n'était pas des dons de radiesthésiste qui lui avaient fait trouver de l'eau.

Les aliens lui expliquaient aussi qu'il s'était déjà incarné plusieurs fois et qu'il avait toujours combattu ceux qui voulaient détruire Israël. Mais ce qui intéressait Mac Guire,, c'est qu'il avait trouvé de l'eau, et que c'étaient les extraterrestres qui l'avaient aidé. Il n'avait pas souffert physiquement, aucun examen médical n'apparaissait dans la séance d'hypnose, ces êtres qu'il avait rencontrés étaient des bienfaiteurs.

Ce témoignage est extrêmement intéressant du fait que l'abducté dit et a la preuve que son enlèvement a été positif, ce qui n'est pas courant.

Soit, effectivement, Mac Guire n'a subi aucune expérience désagréable, les aliens voulant prouver aux humains qu'ils peuvent être de bonne compagnie, soit, par une technique inconnue, ils ont effacé de la mémoire de Pat tous les souvenirs désagréables. Les deux possibilités semblent envisageables. La deuxième hypothèse est malgré tout plus plausible car elle s'inscrit dans la manipulation dont les aliens se servent sans cesse envers les humains. D'ailleurs, le cas suivant, que Jimmy Guieu disait connaître par une personne proche du professeur Sprinkle, nous prouve jusqu'à quel point ces êtres venant d'ailleurs, peuvent nous faire croire ce qu'ils veulent. Le plus angoissant, c'est qu'une partie de la vérité, leur but ultime, est certainement caché ou dévoilé dans ce qu'ils disent ou font aux témoins, mais comme trier le faux du vrai ?

Pour M. Sprinkle, le cas suivant est le plus intéressant de tous. Il y a plusieurs raisons à cela. En premier lieu, parce qu'elle met en cause une famille de cinq personnes qui se trouvaient dans une voiture, sur une route du Texas : Judy Doraty, sa mère, sa fille, sa sœur et son beau-frère.

Une lumière dans le ciel ayant attiré son attention, Judy arrêta sa voiture et descendit pour mieux observer. Elle n'en eut pas le temps car elle se mit à vomir. Tous les passagers étaient nerveux et lorsqu'ils arrivèrent au terme de leur voyage, ils ne comprirent pas qu'ils aient mis tant de temps. Les jours suivants, maux de tête et nervosité incompréhensibles se succédèrent.

Les années passèrent, mais Judy pensait sans cesse à cette journée. Même si les troubles avaient disparu au fil des semaines, quelque chose la poussait à essayer de comprendre.

Ayant lu que, sous hypnose, certains souvenirs revenaient à la surface, elle s'adressa à une connaissance pratiquant cette technique. Au cours des séances, des détails qui lui semblaient abracadabrants émergèrent de son cerveau. En particulier, il semble qu'il s'est passé quelque chose de bizarre avant qu'elle se mette à vomir : un brouillard lumineux de couleur jaunâtre a enveloppé la voiture, et elle dit avoir vu un petit veau s'élever dans le ciel. Cela paraissait tellement absurde qu'elle décida d'arrêter les séances d'hypnose. Mais on lui dit que le professeur

Sprinkle était un grand spécialiste dans ce domaine, qu'il pourrait l'aider à mieux comprendre. Elle le rencontra et, après plusieurs séances d'hypnose la vérité finit par apparaître.

Le spécialiste en psychologie découvrit, effaré, un autre aspect du phénomène abduction.

Judy dit se trouver dans une sorte de laboratoire, avec différents appareils, des chaises et une grande table en marbre... et, sur cette table, le fameux veau qu'elle avait vu s'élever dans les airs lors de sa première séance de régression. L'animal était vivant, il bougeait légèrement. Des petits êtres tout gris, avec d'énormes têtes, des yeux immenses, deux fois plus gros que ceux d'un cheval, étaient groupés autour de la table. Ils taillaient la pauvre bête vivante, tranchaient dans les chairs, prélevaient des morceaux qu'ils mettaient dans des bassines. Au bout de leurs doigts, ils avaient des griffes comme les aigles. Judy était terrorisée. Elle aurait préféré vivre un cauchemar, mais elle voyait bien que, malheureusement, elle était dans une réalité épouvantable.

Les "petits gris" ne s'occupaient pas d'elle. Elle avait toute sa conscience et se demandait avec angoisse si, après le veau, ça n'allait pas être son tour de se retrouver sur la table de vivisection. Elle habitait dans une région d'élevage, où l'homme et l'animal vivaient en symbiose, où les bêtes étaient respectées pour leur valeur marchande et les gestes sadiques perpétrés sur eux étaient absolument impensables.

Quand elle vit qu'on lui découpait la langue, puis les testicules, alors qu'il était encore vivant, elle cria son horreur et, en colère, leur demanda ce qu'ils faisaient.

Immédiatement, la réponse arriva télépathiquement, cinglante : « ça ne la regardait pas, et, de toute manière, elle ne se souviendrait de rien. Qu'elle se taise, elle était là par erreur ! Elle comprendrait un jour pourquoi il était indispensable qu'ils fassent ces expériences sur les animaux de la Terre. L'homme contamine de plus en plus la Terre, les êtres venant d'ailleurs disent que la pollution de l'air et de l'eau les inquiète Les humains, les animaux et les végétaux vont mourir très vite à cause de cette pollution... » Puis ils reprirent leur travail de chirurgie.

C'est alors que l'horreur grimpa d'un cran. Judy aperçut sa fille Cindy étendue, elle aussi, sur une table. D'autres “petits gris” l'auscultaient sous toutes les coutures. L'un d'entre eux, avec une sorte de bistouri, lui découpa des petits morceaux de chair à l'intérieur de la bouche. La vision était insupportable. Cindy allait subir le sort du veau. Elle tenta de se précipiter sur eux pour arrêter le carnage. Les aliens semblaient étonnés par cette réaction de peur (comme disait Jimmy Guieu : « ils n'ont pas d'affect »). Ils ne ressentaient rien, l'émotion leur était inconnue... comme s'il s'agissait de robots !

Comme dans de nombreux témoignages, un alien lui toucha le front, elle se sentit immédiatement apaisée, elle n'était plus concernée par ce qui se passait dans cette chambre de tortures. Elle ne ressentit plus rien.

Sans savoir comment, elle se retrouva assise au volant de sa voiture, en compagnie des autres membres de sa famille. C'est elle qui avait vécu les scènes les plus traumatisantes. Elle était prise de nausées, elle avait mal à la tête... nous connaissons la suite.

Nous pouvons comprendre l'intérêt du professeur Sprinkle pour ce cas. Nous nous trouvons pour la première, et la seule fois à ma connaissance, devant un enlèvement d'un être humain en même temps que celui d'un animal, et surtout d'un être humain assistant à la vivisection d'une bête à l'intérieur d'un oni. Que faut-il en penser ?

Premièrement, que la présence de Judy Doraty au moment où le veau s'élève dans le ciel, puis sa présence durant l'opération du bovidé, n'est pas une erreur ! À cette époque, en 1973, on commençait seulement à parler des "mutilations d'animaux". Il n'y avait pas de preuves pour faire une liaison entre ces carcasses d'animaux mutilés qu'on retrouvait dans les champs, et les ovnis. Pour une raison inconnue, bien sûr, les aliens voulaient que nous fassions cette liaison. Ils voulaient aussi qu'un témoignage explique comment ils fonctionnent à l'intérieur de leur engin-laboratoire. La manipulation porte sur le fait d'avoir dit que la présence de Judy était une erreur. Mais pourquoi avoir enlevé toute la famille, et pourquoi avoir fait des manœuvres chirurgicales sur sa fille ? Messieurs les aliens, ne nous prenez pas pour plus bêtes que nous sommes !

Deuxièmement, ils veulent nous montrer qu'ils n'ont pas d'émotions, que nos peurs, nos colères, ne les impressionnent pas et que, de toute façon, il leur suffit qu'ils nous touchent au front, ou avec leur fameux tube à rayon, pour que nous soyons anesthésiés mentalement et physiquement. La manipulation porte sur le fait qu'ils veulent nous faire croire qu'ils ne comprennent pas les raisons de nos peurs. Depuis qu'ils nous observent, ils savent parfaitement comment nous réagissons, même si eux ne connaissent pas ou plus ces états d'âme. Messieurs les aliens, ne nous sous-estimez pas !

Troisièmement, ils disent souvent que le fait de polluer notre planète va entraîner notre perte. Il ne faut pas, à mon avis, sous-estimer cet avertissement, qui nous a déjà été, et continue à nous être donné de différentes manières : chanelling, apparitions mariales ou autres, entités de l'espace-temps liées au paranormal, livres sacrés, prédictions prophétiques et maintenant les aliens. Nous avons pris conscience de ce danger, mais comme il nous semble lointain, son côté inéluctable ne nous fait pas peur.

Les autres membres de la famille de Judy, enlevés avec elle, n'ont pas été hypnotisés. Étant donné ce que nous savons de ces kidnappeurs, il y a de fortes chances pour que leurs expériences ne soient pas plus réjouissantes que celles de leur sœur et de la petite Cindy.

Comme d'autres chercheurs, je pense qu'il faut absorber et analyser le phénomène ovni et tout ce qui s'y rapporte, en faisant bien la différence entre la réalité que nous vivons à son contact, et celle que les aliens manipulent pour des buts que nous ne connaissons pas.

Lorsque je demandais à Jimmy Guieu comment et pourquoi il s'était intéressé au phénomène des enlèvements, il me répondit qu'au début des années 1980 il avait reçu un livre d'un certain Budd Hopkins et il avait pensé, lui, l'auteur célèbre de science-fiction, qu'il ne pouvait s'agir en grande partie que d'aventures irréelles. Mais Jimmy, qui parlait et lisait couramment l'anglais, se renseigna auprès de ses relations aux États-Unis, et dut se rendre à l'évidence : il ne s'agissait en aucun cas de science-fiction. Bien sûr, il avait entendu parler de récits d'enlèvements, mais le travail d'Hopkins était tellement détaillé, les témoignages décortiqués étaient tellement saisissants de vérité, que Jimmy commença, comme d'autres ufologues, à se passionner pour les abductions. Il me traduisit de nombreux cas que Budd Hopkins avait exposé dans son livre *Missing Time*, qui font maintenant référence dans le monde de l'ufologie et firent sa réputation en ce domaine.

Budd Hopkins était un artiste célèbre aux États-Unis et rien ne le prédisposait à s'intéresser à ce sujet. Mais il rencontra, d'après la description qu'il fit de la genèse de l'histoire, un homme qui lui raconta comment il avait rencontré près de New-York, un ovni qui avait atterri devant sa voiture, des petits êtres qui en étaient descendus avaient pris des échantillons de terre et de végétaux, étaient remontés dans leur engin et avaient disparu dans le ciel. S'intéressant aux ovnis et profitant de sa réputation d'artiste peintre, il fit paraître le témoignage détaillé de ce témoin dans une revue. Le succès de l'article fut immédiat et Budd se mit à rencontrer de nombreux témoins d'aventures similaires. L'extraordinaire, c'est que Budd Hopkins fut le premier à remarquer un détail dans les témoignages qui semblait revenir régulièrement : les témoins, après leur rencontre du second ou du troisième type, disaient souvent que, d'une façon inexplicable, ils avaient mis beaucoup plus de temps qu'à l'ordinaire pour parcourir le trajet qu'ils effectuaient.

Se souvenant que l'homme qui lui avait détaillé sa rencontre près de New York avait, lui aussi, été étonné par le temps anormal qu'il avait mis pour rentrer chez lui après le contact, Budd Hopkins inventa le terme "missing time" pour désigner le temps que les témoins prétendaient manquant dans leur emploi du temps. Cette découverte, confirmée depuis, fut de la plus haute importance pour l'ufologie.

La deuxième idée géniale d'Hopkins, c'est que, se souvenant de l'affaire Hill où la vérité ne fut connue qu'après le passage du couple sous hypnose, il demanda à son ami psychiatre, le docteur Robert Naiman, qui l'utilisait pour soigner ses malades, d'accepter d'appliquer cette méthode avec les témoins qui affirmaient être conscients d'un "missing time" dans leur passé. Troisième chance pour nous, le thérapeute accepta de mettre sa science au service de Budd pour quelques séances. Mais ce qu'allait entendre et enregistrer le Dr Naiman dépassait tout ce qu'il aurait pu imaginer. D'autres psychiatres suivirent très vite son exemple pour essayer de comprendre les terribles angoisses de certains de leurs patients. Le plus célèbre d'entre eux, John Mack, professeur prestigieux d'Université, popularisa la méthode et accrédita la véracité du contenu des témoignages sous hypnose. C'est donc bien grâce à la mise en exergue du "missing time" par Budd Hopkins, que les phénomènes d'abduction furent étudiés scientifiquement, du moins aux États-Unis et dans les pays où ce qui est nouveau n'est pas forcément considéré comme absurde.

Comme tous les spécialistes, en particulier les psychiatres, qui écoutent sous hypnose les témoignages des abductés, le docteur Naiman fut si bouleversé par ce qu'il entendait qu'il continua de s'intéresser au problème et forma Budd Hopkins à cette technique. En effet, nombre d'abductés éventuels demandent à être hypnotisés pour connaître la vérité. Mais lorsqu'ils entendent les enregistrements, lorsqu'ils s'entendent hurler de terreur ou de douleur, certains témoins ne peuvent pas accepter d'avoir subi, souvent plusieurs fois, de telles horreurs. Ils deviennent dépressifs ou, malheureusement, se suicident.

Nous pouvons très bien ne pas avoir eu conscience d'un temps manquant dans notre vie, donc ne pas être alerté et continuer à vivre normalement, ce qui est peut-être préférable, et ne pas aller chercher la vérité grâce à l'hypnose... Le nombre des abductés est certainement beaucoup plus important qu'on ne le croit.

Un nouvel exemple

Les méthodes de ceux qu'on appelle, par facilité, les aliens, sont tellement pernicieuses que tout est possible. En voici un exemple parmi tant d'autres :

Dans la ferme de ses parents, une fillette de sept ans rentrait à la maison avec une jambe qui saignait par le bas de son pantalon. La mère ne comprit pas car il ne comportait aucune déchirure et l'enfant affirmait ne pas avoir enlevé son jean. La blessure était profonde, il ne s'agissait pas d'une égratignure, mais comme un coup de bistouri. Plus tard, devenue jeune fille, alors qu'elle se promenait avec des amies, elle disparut d'une façon incompréhensible pendant plus d'une heure, alors qu'elle et ses amies ne se souvenaient pas de l'avoir vu s'éloigner du groupe. Lorsqu'elle réapparut aux yeux de ses copines effarées, son corsage blanc était couvert de tâches de sang. Elle pensait avoir saigné du nez. Mais quelque chose la tracassait, elle se souvenait d'un détail dont elle était certaine ; elle revoyait, dans sa mémoire un cerf qu'elle avait pu approcher très facilement, et qui, avant de repartir dans la forêt, lui avait dit « au revoir » par télépathie. Elle entendait encore, dans sa tête, les mots prononcés par l'animal. Cela paraissait tellement absurde qu'elle avait préféré garder pour elle ce détail abracadabrant. Ce souvenir a continué à la hanter pendant des années, car elle se souvenait de son aventure étant enfant, aussi inexplicable que ce cerf qui parlait télépathiquement. De plus, comme la première fois, il y avait du sang. Pouvait-il y avoir un rapport entre le chemisier taché de sang et le souvenir du cerf ? Il y avait de quoi se poser des questions sur son état mental. Elle avait fait de brillantes études de droit et n'avait aucun problème physique ou psychique.

Comme d'autres, ayant lu des comptes rendus de temps manquant, elle décida de comprendre ce qui avait pu se passer pendant le temps où ses amies la disaient disparue. Elle consulta un psychiatre à qui elle raconta ses souvenirs. Sous hypnose, le médecin voulut que la jeune femme lui décrive le cerf qu'elle avait approché de si près. Il fut obligé d'insister car les réponses ne correspondaient pas à cette histoire de cervidé dont elle lui avait parlé. Elle décrivait un petit humanoïde à la peau grise, avec une énorme tête, des grands yeux noirs effrayants, de longs bras frêles avec des doigts squelettiques. Le type même du "petit gris" que l'on retrouve dans tous les témoignages d'abductés. La suite de la séance est classique, elle subit de nombreux examens corporels, des prélèvements de peau, en particulier dans le nez, ce qui expliquait les saignements.

Cette description à l'état conscient de la visualisation d'un animal n'inquiète pas un humain, puisqu'il s'agit d'un animal connu. Sous hypnose, on s'aperçoit qu'elle cache l'apparence réelle d'un être effrayant pour les terriens. Certains abductés disent, avant l'hypnose, avoir rencontré un cheval, un daim, une biche...

Les aliens, connaissant parfaitement notre façon de penser et de réagir, en profitent donc, dans certains cas, pour effectuer leur basse besogne, et créer ce que les ufologues appellent des “souvenir-écrans”, c'est-à-dire de faux souvenirs agréables, cachant une réalité qui terrorise ceux qui la vivent.

Cela doit faire partie de leur protocole d'expériences.

Quand la réalité dépasse la fiction

Une autre des composantes que l'on retrouve souvent dans les témoignages a été mise en exergue par Budd Hopkins et fait monter d'un cran l'horreur des enlèvements. Il fallut un certain nombre d'années aux hypnotiseurs pour dévoiler les détails qui vont suivre. Ils dépassent tout ce que l'on peut imaginer.

Budd Hopkins raconte le témoignage de Kathie qu'il avait enregistré sous hypnose.

Kathie raconte que, depuis son enfance, elle fait des rêves mettant en scène des petits monstres, ses rêves étant pris, bien sûr, pour des cauchemars d'enfant. Quand elle est seule, elle voit les objets se déplacer dans la maison ; elle dit voir les petits monstres entrer dans sa chambre en passant à travers les murs ou les fenêtres fermées.

À la fin des années soixante-dix, devenue adulte, Kathie se retrouva enceinte. Quelques semaines plus tard, le fœtus disparut mystérieusement. Elle retomba à nouveau enceinte, et immédiatement des coups de téléphone inconnus commencèrent à arriver. La voix, toujours la même, était métallique, non humaine. Kathie prit un numéro en liste rouge afin que le plaisantin ne la retrouve pas. Mais très vite, le téléphone sonna à nouveau, et la même voix retentit. À terme, elle accoucha d'un petit garçon. Celui-ci grandit, mais les sons qui sortaient de sa bouche étaient identiques que ceux de la voix métallique inconnue. En 1983, son jardin fut éclairé le soir d'une intensité anormale. Elle sortit pour voir et vit, posé sur la pelouse, un engin d'aspect métallique gris, reposant sur des sortes de tiges. Autour de l'ovni, sur la terre, s'ébattaient les petits humanoïdes de ses rêves.

Puis ce fut le trou noir. Elle reprit conscience, d'après elle, environ deux heures plus tard. Autour de chez elle, les voisins avaient été alertés par des bruits insolites et des lumières extrêmement fortes. Le lendemain, à l'endroit où s'était posé le "vaisseau spatial", l'herbe était brûlée et la pelouse en désordre.

Kathie avait entendu parler de Budd. Elle voulait savoir ce qui lui arrivait et se mit en rapport avec lui. La première séance d'hypnose commença, suivie de plusieurs autres. Budd Hopkins n'en crut pas ses oreilles.

Le début de la séance confirma ce que Kathie avait constaté : il manquait un certain temps entre le moment où elle avait observé l'ovni dans le jardin, et celui où elle s'était à nouveau retrouvée chez elle. Chaque fois, elle décrit les mêmes horreurs. Elle se retrouve à l'intérieur d'une sorte de laboratoire fortement éclairé. Elle ne sait pas comment elle est arrivée là. Elle voit bien qu'elle ne peut pas s'enfuir. Elle est entourée par des petits êtres monstrueux, à grosse tête et aux yeux de mante religieuse. L'angoisse monte d'un degré quand elle constate la présence d'autres membres de sa famille. Les horribles humanoïdes la déshabillent, elle sent le contact de leurs doigts crochus. Elle subit toutes sortes d'examens gynécologiques. Les monstres lui font entrer des tubes dans le vagin. Puis elle sent, dans la région du nombril, une longue aiguille qui s'enfonce lentement. Elle hurle de douleur, la souffrance est insupportable. Elle crie : « laissez-moi mon bébé, ils me prennent mon bébé ». C'est la révélation du devenir de son fœtus qui avait disparu inexplicablement quelques années auparavant et dont personne n'avait pu comprendre et surtout expliquer la disparition.

En remontant dans le passé sous hypnose, en écoutant les enregistrements, elle s'aperçut avec horreur qu'elle avait commencé à être enlevée alors qu'elle était une jeune enfant. Le comble de la monstruosité c'est lorsqu'elle apprit que, toute jeune fille, après avoir subi les examens classiques, elle avait été fécondée artificiellement par les "petits gris". Personne n'a pu s'apercevoir de sa grossesse, très vite le fœtus fut retiré de son corps lors d'une abduction.

Lors d'un enlèvement, les aliens firent venir dans le laboratoire une adolescente, c'était une hybride mi-alienne mi-humaine. Ils lui dirent que c'était sa fille, que grâce à tous les fœtus qu'ils lui avaient retirés, elle avait eu de nombreux enfants comme celui-ci, qu'ils élevaient ailleurs. Ils lui expliquèrent qu'ils ne se servaient pas seulement des fœtus des femmes terriennes, mais surtout des ovules qu'ils leur prélevaient lors des examens gynécologiques.

Kathie avait les larmes aux yeux. Elle avait devant elle son enfant. Même si elle ne ressemblait pas à l'enfant normal qu'elle aurait eu sur Terre, cet hybride était son enfant. Elle était très pâle, la peau presque blanche. La tête était plus grosse que celle de nos enfants terriens. Elle avait des grands et beaux yeux qui la regardaient tristement. Rien à voir avec ceux des "petits gris". Son corps était gracile et elle portait une sorte de tunique blanche. Elle demanda l'autorisation d'emmener cette enfant sur Terre. Un alien lui répondit que c'était impossible, qu'elle ne pourrait pas y vivre. Kathie revit plusieurs fois cette enfant lors d'autres enlèvements.

C'est seulement en 1987 que Budd Hopkins développa le cas de Kathie dans un livre, celle-ci refusant qu'on le rende public. Elle-même publia un livre dévoilant cette histoire effarante d'enlèvements liés à la procréation d'enfants hybrides. Depuis, de nombreux médias américains ont repris ces révélations, qui furent malheureusement confirmées, dans les années suivantes, par d'autres femmes abductées.

En ce qui concerne l'épisode des voix métalliques que Katie entend au téléphone, je peux témoigner moi-même de ce genre de voix. Il arrive que mon téléphone sonne en même temps que chez quatre ou cinq autres chercheurs en paranormal ou en ufologie que je connais. Nos domiciles sont à des centaines de kilomètres les uns des autres. Nous pouvons nous parler tous en même temps et nous ne sommes plus étonnés. Nous sommes parfois interrompus par des concerts inexplicables de cloches tibétaines, des galops de chevaux... mais aussi par des voix métalliques s'exprimant dans un français plus que correct, puisque certains mots n'existent pas encore dans notre langue. Il n'y a aucune respiration derrière ces voix dont je possède de nombreux enregistrements.

Les hommes doivent se dire qu'ils ont de la chance d'être du sexe masculin, ce qui leur éviterait, en cas d'abduction, de subir ces horribles et terrifiantes expériences... la vérité est tout autre.

Si toutes les femmes abductées disent sous hypnose que les aliens leur ont retiré des fœtus ou des ovules, tous les hommes abductés racontent aussi sous hypnose que, parmi tous les examens subis, il y a le retrait de sperme au moyen d'un tube introduit dans la verge ou, plus douloureux, directement dans les testicules.

Le cas de Linda

Il faut ranger le cas de Linda dans la même catégorie que l'abduction des époux Hill.

D'après Jimmy Guieu, le cas de cette Américaine est le plus célèbre, le plus insolite, mais aussi le plus incroyable de toute l'histoire connue des abductions.

On retrouve l'aventure de cette femme dans beaucoup de revues spécialisées et de livres se rapportant à l'ufologie. Elle est tombée dans le domaine public, mais je vais la transcrire en partant des notes que Jimmy m'a confiées.

Linda vivait à New York. Au dire de ceux qui la connaissaient, c'était une femme intelligente, agréable, tout le contraire d'une déséquilibrée. Elle était mariée et avait deux enfants. L'histoire commença lorsqu'elle consulta un médecin suite à l'apparition d'une petite bosse sur son nez qui commençait à l'inquiéter. Le spécialiste lui dit qu'elle ne devait pas s'inquiéter, que l'opération qu'elle avait subie avait été très bien faite... Le seul gros problème, c'est que Linda n'avait jamais été opérée du nez étant adulte pas plus que dans son enfance, ce que ses parents lui confirmèrent.

Plus tard, un scanner montra nettement une sorte de longue aiguille partant du nez jusqu'à à la mâchoire. Nous sommes donc là devant une réalité physique dont tout médecin spécialisé ne peut que tenir compte et non d'un cas relevant d'une pathologie psychique.

Linda vécut ainsi plus de dix ans sans souffrances physiques, mais avec un mal-être dû au fait qu'elle avait l'impression de vivre, certaines nuits, des aventures angoissantes n'ayant rien à voir avec des rêves ou des cauchemars. Il faut préciser que Linda ne s'était jamais intéressée à l'ufologie et qu'elle n'avait jamais prêté attention aux histoires d'abductés.

Comme il n'y a pas de hasard, un jour elle acheta une revue où elle découvrit le témoignage d'une Américaine chez qui on avait découvert un implant dans le nez, alors qu'elle n'avait jamais subi d'opération dans cette partie du corps.

Jusqu'à ce jour, elle n'avait parlé à personne du malaise qu'elle ressentait certains matins. À la lecture du livre, et du témoignage de cette femme, elle prit peur et, malgré son scepticisme, elle écrivit à Budd Hopkins qui la reçut, et, bien sûr avec son accord, lui fit faire une régression sous hypnose. Elle découvrit avec stupeur qu'elle était victime d'enlèvements par d'affreux "petits gris", et cela depuis son enfance.

Plus insupportable encore, elle découvrit sous hypnose, en écoutant les enregistrements, que sa famille, dont ses propres enfants, étaient eux-mêmes enlevés et subissaient eux aussi toute l'horrible litanie des examens médicaux à bord d'engins inconnus.

Malgré les preuves que Budd Hopkins lui avait fait entendre, elle n'accepta pas, elle ne pouvait et ne voulait pas croire à toute cette histoire. Elle était très croyante, jamais Dieu ne permettrait que se fassent de telles abominations.

Comme si tout était calculé, comme s'il fallait qu'elle accepte la triste réalité, un soir, elle alla se coucher et ressentit un malaise l'envahir. Elle était consciente et non sous hypnose, elle voyait sa chambre et, près de la fenêtre, un petit être chétif, avec une énorme tête et de gros yeux noirs qui semblait la fixer. Elle était terrorisée et pensait qu'elle allait mourir, il fallait qu'elle fasse quelque chose. Elle essaya de réveiller son mari, mais il était comme anesthésié. En désespoir de cause, elle prit un oreiller qu'elle jeta au visage du petit monstre. Il tomba à terre. Puis, d'une manière incompréhensible, elle vola dans la pièce, et après avoir traversé la fenêtre fermée, elle retomba sur son lit où son mari gisait, comme mort. Elle avait toute sa lucidité. Elle bondit dans la chambre de ses enfants, ils étaient sur leur lit, les yeux fermés, immobiles mais vivants. Quelques moments plus tard, toute la famille s'est réveillée, comme si rien ne s'était passé. Et pourtant... sa montre marquait presque cinq heures du matin, alors qu'elle se souvenait parfaitement avoir regagné sa chambre pour se coucher vers une heure du matin. Il manquait donc quatre heures dans sa vie. Sa petite famille n'avait rien vu, entendu aucun bruit suspect, il était certain qu'ils avaient été endormis profondément.

Elle ne savait pas ce qui lui était arrivé, personne ne voudrait la croire, il ne lui restait qu'une seule solution, une fois de plus, faire une séance d'hypnose.

Elle raconta qu'elle avait flotté à travers la chambre, puis qu'elle était passée à travers la fenêtre fermée. Elle ne pouvait pas crier, elle sentait qu'elle s'élevait dans l'air comme dans un brouillard. Ses yeux étaient grands ouverts, elle voyait parfaitement devant elle. C'est ainsi qu'elle s'est vue pénétrer à l'intérieur d'un ovni, par le dessous, sans avoir vu aucune ouverture. Elle s'est retrouvée allongée sur une sorte de table d'opération. « Les petits êtres à grosse tête tapaient sur mon dos en descendant le long de ma colonne vertébrale. Puis ils m'ont enfoncé une grande aiguille dans le nez. Puis ce fut le retour, en volant dans ma chambre, en repassant à travers la fenêtre ».

C'est un témoignage classique d'abduction comme on en a des milliers, et qui ne ferait pas de Linda une vedette, même involontaire.

Mais, environ deux ans plus tard, l'affaire rebondit. Budd Hopkins reçut le témoignage de deux policiers qui se décidaient à parler, ne pouvant taire plus longtemps le lourd secret qu'ils gardaient en mémoire.

La nuit même de 1989 où Linda avait été enlevée, ils se trouvaient à Brooklyn près de leur voiture tombée en panne, attendant du secours. Un homme seul n'aurait pas témoigné, pensant qu'il avait déliré. Mais ils étaient deux qui, par leur métier, ont l'habitude d'observer. À côté d'eux, en face du dernier étage d'un immeuble, ils virent un grand vaisseau circulaire immobilisé dans l'air.

Ils pensèrent être victimes d'une hallucination, mais virent très nettement un rayon de lumière allant de l'engin à la fenêtre d'un appartement. Comme portée par cette lumière, ils virent une femme en chemise de nuit blanche, escortée par trois créatures inconnues et impossibles à décrire. Étant tous deux équipés de jumelles, ils ne pouvaient pas se tromper. Les quatre corps se déplaçaient dans l'air, sans bruit, l'étrange lumière bleuâtre semblant leur servir de moyen de locomotion. Tous deux ont vu les quatre corps sortir par la fenêtre fermée, flotter dans l'air et pénétrer dans l'engin. Ensuite, ils virent avec effroi l'énorme objet démarrer silencieusement et plonger dans le fleuve. Les deux policiers sont certains d'avoir assisté au plus incroyable kidnapping de l'histoire. Ayant bien repéré l'endroit, ils se dirent qu'ils reviendraient faire leur enquête, sans en parler à leur hiérarchie pour éviter les ennuis.

Venant frapper à la porte du dernier étage de l'immeuble, c'est Linda qui vint leur ouvrir. Le cauchemar recommença. Comment cette femme qu'ils avaient vu être enlevée, entrer dans un engin volant, puis plonger dans les eaux du fleuve, pouvait-elle être devant eux. Ils décidèrent de lui raconter ce qu'ils avaient vu. Linda ne démentit pas, mais leur dit qu'elle ne leur dirait rien, et qu'il leur fallait rencontrer Budd Hopkins pour connaître la vérité. Ils refusèrent, ne tenant pas à compromettre leur carrière, ils voulaient garder l'anonymat. Ils notèrent l'adresse de Budd Hopkins à qui ils envoyèrent une première lettre avec des dessins et ensuite des cassettes audios.

Budd Hopkins n'a jamais pu les rencontrer. Qui étaient ces hommes dont le témoignage correspondait exactement aux déclarations de Linda sous hypnose ? Il lui était impossible de téléphoner à la police pour avoir des renseignements. C'était la première fois que des témoins vivaient en direct l'enlèvement d'un humain.

Connaissant la malice des aliens, nous pouvons supposer que ces soit-disants policiers pouvaient faire partie d'un scénario monté pour prouver la réalité indiscutable des abductions, en choisissant des hommes dont le témoignage est difficilement remis en cause. La suite va montrer que cette hypothèse est plausible.

L'aventure va devenir de plus en plus folle. En 1991, Linda fut kidnappée par deux hommes, mais pas n'importe lesquels... elle reconnut les deux policiers habillés cette fois en civil. Pendant plusieurs heures, à l'intérieur d'une voiture, ils lui posèrent des questions sur son enlèvement, sur ce qu'elle avait vu à l'intérieur de l'ovni, ils la soupçonnaient d'être une alienne, etc.

Budd Hopkins reçut alors une lettre d'un des deux policiers, reconnaissant, qu'en fait, ils appartenaient à un service de sécurité, et que cette fameuse nuit, ils escortaient la voiture d'un important homme politique. Ce personnage important téléphona à Budd Hopkins, pour reconnaître la réalité de l'enlèvement de cette nuit mémorable. Son nom resta secret jusqu'à ce qu'il quitte son poste. Il s'agissait du Secrétaire Général des Nations Unies, Javier Pérez de Cuellar.

Tout cela sent la manipulation à plein nez mais... l'histoire continue.

Rappelons qu'à l'époque, l'affaire n'a pas encore été ébruitée par les médias. C'est alors que Budd Hopkins reçut une lettre d'une femme dont le témoignage venait corroborer d'une façon incroyable tout ce qu'il savait, mais avec des précisions intéressantes en regard du phénomène ovni.

Cette femme, dont Hopkins protège l'anonymat, lui déclara que cette fameuse nuit de 1989, alors qu'elle franchissait le pont de Brooklyn, les phares de sa voiture se sont éteints, ainsi que les lampadaires du pont et qu'il en fut de même pour les quelques voitures qui y circulaient à cet instant. Puis, immédiatement, les moteurs de tous les véhicules ont calé et tout le monde s'est retrouvé immobilisé, en panne, comme la voiture de police mentionnée plus haut. Il était impossible de ne pas remarquer, à une centaine de mètres, un immeuble fortement illuminé à hauteur du dernier étage. Chose incroyable, une sorte d'énorme vaisseau circulaire, émettant des rayons de différentes couleurs, était immobilisé dans l'air, à hauteur et à proximité de cet étage. Les gens sortirent de leur voiture pour assister au spectacle pensant que l'on tournait un film. Mais la stupéfaction remplaça vite la curiosité. Les témoins virent quatre personnages sortir d'une fenêtre de l'immeuble, voler dans les airs, puis entrer dans l'engin qui démarra immédiatement.

Budd Hopkins n'en revenait pas. Il se retrouvait avec un nouveau témoin qui, connaissant ses travaux, n'avait pas hésité à le contacter... les autres témoins avaient préféré se taire. L'histoire, vue sous des angles différents, était toujours la même. De plus, il se rappelait que les policiers, ou soi-disant tels, lui avaient déclaré que leur voiture était en panne aussi dans ce quartier. Que penser de tout cela ?

L'aventure continue et approche du délire.

Un des deux fameux policiers enleva à nouveau Linda et tenta de la noyer. Elle fut sauvée par l'autre policier qui décida de la protéger. La manipulation continuait et Linda en était la victime. Son vrai nom fut divulgué en même temps que son aventure, et Budd Hopkins n'en était pas responsable. Les médias la harcelèrent. L'histoire de son implant fit surface. Les spécialistes voulaient l'analyser pour confirmer ou infirmer cette histoire.

Manque de chance... si l'on peut dire, pendant la nuit, elle saigna énormément du nez, c'est du moins ce qu'elle crut. En fait, sous hypnose, une fois de plus Budd Hopkins découvrit que Linda avait été enlevée avec son fils... et que les aliens lui avaient enlevé son implant dans le nez, ce qui avait provoqué par la suite d'importants saignements. Pourquoi faire simple quand on peut faire compliquer ? Il ne fut pas question d'hypnotiser le petit garçon. Elle dit, sous hypnose, qu'il y avait d'autres abductés dans l'ovni, dont le Secrétaire Général de l'ONU, M. De Cuellar, mais comment avoir confirmation ? Il n'est pas question de demander à un aussi important personnage politique de pratiquer une régression hypnotique.

Budd Hopkins eut l'idée de montrer un tas de photos d'hommes au petit garçon et lui demanda s'il reconnaissait un de ces messieurs rencontrés dans l'ovni. L'enfant identifia immédiatement, parmi toutes les photos, le visage du Secrétaire Général de l'ONU.

D'après ce que Jimmy Guieu avait appris sur place, Linda et M. Perez de Cuellar se seraient rencontrés sur terre après leur enlèvement. Ni l'un ni l'autre n'ont démenti les faits mais s'ils sont exacts, on ne sait rien de cette rencontre. Certaines personnes ont vu chez Linda le magnifique cadeau que Monsieur Perez de Cuellar aurait fait à son fils. L'enfant a dit qu'il connaissait le monsieur lui ayant apporté ce cadeau à l'appartement en l'absence de ses parents. Monsieur Perez de Cuellar, dont le nom a été cité maintes fois dans les médias relatant l'aventure de Linda, n'a jamais démenti ; il ne veut pas répondre, ou dit, ce qui est étrange, « que peut-être ses gardes du corps ont été témoins de certaines choses dans ce quartier », mais il n'en dit pas plus ! On sait que Budd Hopkins a rencontré M. Perez de Cuellar. Quel fut le contenu de leur dialogue ? Mystère ou secret d'état, lorsqu'on a affaire à des personnalités d'une telle importance, il vaut mieux savoir se taire !

Cette aventure d'abduction, qui aurait pu être banale, du fait de sa complexité, me conforte dans ma théorie que certains types d'aliens semblent s'amuser à nous manipuler pour empêcher nos malheureux cerveaux humains de dissocier le vrai du faux. Ce n'est pas la première fois que cela se produit, et cela se produira encore. Pourquoi ? Une fois de plus, nous n'en savons rien. J'ai bien dit : « un certain type d'aliens », oui, car je suis persuadé qu'ils ne jouent pas tous la même pièce de théâtre, même si, tous, pour une raison inconnue, semblent vouloir respecter la même forme d'incognito. Ont-ils un accord entre-eux ? Devant l'incompréhensible, nous devons rester humbles !

L'abduction de Georgia

Voici maintenant le témoignage de mon amie Georgia. Elle m'a contacté après ma prestation dans l'émission télé *Y'a pas photo*.

Georgia est une femme équilibrée, calme, à la voix posée. Elle a décidé de me raconter ses aventures parce qu'elle sait qu'un vieil ufologue comme moi peut tout entendre. Elle n'a jamais fait de témoignages sous hypnose car, en France, les psychiatres ne pratiquent pas cet art pour recueillir ce type d'aventures. Georgia fait partie de ces abductés qui se souviennent consciemment de ce qui leur est arrivé. Étant donné qu'elle est enlevée depuis presque cinquante ans, je pense qu'elle ne se souvient pas de tout... et qu'elle n'a peut-être pas envie de s'en souvenir :

« Depuis l'enfance, j'étais très intéressée par le ciel. Je passais mon temps, le soir, à regarder les étoiles, la lune et je posais beaucoup de questions. Quand les adultes m'affirmaient que seule la Terre était habitée, je n'y croyais pas.

L'explication vient peut-être du fait, qu'étant enfant, j'avais eu plusieurs fois l'occasion de voir dans le ciel des objets bizarres, tout ronds, que les grandes personnes appelaient des « soucoupes volantes ». En 1954, à l'âge de six ans, je vivais avec mes parents en Tunisie. Je me souviens d'un fameux soir où toute la ville a vu passer un énorme engin au-dessus des toits, au ralenti, sans bruit, toutes lumières allumées.

Je ne sais pas si c'est à cette période que tout a commencé pour moi, mais il est certain qu'à partir de ce moment, j'ai commencé à vivre plein d'événements très étranges, qui ne m'inquiétaient absolument pas et qui, bien au contraire, me plaisaient beaucoup. Le soir, après être allée me coucher, je me retrouvais à sortir de ma chambre en "volant" et en passant à travers la fenêtre fermée. Quel jeu merveilleux pour un enfant ! Je trouvais bizarre que le reste de la maison dorme, pendant que des petits êtres sympas me faisaient voler dans le ciel.

Je voyais la ville d'en haut et me retrouvais, je ne sais comment, dans un engin volant que j'avais aperçu en sortant de la maison. Sans savoir ce qui s'était passé, j'étais à l'intérieur. Je voyais qu'il y avait d'autres enfants. Ils nous montraient toutes sortes d'images de planètes et de la Terre. Je me souviens avoir fait des voyages où je voyais la Terre de très loin, toute ronde et éclairée.

Beaucoup de moments me paraissent flous : comme le retour, où après une sensation de chute, je me retrouvais dans mon lit ou sur le sol. Ma mère me disait que j'avais rêvé et cela m'énervait au plus haut point... je n'avais pas rêvé, alors pourquoi ma maman, en qui j'avais toute confiance et à qui je croyais pouvoir tout dire, ne voulait-elle pas me croire ?

Pendant plusieurs années, entre cinq et dix ans, j'étais toujours maladive. Je me plaignais souvent d'avoir mal au ventre. Le médecin n'y comprenait rien et lui aussi s'énervait contre moi. Je devais encore rêver ou dire n'importe quoi !

Au fil des années, ces voyages ont continué, mais ils ont évolué, c'était moins drôle. Je me retrouvais sur une table pour subir des examens médicaux. Mais les êtres qui les pratiquaient, des sortes de petits hommes pas très beaux, agissaient différemment avec des façons de faire qui ne ressemblaient pas à celles employées sur terre.

La salle où je me trouvais était très éclairée mais je n'y voyais aucune source d'éclairage. Il n'y avait pas d'ampoules, pas de néons, impossible de savoir d'où venait cette lumière intense. Il y avait d'autres tables d'examens sur lesquelles étaient allongées d'autres personnes. Les êtres qui s'occupaient des personnes sur les tables agissaient, je dirais, par automatisme et en silence. Les instruments médicaux avaient l'air d'être suspendus au-dessus d'eux, accrochés à je ne sais quoi et ils les utilisaient à leur convenance ou selon leur besoin. J'avais l'impression qu'on me retirait quelque chose. Ces épisodes se sont répétés pendant des années, mais il était inutile que j'en parle... puisque j'étais une rêveuse !

Et puis, après mon mariage, ces "balades" ont encore changé de style. Cette fois, j'avais droit à des retraits d'embryons. Je me savais enceinte, et, du jour au lendemain, je ne l'étais plus. « Avortement spontané » me disait le gynécologue... je ne lui ai jamais raconté la réalité. Il ne m'aurait pas cru, et j'avais peur de me retrouver à l'hôpital psychiatrique de Bordeaux.

Ces enlèvements d'embryons se sont passés à différents stades. Ce pouvait être à quinze jours de grossesse, comme à deux mois et même un peu plus. Parfois, j'ai eu le droit de voir ce qu'ils m'avaient retiré. L'embryon était bien vivant dans sa poche de liquide, le tout placé dans une sorte de grosse éprouvette, elle-même placée dans une grosse "armoire" à compartiments où étaient rangés d'autres embryons.

Ce genre de situation s'est reproduit de très nombreuses fois. J'ai eu aussi des enfants pour moi-même et, chaque fois, je savais, avant même d'en sentir les signes, que j'étais enceinte.

Le temps passant, mon “utilisation” a encore changé de forme. J’ai pas mal servi de nounou, me retrouvant dans ces endroits que je commençais à connaître; on me mettait un bébé hybride dans les bras et je devais l’allaiter. Quand ils étaient plus grands et qu’on les amenait devant moi, c’était pour quelques instants, car il m’était expliqué « qu’ils devaient rester juste quelque temps en contact affectif «. J’ai toujours senti que ce contact était nécessaire pour eux, pour leur développement. Une sorte de réciprocité s’installait. Le lendemain, malgré mes nombreuses occupations, je ressentais comme un vide en moi. Même aujourd’hui, une part de moi est ailleurs, et je le ressens.

Il y a un “suivi” avec les enfants jusqu’à ce qu’ils aient l’apparence d’être âgés de six à huit ans. Ces enfants ont les traits fins et la peau très claire, ils ne parlent pas, ils dégagent quelque chose de particulier, d’indéfinissable.

Je n’ai jamais été maltraitée, à moins que cela ait été effacé de ma mémoire. Au cours des examens médicaux, il y a toujours eu un être chargé de fixer mon regard au plus profond de mes yeux. Sans doute pour aider à calmer la douleur. J’ai vu d’autres personnes dans le même cas que moi au cours des enlèvements. Certaines avaient l’air d’être inconscientes, d’autres avaient de véritables crises de panique, mais étaient vite calmées. Parfois, on me montrait des informations, comme des images sur une sorte d’écran d’ordinateur où je voyais des guerres, des explosions nucléaires, des famines, des cataclysmes, etc. ainsi que des images d’enlèvements massifs qui se passaient très rapidement. Pourquoi toutes ces images? Est-ce pour nous prévenir et nous faire comprendre que nous sommes en danger? Je suis persuadée que tout cela fait partie d’un vaste plan. Est-ce toutes ces situations qui font que je me suis toujours sentie différente, également toujours en attente?

J'ai toujours des rêves, des intuitions, je suis persuadée que je suis "suivie". Après avoir vécu toutes ces aventures, j'ai l'impression que nous sommes manipulés et que la planète est sous contrôle. J'ai vu trop de femmes, d'hommes et d'enfants, subir les mêmes choses que moi pour que ce soit normal. Finalement, quand on est enlevé, on a l'impression d'être des souris de laboratoire. Si les souris parlaient, répondrions-nous à leurs questions? C'est comme ça que nous sommes traités lors des examens médicaux. Les questions restent sans réponse, ou alors ils nous font bien comprendre que cela ne nous regarde pas, ou que cela n'a aucune importance.

Finalement, ce qui me gène le plus, c'est qu'après tant d'années, je n'en sache pas plus sur eux, sur leurs buts, qu'il y a quelques dizaines d'années. Tous ces enlèvements se déroulent, plus ou moins de la même façon. L'intérieur de ces engins est toujours aussi dénudé, la lumière est toujours aussi éblouissante et il est impossible d'en trouver la source. Je n'ai jamais vu ces humanoïdes à "l'arrêt", je les ai toujours vus en activité, comme s'ils étaient programmés pour ne pas perdre de temps dans des tâches bien précises. Qui tient les manettes de tout cela ? »

Le témoignage d'Andromède

Andromède est le pseudonyme d'une Française que j'ai connue par l'intermédiaire de Georgia, l'abductée précédente. Elle ne veut pas que tout ce qu'elle a vécu soit écrit, car elle pense qu'on ne la croirait pas. Je respecterai donc son souhait et son anonymat car elle veut garder sa tranquillité et ne partager ses expériences qu'avec ceux qui ne la prendront pas pour une douce rêveuse. Je la comprends, mais qu'elle sache que le témoignage qui va suivre a déjà été entendu par beaucoup d'ufologues, avec des variantes, de la bouche de milliers de terriennes et de terriens dispersés sur la planète, qui ne se connaissent pas et qui ne se connaîtront jamais.

« Tu sais, Bernard, si pour certains ce que je raconte semble être de la science-fiction, pour moi c'est depuis longtemps du réel. J'ai eu affaire à des “bons” et à d'autres, qui m'ont utilisée pour des expériences.

Tout a commencé, il y a longtemps, vers mes sept ans. Un matin, face à l'est, j'étais sur le seuil de la porte, je regardais mon grand-père qui bricolait dehors des étagères. Il était sur ma gauche, il tournait le dos au soleil. C'est alors qu'un objet en forme de ballon de rugby aplati apparut dans le ciel à environ cent mètres de moi. Il était au-dessus du petit bois, de couleur rouge-orangée et elle se posa. J'ai prévenu mon grand-père qui n'a pas bougé, j'avais beau lui parler, il était comme absent.

À partir de ce jour-là, ce fut une suite sans fin d'enlèvements, jusqu'à cette année 2001... où cela continue.

Suite à cette apparition, j'ai eu des contacts répétés. Des boules lumineuses qui venaient me chercher la nuit ; je me retrouvais dans des endroits assez incroyables, d'une autre nature, peut-être d'un autre monde, ce qui n'est pas impossible car la végétation n'avait rien à voir avec celle que l'on voit sur Terre. Il y avait beaucoup de déserts habités par des êtres assez bizarres, à l'apparence de terriens, mais qui volaient dans l'air sans ailes, certains me demandant ce que je venais faire à cet endroit.

Avec le temps, il ne m'est pas facile de dire si je vivais ces “voyages” réellement physiquement, ou si c'était une sorte de film que l'on me passait dans la tête. Un jour, je me suis retrouvée avec eux sur la face cachée de la Lune. Je me souviens qu'il y avait des portes immenses dans la roche. À l'intérieur, j'ai vu de nombreux vaisseaux spatiaux qui stationnaient, je me suis promenée à côté et dessous, j'ai vécu cette expérience physiquement, consciemment, c'est du moins ce que je ressens, mais est-ce bien ainsi que cela s'est passé ? Je ne peux pas l'affirmer.

Plus tard, les contacts physiques ont été plus nombreux. Cela se passait la nuit, les boules lumineuses arrivaient et des “êtres” apparaissaient. Certains n’étaient pas bien grands avec une drôle de tête mais, parfois, ils étaient du type européen. Un jour, au pied de mon lit, il y avait un “homme” aux cheveux courts très bruns, il était enveloppé dans une brume très dense. Il me parla pendant un moment, me dit son nom. Il me dit que je pourrai l’appeler en pensée ou verbalement à chaque fois que j’aurai besoin de lui, ce que j’ai fait plusieurs fois. Il était là d’une façon invisible et je sentais son aide. Mon entourage se posait des questions. J’ai été mise à l’écart, même par ma famille car, pour eux, j’étais une sorcière.

J’ai rencontré des êtres d’une grande gentillesse. J’ai vu beaucoup de choses très intéressantes à l’intérieur des “vaisseaux”, des écrans géants où je voyais des systèmes solaires et, comme sur nos radars, on voyait se déplacer leurs vaisseaux. Je voyais des êtres assis sur des sièges sans pied, des ascenseurs en forme de plaques rondes maintenues dans l’air et se déplaçant sans aucun câble.

Mes petits-enfants ont déjà eu des contacts. Mon deuxième petit-fils, deux nuits de suite, début juillet 2001, nous a demandé ce qu’étaient ces boules lumineuses venues dans sa chambre, là où j’habite, dans l’est de la France. Mon premier petit-fils nous avait posé la même question lorsque j’habitais à Orléans. Le même scénario se met en place, pour eux comme pour moi quand j’étais enfant !

Quant à ma fille, elle vit depuis son enfance, elle aussi, les mêmes expériences. Quand elle était enfant, elle nous a raconté qu’un homme bizarre était arrivé la nuit dans sa chambre, il était vêtu d’une sorte de combinaison collante argentée. Il a fait devant elle une sorte de sculpture sur le côté droit de son armoire, de haut en bas, avec, d’après elle, un petit appareil. On a toujours gardé cette armoire avec sa sculpture, preuve que notre fille n'avait pas eue d'hallucination.

J'ai déménagé plusieurs fois, dans différentes villes de France, à cause du métier de mon mari. À chaque fois, les contacts ont continué. Impossible de leur échapper.

Comme tous les abductés, j'ai eu à subir des examens médicaux sur leur sorte de table d'opération. Je n'ai pas souvenir d'avoir été traumatisée, comme certains le racontent, à moins que cela ait été effacé de ma mémoire. Tu sais Bernard, comme je l'ai déjà raconté, j'ai l'impression que certains types de "visiteurs" sont bons, et d'autres beaucoup moins, d'ailleurs leur aspect extérieur n'est pas le même. Je vais te donner deux exemples qui m'ont frappé.

Un jour, lors d'un enlèvement, j'étais étendue sur leur table d'examen. Il y avait au-dessus de moi un appareillage très sophistiqué, et un tube gros comme une aiguille que j'ai vu descendre vers mes yeux. Les "êtres" m'ont expliqué, par transmission de pensée, qu'ils allaient soigner mon œil malade. Je ne savais pas qu'il était malade. Je n'ai pas souffert, il reste simplement une petite trace lorsque je me regarde de très près dans la glace.

Deuxième exemple, beaucoup plus traumatisant. J'ai eu un enfant, qui, à la naissance, avait les yeux rouges, pas de système pileux, des pieds et des mains palmées, pas d'oreilles, juste un trou avec un peu de chair autour. Sa peau était différente de la nôtre. Il est mort de suite et les médecins ont emporté le corps je ne sais où. Quand j'ai posé des questions, il m'a été répondu que le dossier resterait secret pendant vingt-cinq ans. Mais je n'ai pas besoin de leur dossier. Lors d'un contact, il m'a été expliqué qu'ils avaient fait une expérience, et que je devais la faire jusqu'au bout, pour savoir ce que serait l'être que je mettrais au monde et s'il serait viable ou pas. Il m'est arrivé de me fâcher et de leur dire qu'ils me laissent tranquille n'étant pas un sujet d'expériences.

C'était mon troisième enfant. Après cette expérience, les médecins m'ont conseillé de me faire opérer pour ne plus avoir d'enfant. J'ai donc été opérée. Mais, vingt ans après, je me suis retrouvée enceinte, c'était une grossesse extra-utérine d'environ deux mois, et là, pas de problème, tout a disparu, une nuit, comme par enchantement. Le gynécologue n'a rien compris, il n'y avait plus rien sur l'écran de contrôle !

Quand je suis venue ici, dans l'est, j'ai eu une nuit la visite de trois humanoïdes, je n'ai pas pu me défendre. Ils me dirent qu'ils allaient me greffer des ovaires. J'ai refusé catégoriquement. Le lendemain, sur ma cuisse droite, vers l'entrejambes, j'avais une marque ronde, grande comme une pièce d'un franc. Le pourtour était très rouge, l'intérieur couleur rosé et, au centre, comme la marque d'une piqûre couleur foncée. Cela est resté apparent durant quarante-huit heures, puis tout a disparu comme par miracle. Sur ma pelouse, allez savoir pourquoi, il y avait la marque d'un triangle de deux mètres de côté, avec, à chaque coin, un petit cercle.

Lors d'une visite chez le gynécologue en 2000, il a vu mes ovaires… ce qui "scientifiquement" était impossible !

Je me suis déplacée de façon particulière avec un être que j'aime bien. Il est très grand, toujours en combinaison moulante, soit argent, soit bleu ciel, avec une ceinture supportant un petit boîtier muni de boutons. Il agrandit la ceinture en la passant autour de moi, il appuie sur un bouton du côté gauche et, immédiatement, nous nous retrouvons à l'intérieur d'un engin. C'est vraiment super ! J'ai fait plusieurs fois ce genre de déplacement, même lorsque j'habitais en étages dans une HLM. Rien n'empêche les visiteurs ni les boules lumineuses, de venir me voir à l'endroit où je me trouve. Plusieurs fois, des voisins avec qui nous nous entendons très bien, nous ont dit qu'en revenant du cinéma, vers minuit, ils avaient vu des boules lumineuses sortir de notre balcon.

J'ai rencontré dans la journée, plusieurs fois, des "êtres venus d'ailleurs". Mais là, ils étaient habillés comme nous, la seule différence, c'est qu'ils me parlaient par télépathie, ce n'est pas facile à expliquer, mais je sais que toi, Bernard, tu me comprendras puisque tu as déjà eu ce genre de dialogue avec eux.

Ils peuvent parler notre langue et j'entends avec mes oreilles ou par télépathie, dans ce cas, j'entends les paroles dans ma tête, leurs lèvres ne bougent pas, ou alors très légèrement.

Lorsque j'ai habité dans la région de La Rochelle, au bord de l'Atlantique, j'ai passé six années vraiment magnifiques, où j'ai rencontré des gens qui sont devenus des amis. Ils vivaient les mêmes expériences que moi et pouvaient donc me comprendre. Nous avions l'impression d'appartenir à la même "famille". Quel plaisir de se retrouver, de pouvoir parler de nos "connaissances" venues d'ailleurs. Car ici bas, on se sent seuls, on a l'impression d'être des exilés, c'est ce que l'on ressent.

Heureusement, mon mari a eu aussi quelques expériences avec ces êtres, ainsi que mes enfants. De cette manière, je n'ai pas de problèmes, comme certains, dans ma vie familiale.

Une nuit, mon mari m'a raconté l'aventure suivante. Nous dormons dans le même lit et s'il arrive quelque chose à l'un des deux, l'autre ne s'aperçoit de rien comme si "quelqu'un" nous avait endormis très profondément. Cette nuit-là, il reçut l'ordre d'aller au W.C. Croyant rêver, il ne se leva pas, mais l'ordre devenant plus insistant, il se leva. Au pied du lit une boule lumineuse l'attendait, qui l'accompagna jusque dans les toilettes. Il se rappelle qu'il s'est senti malade, il ne sait pas combien de temps ils sont restés ensemble dans cet endroit insolite. Très tôt le matin, il était très perturbé, quelque chose le poussait à retourner voir dans les W.C., et là il entendit du bruit derrière la cuvette, il se pencha et trouva un canari de notre petite volière. Le pauvre oiseau était complètement épuisé. La cage était toujours dans la salle à manger, avec toutes les petites portes bien fermées, l'oiseau n'avait donc pas pu les ouvrir lui-même et de plus, comment aurait-il pu ouvrir la porte des W.C. et la refermer derrière lui ? Pourquoi cette mise en scène ? Quel message symbolique pouvait être caché derrière cette histoire d'oiseau ?

Une nuit, un être de carrure assez impressionnante, grand, sûr de lui, cheveux très courts, de peau claire, presque blanche, d'un type européen, en combinaison argentée, avec des petites bottes montant jusqu'à mi-mollet, s'assit sur le bord du lit. Il me demanda de lui montrer mes yeux, car j'avais mis mon bras gauche devant mon visage. J'ai retiré mon bras, et immédiatement je me suis retrouvée quand j'étais bébé, dans mon petit lit, et là j'ai vu que j'avais de la visite, car ce même être remettait sur moi la couverture que j'avais écartée en remuant les jambes. Puis, je me suis retrouvée dans le ventre de ma mère, j'entendais les bruits extérieurs, les paroles, la vie autour de ma mère, c'est une expérience incroyable. Puis toujours en arrière, j'ai ressenti une sorte de vide entre deux vies, difficile à expliquer. Je me suis vue dans une vie où je m'occupais de médecine, même maintenant je me souviens parfaitement du visage de ma femme, de mes enfants, de mes parents à cette époque. Je marchais dans une rue, un homme était assis sur un banc de pierre, comme j'étais médecin, j'ai vu qu'il avait la jaunisse, je lui ai dit qu'on se reverrait plus tard. C'était mon mari actuel. Toujours en arrière, toujours ce grand vide. J'étais guérisseur. Puis, chose incroyable, j'ai fait un bond dans le temps, j'étais dans le futur, et des grands événements qu'on m'a montrés se sont réalisés, et d'autres à venir dont je ne préfère pas parler. Quand j'ai repris mes esprits, dans mon lit, j'avais remis mon bras gauche sur mes yeux, je n'osais le retirer car je me demandais avec appréhension à quelle époque je me trouvais. Cet être m'avait fait faire une régression dans mes vies antérieures, comme certains le font aujourd'hui sous hypnose. Je m'en souviens comme si cela venait de se passer.

Alors que je t'écris une petite partie de mes aventures, en août 2001, depuis une semaine, avec des témoins, nous voyons une sphère énorme, très lumineuse dans le ciel des Vosges. Par moment, elle descend et doit atterrir dans un endroit pas très loin d'où nous sommes.

Dans le village voisin, je connais quelqu'un qui a eu un accident dans les bois. Un arbre a écrasé le tracteur sur lequel il était assis. L'homme a été grièvement blessé, touché à la colonne vertébrale, il devrait être dans un fauteuil roulant. Emporté à l'hôpital, la nuit il m'a dit avoir vu des “êtres en blanc”. Le lendemain matin il était debout sur ses jambes. Les médecins étaient complètement affolés. Plus aucune trace sur les radios. Ces êtres lui ont parlé, lui ont dit pourquoi ils lui faisaient cette guérison et à quoi elle allait servir plus tard. Depuis, il a eu souvent près de lui des boules lumineuses, quel que soit l'endroit où il se trouve, même à l'intérieur de sa voiture. Maintenant, lui qui ne s'était jamais intéressé à toutes ces histoires, il sait qu'il existe autre chose que notre Terre. Pourquoi lui ? Pourquoi moi ?

Quand on a eu ce genre de contacts, on ne peut plus vivre comme avant, tout bascule gentiment. C'est une remise en question permanente de nous-mêmes et de la vie autour de nous.

Cela fait deux nuits que nous avons de la “visite” dans la maison... c'est la routine ! Il y a souvent des phénomènes particuliers quand quelqu'un vient chez nous, soit en vacances, soit pour la journée, comme si “ils” voulaient faire comprendre quelque chose.

Mon fils, ma fille, mon mari, ont été enlevés comme moi. On ne compte plus le nombre de fois. Comme moi, ils se souviennent de cette salle ronde, avec des murs sans porte, très lisses. Mon mari se souvient parfaitement qu'il est allongé, tout nu sur une sorte de table. Une ouverture se fait dans un mur, des êtres gris clair l'examinent, puis il se réveille dans notre lit.

Si je ne veux pas dévoiler au public notre nom de famille, ni le lieu où nous habitons, c'est pour la tranquillité de tous. J'ai choisi le pseudonyme d'Andromède, je sais que toi tu préserveras notre anonymat, car tu fais partie de la famille, de ceux "qui savent".

J'ai eu de la chance, car j'ai rencontré les "petits gris", mais aussi des grands blonds, et j'ai toujours eu l'impression, avec certains, qu'ils me considéraient d'égal à égal. Un de leurs messages, c'est qu'il nous faudrait impérativement mieux respecter notre planète Terre et l'aimer. »

Il est dommage qu'en France il ne soit pas aussi facile qu'aux États-Unis de faire ce genre de témoignage sous hypnose. Nous apprendrions beaucoup d'autres choses, qui sont cachées à la mémoire par un écran psychique imposé par les "visiteurs de l'ailleurs". Mais nous savons aussi que beaucoup de témoins qui vivent ces aventures préfèrent ne pas tout savoir dans le détail, car c'est parfois très dur à supporter !

Abductés et implants

Au fil des siècles, de nombreux récits rapportent des témoignages d'enlèvements d'humains. Ceux de notre époque ont un énorme avantage sur ceux du passé, c'est que les témoins sont encore, pour la plupart, vivants et que les faits peuvent être vérifiés.

Que certains événements se soient produits réellement, physiquement, où qu'ils ne soient que des images imprimées dans le cerveau de certains abductés, ce qui reste certain, c'est que dans les deux cas il s'est produit quelque chose qui dépasse notre réalité.

Comme je l'ai déjà dit, même les nombreux témoignages sous hypnose ne nous garantissent pas la réalité de ce qui s'est réellement passé durant l'abduction. Le plan général des aliens semble tellement au point, leur technique si raffinée, qu'il n'est pas absurde d'envisager qu'ils savent pertinemment que nous connaissons l'utilisation de l'hypnose et que, partant de là, ils impriment dans le subconscient de tous leurs cobayes, des témoignages similaires qui ressortiront avec ou sans hypnose. Dans quel but ? Je n'en sais rien, pas plus que quiconque.

Autre fait curieux, on s'aperçoit que des abductés, enlevés depuis leur plus tendre enfance, ayant déménagé plusieurs fois ou même changé de pays, ont continué à être retrouvés sans difficultés par les aliens-ravisseurs. Ce mystère a peut-être un lien avec la découverte d'implants minuscules dans le corps de certaines personnes lors de radiographies, de scanners et maintenant d'examens IRM.

Les endroits du corps où l'on retrouve le plus ce genre de minuscules "balises", se situent dans le nez au niveau des sinus, ou sous la peau, surtout au niveau des bras et des jambes. Mais on en a retrouvé dans la boîte crânienne, accolées au cerveau et même derrière les yeux. Ces découvertes ont été faites parce que des enfants, des femmes ou des hommes se plaignaient de douleurs ou de malaises que les médecins ne comprenaient pas et que des examens ont révélés. On a aussi retrouvé des implants par hasard lors d'opérations chirurgicales. Je connais même un cas où l'implant est sorti tout seul en passant à travers la peau d'un genou.

Certains implants disparaissent rapidement au contact de l'air. D'autres ont pu être examinés sous microscope. Les biologistes qui les ont examiné disent que leur structure semble très complexe, et qu'à leur avis, ils ont été fabriqués de telle sorte qu'il ne puisse pas y avoir de rejet par l'organisme humain. Comme ces minuscules objets de un à cinq millimètres de longueur n'ont pas été implantés sans raison, on peut penser qu'ils peuvent servir aux aliens pour suivre à la trace les humains durant toute leur vie. Ils pourraient fonctionner comme des sortes d'émetteurs-récepteurs. La raison exacte dans le corps humain est peut-être complètement différente mais nous ne la connaissons pas… du moins officiellement.

J'émets ce genre de réserve car il semble que, dans le phénomène ovni, les implants fassent partie de l'ultra secret en ce qui concerne les autorités américaines, ce qui semblerait prouver qu'il s'agit là de quelque chose d'extrêmement important. J'en veux pour preuve un médecin américain, le docteur Leir, qui avait analysé un implant et qui, ayant publié ses résultats, se vit interdire l'exercice de la médecine… pour une histoire banale lui étant arrivée dix ans auparavant et qui n'avait eue aucune suite… jusqu'à ce qu'il se mêla de ce qui ne le regardait pas…

Il y a des gens, aux USA ou ailleurs, qui pensent qu'en cassant le thermomètre, la fièvre n'existe plus !

Pour compliquer - encore - un peu le problème, signalons que certains implants découverts grâce au scanner ont été placés dans des endroits du cerveau où il est impossible de les extraire sans risquer des conséquences graves pour la personne concernée. Autre bizarrerie, certains radiologues sont étonnés de trouver sur leurs clichés, les traces d'une opération ancienne alors que le médecin traitant et le patient affirment qu'il n'a jamais subi d'intervention chirurgicale ! Les ufologues voient là un embryon de preuve de l'existence des implants et des enlèvements, même si les abductés n'en ont aucun souvenir conscient.

Malgré son interdiction d'exercer la médecine, il ne fut pas possible d'empêcher le docteur Leir d'écrire un livre et de faire des conférences. Son ouvrage *Les Extraterrestres et le scalpel preuves scientifiques des implants extraterrestres chez l'homme*, est sortit en 1998. Roger Leir est maintenant connu et s'est entouré d'amis médecins, chirurgiens et ingénieurs électroniciens qui travaillent sur les cas de gens portant des implants et voulant se les faire retirer.

Selon les spécialistes, nous sommes en face d'une technologie inconnue. De nombreuses analyses métallurgiques ont été effectuées sur ces implants dès qu'ils furent retirés des corps humains. Il est possible que toute la vérité ne nous ait pas été dévoilée mais nous savons néanmoins que ces analyses font apparaître de petits objets en forme de "77" se composant de deux petits bâtonnets métalliques.

Le bâtonnet horizontal, d'après le Dr Leir, renferme un noyau de fer « plus dur que le plus fin carbure d'acier » il est magnétique. Le noyau de fer est entouré d'un manteau complexe de nombreux éléments. Une partie de ce manteau possède un ruban de cristal qui entoure le bâtonnet. L'une des extrémités présente un crochet, tandis que l'autre est plate. Le bâtonnet vertical comporte un revêtement identique, mais avec un noyau de carbone. Il est magnéto-conducteur, mais pas magnétique. La complexité de cet implant fait qu'on peut affirmer qu'il s'agit d'un objet structuré ayant une fonction dont on ne peut aujourd'hui affirmer les buts avec certitude. Nous sommes dans le domaine de la spéculation.

Je pense qu'il y a de fortes probabilités pour que les implants aient plusieurs fonctions concomitantes : appareil de détection, transpondeur, contrôle du comportement et action dirigée sur le comportement des implantés, surveillance et suivi de l'évolution des maladies humaines, avec provocation ou guérison de celles-ci, contrôle et suivi du système génétique humain... avec pourquoi pas, modifications génétiques, etc.

De certaines conclusions du Dr Leir, il ressort que, même sous anesthésie locale, les patients ressentaient des douleurs extrêmes lors de l'extraction d'un implant. Pourtant, les tissus les entourant n'étaient pas enflammés. Ils étaient entourés d'un grand nombre de cellules nerveuses et étaient, avec le temps, entourés d'une couche de matériaux organiques propres au corps humain. Certains abductés avaient des cicatrices inexplicables. Nous sommes là en présence d'une technologie médicale de pointe et d'une micro-technologie avancée quand on considère les alliages très complexes utilisés pour leur réalisation. Qu'il s'agisse d'émetteurs-récepteurs ou de quelque chose d'encore plus complexe, la technologie en œuvre n'existe pas sur terre. Il faut donc admettre, si l'on veut rester rationnel, qu'il s'agit d'une technologie venant "d'ailleurs".

Pour prouver la réalité de l'existence des implants, la télévision américaine NBC, très regardée dans ce pays, filma l'opération de l'extraction d'un implant dans le pouce de M. Paul Dering, par l'équipe du Dr Leir. Monsieur Dering découvrit la présence de cet objet insolite, lorsque, après une chute de ski, il subit une radiographie de la main. Face aux questions du radiologue, il ne put expliquer la présence insolite du petit objet. Il n'avait aucune cicatrice ni aucun souvenir de blessures passées. C'est seulement plusieurs années après son accident, ayant entendu une conférence du Dr Leir, qu'il le contacta et que l'opération fut décidée. NBC filma toute l'opération et des millions d'Américains ont pu voir, pour la première fois, l'extraction d'un implant présenté, par les spécialistes présents, comme ne pouvant pas être de fabrication humaine. La diffusion eut lieu en février 1999.

Nous pourrons regretter qu'en France, la patrie des "Droits de homme et du citoyen", le rationalisme le plus obtus bloque l'information au niveau des médias les plus influents, obligeant les personnes en questionnement à aller puiser ses informations à l'étranger.

Il vaut mieux, dans notre pays, s'abrutir l'esprit à regarder des "télé-réalités" calamiteuses que de s'interroger sur des sujets tabous.

Avant d'aborder les rencontres du cinquième type, je vais témoigner de deux aventures qui me sont arrivées personnellement en reprenant deux articles parus dans le journal ufologique *Sentinel News*.

Rencontre avec les hommes en noir

Voici une expérience que j'ai vécue face aux "hommes en noir".

En 1972, j'avais fait la connaissance d'un haut responsable de la Gendarmerie dont le travail consistait à traiter et à classer tous les témoignages recueillis par les gendarmes sur le territoire français, concernant le phénomène ovni, afin de faire des rapprochements avec les informations provenant de l'étranger.

À cette époque, j'appartenais au GEPA (Groupement pour l'Étude des Phénomènes Aériens et des objets spatiaux insolites), fondé par le Général de l'armée de l'Air, Lionel Max Chassin. Cette association comprenait des scientifiques de haut niveau à l'esprit ouvert et de nombreux ufologues. Cette appartenance mit cet officier de la Gendarmerie en confiance et il m'a dévoilé un tas de choses que je ne soupçonnais pas, malgré une expérience en ufologie remontant à de nombreuses années.

Il me parla en particulier du phénomène des enlèvements liés aux ovnis, qui tracassait au plus haut point les autorités de l'État et, selon ses dires, de tous les États. Ce serait la principale raison du secret-défense décrété par tous les gouvernements de la planète pour éviter la panique devant une situation que personne ne contrôle !

Je détenais là une information que personne ne connaissait au GEPA, puisque personne n'en parlait ni dans les écrits de notre revue, ni dans les conférences. C'était tellement énorme que j'ai décidé de n'en parler à personne.

Il ne s'agissait pas des abductions dont il a été question plus haut dans ce récit L'officier ne me parla jamais d'enlèvements limités dans le temps et d'humains ramenés sur Terre. Il semble qu'à cette époque, les autorités n'étaient, soit pas au courant, soit, ce qui est plus probable, ne prenaient pas au sérieux les quelques témoignages disponibles.

Les responsables politiques et militaires étaient beaucoup plus inquiets, et on peut les comprendre, par les enlèvements définitifs et sans retour d'humains. Il s'agissait chaque année de dizaines de milliers de femmes, d'enfants, d'hommes, parfois des familles entières, dont la disparition, après enquêtes approfondies des services spéciaux de police, étaient parfaitement inexplicables. De nombreuses circonstances ne laissait aucun doute quant à la non-implication d'autres humains, ou à une disparition volontaire. À la suite de certains témoignages recueillis par la gendarmerie, il s'était avéré que le phénomène ovni et l'intelligence qui le dirige, était impliquées dans ces enlèvements. Ce qui inquiétait le plus les autorités, c'étaient les disparitions d'enfants qui continuent toujours, trente ans après, en France et ailleurs.

Aujourd'hui, par rapport à 1972, nous avons la preuve que le phénomène ovni, ou une partie de ce phénomène, est responsable des abductions et des enlèvements définitifs.

En 1976, recevant des informations de plus en plus nombreuses sur les enlèvements d'humains, mais aussi de bateaux, d'avions, de sous-marins, je me décidais à écrire un livre sur le sujet qui s'intitulerait *Apparitions et Disparitions*.

Je ne suis pas allé très loin dans mon travail. Mon manuscrit avait une cinquantaine de pages lorsque... par une belle journée ensoleillée, sur une route entre Fresnes et L'Hay-les-Roses (région parisienne), aux alentours de 12 h 30, une étrange aventure a commencé.

Alors que quelques instants auparavant je croisais et doublais des voitures, ce qui est normal en banlieue parisienne, il n'y eut, d'un seul coup, plus la moindre circulation. Je roulais dans une grosse voiture Ford, donc une très belle visibilité, en particulier par la très vaste vitre arrière. Roulant énormément, je conduisais toujours avec prudence. À un moment donné, je regardais dans mon rétroviseur central... il n'y avait rien... aucune voiture à l'horizon, ce qui aurait dû attirer mon attention, sur cette route et à cette heure.

Et là, tout a basculé. Une force incompréhensible me dit intérieurement qu'il fallait de nouveau regarder dans mon rétroviseur central, alors que je venais de le faire seulement trois ou quatre secondes auparavant et que j'avais constaté la route complètement vide sur à peu près cinq cents mètres en arrière.

Je regardai et je vis une voiture Volkswagen bleue, type coccinelle, qui me suivait presque collée à mon pare-chocs. Comment avait-elle pu arriver là, si vite, sans que je m'en aperçoive ?

J'ai continué à rouler en regardant sans cesse dans le rétroviseur. Elle était toujours là, collée à moi. Ayant une grande expérience de la route, j'ai pensé que j'avais affaire à un fou. Vue la cylindrée de ma Ford-Consul, j'ai appuyé sur l'accélérateur, mais la Volkswagen était toujours le nez dans mon pare-chocs. J'ai commencé à m'inquiéter, et à faire ce que je n'avais pas encore fait : j'ai ralenti et regardé dans le rétroviseur plus longuement pour voir la tête du conducteur. Stupeur, il y avait trois hommes dans cette voiture, à cinq mètres de moi et je les distinguais parfaitement.

Tous les trois étaient en costume noir, chemise blanche, cravate noire et chapeau noir. Tous les trois portaient des lunettes de soleil à grosses montures (genre les lunettes d'Onassis) avec des verres noirs, si bien que je ne pouvais pas accrocher leurs regards.

Après les avoir bien détaillés, j'eus l'impression que c'était le moment qu'ils attendaient pour me dévoiler leur but. Une voix, en français, claire comme si elle provenait d'un walkman posé sur mes oreilles, se fit entendre à l'intérieur de ma boîte crânienne me dit : « Arrêtez d'écrire votre livre, arrêtez d'écrire votre livre ».

Ni la voix, ni le son, ne pouvaient être passés d'une voiture à l'autre. De plus, comme tout le monde, j'avais l'habitue de capter un son lorsqu'il passait par mon oreille. Dans le cas présent, c'est comme si j'avais eu un haut-parleur dans la tête.

Depuis cette époque, de nombreux témoignages, à travers le monde, font état de cette forme de transmission de pensée audible, ayant eu lieu lors de contacts avec les aliens, soit au sol, soit lors d'abductions.

En 1976, j'ignorais ces détails. J'ai pensé que je devenais fou, que je délirais, que j'avais des hallucinations, que je me mettais à entendre des voix, comme Jeanne d'Arc. Je sais maintenant que la Pucelle ne mentait pas, car j'ai entendu d'autres fois ces voix, sous d'autres formes et j'ai même pu les enregistrer sur magnétophone !

Je regardais de nouveau dans le rétroviseur central... il n'y avait plus personne... plus rien. Immédiatement, je regardais dans le rétroviseur de la portière gauche. La coccinelle ne collait plus à mon pare-chocs mais avait déboîté et commençait à me doubler.

Je me suis dit que j'allais mieux voir leurs têtes quand ils arriveraient à ma hauteur... et j'ai continué à rouler.

Puis, comme personne ne me doublait, j'ai regardé de nouveau dans mon rétroviseur de portière, pensant que ces “abrutis” avaient inventé un nouveau jeu. Il n'y avait personne. Je regardai dans le rétroviseur central... personne !

Je me suis dit qu'ils avaient dû tourner dans une rue à gauche, tout en pensant qu'ils avaient dû faire cette manœuvre à une vitesse peu compatible avec les capacités de ce genre de voiture.

Je voulais en avoir le cœur net.

Je me suis arrêté le long du trottoir. J'ai remarqué, sans y prêter attention sur le coup, qu'il y avait à nouveau des voitures circulant dans les deux sens. Je suis sorti de mon véhicule, et j'ai cherché la rue à gauche où ils s'étaient obligatoirement engouffrés.

Le problème, c'est qu'il n'y avait aucune rue, ni gauche ni à droite ! La voiture et ses occupants s'étaient volatilisés !

Dans toutes mes recherches précédentes, je n'avais jamais entendu parler des “hommes en noir”. Depuis, j'ai appris que la même aventure était arrivée à d'autres personnes, à travers le monde, avec le même type de voiture ou avec des voitures américaines. Ces hommes en noir n'ont rien à voir avec les “men in black” du célèbre film américain.

En ce qui me concerne, j'ai très vite compris, après réflexion, qu'ils avaient l'air de bien me connaître. Comment ? Je n'en sais rien. Ils maniaient parfaitement une forme de transmission de pensée, ce que les humains sont incapables de faire... y compris des agents des services secrets.

Où sont-ils passés ? Se sont-ils dématérialisés ? Sont-ils passés dans un autre vortex ? Autant de questions qui restent sans réponses.

Malgré l'avertissement, j'ai continué à écrire mon livre, je ne pouvais pas croire à la réalité de ce qui m'était arrivé. Je sais aujourd'hui qu'avec certains aliens, le pire est possible. Peu de temps après, je suis tombé gravement malade, ce qui a bouleversé ma vie, car cela n'a était qu'une suite de graves opérations. On a été obligé de me supprimer l'audition dans une oreille. Était-ce symbolique ? Je n'avais pas écouté... J'ai arrêté d'écrire mon livre cette année-là. Je l'ai repris aujourd'hui, sous la forme que vous lisez, car il semble qu'il n'y ait plus le même genre d'interdits qu'en 1976.

Je sais que beaucoup de grands noms de l'ufologie sont morts d'une façon étrange et incompréhensible et j'espère que personne ne me tiendra rigueur d'écrire ce livre et que je pourrais aller, cette fois-ci, jusqu'au bout. Je n'oublie pas les paroles de Jimmy Guieu qu'il m'a recommandées avant de nous quitter : « Bernard, n'oublies pas que tout ce qui tourne autour du phénomène ovni peut être très dangereux pour l'homme, car nous ne gérons pas la situation ».

Mon expérience de "temps manquant"

Il est très difficile de faire accepter des expériences hors du commun vécues sans témoin.

L'aventure de "temps manquant" que j'ai vécue avec mon épouse a eu des témoins, qui sont en mesure de confirmer mon témoignage.

Les faits remontent au 5 mars 2000.

L'association *Sentinelle*, spécialisée dans l'étude du phénomène ovni, du paranormal et des faits mystérieux en général, et à laquelle j'appartiens, organise chaque année une assemblée générale à laquelle beaucoup d'adhérents participent.

Lors de cette assemblée générale qui s'était déroulée ce 5 mars 2000, à Melun, nous avons quitté en fin d'après-midi la péniche sur laquelle se tenait la réunion pour rejoindre notre voiture sur le parking bordant le fleuve.

Deux autres amis, Jean-Jacques R. et Lucia Guieu, l'épouse de notre regretté Jimmy, rejoignaient leur véhicule en notre compagnie.

Mon épouse, Marie-Hellen et moi-même, sommes partis à bord de notre voiture pour rejoindre l'autoroute. Connaissant mal la ville, je suivais l'auto de Jean-Jacques et Lucia. Le ciel était dégagé, la visibilité excellente. À cette heure du dimanche, il y avait juste quelques voitures sur l'avenue où nous roulions.

À environ un kilomètre de la péniche, Jean-Jacques a tourné à gauche pour prendre une autre direction. J'ai continué tout droit. Environ cent mètres après, nous avons doublé la voiture dans laquelle se trouvaient des amis, Sylvie D., son mari, et le célèbre contacté Jean-Claude Pantel qui, tous trois, avaient passé la journée avec nous. Je m'arrêtai au feu rouge, puis repartai tout droit (c'est du moins ce dont je me souviens).

L'étrange commence ici.

Pendant que j'étais arrêté au feu, Sylvie a stoppé sa voiture derrière moi, elle est descendue pour venir frapper à ma vitre, m'a appelé par mon prénom car elle voulait m'indiquer la route que je devais prendre.

Mon épouse et moi n'avons rien vu, rien entendu !

Sylvie, son mari et Jean-Claude sont formels... ils ont même pensé que j'avais eu peur d'être agressé, ce qui pouvait expliquer le fait que je n'ai pas répondu.

Ils parlaient de moi au moment où je les avais doublés. Rappelons que j'avais roulé seulement environ un kilomètre, c'est-à-dire que j'étais parti de la péniche depuis quelques minutes.

Or, Sylvie, son mari et Jean-Claude sont formels : tous ont quitté la péniche environ quarante-cinq minutes après notre départ !

J'avais suivi l'avenue en ligne droite. Les panneaux indiquaient la direction de l'autoroute. Je n'avais donc pas visité Melun pendant trois quarts d'heure. Je n'étais pas seul, et mon épouse témoigne que nous avons doublé nos amis environ cinq minutes après avoir quitté le parking.

Il y a de toute évidence eu "distorsion du temps".

Mon épouse m'a dit, lorsque nous sommes arrivés à destination à Bretigny-sur-Orge : « c'est incroyable, on est arrivé très vite ». Sur le coup, je n'ai pas compris cette remarque, car je me souviens que nous avions eu des embouteillages sur l'autoroute, comme il normal un dimanche en fin d'après-midi, en région parisienne.

Lorsque le lendemain, Sylvie m'a téléphoné pour me raconter ce qui s'était passé, et pour comprendre pourquoi je n'avais pas cru bon de lui répondre, après que Jean-Claude m'ait confirmé ses dires, il nous a fallu tous admettre qu'il s'était passé quelque chose d'insolite pendant ces quarante-cinq minutes manquantes. Mais quoi ?

Que sommes-nous devenus pendant ce laps de temps ? Mystère.

Soit nous avons été "mis en attente" pendant quarante-cinq minutes ; soit Jean-Claude et les occupants de sa voiture nous ont rattrapés dans le passé... ou alors nous les avons rejoints dans le futur...

Avons-nous été victimes d'une abduction pendant ce "temps manquant", comme nous le constatons dans de nombreux témoignages ?

Je sais qu'il est arrivé le même phénomène de distorsion du temps, il y a vingt-cinq ans, à nos amis ufologues et écrivains, Jimmy Guieu et Guy Tarade, alors qu'ils se déplaçaient en voiture dans le Sud de la France, expérience racontée dans le livre J'ai été le cobaye des extraterrestres.

On se sent moins seuls quand des amis aussi proches ont vécu la même aventure... mais cela ne règle pas le problème. Pas plus eux que nous, n'avons fait de régression sous hypnose pour essayer de connaître la vérité. Comme le dit si bien Jean-Claude Pantel, lui qui vit depuis trente ans au contact des voyageurs de l'Espace-temps : « Il faut accepter le merveilleux sans trop chercher à comprendre ».

Étant donné que Jean-Claude avait passé toute la journée avec nous, et que, par expérience, je sais qu'il ne se déplace jamais sans être accompagné des "êtres invisibles de l'Espace", sauf quand ils se matérialisent, je sais qu'ils se manifestent toujours d'une façon ou d'une autre pour attester de leur présence. C'est peut-être ce qui s'est passé ce jour-là.

Pour confirmer ce que je viens de dire, le lendemain de cette aventure, avant de me téléphoner, Sylvie a découvert dans sa voiture, sur le siège qu'occupait Jean-Claude, une veste noire qui, après enquête, n'appartenait à personne ! En désespoir de cause, elle accrocha la veste dans son couloir. Au bout de plusieurs jours, la veste s'est "volatilisée" et n'est jamais revenue.

Ce genre d'événement insolite se produit souvent dans l'entourage de ce grand contacté, mais, à chaque fois, nous aimerions mieux comprendre ce qui se passe.

Jean-Claude Pantel a apporté la confirmation de ce qui nous était arrivé. Son récit diffère légèrement du mien :

« À l'issue de l'assemblée Générale annuelle du *Groupe Sentinelle*, qui s'est tenue à Melun, ce dimanche 5 mars, s'est produit un phénomène de chronologie des faits que j'assimilerai à une "distorsion du temps".

Alors que nous procédions aux civilités d'usage, Sylvie D., avec laquelle je m'étais rendu à ce colloque, indiqua à Bernard et Marie-Hellen Bidault l'itinéraire à emprunter pour rejoindre l'autoroute. Ces derniers firent partie des premiers participants à quitter les lieux, en l'occurrence une péniche arrimée sur la Seine.

Environ quarante-cinq minutes après leur départ, Sylvie, son compagnon et moi-même, remerciâmes les organisateurs de cette réunion et prîmes, à notre tour, le chemin du retour. Il y avait à peine cinq minutes que nous roulions, lorsque Sylvie émit verbalement une pensée à l'égard de nos amis Marie-Hellen et Bernard.

Quelle ne fut pas notre surprise quand, dans le même temps, obtempérant à un feu rouge, nous nous trouvâmes juste derrière la voiture de nos amis, que je reconnus de suite dans la semi-obscurité ambiante, à la vue de la plaque minéralogique.

Sylvie, délaissant son volant, descendit pour aller parler à Bernard, lequel (à l'instar de Marie-Hellen) ne sembla pas remarquer sa présence à la portière avant gauche de son véhicule pourtant immobilisé. Ce fut seulement quelques centaines de mètres plus loin, qu'après force appels de phares et coups de klaxon, nous pûmes échanger un dernier signe amical.

Le lendemain, lorsqu'il nous fut donné de commenter cette anecdote par téléphone, Bernard et Marie-Hellen nous confirmèrent qu'ils avaient bel et bien roulé dès leur départ, et qu'ils ne nous avaient ni vus, ni entendus à l'arrêt effectué au feu rouge, à la sortie de Melun.

En résumé, cela signifiait qu'en trois quarts d'heure, Bernard et Marie-Hellen avaient, tout au plus, couvert environ un kilomètre et demi, dans cette avenue de Melun carrément déserte un dimanche à cette heure.

Il s'était incontestablement passé quelque chose, que pour ma part, j'assimilerai à une distorsion du temps, voire à une incursion de Bernard, Marie-Hellen et leur voiture, dans un autre continuum spatio-temporel.

Même averti de ce genre de chose comme je le suis, je ne cacherai pas ici, que le vivre demeure très troublant, faute de posséder les repères nécessaires pour analyser concrètement ce type d'événement. »

J'ai vécu tellement d'aventures extraordinaires, j'ai été témoin visuel ou auditif de tant de faits impossibles à croire, ou difficilement acceptables en compagnie de Jean-Claude Pantel que je ne devrais pas être étonné de cette aventure. Mais vivre soi-même une aventure, sans s'en rendre compte, sans que la mémoire n'en garde aucune trace, est dérangeant et frustrant. Sans les témoins de qualité qui étaient sur place, nous n'aurions pas soupçonné une seconde que nous avions vécu un "temps manquant". Comme je pense qu'il n'y a pas de hasard, quand on travaille depuis tant d'années sur le phénomène ovni et ceux qui semblent y être rattachés, je crois qu'il me fallait vivre personnellement cette aventure que des témoins puissent confirmer, pour qu'il me soit impossible de douter de la réalité des faits et des témoignages de ceux qui les vivent et que j'étudie en tant qu'ufologue.

Il y a une autre conclusion que nous pouvons tirer de cette aventure, à savoir qu'il peut nous arriver à tous de vivre physiquement certaines choses, sans que nous en ayons le moindre souvenir.

Les ovnis et l'intelligence qui les guide, semblent se déplacer sur des faisceaux ou des lignes temporelles, n'ayant rien à voir avec notre temps humain, du moins tel que nous le percevons actuellement. Si le temps sous forme de "durée" est quelque chose d'inconnu pour ceux que nous appelons les aliens, cela pourrait expliquer que l'on parle d'eux depuis l'antiquité. Si, en effet, ils se déplaçaient déjà dans notre passé, s'ils se déplacent dans ce que nous appelons notre futur, il ne faut pas s'étonner que, dès qu'il y a contact rapproché, notre vécu temporel soit perturbé, sans trace mémorielle.

Les milliers de témoignages accumulées de part le monde prouvent qu'ils se jouent de nos lois physiques. Ils apparaissent et disparaissent instantanément selon leur bon vouloir. Ils plongent, à grande vitesse, dans les mers, les lacs, les fleuves, sans provoquer le moindre remous... comme si l'eau n'existait pas. Ils plongent sur la surface de la terre, toujours à grande vitesse, disparaissent à l'intérieur de celle-ci, sans laisser provoquer la moindre ouverture... comme si la substance matérielle n'existait pas.

Certains émettent l'hypothèse qu'ils viennent d'un passé lointain, qu'ils auraient quitté la terre, grâce à la technologie avancée de leur civilisation, lorsque notre planète devint invivable. Ils se seraient installés dans quelques planètes de notre galaxie, maîtrisant l'Espace, le Temps et la Matière, capables de voyager dans d'autres dimensions, de connaître ce que nous appelons le futur dans un vortex où n'existerait qu'un éternel présent. Cela pourrait expliquer leur impossibilité de nous contacter officiellement puisqu'ils ne vivent pas dans la même réalité.

Les enregistrements que je possède des contacts entre Jean-Claude Pantel et les visiteurs de l'Espace et qui durent depuis trente ans, me persuadent que l'hypothèse que je viens d'émettre contient une part de vérité.

Ces distorsions de temps sont attestées par des cas connus et répertoriées en Ufologie. Je pense notamment au cas célèbre d'un soldat, accompagné de cinq autres camarades, qui disparut durant cinq minutes après s'être approché d'un ovni et qui est réapparu dix minutes plus tard... avec une barbe de huit jours. En regardant sa montre, tous constatèrent qu'elle avançait de huit jours...

Dans d'autres cas, certains abductés, se fiant à leur montre, pensent avoir disparu pendant deux ou trois heures, leur barbe n'a pas poussé, ce qui est logique... le problème, c'est que la famille et la police constatent que leur disparition a duré huit jours, parfois quinze jours, ou plus !

XIII.
Rencontres du cinquième type
Les disparitions définitives

Je vais aborder maintenant ce qui est, à mon avis, le plus incompréhensible mais aussi, malheureusement, le plus dramatique aspect du phénomène ovni, je veux parler des enlèvements définitifs d'humains, d'avions, de bateaux, de sous-marins et de voitures.

Dans ce registre, nous avons très peu de témoignages concernant les siècles passés.

Ce qui va suivre n'est pas écrit pour faire du sensationnel. Il faut préciser que c'est le reflet de la triste réalité. N'importe quel lecteur incrédule, peut, par ses propres recherches, vérifier les quelques faits que je vais citer.

Comment peut-on parler de disparitions mystérieuses et définitives sans explication naturelle ou humaine, alors qu'il pourrait très bien s'agir de fugues volontaires, de kidnappings, de traite des blanches, de réseaux pédophiles, et autres crimes perpétrés sans laisser de traces, etc. ? Il faut effectivement faire la part des choses.

Dans quatre-vingt quinze pour cent des cas, les services spécialisés de recherche aux disparus dans les pays modernes de la planète, retrouvent les disparus, morts ou vivants, ou arrivent à la conclusion qu'il y a eu disparition volontaire pour des motifs personnels : fugues ayant mal tourné, enlèvements d'enfants pour différentes raisons, crimes avec escamotage des corps, bateaux faisant naufrage, avions se crashant en mer, etc.

Dans trois pour cent des cas, après de longues et minutieuses recherches, bien que ne disposant d'aucune piste, on essaye d'admettre qu'il y a une raison logique et rationnelle à la disparition. Au bout du compte, il reste environ deux pour cent des cas où l'affaire reste sans cause explicable. Bien entendu les dossiers ne sont pas fermés, surtout lorsqu'il s'agit d'enfants, mais au fil des ans les recherches s'amenuisent pour s'arrêter devant l'incompréhensible. Bien entendu, et c'est normal, les services de police, qui ont souvent consacré beaucoup de moyens en hommes, en matériel, en temps, ne peuvent pas dire que la disparition n'est pas naturelle, ils se taisent, les médias ont oublié... on passe à autre chose.

Lorsqu'il s'agit de bateaux de guerre, de sous-marins atomiques français, russes, américains, anglais ou autres qui disparaissent d'une façon inexplicable avec les équipages, nous sommes dans une autre configuration. Comme chacun sait, aucun État-major, surtout quand il s'agit de super-puissance militaire, n'aime qu'on lui subtilise du matériel coûtant des millions de dollars, sans que leurs enquêteurs puissent leur fournir la moindre explication rationnelle. Et pourtant des centaines de bâtiments et avions militaires ont disparu, corps et biens, depuis plusieurs décennies... en temps de paix !

Lorsqu'il s'agit de bâtiments de commerce, d'avions civils, de yachts, ce sont les grosses compagnies d'assurances qui nous fournissent les chiffres des disparitions insolites, après enquêtes de leurs services d'invertigation. Les chiffres sont tellement ahurissants qu'il est devenu difficile d'avoir des chiffres récents.

Quant au commun des mortels, il n'est pas à l'abri des disparitions inexplicables. On en a signalé dans les endroits les plus incongrus, depuis les voitures jusqu'aux supermarchés en passant par les cinémas.

Dans tous les pays, beaucoup de spécialistes, dans les services de police s'occupant des disparitions, ont essayé d'expliquer, sans y parvenir, l'incompréhensible disparition d'humains seuls ou accompagnés. Ils se heurtent à des faits qui n'ont rien à voir avec la logique et qui dépassent leur expérience de chercheurs spécialisés.

Ce qui est terrifiant, dans ce phénomène des enlèvements définitifs, c'est qu'il peut se produire n'importe où et n'importe quand. Les êtres humains ou les objets disparaissent presque instantanément, se dématérialisant pour être emportés vers une autre dimension inconnue... peut-être une autre planète à repeupler ?

Dans tous les grands pays de la planète, des spécialistes travaillent dans des services secrets en relation avec les forces de police et les autorités militaires, pour, sinon donner des réponses et des solutions, du moins pour établir des rapports, des statistiques... qui débouchent inévitablement à des consignes de silence données à leurs gouvernements.

Nous imaginons mal un dirigeant politique s'adressant aux populations dont il a la charge pour les informer que, depuis des décennies, des êtres d'origine inconnue enlèvent en toute impunité êtres et biens. Avouant une totale incapacité à endiguer ce problème susceptible de créer une panique légitime dans les populations.

Peut-être pouvons-nous comprendre une certaine retenue de la part de ceux qui nous gouvernent ?

Toute la Terre est concernée

Je possède un film vidéo que la télévision française diffusa il y a plus d'une quinzaine d'années. C'est la reprise d'une vidéo, diffusée sur les chaînes de télévision en Amérique latine. Une voix "off" traduit les commentaires originaux en français. C'est, à ma connaissance, le seul film présentant un enlèvement en direct. Il n'y a aucun doute sur la réalité des images projetées et, d'après les spécialistes, il n'y a eu aucun trucage possible. Une enquête poussée des services de police examina tous les objets, tous les indices laissés par la famille dont la vie fut fouillée dans le moindre détail. Comme vous allez le voir, on a l'impression que l'intelligence inconnue qui a monté le scénario de cet enlèvement, a voulu nous laisser un témoignage visuel et des indices pour que les enquêteurs aient la tâche simplifiée et ne se perdent pas dans des hypothèses classiques du type crimes, suicides ou fugues...

Disparition de la famille "T"

Les faits se déroulent le 17 septembre 1965, sur une plage de Caposambra. Il y a là un couple d'une trentaine d'années, leur petite fille âgée d'environ huit ans, et leur petit garçon d'environ sept ans. Ils sont en vacances et logent dans un hôtel à environ cinq kilomètres de la plage de Caposambra. La saison touristique est terminée et il n'y a plus grand monde.

Le père a une très belle situation, aucun problème financier ne semble les préoccuper. Ils sont en pension tous les quatre dans un hôtel dont le patron a l'habitude de juger très vite ses clients. Ne les voyant pas revenir de la plage depuis deux jours, leurs affaires étant toujours dans la chambre et n'ayant pas été averti d'une absence prolongée, il décida de prévenir la police.

C'était une enquête de routine. Les policiers refirent l'itinéraire normal pour se rendre à la plage. Ils s'arrêtèrent à la seule station service située sur le parcours pour savoir si, par hasard, ces touristes s'y seraient arrêtés deux jours auparavant. Soit, ils connaissent bien leur métier, soit, ils ont du flair, car le gérant de la petite station se souvient très bien, vu le peu de monde qu'il voyait à cette période, de cette famille qui s'est arrêtée avec sa voiture, deux jours avant, vers neuf heures du matin. Le père a demandé si son fils pouvait aller aux toilettes, et si, pendant ce temps, le pompiste pouvait regonfler l'énorme ballon de plage des enfants.

Les policiers continuèrent ensuite leur route en suivant l'itinéraire de ces touristes. À 9 h 30, ils arrivèrent à la plage, supposant que si c'est bien à cet endroit que la famille s'était arrêtée, ils avaient dû le faire vers la même heure.

Surprise ! Les policiers retrouvèrent sur le sable des serviettes, un parasol, des sacs de plage avec des affaires de rechange... et une caméra fixée sur son trépied, disposée face à la mer. Mais il n'y avait pas âme qui vive aux alentours. Pourtant, ils ne devaient pas être loin, tous les papiers d'identité et de l'argent se trouvaient dans le portefeuille du mari, à l'abri dans un sac, et la voiture stationnait sur le bord de la route avec le gros ballon de plage signalé par le pompiste.

Les policiers ramassèrent toutes les affaires qui pourraient attirer des voleurs, et décidèrent de repartir vers la ville pour faire développer le film de la caméra, afin d'avoir des photos récentes des disparus, si disparition il y a.

Une fois développé, le film fut immédiatement projeté devant les policiers et témoins qui n'en crurent pas leurs yeux.

Le début de la pellicule avait été filmé par le mari, puisqu'il n'apparaissait pas sur les images. On voyait la mère souriante et les enfants s'amusant dans le sable ou avec le fameux gros ballon, tout le monde semblait heureux.

Tout d'un coup, changement de scénario. Les images sont plus stables, on voit que le chef de famille a fixé la caméra sur son trépied en ayant pris soin que toute sa famille soit bien dans l'axe de l'objectif. Les deux enfants sont sur le bord de l'eau, courbés, la tête en bas. Avec leurs mains, ils font chacun un trou dans le sable, comme tous les enfants du monde. Derrière eux, la mer est calme comme un lac, jusqu'à l'horizon il n'y a pas de vagues. La femme n'est pas loin de ses enfants, et derrière elle, apparaît au loin sur la mer, une tache blanche non identifiable. Cette tache blanche se rapproche des vacanciers sans qu'ils la remarquent. On voit, maintenant nettement, qu'il s'agit d'une barque, il n'y a pas de rames, pas de moteur, personne à bord. Elle ne doit faire aucun bruit et semble attirée comme par un aimant. Les enfants et la mère continuent à vivre leur vie sans souci apparent.

Puis tout bascule. La petite fille relève la tête et voit la barque qui s'approche, elle baisse la tête, elle semble ne plus s'intéresser à son jeu, elle gratte le sable avec mollesse. Elle relève la tête à nouveau, et son regard semble terrorisé. Le petit garçon regarde à son tour, il semble hypnotisé. La caméra filme la mère. Son visage est décomposé par la peur. Puis, sans qu'il apparaisse de coupure sur la bande du film, on voit les enfants assis dans la barque qui se trouve à environ dix mètres du bord. Le petit garçon est immobile, assis face à l'horizon. La petite fille est immobile, le regard dirigé vers la plage. Pour la première fois on voit le père, qui entre dans l'eau, il a l'air d'être pressé car ses mouvements de jambes brassent l'eau qui jaillit autour de lui. La mère le suit dans l'eau en semblant aller moins vite. Sans qu'on ait rien vu, toujours sans coupure de film, l'homme et la femme sont assis dans l'embarcation, tous deux immobiles comme des statues.

Dès que tout le monde est à bord, la barque s'en va doucement vers le large. L'image est très claire. On voit très nettement qu'il n'y a aucun moyen mécanique pour la déplacer. Pas de rames, pas de moteur, et les quatre passagers restent immobiles.

La barque, en s'éloignant, devient de moins en moins visible. Ce n'est plus qu'une tache blanche qui disparaît en passant derrière une petite île, située environ à cinq cents mètres de la grève.

Bien entendu, les autorités envoyèrent sur place des experts en tout genre. Pendant des mois, toute la région fut passée au peigne fin. La petite île et les fonds sous-marins furent explorés en détail. Aucun objet n'ayant pu appartenir à la famille ne fut découvert, les centaines de kilomètres de côtes du pays furent mises sous surveillance, ainsi que celles des pays limitrophes, alertés dès le début de l'enquête. Interpol diffusa un avis de recherche international. Rien. Aucun corps ne fut jamais rejeté par la mer. Il fallut admettre que la famille "T" s'était volatilisée... mais pour la première fois sous l'œil complice d'une caméra. Nul ne les a jamais revus !

Les faits remontent à trente-six ans !

La fameuse barque qui se déplaçait toute seule était-elle un leurre ? On peut le supposer. Il fallait que ce soit un objet dont l'aspect extérieur soit connu des humains. L'intelligence qui était derrière cet enlèvement n'a pas poussé le vice jusqu'à nous montrer une boule lumineuse ou un vaisseau de forme circulaire qu'on aurait pu reconnaître immédiatement. Non, il fallait créer le doute, il fallait que seuls ceux connaissant le problème puissent comprendre le message. C'est typiquement le style de l'intelligence qui se cache derrière le phénomène ovni. On constate depuis toujours cette sorte d'humour qui ne nous fait pas rire, mais qui, peut-être, les amuse.

Les quatre membres de la famille, semblent, sur le film, tout à coup comme dirigés, hypnotisés. Personne ne semble les forcer à monter dans cette barque et pourtant on voit très nettement sur leurs visages la peur, l'angoisse, tout sauf de la joie, tout sauf du plaisir. Ils sont devenus comme des robots, des pantins, dont une force inconnue tire les ficelles.

Cette histoire est difficilement concevable pour un cerveau humain, et pourtant elle est réelle... comme celles qui vont suivre... et qui ne sont que des exemples parmi les milliers d'autres cas connus que je vais prendre dans mes archives composées de celles du GEPA et des documents que m'a laissés Jimmy pour que je puisse faire ce livre.

Les disparitions maritimes

Charles Fort, le célèbre chroniqueur des faits mystérieux et inexpliqués rapporte la déclaration faite en 1848 par Sir Harris devant l'Académie des Sciences britannique. Il s'agit de l'observation que fit un équipage en regardant un autre bateau le croisant en mer : « Deux boules de feu, semblables à des meules roulantes en flammes, s'étaient approchées du bateau. Un affreux craquement se produisit quand elles furent proches. Les hauts des mâts furent mis en pièces. On signala une forte odeur de souffre ».

Il y a eu, au cours des décennies, plusieurs témoignages inscrits sur les livres de bord des navires faisant état de la disparition d'occupants d'embarcations retrouvées vides et flottant sur la mer.

La marine anglaise étant à cette époque la première du monde et la fierté de cette nation, les chroniques concernant les naufrages naturels, les victimes de piraterie, mais aussi les disparitions mystérieuses de navires, et souvent les navires retrouvés vides de leurs équipages, sont toujours consignées par écrit soit dans les rapports officiels, soit par les journaux de l'époque. Il n'y avait pas de censure car, si l'on croyait à l'œuvre maléfique du diable, on ne connaissait pas encore le phénomène ovni.

En 1849, on retrouva le bateau Hermania dérivant sur la mer, sans personne à bord. Le mât était tombé, mais la chaloupe de sauvetage n'avait pas bougé de sa place habituelle et la coque n'avait subi aucune avarie. Si l'équipage avait voulu s'enfuir, il aurait utilisé l'embarcation de secours. S'il y avait eu une bagarre à bord, les traces auraient été visibles. Tout était en ordre de marche !

En 1850, un navire à voiles, le Seabird, au lieu de rentrer dans le port comme il s'y préparait et comme les témoins à terre pouvaient le prévoir, fonça sur la plage située un peu plus loin et, bien entendu, s'échoua sur le sable. Immédiatement, l'alerte fut donnée, les sauveteurs montèrent à bord. Personne ! Le café bouillait sur le fourneau et le déjeuner de l'équipage était prêt. Les instruments de bord fonctionnaient parfaitement et l'odeur reconnaissable de la fumée de pipe envahissait encore les locaux. Tous les hommes d'équipage et officiers s'étaient volatilisés, alors, que sur les quais, les observateurs suivaient des yeux la marche du bâtiment sans remarquer quoi que ce soit d'anormal.

En 1883, la goélette Cousins, longue de vingt-cinq mètres, s'échoua sur le sable alors que ses voiles flottaient correctement dans le vent. Une fois de plus, les secours arrivés très vite sur les lieux du naufrage ne trouvèrent personne à bord. Les repas qui avaient été servis dans les cabines n'avaient pas été entamés. Il n'y avait aucune trace de bagarre, l'ordre régnait sur tout le bateau. Rien de spécial n'était inscrit sur le livre de bord. Le phénomène d'enlèvement et de disparition avait dû être, comme toujours, extrêmement rapide.

En 1872, le bateau britannique Mary Celeste fut retrouvé près des Açores, voguant doucement sur la mer calme, toutes voiles au vent. Les marins d'un autre navire montèrent à bord. Il n'y avait plus personne sauf, chose extraordinaire, un petit chat qui miaulait et ne semblait pas paniqué. Le thé venait d'être distribué puisqu'il était encore tiède dans les tasses. On retrouva des jouets d'enfants et des vêtements de femmes, ce qui indique qu'il n'y avait pas que des hommes à bord. On retrouva aussi des objets de valeur prouvant qu'il ne pouvait s'agir de piraterie. Les embarcations de sauvetage étaient toutes à leur place. L'état de la mer ne pouvait être mis en cause, puisqu'il n'y avait aucune vague. Un événement insolite avait dû se produire très récemment si l'on se fie à la tiédeur du thé dans les tasses. Rien ne flottait à la surface de l'eau, on ne retrouva rien, malgré les recherches ordonnées par le commandant du bateau sauveteur.

L'officier, qui était monté à son tour à bord du bateau fantôme, déclara qu'au vu de ce qu'il avait constaté, non seulement la disparition des passagers était récente, mais certains indices lui faisaient penser que l'évacuation avait dû se faire avec une extrême rapidité. Il avait, en effet, retrouvé sur des tables des pipes encore fumantes. Que des marins laissent leurs affaires personnelles, cela peut s'expliquer par la précipitation, mais un marin ne laisserait jamais sa pipe. Il fallait écarter l'hypothèse d'un acte de piraterie, car la cargaison, composée de mille cinq cents tonneaux d'alcool, donc d'une grande valeur, était toujours en place dans les soutes. Le *Mary Celeste* fut remorqué dans le port le plus proche et examiné en détail. La police maritime de l'époque remarqua des traces de chaque côté de la coque, comme si le bateau avait été stoppé par une tenaille gigantesque placée sous la mer et comme si cet instrument inconnu était dirigé par un sous-marin passant sous la *Mary Celeste*, ce qui n'était pas possible en 1872. Cela n'explique pas la disparition des passagers alors qu'un autre bâtiment croisait dans les parages.

Toujours en 1872, cette fois sur le Missouri, un célèbre fleuve américain. L'*Iron Mountain*, un magnifique navire de construction récente mesurant soixante-cinq mètres de longueur, dix mètres de largeur, et transportant soixante-dix personnes, passagers et équipage, disparut subitement corps et biens. Connaissant la position du bateau, les dragages entrepris ne donnèrent aucun résultat, malgré la faible profondeur de l'eau. Aucun objet flottant, aucun corps sur un fleuve ne fut retrouvé, ce qui est impossible aux dires des spécialistes. Ce qui est certain, c'est que l'ensemble s'est volatilisé, que cette disparition mystérieuse est inscrite dans les annales maritimes américaines et qu'avec nos moyens modernes on aurait eu aucune peine à retrouver une aussi grosse masse métallique en eau douce…

En 1855, un grand trois mâts, le James Chester, fut retrouvé près des Açores naviguant d'une façon anormale. Le commandant d'un navire qui le croisait donna l'ordre à ses marins de monter à bord. Il n'y avait pas âme qui vive. À l'intérieur, des tables, des chaises étaient renversées, et beaucoup d'objets étaient répandus sur le pont. Ils pensèrent immédiatement à un acte de piraterie. Mais dans ce cas, on retrouve toujours des cadavres et des traces de sang. Ici, pas la moindre trace de lutte n'était visible. Les réserves d'eau et de nourriture étaient importantes, personne n'avait touché à la cargaison et le bâtiment n'était pas abîmé. Des pirates auraient tout emporté, il faut donc éliminer cette hypothèse. Les marins ont été pris de panique et ont certainement tenté de fuir, renversant quelques meubles. Les canots de sauvetage étaient à leur place. Le danger avait dû être si immédiat qu'aucune manœuvre pour les mettre à la mer ne fut possible.

Dans tous les cas d'équipages disparus, il semble qu'une panique, inimaginable pour des marins, se soit malgré tout produite.

Nous abordons maintenant l'époque où tous les navires possédaient du matériel leur permettant d'envoyer des messages de détresse en cas de danger.

En 1921, le cargo péruvien *Francisco* fut retrouvé errant dans le Pacifique. Les chaudières brûlaient encore, les canots de sauvetage étaient à leur place, tout était en ordre sur le bateau, la cargaison était intacte... mais il n'y avait plus personne à bord et aucun signal de détresse n'avait été lancé...

En 1928, le *Prince Asiatique*, effectuant le voyage États-Unis–Japon, et pesant mille deux cents tonnes, émit quelques courts signaux de détresse... puis cessa d'émettre sans donner sa position exacte. Il ne pouvait pas s'agir d'une panne d'électricité, tous les navires possédant dans la cabine radio des batteries de secours indépendantes. Un bâtiment de cette taille ne coule pas en quelques secondes et le marin-radio aurait dû avoir le temps d'émettre. Si ce ne fut pas le cas, c'est que le danger avait été ultra-rapide. Le navire disparut corps et biens. Il n'y avait aucune trace à la surface de l'eau, aucun corps dans la zone de position approximative, malgré la vaste étendue de recherche.

Comment peut-on être certain que ces disparitions sont bien des enlèvements provoqués par quelque chose de mystérieux ? Certains indices le laissent supposer.

En 1964, un bâtiment de guerre de la marine des États-Unis passa à proximité de la route suivie par un magnifique yacht privé. Ce genre de bateau est en liaison constante avec les ports maritimes, ou les autres navires croisant dans les parages, ceci pour donner sans cesse leur position et éviter une collision avec les gros cargos. Les différentes stations n'arrivant pas à le repérer, il fut demandé à l'énorme navire de guerre, grâce à ses radars, de le positionner et de se rendre sur place. À la jumelle, les officiers aperçurent le yacht à l'arrêt sur la mer calme. Mais la stupéfaction gagna ces hommes de métier lorsqu'ils virent un énorme disque métallique brillant sous le soleil, s'élever au-dessus du bateau pour disparaître dans le ciel comme le font... les ovnis.

Le "pacha" du cuirassé donna l'ordre de s'approcher, puis des chaloupes rejoignirent le yacht. À bord, les militaires ne trouvèrent personne, tout était en ordre et les canots de sauvetage étaient accrochés à leur place... comme d'habitude !

Comme pour la famille "T", on peut se demander si l'intelligence qui dirige ces enlèvements a voulu qu'ils se fassent sous le regard expert de témoins dont la déclaration n'a d'ailleurs pas été mise en doute.

En 1939, toujours dans la région des Açores, un navire envoya quelques S.O.S. indiquant qu'ils avaient été attaqués par une sorte de sous-marin. Deux paquebots se déroutèrent et se rendirent sur les lieux. Il n'y avait plus de navire, pas de corps flottant, pas de rescapés accrochés à des bouées, pas de canots de sauvetage, pas de traces d'huile ou de carburant, aucun des indices que l'on retrouve toujours sur les lieux d'un naufrage, surtout lorsque les secours arrivent très vite. La guerre n'avait pas commencé, les différentes marines indiquèrent qu'aucun sous-marin n'était dans les parages. Ce n'était pas l'avis des pêcheurs de la région, qui déclarèrent avoir vu, de leurs bâtiments de pêche, des formes lisses et sombres légèrement apparentes à la surface de l'eau et pouvant faire penser à des sous-marins.

Ce n'est pas la première fois que des marins disent avoir vu d'énormes masses sombres en partie immergées dans la mer ; parfois ce furent même d'immenses îles d'aspect métallique qui apparurent tout à coup en surface, pour disparaître quelques instants plus tard en s'enfonçant sous les flots. Certains livres de bord parlent d'îles grandes comme plusieurs stades de football. N'oublions jamais que les officiers de marine marchande ou militaire sont rarement des farfelus qui transcrivent n'importe quoi dans leurs livres de bord.

Au début des années cinquante, dans les environs du Japon, dans la même zone que celle où disparut le *Prince Asiatique* dont je viens de parler, une dizaine de navires de la même importance disparurent mystérieusement avec leurs équipages sans laisser aucune trace en surface, ce qui pourrait être envisageable pour un navire, mais pas pour dix !

Au début du XXe siècle, une quinzaine de navires se sont volatilisés aux abords des côtes des États-Unis. Des centaines de personnes sont parties vers une destination aussi mystérieuse qu'inconnue. Les côtes n'étant pas très éloignées, n'importe quel spécialiste en affaires maritimes vous dira que, s'il s'agissait de catastrophes naturelles ou provoquées, il y aurait eu obligatoirement des corps ou des objets, ne serait-ce que des bateaux de sauvetage échoués sur les plages de ces régions.

Dans les années soixante, deux énormes navires marchands disparurent corps et biens au large des Philippines. Aucun S.O.S. n'avait été envoyé par la radio du bord, ce qui est inimaginable quand on connaît la mentalité et la rigueur des commandants et officiers de marine.

Qu'est-il advenu du *Warata*, navire de près de mille huit cents tonnes, qui disparut subitement près des côtes d'Afrique du Sud avec plus de deux cents marins à bord, alors qu'il venait peu avant de croiser un autre bâtiment et qu'ils avaient échangé les politesses d'usage en mer, sans faire part d'un quelconque problème ? Les bateaux croisant dans cette région sont particulièrement solides et fréquemment contrôlés car les tempêtes y sont monnaie courante. Les hommes d'équipages ne sont pas des débutants, ce sont obligatoirement des hommes d'expérience. Le commandant, les officiers, les marins savaient tous que la terre était proche. Même en cas de naufrage ou de tempête il est inconcevable qu'aucun des deux cents marins n'ait eu l'idée de mettre une des nombreuses chaloupes à la mer. Ce genre de bateau ne coule pas en quelques secondes.

Malgré les navires de guerre envoyés très vite dans la région, aucune trace, aucun indice ne put être recueilli. Vu la proximité des terres l'équipage aurait pû envoyer dans le ciel des fusées de détresse qui auraient été aperçues, soit par un autre bâtiment, soit par des habitants de la côte.

Nous nous trouvons devant une énigme formidable. Certains exemples nous montrent que les équipages ont été convaincus d'être transbordés sans faire d'histoires, comme dans les cas d'abductions au sol, sur un autre bâtiment inconnu et apparu subitement en position d'abordage, ou sur un objet volant au-dessus du navire. Pour que des marins, qui ne sont pas des fillettes, abandonnent navire, famille, amis, affaires personnelles, il faut bien se rendre à l'évidence qu'ils n'avaient pas d'autre choix, qu'ils étaient mentalement conditionnés pour obéir.

Faisons le point. On voit donc des navires et leurs passagers disparaître tous ensembles, mais aussi des milliers de passagers disparaître en laissant le navire intact. On voit aussi des marinsmilitaires, dont le sérieux ne peut pas être mis en doute, assister à l'enlèvement des passagers d'un autre bateau par ce qui paraissait ressembler à un ovni. Pourquoi ces différences de traitement ? Mystère ! On a l'impression que l'on veut nous laisser volontairement des indices à exploiter.

Il y manipulation de la part de cette force inconnue qui dirige ces monstrueux enlèvements et nous en avons la preuve.

Lorsqu'en février 1939, un paquebot capta un message de détresse venant d'un navire, *le Pecc* il reçut le message suivant : « Ici le Pecc, nous sommes attaqués par un sous-marin inconnu », des paquebots se dirigèrent immédiatement sur les lieux et ne retrouvèrent aucune trace, pas le moindre indice. Mais, des marins-pêcheurs sur leurs modestes bâtiments de pêche, témoignèrent tous avoir vu dans les parages des sortes de masses noires se déplaçant à la surface de l'eau et pouvant faire penser à des sous-marins. Dans ce cas précis, il semble qu'on a laissé le temps, même s'il fut très court, à un radio d'envoyer un message pour que les secours arrivent très vite... et ne trouvent rien, sauf ce témoignage des bateaux de pêche qui indiquaient que cette disparition avait été causée par autre chose qu'une cause naturelle.

Lorsqu'un énorme bateau américain, le Cyclop, de cent-soixante mètres de long, avec trois cent vingt marins et officiers à bord, disparut corps et biens dans la région des Bermudes, sans raison, par temps calme et sans aucun S.O.S., cela ne laissa pas indifférentes les autorités militaires maritimes d'un aussi grand et riche pays que sont les États-Unis. Les moyens de recherche furent énormes, mais les enquêteurs durent conclure à une « disparition mystérieuse sans explication satisfaisante ».

Tout le monde a entendu parler de la plus importante et de la plus ancienne compagnie d'assurances mondiale. Elle assure elle-même une grande majorité des autres compagnies d'assurances de la planète. Il s'agit de la Lloyd's, dont le siège est à Londres.

Pour la première fois, il y a une trentaine d'années, la Lloyd's déclara officiellement que, sur une période de dix ans, soixante-dix navires avaient disparu mystérieusement, après enquêtes approfondies de leurs investigateurs spécialisés, reconnus comme les meilleurs sur le marché. Leurs conclusions étaient que le mystère était complet et qu'ils ne pouvaient fournir aucune explication satisfaisante.

Entre 1965 et 1970, la Lloyd's donne, parmi les navires de gros tonnage disparus "mystérieusement" avec leurs équipages :

Le *Santa Fe* (8 350 tonnes)
Le Milton (10 000 tonnes)
Le Nordictar (7 200 tonnes)
Le San Martin (9 700 tonnes)
Le Denny Rose (6 700 tonnes)
L'Iligan (5 200 tonnes)
Le Fervor (8 300 tonnes) etc.

À partir des années soixante-dix, la Lloyd's ne fournit plus officiellement ce genre de renseignements, les autorités politiques y sont certainement pour quelque chose. Les ufologues arrivent, malgré tout à avoir certaines informations. Nous savons, par exemple, que depuis cette date jusqu'à nos jours, les disparitions mystérieuses de bateaux, avions et sous-marins continuent. Nous savons qu'il y a énormément de cargos transportant des marchandises qui se volatilisent avec leurs équipages.

Il est certain que le secret-défense est appliqué dorénavant à propos de tous les bâtiments militaires de la planète qui disparaissent mystérieusement... en temps de paix ! Qu'il s'agisse de cuirassés ou de simples frégates, en passant par les sous-marins. Heureusement pour nous, certains militaires à la retraite divulguent, à petites doses, des informations. Est-ce sur ordre ? Nous ne pouvons pas le savoir.

Il est des cas, bien entendu, où le secret ne peut être gardé. Par exemple lorsque les familles et les médias du monde entier s'emparent d'une disparition dramatique à laquelle les autorités ne peuvent pas donner de raison satisfaisante.

Le naufrage du Titanic

Personne ne peut nier qu'il s'agit là du plus célèbre et du plus dramatique naufrage de l'histoire maritime. Et si toute la vérité ne nous avait pas été dite ?

Avant le début du XXe siècle, on attribuait les disparitions mystérieuses aux tempêtes, à la foudre, à la piraterie ou aux icebergs. On disait parfois avoir observé une sorte de grosse baleine endormie, ou un étrange navire. Les marins, et en particulier les commandants de navire, savent très bien décrire, sans se tromper, ce qu'ils observent à la surface de la mer. Mais lorsqu'ils ne savent pas à quoi correspond ce qu'ils voient, ils utilisent des termes les plus proches possibles de l'observation. Ainsi, au XIXe siècle, les livres de bord parlaient de "masses noires" ou "d'énormes îles noires". À partir du XXe siècle, on commença à parler de "sortes de sous-marins" pour la bonne raison que l'on venait d'inventer ce genre de submersible.

Lorsqu'une nuit de 1957 les marins d'un cargo aperçurent ce qui ressemble à un bateau de pêche en feu, ils n'hésitèrent pas à se diriger au plus vite vers l'incendie qui éclairait une partie de l'océan pour sauver les rescapés. Alors qu'ils s'approchèrent, ils virent un “objet ovoïde blanc” semblant décoller des flammes et disparaître dans le ciel. On ne retrouva aucun survivant, pas plus qu’un seul cadavre. Il est intéressant de voir que ce que nous appelons communément ovni fut appelé par les rapports de marins par un terme extrêmement précis... et beaucoup plus neutre !

Il y a parfois d’étranges similitudes entre plusieurs catastrophes maritimes. Prenons le Copenhague. En 1929 c’était le plus grand voilier du monde, un magnifique cinq mâts de la marine danoise. Il y avait à bord la radio, avec batteries de secours et, en cas de pépin grave, des moteurs auxiliaires pour rejoindre le port le plus proche ou se diriger doucement vers les secours. Il y avait à bord quatre-vingts hommes expérimentés, tous de futurs officiers. Ce navire n’atteignit jamais sa destination qui était l’Australie. On ne retrouva ni bateau, ni équipage. Aucun message radio n’annonça qu’il était en difficulté. Rien... sauf une chose incroyable. Dans la région supposée du naufrage, au cours des recherches, on récupéra une bouteille flottant sur la mer et contenant la situation géographique du navire et les mots : « icebergs – encerclés ».

Autrement dit, la radio et les batteries de secours ne fonctionnait plus, mais quelqu’un avait eu le temps de balancer un message à la mer, message très court, dicté par la certitude qu’ils n’allaient pas s’en sortir vivants.

Cela nous fait penser aux nombreux témoignages d’automobilistes dont le système électrique est tombé en panne après le survol du véhicule par un ovni. Il s’est passé quelque chose d’anormal. Un grand navire, même encerclé par des icebergs, a largement le temps d’envoyer de nombreux messages contenant beaucoup de précisions, à condition d’avoir vu arriver les gigantesques blocs de glace. Si c’était la nuit, les vigies ont peut-être vu apparaître subitement autour de leur bateau, ces fameuses masses noires qu'ils ne pouvaient pas, dans la pénombre, prendre pour autre chose que des icebergs. À la latitude où se trouvait la route suivie par le voilier, les marins ne devaient pas s'attendre à trouver des blocs de glace. Mais admettons que ce fut le cas et que le cinq mâts fut mis en pièces, on aurait retrouvé obligatoirement de nombreux morceaux tels que des planches, des morceaux de mât, des gilets de sauvetage, et même des corps flottant à la surface de l'eau. La preuve en est lorsqu'on voit tout ce que l'on a retrouvé après le naufrage du Titanic !

Sans grand risque de se tromper, on peut donc supposer que ce magnifique bateau s'est volatilisé comme beaucoup d'autres en emportant avec lui quatre-vingt marins vers une destination inconnue !

Quel rapport avec le Titanic ?

Plusieurs faits étranges se sont produits lors de ce naufrage. Le point commun avec ce qui précède, ce sont les icebergs supposés dans le cas du Copenhague, et les icebergs bien réels autour du Titanic, mais qui sont arrivés bien vite, au point qu'il fut impossible de les éviter.

Je ne me permettrais pas d'écrire ces lignes si certains faits, non divulgués au grand public, ne me paraissaient plus que troublants.

En effet, en cette nuit du 14 au 15 avril 1912, lorsque le choc se fut produit, de nombreuses fusées de détresse furent immédiatement lancées pour prévenir un bateau dont tout le monde sur le pont pouvait voir les feux de nuit, et positionné à environ dix kilomètres. À ce moment, même si l'on pensait que le Titanic ne pouvait pas couler, on était certain que, toute manière, il n'y avait pas à s'inquiéter, les secours étant à proximité.

Or, ce bateau inconnu ne s'est pas détourné de sa route pour porter secours au géant des mers. Il ne pouvait pas, à une si courte distance, ne pas voir les fusées de détresse, ne pas voir cet immense navire illuminé de ses milliers de lumières. Une règle absolue, toujours respectée dans toutes les marines de la planète, est de se porter au secours, sans hésitation, d'un bateau lançant des S.O.S. radio ou des fusées de détresse... d'autant plus si le bateau en détresse est visible à l'œil nu.

Le commandant du *Californian*, un autre navire qui se trouvait dans les parages, mais beaucoup plus loin du *Titanic*, déclara qu'il s'était dérouté immédiatement lorsque l'éclat d'une fusée fut visible au niveau de l'horizon. Mais en même temps, ils déclarèrent avoir vu une "lumière bizarre" sur la mer, située entre eux et le Titanic. Les officiers des deux navires pensèrent qu'il ne pouvait s'agir que d'un autre bateau. Le commandant du *Californian* donna l'ordre d'envoyer des signaux en direction de ce bâtiment pour qu'il dévoile son identité. Malgré tous leurs efforts, il n'y eut aucune réponse. Ce bâtiment-fantôme, étant situé beaucoup plus près de la catastrophe que le *Californian*, ne pouvait pas ignorer le drame qui se déroulait presque sous ses yeux. Bien entendu, dans les mois qui suivirent, ne pouvant pas mettre en doute les témoignages venant de deux navires différents, une enquête très poussée fut menée sur ce mystère, mais sans résultat.

Et si cette "étrange lumière" faisant penser à un bateau construit par l'homme n'était en fait qu'une de ces "masses" qui ont fait penser à des sous-marins en d'autres circonstances ?

Si, comme on peut le supposer, ces masses noires, ces lueurs de formes ovoïdes, ces "bateaux mystérieux" font partie du phénomène ovni, alors rien ne peut empêcher que les icebergs aient été dirigés volontairement vers le Titanic.

Les roues lumineuses

Depuis cent cinquante ans, plusieurs bâtiments de différents tonnages furent retrouvés voguant à la dérive, tous les passagers, marins et officiers, morts à l'endroit où ils devaient vaquer à leurs occupations. Dans tous les cas, il n'y avait aucune trace de violence, les bâtiments étaient en parfait état de marche. On pensa bien sûr à des épidémies foudroyantes. Mais pourquoi les visages des cadavres semblent-ils tous regarder dans la même direction ? Pourquoi leurs yeux semblaient avoir été vitrifiés ? Pourquoi, après autopsie, le mot épidémie ne fut-il jamais prononcé ?

En 1948, après être montés à bord du *Ourang Medan* qui dérivait sur la mer, les marins et officiers d'un autre navire firent des découvertes macabres sur le pont et dans les coursives. Alors que rien ne le laissait prévoir, des flammes de plus en plus gigantesques partirent de tous les coins du bateau. Les sauveteurs n'eurent que le temps de s'enfuir en courant et de regagner leur chaloupe. Quelques instants plus tard, l'*Ourang Medan* n'était plus qu'un immense brasier qui fut englouti par la mer sous les yeux effarés des passagers du navire-sauveteur. Que s'était-il passé ?

Avant de conclure avec ces quelques exemples de disparition sur la surface de la mer, je dois signaler un autre phénomène relaté, soit de vive voix par les marins et officiers, soit transcrit sur les livres de bord.

Il s'agit d'observations faites souvent de nuit, lorsque les rayons du soleil et la réverbération sur l'eau sont absents. Les témoins relatent l'apparition de gigantesques roues lumineuses, dont les rayons pourraient faire penser à d'énormes tubes de néon, et l'ensemble à des roues de charrette. Les témoignages parlent de rayons mesurant de trois-cents à quatre-cents mètres. Ces engins fantastiques se déplacent à quelques mètres de profondeur et escortent les bateaux à très faible distance, parfois seulement quelques mètres, en silence et sans faire de remous, pour disparaître tout à coup, comme volatilisés.

Certains témoignages disent que des faisceaux lumineux d'une très forte intensité partirent de ces roues et vinrent frapper la coque des navires, sans dégâts apparents. Tous les témoignages stipulent que ces immenses roues tournent autour d'un axe central difficilement repérable, car situé trop loin du lieu d'observation, ce qui laisse augurer du gigantisme de ces engins. On a également vu les roues lumineuses monter du fond de la mer jusqu'à la surface.

Inutile de dire que les témoins de ces phénomènes reconnaissent qu'ils n'étaient pas rassurés pendant l'observation, on peut les comprendre. Certains avouent avoir été terrorisés, pensant leur dernière heure arrivée.

Les disparitions de sous-marins

Le 25 janvier 1968, le sous-marin israélien *Davar* disparut mystérieusement avec soixante-dix hommes à bord au nord de l'Égypte. Le même jour, le sous-marin français Minerve se volatilisait en sortant de la rade de Toulon, avec cinquante-deux hommes à bord. Ils auraient dû être cinquante-trois !

Un de mes amis, qui faisait son service militaire comme sous-marinier sur le *Minerve,* ayant passé une très mauvaise nuit à cause d'une rage de dents, alla voir le dentiste militaire du bord qui le raya immédiatement des effectifs et lui donna l'ordre de débarquer pour se faire soigner à terre... il fut le seul rescapé involontaire !

Quelques années plus tard, il me raconta cette aventure. Le *Minerve*, n'étant pas encore en eau profonde, aurait pu lancer un appel de détresse, mais rien ne fut capté à l'Amirauté. Le sous-marin venait d'être révisé, comme après chaque long séjour en mer. Dès que les autorités militaires s'aperçurent que le contact était interrompu, alors que, selon sa position, le submersible aurait dû émettre, les recherches furent entreprises à une échelle jamais atteinte. La moitié de la flotte française en Méditerranée y fut impliquée durant plusieurs jours.

Plusieurs fois, les "sonars" détectèrent au fond de l'eau des masses métalliques pouvant faire penser au sous-marin. Les soucoupes plongeantes du commandant Cousteau envoyées sur les lieux de détection-écho ne trouvèrent que du sable et des algues. Il ne s'agissait pas du sous-marin disparu, car s'il avait été échoué en difficulté au fond de la mer... il y serait resté !

Dans un communiqué, l'Amiral responsable des recherches déclara qu'ils ne savaient absolument pas ce qui avait pu se passer.

Deux ans plus tard, le 4 mars 1970, le sous-marin français *Eurydice* disparaissait aussi mystérieusement au large de St Tropez, donc pas très loin de la rade de Toulon. C'était un sous-marin à la pointe du progrès, spécialisé dans la détection des autres sous-marins. Les recherches furent, bien entendu, aussi importantes que pour le précédent. Aucun appel de détresse ne fut capté. On ne retrouva pas une goutte d'huile à la surface. Rien sur les fonds marins. Le navire était perdu, volatilisé à tout jamais avec cinquante marins à bord.

Certains sous-marins réussirent à se sortir de situations périlleuses, à mon avis comme pour les bateaux de surface, parce que "l'ennemi invisible" l'a bien voulu. Ce fut le cas du sous-marin français *Flore*, encore une fois au large de Toulon. Les faits remontent au 20 février 1971, ses moteurs tombèrent en panne sans raison, mais il put envoyer des signaux de détresse, ce qui permit aux secours d'arriver promptement sur le lieu où était immobilisé le submersible, et de l'aider à se sortir de cette situation catastrophique.

D'autres sous-marins, de différentes nationalités, lancèrent des S.O.S., étant parfois entourés par plusieurs submersibles inconnus qui, d'après les commandants de bord, n'avaient pas une navigation ressemblant à celle des sous-marins humains.

Plusieurs sous-marins atomiques américains disparurent corps et biens comme le Trescher, comme le Scorpion. Comme toutes les grandes nations militaires, les États-Unis disposent de bateaux uniquement spécialisés pour les recherches et l'aide aux sous-marins en difficulté. Lorsqu'il s'agit d'un sous-marin atomique, dont la conception est ultra-secrète, le nombre de bâtiments de surface, de sous-marins, d'avions, de soucoupes plongeantes, que les Américains envoient sur les lieux de recherche est considérable. Malgré toute cette armada, il n'y a eu aucun résultat, pas la moindre petite piste.

D'après certaines "fuites" volontaires ou involontaires, la moitié des sous-marins qui disparaissent, quelle que soit la nationalité, le sont sans raison, sans explication valable. La Russie a les mêmes problèmes, mais le secret qui a régné dans ce pays pendant de nombreuses décennies nous empêche d'avoir des témoignages fiables... sauf pour la dernière catastrophe de l'an dernier, dont on recherche encore les causes.

On peut d'ailleurs se demander si une partie des sous-marins qui disparaissent officiellement pour des raisons accidentelles, n'est pas due en fait à une rencontre mortelle avec des submersibles inconnus. Aux États-Unis, où la liberté de la presse est sacrée, des articles stipulent que toutes les Amirautés connaissent l'existence de ces "masses métalliques inconnues" que l'on détecte en surface ou dans les profondeurs des océans.

Ce n'est pas une invention d'ufologue. Plusieurs combats de guerre eurent lieu entre des navires militaires spécialisés dans la lutte anti sous-marins et ces engins inconnus. Que ce soit dans le Pacifique, dans l'Atlantique, en Méditerranée... ou dans les mers glacées au large de la Norvège... et des ports russes.

Parfois, ils viennent narguer les autorités maritimes le long des côtes, dans les ports, dans les fjords, dans les golfes, c'est-à-dire dans des endroits où les États assurent une surveillance continuelle.

Dès qu'ils sont détectés, comme nous sommes en temps de paix, les sommations sont faites, mais ne déclenchent aucune réaction. Des chapelets de bombes et de grenades anti sous-marines sont alors envoyés sur le submersible inconnu, sans que celui-ci semble être dérangé le moins du monde. Par contre, lorsque plusieurs bâtiments de surface quadrillent un périmètre et bombardent une vaste surface pour empêcher toute fuite, il a été détecté plusieurs fois l'arrivé de quatre, six, ou huit autres engins inconnus qui semblent venir voir ce qui se passe... mais sans bouger de leur position statique, ce qui élimine la possibilité d'engins construits par l'homme.

Comme pour les objets volants non identifiés que l'on observe dans nos cieux, ayant la forme lenticulaire, triangulaire ou ressemblant à d'immenses dirigeables, ces engins semblent avoir une telle avance technologique qu'aucune de nos armes semblent les inquiéter.

Quand il semble que la plaisanterie a assez duré à leur goût, ou peut-être pour nous éviter de gaspiller bêtement nos munitions, ils disparaissent subitement... pour parfois revenir au même endroit quelques jours après !

Nous ne connaissons aucun cas de riposte à une attaque de nos navires militaires, contrairement aux quelques combats aériens qui se terminèrent en tragédie humaine.

Les disparitions d'avions

Dans l'histoire aérienne, les communiqués avouent bien souvent que les causes des tragédies sont inexplicables.

Le nombre d'avions militaires qui ont disparu depuis la seconde guerre mondiale est énorme. Bien entendu, le secret militaire nous empêche de tous les connaître. Comme pour de nombreux témoignages, ils sont dévoilés par la presse américaine car, sous le sceau de l'anonymat ou une fois partis à la retraite, certains pilotes et contrôleurs aériens parlent. Même si les témoignages concernant d'autres pays sont plus rares ou difficiles à obtenir on ne voit pas pourquoi les États-Unis seraient plus touchés que d'autres par le phénomène ovni.

En décembre 1945, cinq avions militaires se trouvaient dans un vol d'exercice au large de la Floride où ils devaient se poser. Les pilotes étaient en liaison constante avec les contrôleurs aériens. Le temps était calme, tout allait bien. Tout à coup, les pilotes s'exprimèrent d'une façon incohérente, aucun des cinq ne donnant la même position, ils ne savaient plus où étaient situés les points cardinaux et semblaient avoir oublié s'ils se dirigeaient vers le large ou vers leur base, disant qu'ils n'avaient rien à faire en Floride, etc. Après avoir dit que la "mer était bizarre", le chef d'escadrille envoya un dernier message : « Sommes incapables de déterminer notre position. Il nous semble que… ». Tels furent les derniers mots captés par la base…

Les équipages étaient expérimentés. Même si les instruments de bord étaient tous tombés en panne au même moment, il leur suffisait, pour rentrer à la base, de se diriger vers la côte de

Floride ou des Bahamas qu'ils avaient obligatoirement dans leur champ visuel.

Après ce dernier contact, les avions semblaient s'être volatilisés. Immédiatement, un énorme hydravion militaire, équipé de tout le matériel nécessaire au secours des avions perdus en mer, décolla pour se rendre sur les lieux présumés de la catastrophe. À son tour, l'hydravion arrêta d'émettre... et disparut à tout jamais. S'ils avaient dû amerrir, les cinq premiers avions auraient dû flotter le temps suffisant pour mettre à l'eau, sur une mer calme, les pneumatiques au gonflage automatique, et se saisir des gilets de sauvetage. Rien ne fut retrouvé par la suite. Quant à l'hydravion... il était conçu, comme chacun sait, pour se poser sur l'eau. Il n'envoya aucun S.O.S., rien ne fut retrouvé sur l'eau, il n'est donc pas tombé et a donc été victime, comme les autres, du même phénomène.

D'après les autorités, durant près d'une heure, les pilotes de chaque avion se parlèrent entre eux. Les enregistrements ne furent pas dévoilés. Les voix ne semblaient pas normales. Il semble que les cinq avions, pendant tout ce temps, ont tourné en rond, n'entendant pas les consignes données par la base. L'hydravion, arrivé vingt minutes plus tard, n'a officiellement rien signalé de spécial avant de disparaître. Comme les militaires ne peuvent pas accepter que six de leurs avions disparaissent sans raison, ils envoyèrent immédiatement un autre hydravion, qui envoya sans discontinuer des messages radio, pour finalement revenir sans problème à sa base.

Quelques heures après, trois cent vingt bateaux spécialement équipés pour le sauvetage en mer, étaient sur les lieux, rejoints par vingt-trois navires de guerre, dont un porte-avions. Des bateaux anglais vinrent se joindre à eux. Toute cette armada ratissa jour et nuit la surface de l'eau, sans succès, aucun indice, pas le moindre débris, pas le moindre corps ! La commission d'enquête déclara « qu'elle était incapable d'émettre la moindre hypothèse sur ce qui avait pu se passer ».

Aucun bâtiment de l'armada de secours n'eut de problème. Les kidnappeurs étaient partis ailleurs !

Mais ils sont revenus plusieurs fois dans cette région pratiquer leur macabre besogne sur des bateaux ou des avions. Il semble dans tous les cas que, sans prévenir, les appareils électriques tombent en panne, empêchant d'émettre le moindre message. Sauf à quelques exceptions donnant l'impression qu'à titre exceptionnel les aliens aient laissé le pilote envoyer un message pour que les humains sachent à qui ils ont affaire.

Ce fut le cas en 1972. Deux pilotes d'un avion privé volaient dans la même région des Bahamas. Voici le dernier message qu'ils envoyèrent : « Ici Yankee... Mayday... Mayday, demande assistance... suis perdu Nord Bahamas, compas déréglé, navigation impossible, sommes dans brouillard jaune, voyons rien... apercevons... oh mon Dieu... ». Puis, plus de liaison. Avion et pilotes étaient perdus corps et biens, malgré les recherches.

Il n'y avait aucun brouillard ce jour-là dans cette région... sauf autour de l'avion. Or, ce n'est pas la première fois que des témoignages terrestres, aériens ou maritimes, parlent de ce brouillard jaunâtre où qu'il soit question de "nuages bizarres". Dans les deux cas, les autorités civiles et militaires de la planète sont parfaitement au courant du danger qu'ils représentent.

Dans un article que j'ai conservé dans mes archives, une ancienne revue scientifique d'il y a trente ans, relatait un phénomène extraordinaire s'étant déroulé durant la seconde guerre mondiale. Cela s'est passé en banlieue de la ville du Mans, durant l'été 1941. A l'époque, l'aérodrome de cette ville était occupé par l'aviation militaire allemande.

Le ciel était très bleu, c'était une belle journée d'été. Seul un énorme nuage cumulus survolait très lentement le terrain d'aviation. Qu'est-ce qui a pu inquiéter les autorités de la base pour qu'elles déclenchent l'alarme? Immédiatement, une dizaine d'avions de chasse Messerschmitt décollèrent plein gaz en direction du curieux nuage.

Le vacarme provoqué par tous ces avions décollant en même temps, fit que des centaines de témoins militaires ou civils dirigèrent leurs regards vers le ciel et purent assister, stupéfaits, à un spectacle insolite. Les Messerschmitt tournaient à pleine vitesse autour du nuage, puis piquaient à l'intérieur de celui-ci... mais en ressortaient aussi vite à la verticale, comme ayant manœuvré pour éviter un obstacle imprévu. Les courageux pilotes repiquaient à nouveau dans le nuage, mais pour en ressortir aussitôt par la même manœuvre. Au dire des témoins, on aurait dit un essaim de guêpes attaquant une proie impossible à atteindre.

Les pilotes, qui devaient décrire ce qu'ils voyaient, reçurent l'ordre de décrocher et ils atterrirent aussitôt. Aux dires de certaines confidences faites plus tard par des militaires chargés de réceptionner les appareils après l'atterrissage, les pilotes avaient l'air terrorisés en se dirigeant vers les officiers qui les attendaient. Bien entendu, surtout en temps de guerre, les rapports restèrent "top secret".

Dès que les avions commencèrent à atterrir, le nuage se gonfla et disparut pour être remplacé par une gigantesque pyramide dont les côtés de la base mesuraient environ trois cents mètres et le sommet sept cents ! Les faces de la pyramide devinrent de plus en plus lisses et reflétaient les rayons du soleil comme une construction métallique. Tranquillement, cet étrange "vaisseau spatial" s'éloigna, pour disparaître à l'horizon. Des photos, des films ont certainement été faits par les observateurs au sol mais, même après la guerre, rien ne fut divulgué.

Les pilotes ont eu de la chance car ils sont tous revenus indemnes, du moins physiquement. Pendant la guerre de Corée, des escadrilles en mission virent l'un de leurs avions entrer dans un nuage, mais ne jamais en ressortir, alors qu'il n'y avait aucun tir de batterie aérienne.

En 1960, un avion russe n'arriva pas comme prévu à destination. Des recherches furent entreprises dans la région d'où provenait le dernier message. Les avions de recherche aperçurent au sol l'avion qui semblait avoir atterri sans dommages. Les secours au sol découvrirent l'avion intact, tous les objets à leur place, il n'y avait donc pas eu d'atterrissage en catastrophe. On s'interrogea sur les causes du problème. Peut-être une panne d'essence ? Il lui restait largement assez de carburant pour rejoindre sa destination. Une panne de moteurs ? Non, car des pilotes remirent ceux-ci en marche sans problème. Les cinq aviateurs avaient disparu. La radio fonctionnait, ils auraient pu lancé un S.O.S. et attendre tranquillement les secours. Il n'y avait pas de trace au sol, pas d'indices, du moins pas d'indices humains... car à quelques mètres, il y avait un cercle parfaitement tracé à l'intérieur duquel l'herbe était brûlée et la terre enfoncée d'une trentaine de centimètres, comme si un engin mystérieux et très lourd s'était posé à côté de l'avion... et avait recueilli ses passagers. Voilà une forme d'enlèvement inédite !

Voici une autre forme d'enlèvement se rapprochant de celle que je viens de décrire. Un avion fit un atterrissage sans raison dans le désert de Libye. Le temps était magnifique, il n'y avait pas de vent, les sauveteurs qui s'immobilisèrent à proximité découvrirent les traces très nettes des roues de l'avion sur le sable, sa porte était ouverte et, de là, partaient les traces de pas des deux pilotes qui semblaient s'éloigner, sans raison valable, de l'avion refuge qu'aucun professionnel n'aurait quitté, la survie y étant plus sûre que dans les vastes étendues de sable environnantes.

Les traces de pas, qui étaient très nettes sur une cinquantaine de mètres, s'arrêtaient subitement dans le sens de la marche. Rien ne pouvait laisser supposer que les deux hommes aient changé de direction ou aient rebroussé chemin. Non, à cet endroit, ils s'étaient volatilisés, ils avaient été comme aspirés.

L'atterrissage fut-il contraint, comme dans le cas de l'avion russe ?

En 1975, un bombardier américain en exercice volait au-dessus des terres. La couche de nuages était très épaisse, le pilote demanda l'autorisation de prendre de l'altitude. Une fois l'autorisation accordée, il vola au-dessus des nuages et, comme le ciel était très clair, il annonça à la tour de contrôle qui le suivait qu'il allait voler "à vue". Aussitôt, sa "trace radar" disparut des écrans au sol. On ne retrouva rien de cet énorme avion, ni de son équipage.

À notre époque, si un avion tombe sur le territoire des États-Unis dans un couloir aérien militaire, il est impossible que des restes au sol ne soient pas retrouvés très vite. Comme sur la mer, les Américains sont particulièrement bien équipés pour ce genre de recherche.

En 1973, une Caravelle française allait atterrir sur l'aéroport de Madère. Les familles et amis qui attendaient derrière les baies vitrées à l'aérogare suivaient le vol si typique et majestueux de ce légendaire avion. Plus que quelques minutes et ce seraient les retrouvailles, la fin d'une attente toujours un peu angoissante. Ils virent l'avion virer dans le ciel pour prendre la piste... puis plus rien. L'avion s'était volatilisé ! Les recherches à terre et sur mer ne fournirent aucun indice, aucun objet matériel, Rien. Quelle explication rationnelle donner à tous les témoins qui attendaient au sol ? Que l'avion qu'ils suivaient des yeux s'était évaporé dans le ciel bleu avec ses passagers ?

En 1962, un Superconstellation de l'armée américaine fit une mission au-dessus des terres enneigées du nord du Canada. C'était une mission très courte, d'environ quatre-vingts kilomètres. Avant de revenir atterrir à sa base, ce fut le silence radio. Sur les étendues blanches, en suivant la route obligatoirement empruntée, les avions de secours ne virent aucun débris, aucun corps, aucun objet, aucun survivant marchant dans la neige. Les recherches au sol furent aussi infructueuses. L'avion s'était volatilisé, corps et biens !

Que les avions soient civils ou militaires, les messages utilisés par tous les pilotes se font en langue anglaise. Tout est déterminé à l'avance. Ainsi, en cas de détresse, n'importe quel pilote, quelle que soit sa nationalité, envoie le message "Mayday". Sauf en cas d'explosion subite, le radio a toujours le temps d'envoyer ce message. Et, comme chaque fois qu'il y a eu une explosion subite, on a retrouvé des débris matériels ou humains répandus sur la surface du sol ou de la mer, on peut a contrario affirmer que lorsqu'il n'y a aucun message ni indice retrouvés sur les zones de recherches, c'est qu'il s'est produit un événement exceptionnel n'ayant rien de naturel.

Un événement exceptionnel et incompréhensible peut être retenu comme une simple hypothèse, mais lorsqu'on se trouve devant des centaines de disparitions d'avions ou de bateaux dans des conditions similaires, on est bien obligé d'accepter que nous sortons de notre réel pour entrer dans une réalité inconnue.

En 1951, l'avion faisant la liaison New York-Afrique du Sud, disparut avec ses quarante-deux occupants. Malgré les recherches faites par de nombreux avions et bateaux sur les lieux d'où était parvenu le dernier message, rien ne fut retrouvé. Le pilote, qui était en approche de l'aéroport, venait de demander l'autorisation d'atterrir sans rien signaler d'anormal.

En 1958, un avion civil avec trente-quatre passagers à bord s'apprêtait à atterrir à Miami. Comme le font tous les pilotes, celui-ci envoya le message classique : « Approchons de l'aéroport, demandons autorisation d'atterrir «. Les membres d'équipage et les passagers virent les lumières de la ville. Le personnel au sol vit les lumières de l'avion, car il faisait nuit. L'avion n'atterrit jamais. Il s'était volatilisé !

Au début de 1968, l'aviation militaire française perdit trois *Mystères IV*. Ceux-ci volaient ensemble et longeaient la côte Corse près de Solenzara. Là encore, il n'y eut pas de "Mayday", aucune trace au sol, aucune trace sur la mer calme comme un lac. Trois avions militaires d'un seul coup !

Le même jour, un avion militaire se volatilisa au-dessus de la Corée.

Toujours le même jour, un autre avion militaire américain se volatilisa au nord de l'Inde avec cent deux militaires à bord.

Pendant la guerre du Vietnam, de nombreux avions de transport de troupes disparurent avant d'arriver à leur lieu de destination. Ils ne survolaient pas les théâtres d'opération, ils amenaient des troupes fraîches sur les bases arrières.

Toujours pendant cette année 1968, à quinze jours d'intervalle, l'aviation militaire américaine perdit trois de ses avions chargés de soldats dans la même région située dans le triangle Grèce-Sicile-Turquie.

Souvent, les disparitions d'avions ont lieu dans les mêmes régions et au cours d'une même période très courte.

Prenons l'Alaska, dernier état des USA situé dans une région très difficile d'accès et peu hospitalière. Les transports s'y font surtout par avion, les sols étant le plus souvent recouverts de neige et de glace. Il y a dans cette région du globe de nombreuses bases militaires.

Le 21 juillet 1961, un avion militaire disparut sans raison. Cinq jours plus tard, au même endroit, un avion civil transportant des scientifiques disparaissait à son tour. Six jours après, un autre avion civil avec huit personnes à bord se volatilisait. Huit jours plus tard, un énorme bombardier avec quatorze hommes à bord disparaît, douze jours après c'est un autre bombardier qui se volatilisait... tous dans la même région et sur une période d'un mois. Coïncidence ?

Après cette série noire, le calme revint au-dessus de ce territoire... mais pas pour très longtemps. Un an plus tard, sur un petit périmètre, quatre énormes bombardiers bourrés de matériel ultra-moderne de transmission, qui ne servit à rien, disparurent ou s'écrasèrent sans raison. Il n'y eut aucun message de détresse, rien dans une boîte noire retrouvée au sol. Silence des pilotes, silence, bien sûr, des autorités militaires. On peut comprendre ce secret.

Nous savons de source sûre que les Etats-Majors militaires de toutes les grandes nations savent :

1. Que nombre de leurs avions, bateaux, sous-marins disparaissent subitement mais qu'ils n'y peuvent rien.

2. Que des pilotes de chasseurs à réaction reçoivent ordres de s'envoler en urgence pour intercepter ce que le profane au sol prendrait pour des nuages ou des zones de brouillard. En fait, depuis que les radars au sol ont été perfectionnés, tout engin de structure métallique se dissimulant dans un nuage ou dans du brouillard est immédiatement détecté, ce qui entraîne une procédure d'alerte.
Selon une revue ufologique allemande datant de 1970 qui divulguait des renseignements obtenus auprès d'un spécialiste militaire américain basé sur leur territoire, plusieurs exemples montrent la justesse de cette deuxième affirmation.

En 1956, le même jour, cinq chasseurs à réaction volant en formation s'écrasèrent près de la ville de Stockholm.

En 1955, le même jour, neuf chasseurs à réaction reçurent l'ordre de foncer dans une nappe de brouillard. Ils s'écrasèrent tous au sol.

En 1956, le même jour, sept chasseurs anglais s'écrasèrent après être entrés dans le brouillard.

En 1956, trois mois plus tard, ce furent trois chasseurs hollandais qui s'écrasèrent en même temps au sol.

En 1962, cinq bombardiers américains s'écrasèrent simultanément près de Cologne, en Allemagne, alors qu'ils traversaient une zone nuageuse.

En 1963, trois chasseurs américains s'écrasèrent sur la côte française après avoir décollé d'un porte-avions.

En 1965, huit jets américains qui volaient en escadrille s'écrasèrent au même moment, sans raison.

Trois mois plus tard, quatre jets du même type s'écrasèrent en même temps. Dans ce cas précis, un message radio fut expédié juste avant la catastrophe qui disait : « Nous ne pouvons pas le rater ! ». Les pilotes attaquaient-ils dans les nuages un objet inconnu qu'ils avaient reçu l'ordre d'intercepter ?

En 1966, six chasseurs à réaction volaient dans le ciel bleu d'Espagne. Il y avait juste quelques nuages bas, comme on en voit dans le ciel d'été. Les six avions frôlèrent les nuages. À ce moment, plus aucun message n'arriva au sol. Alors que les témoins virent l'escadrille passer sans problème apparent, les six pilotes s'éjectèrent en même temps et les six avions s'écrasèrent plus loin en évitant de justesse la ville de Séville.

Le rapport fait par ces pilotes n'a bien entendu pas été communiqué, mais il y a fort à parier que leurs moteurs et leur circuit électrique, sont tombés subitement en panne à l'approche de ce soi-disant nuage... comme cela se passe pour les voitures survolées par un ovni.

Est-il utile de continuer à énoncer des faits publiés dans beaucoup de médias ?

Disparitions diverses

Les renseignements qui suivent proviennent des archives de mon ami Jimmy Guieu qui avait accumulé une documentation importante au cours de ses enquêtes dans le monde. Sachant qu'il n'allait pas s'en servir, il m'a demandé de les utiliser dans ce livre. Je tiens à l'en remercier.

Comment expliquer la disparition du pont métallique qui traversait le fleuve à la sortie de la ville d'Hamilton, au Canada ? Une construction pesant des centaines de tonnes s'est volatilisée instantanément à la vue de tous les habitants !

En France, en mars 1973, soixante-dix tonnes de rails de chemin de fer, des aiguillages et différents matériaux ferroviaires se sont envolés en une nuit à Piennes, en Meurthe et Moselle. Personne n'a rien entendu alors que ce genre de déménagement aurait dû réveiller tous les environs, les gardiens qui surveillaient les lieux et provoquer l'arrivée de la police. L'enquête n'a décelé aucune trace suspecte au sol, ce qui aurait du être le cas si des humains avaient déplacé de telles quantités de matériel.

Le mois suivant, une énorme grue d'une dizaine de mètres disparut tout aussi mystérieusement dans le département de la Loire, toujours en France.

Si comme on pourrait le supposer, les millions d'humains enlevés servent à repeupler une ou plusieurs planètes, il est possible qu'ils leur fournissent des bateaux en état de marche, des avions, des sous-marins, des voitures, des rails... et peut-être des grues pour les déplacer ! C'est une hypothèse qui peut sembler farfelue, mais puisque nous n'avons aucune explication satisfaisante, elle a au moins l'avantage d'être rassurante en ce qui concerne la survie des disparus !

Mais il y a d'autres disparitions qui laissent pantois. En juillet 1972, la fameuse cabine de l'astronaute soviétique Youri Gagarine, le premier homme dans l'espace, était dans un wagon de chemin de fer reliant l'URSS à la Suède où elle devait être exposée durant deux mois. Huit wagons arrivèrent à destination mais il manquait le neuvième wagon, celui-là même qui contenait la cabine. Il était situé au milieu du train et n'avait pu être décroché durant le voyage, les autorités russes étaient formelles sur ce point. Il ne s'agissait fort heureusement que d'une copie. Les kidnappeurs, pour montrer qu'ils n'étaient pas dupes, déposèrent la cabine quelques jours plus tard dans un champ. Il n'y avait bien entendu aucune trace suspecte sur le sol indiquant un moyen de transport terrestre l'ayant amené à cet endroit. Personne n'a jamais su ce qu'elle était devenue durant sa disparition. Si des recherches poussées furent effectuées sur l'engin, aucun résultat ne fut divulgué. Il est intéressant de signaler que le train avait roulé sans s'arrêter, mais, le plus fort, c'est que le neuvième wagon ne fut jamais restitué... est-il parti rejoindre les matériel cités plus haut ?

Dans ces contacts du cinquième type, il faut naturellement parler des enlèvements d'humains. C'est ce qu'il y a de plus dramatique dans les recherches ufologiques car les enlèvements sont définitifs. Aucun retour n'a jamais été signalé vers notre Terre, aucune information d'aucune sorte n'a filtré venant des aliens... ou de certains services ultra-secrets américains qui connaissent peut-être la clé du mystère, comme certains responsables très hauts placés l'ont suggéré !

Ces enlèvements prennent des formes définitives mais très variées qui va de l'être seul qui disparaît, à une famille entière, voire un groupe important lors d'événements exceptionnels et étranges se produisant et concernant, soit une ville soit une nation.

Des millions de disparus

Il existe, en France, un bureau de recherches pour les personnes disparues. Aux États-Unis, une société chargée de ce type de recherches, la Tracers Company, déclara que durant l'année 1965 quatre millions d'Américains avaient disparu sans raison et ne furent jamais retrouvés. Toutes les couches de la population étaient concernées : des ouvriers, des paysans, des cadres, des hommes d'affaires, des policiers, des militaires, des avocats, des juges, des femmes, des hommes, des enfants, parfois des familles entières...

La *Tracers Company* n'a aucun lien avec les groupes ufologiques américains. Le problème ovni ne la concerne pas. Par contre, les ufologues font un rapport entre ces mystérieux phénomènes célestes, les cas d'abudction et ce chiffre effarant de disparitions. Ce chiffre fourni par la *Tracers Company* semble au premier abord inimaginable mais nous sommes obligés de le prendre au sérieux puisque cette société n'a aucun intérêt à raconter et inventer de telles histoires qui constituent, pour elle, autant d'échecs dans ses investigations. Encore ces chiffres ne concernent-ils que les États-Unis.

D'après Interpol (selon un informateur désirant garder l'anonymat), selon les années, le total de toutes les disparitions incompréhensibles et non résolues donné par les polices de la planète serait situé entre un et deux millions et demi de personnes. C'est ahurissant mais les chiffres sont là, fournis par des services officiels...

Aucun groupe ufologique ne possède une vue d'ensemble concernant les disparitions inexpliquées qui restent, il faut le préciser, confidentielles. En France, seul le service de regroupement national des disparitions connaît les chiffres exacts. S'il s'agit d'enfants il arrive que les médias nationaux s'emparent de l'affaire, mais quand il n'y a pas de résultats rapides le silence retombe très vite, laissant, pendant des années, les parents et les associations d'enfants disparus dans l'angoisse.

Voici juste deux faits qui sont arrivés à ma connaissance et qui se déroulent dans la région où je réside.

Il y a plusieurs années, en Dordogne, un jeune homme de vingt-deux ans venait de réussir brillamment ses examens. Il avait décroché un emploi bien rémunéré à la hauteur de ses compétences. Il était estimé de tous. Un jour, en fin d'après-midi, il rentra en direction de son village suivi par des amis se trouvant dans d'autres voitures. Ceux-ci le virent subitement s'arrêter devant une petite gare très peu fréquentée. Pensant qu'il s'arrêtait pour raison personnelle, ses amis poursuivirent leur route. Parvenus à destination, ne le voyant pas arriver, ils décidèrent de rebrousser chemin. Ils retrouvèrent la voiture vide devant la gare. Il n'avait pas pu prendre le train car il n'y en avait pas à cette heure-là. Malgré des années d'enquêtes, la gendarmerie ne l'a jamais retrouvé et n'a pas le moindre indice concernant cette disparition inexplicable. La famille et les amis, connaissant son état d'esprit, refuse qu'il puisse s'agir d'une fugue. Dernièrement, un journal local reprit l'affaire en première page, révélant que le dossier était toujours ouvert mais que le mystère était toujours aussi obscur !

Il y a plusieurs années, à Bordeaux, une boucherie de quartier resta porte close. Devant ce fait anormal, la police fut prévenue. À l'intérieur, on retrouva le spectacle de la vie courante telle qu'elle avait dû se dérouler la veille au soir ou l'avant-veille, lorsque les deux commerçants avaient fermé leur boutique. Il y avait de l'argent liquide et des chèques sur la table. La lumière était allumée, des restes de repas étaient encore visibles. Toutes les portes étaient fermées. Il ne pouvait pas s'agir de voleurs puisque rien ne semblait avoir disparu... sauf les deux commerçants qu'on ne retrouva jamais. Aucune trace de bagarre, pas le moindre meuble renversé, pas de corps comme lorsqu'il y a crime crapuleux. Le mystère est complet. C'étaient des gens sans histoire qui se sont volatilisés sans raison valable.

Selon le journal *Sud Ouest* des 17,18 mars et 25 avril 1989 : « On n'arrive pas à comprendre ce qui a pu se passer – depuis le 13 mars, nous n'avons aucune nouvelle, aucun signe, rien qui puisse nous indiquer une piste. La voiture n'était pas dans le garage. Tout était en ordre à l'intérieur du logement, comme si ses habitants avaient eu l'intention de s'absenter quelques heures à peine. Les enfants du couple, après sept semaines, ne peuvent imaginer que leurs parents aient pu mettre fin à leurs jours. Ils n'ont trouvé aucune lettre. C'est le mystère le plus complet. Personne ne peut comprendre et expliquer où, comment et pourquoi a pu disparaître du jour au lendemain ce couple de bouchers bordelais. De l'enlèvement au crime, en passant par le suicide ou la disparition volontaire, aucune hypothèse ne peut être écartée ».

Depuis douze ans, il n'y a aucune trace. Nos amis du journal *Sud Ouest*, lorsqu'ils parlaient "d'enlèvements" comme d'une hypothèse, ne faisaient pas référence à un enlèvement définitif par les aliens, comme cela a pu être le cas.

Signalons à touts fins utiles que le service documentation des journaux régionaux dispose d'archives consacrées aux disparitions inexpliquées. Chacun peut les consulter.

Un spécialiste de la gendarmerie de ma connaissance m'a expliqué que le chiffre des disparus en France n'est pas divulgué pour éviter la panique. D'après lui, sur mille disparitions déclarées dans notre pays, soit on retrouve les gens vivants ou morts, soit on a de fortes chances de soupçonner des fugues volontaires ou des crimes bien camouflés dans environ neuf cents cas. Même si l'on ajoute cinquante cas de disparitions incompréhensibles mais explicables, il reste cinquante derniers cas de disparitions définitives qui sont, après enquêtes, complètement incompréhensibles, qui plus est lorsqu'il s'agit d'une famille entière.

Lorsqu'un important chef d'entreprise belge d'une cinquantaine d'années, heureux en famille, sans problèmes financiers, se rend à Paris pour une importante réunion commerciale, téléphone qu'il a quitté Bruxelles et qu'il sera à l'heure à son rendez-vous, qu'il n'arrive jamais à Paris, qu'on ne retrouve ni son corps ni sa grosse voiture, que des mois d'enquêtes dans les moindres détails poussées à l'extrême - vu l'importance du personnage - font conclure à une disparition incompréhensible, la police française et belge sait dans quel dossier il faut classer l'affaire.

Voici une histoire très connue des ufologues et qui se passe le 24 décembre 1890, près de South Bend une petite ville des États-Unis. Peu avant minuit, la famille Lerch et des amis étaient attablés dans la grande cuisine de la ferme, fêtant en mangeant et riant devant le feu de cheminée. La mère demanda à son fils d'aller dans la cour chercher un seau d'eau au puits. Le gamin de douze ans sortit avec son seau vide. Quelques secondes après toutes les personnes présentes dans la ferme entendirent l'enfant hurler : « au secours, au secours ».

À cette époque les fermiers pensèrent qu'un loup avait attaqué l'enfant. Tout le monde sortit en trombe... mais dans la cour éclairée par le clair de lune, il n'y avait ni loup ni enfant. C'est alors que, terrorisés, ils entendirent les appels désespérés du garçon... mais provenant du ciel ! Au-dessus des têtes des témoins, invisible, celui-ci hurlait : « Ils me tiennent, au secours, ils me tiennent, au secours... ». Les cris devinrent de moins en moins audibles, comme s'il était entraîné, aspiré de plus en plus haut dans le ciel. Les traces de pas dans la neige s'arrêtaient net entre la maison et le puits, comme si de puissantes mains l'avaient soulevé de terre. Le silence retomba sur les lieux laissant famille et amis pétrifiés d'horreur. On ne revit jamais ce pauvre garçon.

Ce cas célèbre fait partie de l'anthologie des enlèvements définitifs. Il est à ma connaissance le seul cas connu de témoins assistant en direct à un enlèvement dont la victime explique ce qui se passe.

Pas très loin de Bordeaux, dans le département de la Charente, se trouve le petit village de Boutiers. Tous les habitants qui ont vécu le drame qui s'est produit lors du réveillon de 1972, vous confirmeront les faits suivants qui prouvent que ce qui est écrit dans ce livre est le reflet que de l'exacte vérité.

La famille Méchinaud, très connue dans le village, avait passé la soirée du réveillon chez des amis. D'après ceux-ci, vers un heure trente du matin, le père, la mère et les enfants Méchinaud montèrent de bonne humeur dans leur voiture, après les remerciements d'usage et les embrassades. Le parcours pour regagner le domicile des Méchinaud est d'environ quatre kilomètres. Ils n'arrivèrent jamais ! Les passagers ainsi que la voiture se volatilisèrent sur une distance de seulement quatre kilomètres. L'enquête effectuée dans la maison d'habitation démontra que rien ne pouvait laisser envisager la préparation d'une fugue collective. C'était un couple heureux avec des enfants, des amis, sans soucis financiers qui s'est volatilisée à tout jamais, laissant, aujourd'hui encore, ceux qui les connaissaient dans l'incompréhension la plus totale.

Jimmy Guieu me rapporta l'étrange aventure de trois alpinistes qui disparurent mystérieusement en Suisse. Sachant quel sommet ils voulaient atteindre, les sauveteurs n'eurent aucun mal à suivre leur piste. Sur une pente ils retrouvèrent les empreintes de pas des trois hommes bien visibles dans la neige. Ils suivirent ces traces sur la pente neigeuse et, stupéfaits, s'aperçurent qu'elles s'arrêtaient subitement. Plus loin tout était immaculé. Il n'y avait aucune crevasse, mais… après les derniers pas, il y avait trois trous formant un grand triangle de 12 mètres de côté que les enquêteurs ne purent expliquer. Aujourd'hui, sur le nombre de témoignages relatant ce type de traces, on peut soupçonner qu'un ovni s'est posé sur trois tiges métalliques à cet endroit et qu'il emmena les trois alpinistes vers une destination inconnue d'où ils ne revinrent jamais. L'affaire fut classée sans suite !

Jimmy était intarissable sur ces sujets. Lorsque je lui racontais la disparition du couple de bouchers de Bordeaux, cela lui rappela l'aventure arrivée à un couple d'américains dans les années cinquante. Le mari, justement, était boucher. Avec sa femme et leur petit garçon, il était parti en voiture, après avoir dîné chez des amis. La nuit était claire et ils n'avaient qu'une cinquantaine de kilomètres à parcourir pour rejoindre leur domicile. Le lendemain matin à l'aube, la police de la route fut intriguée par une voiture arrêtée sur le bord de la route, vide de ses occupants, les portières grandes ouvertes et les phares encore allumés. À l'intérieur, il y avait le sac à main de la femme avec ses papiers et son argent. Les policiers remarquèrent très vite que l'herbe fraîche de la prairie bordant la route était piétinée sur une dizaine de mètres… puis plus rien, comme dans le cas des alpinistes ! Les enquêteurs constatèrent que l'herbe était couchée dans le sens de la marche avant et il n'y avait aucune empreinte faisant penser qu'elles avaient rebroussé chemin.

Le véhicule était stoppé à une dizaine de kilomètres de son point de départ. Ce qui accentua la perplexité des enquêteurs c'est que, la même nuit, à dix kilomètres de là et sur la même route, une jeune femme ayant quitté dans la nuit le restaurant où elle travaillait, disparut dans les mêmes conditions, laissant derrière elle les mêmes indices. Personne ne les vit jamais revenir. Tous les quatre s'étaient volatilisés.

En décembre 1958, Monsieur Martin, sa femme et leurs trois enfants, téléphonèrent à des amis pour leur dire qu'ils allaient chercher un arbre de Noël. C'était en plein jour, on n'a jamais retrouvé cette famille de cinq personnes. Leur maison était en ordre, aucune valise, aucun vêtement de rechange n'était sorti de sa place habituelle ce qui écartait le scénario d'une fugue collective préméditée.

Quinze jours plus tard, un chef d'entreprise aux affaires florissantes fut aperçu par des voisins partant en voiture avec sa femme et ses quatre enfants. Ils pensèrent qu'ils étaient partis en courses. On n'a jamais retrouvé la voiture ni ses six occupants.

Dans le nord du Canada, tous les habitants d'un village esquimau ont disparu sans raison. Ils n'avaient emporté aucune de leurs affaires personnelles et surtout, détail impossible dans ces régions, les traîneaux étaient toujours là, les chiens, tenus attachés, étaient tous morts de faim. Il est inimaginable de penser une seconde que ces gens aient pu partir sans leur bien le plus précieux.

Nous avons des centaines de témoignages de cette sorte concernant des familles entières disparues... comme la famille "T".

Des personnes seules

Les enlèvements définitifs de personnes seules sont beaucoup plus nombreux, mais les témoignages que nous possédons sont, on s'en doute, moins spectaculaires.

J'ai eu connaissance du cas suivant lorsque j'appartenais au GEPA. Un soir de juin 1971, dans le département de l'Aude, un représentant de commerce, Léon Eveillé, était attendu par son épouse à qui il venait de téléphoner. Après des heures d'attente sa femme, inquiète, prévint la gendarmerie. Celle-ci, pensant à un retard explicable, décida d'attendre le lendemain matin pour envisager des recherches.

Le lendemain matin, Monsieur Léon Eveillé n'étant toujours pas rentré malgré son message de la veille, les hôpitaux de la région n'ayant aucun blessé à ce nom, personne parmi les relations de travail ou personnelles n'ayant de nouvelles, la police décida de faire des battues sur une petite route de forêt que ce représentant prenait souvent comme raccourci pour rentrer chez lui.

Certains gendarmes marchaient à travers le bois, de chaque côté de la route. C'est là que, stupéfaits, ils retrouvèrent la voiture, une Simca 1 000 de l'époque. Elle avait littéralement fondu. Tout autour de la carcasse, le sol était carbonisé dans un rayon de quinze mètres. La voiture était sur ses roues, au milieu des arbres, mais ceux-ci étant si rapprochés les uns des autres qu'il était impossible à une voiture de passer entre eux. Il n'y avait aucune trace visible de passages de roues entre la route et la voiture. À l'intérieur, le mystère s'amplifiait, on retrouva le corps intact de M. Eveillé, sans une blessure, les bras en croix sur le siège avec sa ceinture de sécurité. Un phénomène inconnu aux dires des spécialistes venus sur place, avait fait fondre les vitres à une chaleur dépassant quatre mille degrés sans trace de brûlures à l'intérieur. L'autopsie ne put déceler l'origine de la mort. Il n'y avait pas de trace de coups, rien ! Un enquêteur dit qu'on avait l'impression qu'une force avait aspiré la voiture puis l'avait déposé au milieu des arbres. Mais quelle sorte de lance-flammes avait pu griller l'extérieur du véhicule sans toucher ni à l'intérieur, ni au corps ? Une arme de cette sorte n'existe pas sur terre !

Peut-être vous souvenez-vous du duo d'humoristes qui faisait rire toute la France il y a une vingtaine d'années. Ils se faisaient appeler *Les Frères Ennemis*. C'étaient des vedettes très connues qui avaient la gloire, l'argent et qui s'entendaient bien... malgré leur nom de scène. J'ai enquêté sur ce cas. Un soir de gala, dans une ville de France, un des deux compères téléphona à l'autre pour lui dire qu'il arrivait en voiture et qu'il serait à l'heure pour le spectacle. Il n'arriva pas et on ne le revit jamais. Lui et sa grosse voiture américaine, qui ne passait pas inaperçue, se volatilisèrent à tout jamais. Les médias s'emparèrent de l'affaire et la renommée du personnage peut laisser penser que nombre d'enquêteurs s'occupèrent de cette disparition... sans pouvoir malheureusement donner la moindre explication.

L'alerte avait été donnée très vite car le spectacle ne pouvait pas commencer. Les gendarmeries n'avaient pas besoin de photo, tous les personnels connaissant le visage typique de la vedette. De plus, il n'y avait pas beaucoup de voitures aussi visibles que la sienne sur les itinéraires qu'il avait pu emprunter. Une fois de plus on ne trouva rien, ni indices, ni témoins.

Parmi les plus importantes disparitions mystérieuses de l'histoire, il faut citer celle qui se déroula en 1858, lorsque la France colonisa l'Indochine. Sept cents soldats français approchaient de Saïgon pour prendre la ville. À vingt kilomètres de la capitale, ce fut tout à coup le désert, soldats et armement disparurent sans aucun coup de feu... qui aurait alerté un autre régiment de soldats français suivant les premiers à environ deux kilomètres de distance. Ils voyaient l'arrière-garde de leurs camarades devant eux, puis une seconde après il n'y avait plus rien. Une fois sur les lieux aucun indice ne pouvait faire penser qu'un régiment était passé par-là !

Durant la guerre entre la Chine et le Japon en 1939, les soldats japonais prenaient ville après ville. Trois mille soldats chinois, avec un important matériel militaire, furent envoyés au-devant des premières lignes japonaises pour essayer de stopper leur avance. Tous ceux qui ont participé à des mouvements de troupes savent qu'un régiment est en contact radio permanent avec le commandement se trouvant à l'arrière. C'était le cas. Mais tout à coup, sans raison, plus aucun message n'arriva. Les radios avaient cessé d'émettre. Les derniers messages envoyés par les officiers dirigeant cette troupe n'indiquaient aucun problème spécial. Les renforts arrivés sur les lieux ne retrouvèrent que les fusils et différents matériels militaires. Des restes de feux de camp prouvaient que les soldats avaient été mis au repos... mais il n'y avait plus une trace des trois mille hommes ! Il n'y avait pas un mort, pas un blessé. S'ils avaient décidé de s'enfuir, ce qui n'est pas dans la mentalité des soldats asiatiques, ils auraient au moins emporté leurs armes, le bien le plus précieux dont un soldat ne se sépare jamais. Après la guerre, l'Etat-Major japonais déclara qu'il n'avait jamais fait prisonnier un régiment entier dans cette région. Je le crois, car si cela avait été le cas, ils auraient emporté avec eux l'armement, ne serait-ce que pour qu'il ne puisse pas resservir à leurs ennemis.

Ce qui est le plus pertubant, pour les ufologues comme pour n'importe qui, ce sont les enlèvements d'enfants.

Or, il faut se rendre à l'évidence, beaucoup d'enfants disparaissent subitement sans laisser de trace, ni d'indice d'aucune sorte et sans l'intervention d'humains mal intentionnés.

Il y a quelque temps, dans une émission de télévision consacrée aux parents d'enfants disparus définitivement, une mère racontait comment son enfant de trois ans avait disparu dix ans auparavant en jouant avec ses frères dans la cour de la maison. Dans leur langage d'enfant, ses frères racontèrent que « le petit était avec eux et que d'un seul coup il n'était plus là ». Aucun, jamais, ne dit que quelqu'un l'avait emmené avec lui !

Étant donné qu'un certain type d'aliens semble très intéressé par tout ce qui touche la reproduction, je me demande si tous ces enlèvements n'ont pas un rapport avec un repeuplement quelconque, quelque part dans le cosmos, d'autant que l'on a rarement observé d'enlèvement de personnes de plus de cinquante ans. Dans tous les cas, ce sont des jeunes qui sont touchés.

Certains ufologues pensent qu'une certaine variété d'aliens aurait besoin de l'énergie vitale de l'homme pour survivre. Ils seraient responsables, par manipulation cérébrale, des guerres absurdes et sanguinaires qui ont jalonné l'histoire de la Terre, d'actes terroristes meurtriers, d'une multitude d'accidents mortels et de suicides incompréhensibles.

XIV.
Les Crops-Circles

Il s'agit de pictogrammes gigantesques faits de formes géométriques dont les dimensions peuvent atteindre entre cinquante et cent mètres de diamètre.

Étant donné leur taille, ces tableaux symboliques ne peuvent être vus dans leur totalité et dans toute leur splendeur que du ciel. Toutes les photos ont été prises de cette manière.

Pour faire apparaître à nos yeux leurs crop-circles, ceux qui les fabriquent utilisent une technologie que nous ne connaissons pas et dont nous n'avons pas la moindre idée. Ils semblent survoler à basse altitude un champ de blé ou de colza et, par un judicieux écrasement de certains endroits de la culture, ils font apparaître des dessins magnifiques. Des témoins ont vu, dans différents endroits de la planète, des boules très lumineuses survoler les champs, quelques secondes après, l'immense pictogramme était tracé dans les épis de blé.

Selon le professeur en biophysique Peshotan Mehta qui a étudié ce phénomène, plus de deux mille pictogrammes ont été découverts en Inde, son pays d'origine. Selon un article paru dans le magazine *Sentinel News* de juin 1998, d'après ce professeur, les textes religieux hindous vieux de douze mille ans mentionnent déjà l'apparition de tels signes dans les cultures. Ces textes font en même temps allusion aux ovnis qu'ils désignent sous le vocable sanscrit de "Vimanas".

En ce qui concerne l'époque moderne, le premier pictogramme fut découvert dans un champ anglais, au pied des collines de Barbury Castle, en 1991. Il s'agissait d'un gigantesque et impressionnant triangle. Bien entendu, ces pictogrammes disparaissent quand les cultivateurs font les moissons. Mais, six ans plus tard, dans le même champ, le 20 avril 1997 très précisément, apparut un autre "tableau" qui fut baptisé "Roue de Catherine".

Le 22 avril 1997, dans le Comté d'Essex, on découvrit un immense cercle avec à l'intérieur le symbole astrologique du Bélier. Le 2 mai suivant, toujours dans l'Essex près de Stretall, dans un champ de colza, on découvrit un autre pictogramme en forme d'anneau où le symbole de la radioactivité recouvrait une sorte d'hélice. Quatre jours plus tard, dans un autre champ de colza, toujours près de Barbury Castle, apparut un pictogramme magnifique de cinquante mètres de longueur, composé de dix cercles reliés entre eux par des lignes droites et représentant l'Arbre de Vie de la Kabbale Juive. Le 1er juin suivant, dans les blés, près de Stonehenge, on put voir au petit matin une combinaison compliquée de cercles et de triangles d'une largeur de cinquante mètres. Une semaine plus tard, toujours près de Stonehenge, dans le champ où un an plus tôt on avait trouvé un gigantesque modèle spiralé, on découvrit un pictogramme qui fut baptisé le "Flocon de neige" d'une dimension incroyable. C'était le reflet exact d'un flocon de neige vu au microscope... Quatre boules lumineuses furent filmées par un témoin au moment de cette formation.

Sur les photos aériennes ce "flocon de neige" avait une largeur de quatre-vingt mètres. En juin suivant, sept autres schémas géométriques apparurent. Il s'agissait de combinaisons de triangles et de cercles. Mais les plus impressionnants furent observés en juillet. À Headbourne Worty le crop-circle avait soixante-dix mètres de diamètre. On le découvrit au matin, au même endroit où, en 1978, était apparue dans un champ une immense croix celtique à l'intérieur d'un cercle. Là, il s'agissait d'une quadrature de quatre cercles disposés dans un cercle plus large.

Quatre jours plus tard, le 11 juillet, ce fut le clou de la saison dans un champ à Alton Barnes qui, depuis des années, est le centre du phénomène des crop-circles. Il s'agissait d'un spirographe, un schéma spiralé de cent mètres de diamètre. Une multitude de tiges de blé était aplatie pour former les cercles. Les tiges bordant les cercles étant impeccablement droits et debout autour de chaque cercle. Les spécialistes ont constaté que le sol était intact, sans aucun écrasement. Le mathématicien Dan Winter, venu sur place étudier la signification de cette construction mathématique, déclara qu'elle faisait penser « au reflet tridimensionnel de la spirale de la Section d'Or » et aussi à la « représentation tridimensionnelle du Chakra du cœur » telle que l'avait décrite le théosophe Charles Leadbeater quatre-vingts ans plus tôt.

Pendant l'observation de ce dernier chef-d'œuvre, les témoins virent, en plein jour, deux engins discoïdaux survoler lentement à faible altitude le champ voisin où, huit ans plus tôt, une équipe de télévision allemande avait filmé un des premiers pictogrammes. Ce film inaugura l'information dans la presse mondiale sur le phénomène des crop-circles.

Au-dessus du champ deux boules lumineuses furent filmées alors qu'elles passaient au-dessus d'un cultivateur médusé qui travaillait sur son tracteur.

Un savant de la NASA a filmé un de ces objets au-dessus de ce champ en 1995. Des scientifiques américains sont venus étudier sur place les pictogrammes. Des hélicoptères de l'armée anglaise essayèrent de les faire déguerpir car un ovni stationnait à l'autre bout du champ. Les pilotes réussirent à approcher jusqu'à huit mètres de l'engin, mais celui-ci disparut rapidement dans le ciel. Ils avaient peut-être dérangé "l'artiste" au moment où il allait se mettre à l'œuvre... ce n'était pas grave puisqu'il revint le faire plus tard, de nuit, quand les humains dorment tranquillement. Le film réalisé pendant cette aventure fut remis, sur ordre, aux autorités spéciales de l'armée anglaise qui, bien entendu, le garda "top-secret".

Le 13 juillet, près de Bishops Canning, apparut dans un champ de blé un pictogramme de cinquante mètres de diamètre. Le 27 juillet, des scientifiques américains du CSETI, venus sur place, se trouvaient à terre à l'intérieur d'un crop-circle. C'est alors qu'ils virent passer au-dessus d'eux quatre boules lumineuses, ils essayèrent immédiatement d'entrer en contact avec les pilotes des engins inconnus à l'aide de signaux lumineux et... par méditation. Les boules changèrent de couleur passant du blanc au rouge, du bleu au vert. Était-ce une réponse ? Quelques jours plus tard ils ne furent pas déçus. Le 8 août, le pictogramme le plus complexe et le plus imposant de tous les temps fit son apparition dans un champ avoisinant. Il avait quatre-vingt huit mètres de diamètre et faisait penser à de la dentelle.

Le 23 juillet, une gigantesque étoile de David composée de vingt-trois cercles apparut dans un champ au nord du Silbury Hill. Elle était large de quatre-vingt mètres. L'état du blé composant la structure fut étudié. En effet, les spécialistes remarquèrent que la couche inférieure des tiges de blé couchée sur le sol était à contre-sens de la couche supérieure. Comment était-ce possible ?

Le 1er août 1997, dans un champ près de Etchilhampton apparut le plus grand pictogramme de tous les temps, il mesurait mille deux cents mètres. Incroyable! Sa formation eut lieu alors que la nuit était tombée et que des agriculteurs profitaient de la fraîcheur pour faire les moissons. Ils observèrent dans le champ voisin des rafales de vent incongrues. Puis deux crop-circles apparurent, les plus complexes qu'on ait pu voir à ce jour. L'un d'eux était composé de vingt-huit lignes droites distantes de vingt-cinq centimètres exactement les unes des autres, croisées par vingt-cinq lignes de la même largeur. C'est la représentation d'une puce électronique en silicone telle qu'on l'observe au microscope. Juste à côté, l'autre pictogramme représentait, dans un immense cercle, une magnifique étoile spiroïdale dont les ombres projetées faisaient penser qu'elle était en train de tourner, telle une hélice.

Le 8 août à Alton Barnes, des flots de voitures s'arrêtèrent sur le bord de la route pour contempler un spectacle d'art qu'aucun artiste humain ne pourrait réaliser dans un champ. Il s'agissait d'un modèle grandiose se composant de deux cents cercles individuels entourant dix-huit triangles dentelés, chacun de ceux-ci étant une partie de six étoiles de David.

Au Brésil, le 17 avril 1996, près de Belém, des témoins déclarent à la police qu'ils avaient vu derrière l'église une forte lumière. Alors qu'ils s'en approchaient, un engin inconnu s'envola dans le ciel. Les policiers trouvèrent à l'endroit indiqué le premier crop-circle de ce pays. Deux mois plus tard, dans l'État de Sao-Polo, un contremaître et des ouvriers agricoles qui plantaient dans la journée des orangers, virent apparaître soudain une forte lumière plus loin dans le champ où ils se trouvaient. Lorsqu'ils s'approchèrent, ils virent s'envoler un objet inconnu. À la place, il y avait un pictogramme de dix mètres de diamètre.

En Allemagne, dans la nuit du 20 juillet 1996, apparut près de Neuenstein un simple cercle de cinq mètres de large (sans doute l'œuvre d'un débutant !). Le 3 juillet, près de Cassel, on trouva un cercle de cinquante mètres de large entouré d'un anneau dans un champ de blé. Un autre pictogramme de quarante mètres fut “fabriqué” dans un champ de fleurs, ce qui est une première mondiale.

En Suisse, le 26 juillet 1996, dans la région de Berne, trois cercles entrelacés d'une longueur de cinquante mètres furent retrouvés dans un champ.

En Angleterre, près de Devizes, la constitution d'un crop-circle fut filmée en direct par un témoin. C'était la nuit du 10 au 11 août 1996. Presque tous les ans, à cet endroit, apparaissent des pictogrammes. Cet homme avait donc décidé, muni de son caméscope, de passer quelques nuits à surveiller les champs alentours pour piéger les “constructeurs de cercles”. À l'aube, il vit une petite boule lumineuse manœuvrer rapidement au-dessus du champ. Il mit son caméscope en marche. Quelques secondes plus tard, deux autres boules lumineuses blanches surgirent au-dessus du champ en effectuant des arcs de cercle, formant des spirales. Pendant que les boules glissaient dans cette trajectoire spiroïdale au-dessus du champ, un petit cercle de blé écrasé se forma. Puis, en quelques secondes, un pictogramme compliqué apparut formé par les tiges de blé écrasées. Le témoin qui surplombait le paysage vit les tiges s'aplatir au sol, comme écrasées par une force invisible et silencieuse. Une deuxième paire de boules lumineuses arriva sur les lieux. Elles volèrent en un grand arc de cercle vers les autres boules. C'est alors que se formèrent une multitude de petits cercles et de couloirs qui finirent par composer un magnifique et gigantesque “flocon de neige”. Le film fut authentifié par des spécialistes. Le plus important est que, pour la première fois en dehors des témoignages visuels de nombreux témoins, nous avons, sur pellicule, la preuve que les fameux “crop-circles” sont fabriqués par l'intelligence qui dirige les ovnis !

En Australie, le 19 février à l'aube, un pilote d'avion remarqua au sol, près de Melbourne, un immense pictogramme. La tour de contrôle fut prévenue, ce qui permit une enquête immédiate. L'herbe était couchée dans les sens des aiguilles d'une montre. Mais, chose curieuse, autour du cercle extérieur, il y avait six empreintes rondes larges de trente centimètres et profondes de dix, comme si, pour une fois, l'engin s'était posé pour effectuer son travail.

Certains pictogrammes sont, sans contestation possible, des messages symboliques parfois difficiles à interpréter. Si l'on observe la photo aérienne de celui apparu en juin 1995 en Angleterre, on voit immédiatement que les artistes ont voulu nous montrer qu'ils arrivaient du cosmos. Ce “crop-circle” représente exactement la composition de notre système solaire avec le soleil, les planètes tournant autour, ces mouvements étant figurés par des cercles partant de la planète et revenant à leur point de départ.

Il est bien entendu impossible de décrire tous les pictogrammes inventoriés ces dernières années et décrits dans la célèbre revue ufologique *Sentinel News*, que je remercie pour son aide précieuse.

En ce qui concerne l'origine des crop-circles, Benjamin Creme émet l'hypothèse suivante : « Les occupants des ovnis visualisent la forme qu'ils veulent créer. Avec leur esprit concentré, ils décident de la forme qu'ils veulent donner dans un cercle donné. Ensuite ils rapprochent leurs machines de la surface du champ. Les modèles sont alors créés par l'utilisation de leur technologie. La machinerie répond à leur pensée en exécutant le processus de création en quelques secondes ».

Je souscris personnellement à cette hypothèse car il y a longtemps qu'en ésotérisme nous connaissons le principe créatif de la "forme-pensée". Il est donc tout à fait imaginable qu'une civilisation beaucoup plus avancée que la nôtre puisse matérialiser un objet quelconque, après l'avoir conceptualisé mentalement par l'intermédiaire d'une technologie inconnue... ou pourquoi pas sans intermédiaire. Partant de là, on peut envisager que certains de ces vaisseaux spatiaux se déplacent dans notre espace par la simple énergie de la pensée. Tout est possible quand on a affaire à une intelligence créatrice disposant d'une science dont nous n'avons pas la moindre idée !

Et maintenant la cerise sur le gâteau.

En 1974, le célèbre astronome Carl Sagan, dans le cadre de l'expérience Seti, envoya dans l'espace, par radiotélescope, un message comportant une variété d'images binaires qui, une fois décodées par le réceptionnaire, donne un pictogramme expliquant comment les Terriens comptent de 1 à 10, les cinq atomes les plus importants pour nous, la molécule d'ADN, la taille des humains, leur nombre sur la planète en 1974, le fait que nous vivons sur la troisième planète du système solaire qui en compte neuf et la taille du radio télescope (trois cents mètres de diamètre).

En 2001, soit vingt-sept années après la transmission originelle, une "réponse" est soudain apparue dans un champ de blé du centre de l'Angleterre... au pied du radio télescope de Chilbolton... comme s'il fallait des spécialistes pour le lire ! Ce Crop

Circle représente exactement le message crypté par Sagan en 1974, SAUF, quelques corrections apportées par l'expéditeur d'aujourd'hui, aux connaissances de l'époque. C'est tellement fabuleux que beaucoup de spécialistes se refusent à y croire, mais aucune explication rationnelle ne tient la route.

On ne sait pas faire ce genre de dessin avec des tiges de blés tressées dans tous les sens. À l'analyse, les tiges des végétaux avaient leur structure moléculaire transformée, en plus, tous les rongeurs qui furent retrouvés sur le site étaient calcinés par une température de plus de 1 000 degrés (sans que le blé se soit enflammé), aucun chien, aucun chat n'accepta d'entrer dans ce crop circle, et repartait ventre à terre. De plus, comment imaginer qu'un plaisantin ait pu connaître en détail le message envoyé dans l'espace vingt-sept ans plus tôt par Carl Sagan ?

Qui nous a envoyé cette réponse ? Pourquoi maintenant ? Pourquoi cette forme d'humour en le faisant apparaître près d'un radio télescope ?

Lorsque ce grand savant qu'était Carl Sagan, a envoyé son message, il ne pensait pas recevoir une réponse sous cette forme. Personne à l'époque ne pouvait y penser !

XV.
Des chercheurs qui dérangent

Le 12 juin 1972, à sept heures quarante-cinq du matin, le docteur es science René Hardy, soixante-quatre ans, déclara à son épouse qu'il leur faudrait penser à acheter un autre petit arrosoir car celui qu'ils utilisaient pour leurs bacs à fleurs était percé. Il demanda à son épouse de lui faire un café et sortit sur la terrasse déjà ensoleillée du bel appartement qu'ils occupaient dans une résidence de Toulon. Le docteur Hardy était parfaitement détendu, ses phrases, son comportement physique, absolument rien ne pouvait laisser prévoir le drame qui allait se dérouler quelques secondes plus tard.

Madame Hardy, qui était dans sa cuisine, entendit comme un bruit de bois sec que l'on casse. Elle n'y prêta pas attention, mais lorsqu'elle se rendit sur la terrasse à son tour pour porter le café à son mari, elle le trouva sur le sol, étendu, un pistolet dans la main. À hauteur de la tempe droite, il y avait un petit trou et quelques gouttes de sang. La nouvelle provoqua immédiatement dans le monde entier la tristesse, mais aussi l'angoisse et l'inquiétude pour tous ceux qui, à des niveaux élevés de la science, se passionnaient pour l'ufologie.

Les ufologues étaient fiers du soutien que leur apportait le professeur Hardy qui était tout le contraire d'un doux rêveur. Il était grand officier dans l'Ordre du Mérite pour ses recherches et ses inventions étaient connues dans le monde entier. Il était membre de l'Académie des Sciences de New York. Il avait été directeur du laboratoire spécial français d'électronique et du groupe R.C.A. aux USA et du laboratoire français du Ministère de l'Air dans le domaine des missiles auto-guidés et à têtes chercheuses, directeur du laboratoire de la M.A.T.R.A. Il travailla pour la réalisation du premier satellite français et était consultant pour la Marine Nationale. Il était également l'auteur de deux-cent cinquante brevets d'inventions dans l'électronique, les ultra-sons, les communications, les infra-rouges, l'optique et il écrivait de nombreux articles dans les plus prestigieuses publications scientifiques. C'était un très grand savant.

Étant donné son intelligence supérieure, le dogmatisme lui était inconnu et, parmi ses activités annexes, il était membre depuis 1946 de l'*Institut Métapsychique International* travaillant avec la *fondation parapsychologique de New York* et membre de la *Société Française d'Astronomie.*

Avoir connu un tel homme est un honneur !

Malgré tous ses titres, c'était un homme simple… qui pensait à changer le petit arrosoir servant à abreuver ses fleurs… En même temps pensait-il à se suicider ? Certainement pas. Vous allez comprendre pourquoi.

Son sérieux, son réalisme, sa rectitude dans ses diverses recherches, en particulier dans le domaine concernant le phénomène ovni, faisaient que les ufologues du monde entier l'appelaient le "Maître", ce qui le faisait sourire.

René Hardy est mort un an, jour pour jour, heure pour heure, après son grand ami américain le savant James Mac Donald… lui aussi chercheur en ufologie... et d'une aussi tragique et mystérieuse façon... comme avaient disparu James Forrestal, ministre américain, créateur de la première commission d'enquête ufologique, après qu'il eut l'intention de dévoiler ce qu'il savait... M. Jessup, astronome... l'ingénieur Wilbert Smith... le docteur Olavo Fontes... Charles Hunt Williamson... le journaliste Franck Edward, spécialiste des phénomènes spatiaux... tous des ufologues au-dessus de tout soupçon, des scientifiques de renom... et d'autres dont je parlerai par la suite.

Comme le déclara l'un de ses adjoints dans son oraison funèbre : « On est en droit de noter un certain nombre de coïncidences plus que troublantes ». C'est le moins que l'on puisse dire.

Le professeur Hardy n'avait aucune raison de mettre fin à ses jours. Il avait passé sa vie à chercher, et surtout à faire des découvertes connues sur toute la planète. Il venait de découvrir quelque chose de capital dans le domaine des "humanoïdes" et des ovnis. Il l'avait déclaré à ses amis de la société *Varoise d'études des phénomènes spatiaux* et devait les réunir deux jours plus tard pour, avait-il dit, faire devant eux une très importante expérience. Il avait aussi prévenu plusieurs de ses plus brillants homologues scientifiques américains qui s'apprêtaient à prendre l'avion pour Toulon.

Il ne s'agit que de faits vérifiables, dans le but de démontrer que, malgré les apparences, il n'y a pas eu de suicide.

Cela faisait quinze ans que le professeur Hardy travaillait sur le phénomène ovni. Il avait fondé plusieurs sociétés pour l'étude scientifique de ce phénomène. L'annonce qu'il venait de faire une découverte capitale dans ce domaine fut prise très au sérieux par les savants du monde entier.

En quoi consistait cette découverte ? Pourquoi fallait-il le faire taire au plus vite ?

Aucun document n'a été retrouvé évoquant ce dont il voulait parler. Étant donné l'importance de ce qu'il voulait dévoiler, avait-il préféré ne rien mettre par écrit ? C'est un mystère et ce n'est pas le seul.

Il ne nous reste que les déclarations qu'il fit à ses amis proches quelques jours avant de disparaître. En voici l'essentiel :

« Il avait compris et allait expliquer la façon dont les humanoïdes voyageaient dans la quatrième dimension. Il était en mesure de dire pourquoi et comment ils pouvaient disparaître à nos yeux. Il allait prouver au monde que des êtres venus d'autres planètes, d'autres galaxies, pouvaient se dématérialiser et se rematérialiser, grâce à leurs appareils, leurs ovnis, sans lesquels ils n'étaient rien. Le professeur Hardy avait dit à ses amis qu'il estimait que les humanoïdes étaient des gens comme nous. Qu'ils appartenaient à quelques-unes des quarante mille planètes comprises dans notre galaxie et qu'ils avaient au moins un million d'années d'avance technologique sur nous. Il pensait qu'ils pouvaient très bien vivre parmi nous sans que nous puissions les reconnaître ! ».

Lorsque je relis cette dernière déclaration, je pense qu'il m'a fallu de nombreuses années pour pouvoir vérifier que ce qu'il déclarait était vrai. J'en ai eu plusieurs fois la preuve, surtout en ce qui concerne les dématérialisations et les rematérialisations… et ces preuves m'ont été montrées dans la région de Toulon, là même où vivait le professeur. Avait-il eu accès, il y a trente ans, aux mêmes sources d'informations auxquelles quelques amis et moi-même avons accès de nos jours ? Avait-il eu les mêmes contacts que nous avec une autre dimension ? Était-il trop tôt pour parler ? Je pense que, depuis, les choses ont évolué, que certaines révélations pourraient être faites… bien qu'elles risquent de ne pas être comprises.

Je termine mon propos sur la disparition de ce génie qui nous a tous plongé dans un profond malaise, car nous pensons fréquemment à la trop longue liste des morts brutales et incompréhensibles qui ont frappé nos plus illustres collègues ufologues... toujours lorsqu'ils avaient émis l'intention de dévoiler quelque chose d'essentiel.

Faut-il une preuve de plus ? La voici. Selon la presse régionale et les comptes rendus faits par les journalistes présents aux obsèques du professeur Hardy (1): « Nombreux sont ceux qui, dans l'assistance émue et recueillie, ont noté la présence de six hommes de très grande taille qui paraissaient ne pas se connaître mais se ressemblaient étrangement. Personne ne les avait jamais vus, ni la famille, ni les amis, ni les simples relations. Ils ne présentèrent pas leurs condoléances à la famille à l'issue de la cérémonie. Et, détail beaucoup plus troublant (sauf pour un ufologue), détail confirmé par des journalistes photographes et par des amis ayant voulu garder un souvenir photo de cette triste journée, aucun de ces six hommes, ne figurait sur les photographies prises lors de ces obsèques, alors qu'ils se trouvaient en plein cœur de la foule venue rendre un dernier hommage au grand savant ! ».

Le professeur Hardy disait « Les extraterrestres sont peut-être parmi nous ». J'ai de bonnes raisons de le croire et de l'affirmer... et je ne suis pas le seul à le penser !

Reste à expliquer la présence du pistolet dans la main du professeur hardy. J'ai, à mon domicile, différents objets qui s'y sont matérialisés de façon instantanée. C'est pour moi la preuve qu'ils peuvent matérialiser ou dématérialiser l'objet qu'ils veulent vous donner ou vous enlever. Qu'on y croit ou non ne change rien à la réalité des choses !

---

1. L'espoir hebdo. 31 mars 1973

En 1971, l'écrivain Otto Binder rédigea un article consacré aux enquêtes qu'il avait effectuées sur les décès "dans des circonstances plus que mystérieuses" de cent trente-sept ufologues, écrivains, scientifiques, chercheurs ou simples témoins, s'étant produit dans les dix années précédentes. Le nombre de cancers, de crises cardiaques ou de suicides, défie la loi des probabilités. Et ce qui est "curieux", c'est que ces décès se produisent très peu de temps après que la personne concernée ait émis l'intention de dévoiler quelque chose, ait écrit, ou, ait été témoin d'événements relatifs au phénomène ovni.

Prenons quelques cas. Phil Schneider était certainement l'homme le plus connu des ufologues de la planète. Il est mort le 17 janvier 1996, étranglé par un fin tube de plastique. Il était géologue et expert en explosif.

Sa mort suivait ses déclarations qui affirmaient que des "extraterrestres petit gris" travaillaient côte à côte avec des experts américains dans les bases où il s'était rendu. Ces déclarations furent confirmées par d'autres spécialistes ayant eux-mêmes travaillé dans ces installations. Mais il affirma que le SIDA avait été inventé dans un laboratoire de Chicago pour contrôler la population mondiale, que les laboratoires secrets américains connaissent le procédé permettant de déclencher des tremblements de terre, ce qui expliquerait qu'il n'y eut aucune onde sismique lors du tremblement de terre de San Francisco en 1989, ni dans celui de Kobé au Japon. Il déclara que durant les vingt-deux années précédentes, onze de ses meilleurs amis s'intéressant aux mêmes domaines que lui avaient été assassinés, dont huit morts par "suicide" (dont notre savant René Hardy). Il disait qu'il se savait menacé. Il ne pouvait pas en être autrement puisqu'il avait rompu la loi du secret...

De nombreux témoignages, ou recoupement de témoignages, venant de personnalités ayant occupé d'importantes fonctions dans l'administration américaine, nous font penser que Phil Schneider détenait des secrets de la plus haute importance. D'ailleurs, après son décès, le F.B.I. et la C.I.A. ont fouillé de fond en comble son domicile et emporté beaucoup de documents. Il est curieux que ces services spéciaux aient fait un tel travail si le témoignage de Phil Schneider était sans importance !

Un des collaborateurs et ami de Phil Schneider, Ron Rummel, est mort "suicidé" le 10 août 1993. C'était un ex-agent des services secrets de l'armée de l'air américaine. Il avait commencé à éditer un magazine *Alien Digest* où il expliquait que les relations extraterrestres-humains étaient basées sur le fait que les humains sont des proies et les aliens des prédateurs. De plus, il ajoutait que l'homme était utilisé comme nourriture afin de revivifier une race décadente.

Après ce que nous avons lus sur la réalité des enlèvements d'humains, ces déclarations font froid dans le dos ! Toujours est-il que Rummel, qui avait appartenu aux services secrets et qui était donc au courant de certains secrets, ne devait pas parler.

Ron Johnson est mort subitement à l'âge de quarante-trois ans le 9 juin 1994. Les examens médicaux qu'il venait de passer disaient qu'il était en excellente santé. Pourtant, alors qu'il assistait à un congrès de la *Société of Scientific Exploration*, il s'affaissa subitement sur son siège, saignant du nez. Il était en train de boire une boîte de soda. L'autopsie fut "non concluante" (sic !). Ron travaillait à l'Institut des Etudes Avancées sur les systèmes de propulsion des ovnis. Il avait eu accès, aux dires de ses relations, à des niveaux d'informations classées au-delà du "top-secret". Il venait d'assister à deux réunions secrètes de l'OTAN où, paraît-il, avaient été traités les moyens de communications avec les extraterrestres. Comment est-il mort ? Nous savons que certains services spéciaux peuvent provoquer des morts instantanées par l'introduction de produits chimiques à doses infinitésimales, indécelables à l'autopsie, ceci dans une quelconque nourriture ou boisson. Fut-ce le cas ? Il est aussi très facile de provoquer des attaques cardiaques foudroyantes ou des cancers. Avait-il émis l'intention de dévoiler certaines informations ? Nous ne le savons pas à ce jour.

Ann Livingston, comme Ron Johnson, travaillait pour le MUFON, société d'investigation sur les ovnis. Elle mourut début 1994 d'un cancer foudroyant. Elle venait de publier un article intitulé *Harcèlement électronique et enlèvements par des extraterrestres*. Elle critiquait sévèrement certains services officiels de la sécurité nationale niant l'existence même des ovnis. Elle déclara à ses amis qu'elle avait été accostée le 29 décembre 1992 dans son parking, par cinq hommes en noir aux visages indéfinissables, qui avaient à la main des sortes de tubes noirs semblables à des lampes électriques. Lorsqu'ils braquèrent sur elle ces tubes, elle tomba inconsciente sur le sol. Que s'est-il passé ensuite ? Que lui a-t-on fait ? Elle ne se plaignit de rien pendant deux ans. Mais cette histoire me rappelle trop les rencontres du troisième type ayant mal tourné après un contact trop violent avec ces fameux tubes.

Karla Turner, une ufologue qui enquêta sur la mort d'Ann Livingston, écrivit dans son livre *La Mascarade des Anges*, qu'après l'incident dans son parking avec les "hommes en noir", Ann avait certainement subi une abduction au cours de laquelle sa disparition fut programmée. Karla Turner n'était peut-être pas si mythomane que cela lorsqu'elle déclarait, en privé ou en public, qu'elle s'attendait à des représailles venant des aliens. Ses déclarations eurent lieu peu de temps avant qu'elle ne meure, à son tour, d'un cancer rapide pendant l'été 1996.

Danny Casoloro, un journaliste qui enquêtait sur un programme secret américain qui fait fortement penser à ce que nous appelons les "implants" et sur la fameuse base 51 se suicida, sans raisons, en 1991.

Deek Slayton, un astronaute américain, déclara qu'il allait dévoiler ce qu'il avait appris des ovnis lors des vols spatiaux... il n'en a pas eu le temps, il est mort d'un cancer foudroyant. D'autres astronautes ont eu plus de chance, soit ils ont été interdits de vol, soit ils ont eu droit à des soins psychiatriques.

Entre les années 1985 et 1988, il est curieux de constater les morts étranges de trente chercheurs travaillant tous dans la société Marconi en Angleterre, et spécialisés dans la recherche sur la "guerre des étoiles". Ils étaient tous intéressés par l'ufologie. Citons entre autres :

- Roger Hill, qui travaillait sur les systèmes de défense, il se suicide avec un fusil de chasse.
- Jonathan Walsh, expert en communication numérique, se tua bizarrement en tombant de sa chambre d'hôtel.
- Ashad Sharif, scientifique, déclara qu'il craignait pour sa vie... il se "pendit" à l'aide d'une corde.
- Trevor Knight est mort d'un empoisonnement au monoxyde de carbone dans sa voiture... vous avez dit bizarre ?
- Peter Ferry, directeur du marketing de la firme et ingénieur pour le système de défense, fut retrouvé mort électrocuté... par des fils attachés à son corps !
- Andrew Hall fut retrouvé mort en septembre 1998... d'un empoisonnement au monoxyde de carbone... une habitude !

Quel rapport, demanderez-vous, entre des chercheurs travaillant sur la guerre des étoiles et toutes ces morts suspectes ?

Depuis la fin de la guerre froide, il parait absurde d'élaborer un système de défense anti-missile qui ne sert pas à grand-chose. Peut-être Georges W. Bush cherche-t-il à prémunir son pays contre une éventuelle agression extraterrestre ?

Il est possible que, chez Marconi, des scientifiques ont découvert la véritable nature des recherches qu'on leur demandait de faire. Eux qui s'intéressaient au phénomène ovni d'une manière rationnelle et non dogmatique, se sont aperçus qu'ils étaient impliqués dans des secrets trop lourds à garder. Ont-ils menacé de tout révéler ?

En 1955, Dorothy Kilgallen était la journaliste la plus célèbre d'Angleterre. Elle fréquentait les plus hautes autorités civiles et militaires du pays et recueillait des confidences qu'il valait mieux garder secrètes. Elle envoya deux dépêches, dont une signalait une réunion spéciale ultra-secrète des chefs militaires mondiaux, Russes compris, l'autre se référait à un ministre britannique qui lui avait déclaré : « Sur la base de nos enquêtes, nous croyons que les soucoupes volantes, dirigées par des petits hommes hauts de un mètre vingt, c'est effrayant mais indéniable, viennent d'une autre planète ». Les services secrets spéciaux ne pouvaient pas laisser passer une telle bavure. On la retrouva morte peu de temps après d'une overdose de somnifères et d'alcool. Tous ceux qui la connaissaient dirent qu'elle avait « été obligatoirement aidée dans son suicide ! »

Le professeur Mc Donald, un ami de René Hardy, physicien de haut niveau et professeur au département de météorologie, se "suicida" en 1971 d'un coup de fusil de chasse.

A cette longue liste, il faut ajouter le grand astronome et archéologue M. K. Jessup qui s'est "suicidé" en Floride en 1959.

Ce grand scientifique avait écrit des Best-sellers sur le phénomène ovni. Il disait à ses amis qu'il était triste et perturbé par « une série d'événements étranges qui le plongeaient dans un monde irréel complètement insensé ». Voulait-il dire que la réalité de ce qu'il avait découvert lors de ses recherches sur les ovnis et ses occupants était une réalité complètement insensée, ou avait-il conscience que certaines forces le contrôlaient comme le pensent certains enquêteurs privés ? Jessup est mort dans sa voiture, un tuyau de machine à laver branché sur le pot d'échappement et renvoyant les gaz à l'intérieur de l'habitacle... ceci en plein milieu de la circulation ! Aucune autopsie ne fut pratiquée, bien que la loi de cet État l'exige. Comme d'autres, avait-il découvert ce qu'il n'aurait pas du savoir touchant un secret d'État ?

Frank Edwards, le célèbre reporter-enquêteur sur les ovnis, est mort d'une crise cardiaque le 24 juin 1967, le même jour que trois autres ufologues connus : Arthur Bryant, Richard Church et Willie Ley. Frank, lui aussi, insistait auprès du Congrès pour qu'il s'intéresse de plus près au phénomène ovni.

Le jour même, à New York, se tenait une conférence mondiale sur les ovnis. L'éditeur et ufologue, Gray Barker, déclara publiquement au micro qu'il avait reçu deux lettres et un appel téléphonique inconnu l'avertissant que des menaces de mort sérieuses concernaient Frank Edwards, que celui-ci, bien qu'attendu par les congressistes, ne serait pas présent, et « qu'il serait mort d'ici la fin de la conférence », ce qui se produisit. Son ami Rep Rouse, qui le soutenait dans ses démarches auprès du Congrès, mourut quelques jours après... d'une crise cardiaque !

Le secrétaire d'État James Forestal s'est "suicidé" en sautant par la fenêtre de son Hôtel. Un célèbre écrivain ufologue s'est "suicidé" en sautant d'un pont à Washington en 1988. Le docteurufologue Noel Opan a disparu sans laisser de traces... après avoir dit à ses amis qu'il avait eu la visite d'hommes en noir, exactement comme l'ufologue australien Edgar Jarrold en 1960.

Edward, Rouse, l'auteur Wilkins, Henry Kock, l'auteur Franck Scully, le contacté G. Adamski furent victimes de crises cardiaques soudaines, sans aucune alerte préalable. Parmi les suicidés citons le contacté Rev Larson, dont le corps fut retrouvé par un autre ufologue, Marie Ford qui se "suicida" quelques jours plus tard. Le chercheur Doug Hancock et, très récemment, un autre chercheur, Feron Hicks.

La liste des morts par cancer de nombreux ufologues, connus ou moins connus, est trop longue pour que nous ne nous posions pas de questions. Les chercheurs Wilbert Smith, le docteur Olavo Fontes, les frères Jim et Coral Lorenzen, Ivan Sanderson, le célèbre James Hynek, ces deux derniers morts du même cancer extrêmement rare du cerveau. Comme le dit le professeur G. Pope Schellhorn : « L'ufologie n'est pas un passe-temps sûr comme certains aimeraient qu'il soit. Il y a du danger, un réel danger, à mettre votre nez dans des endroits où des "puissances" ne veulent pas que vous soyez. Beaucoup de morts parmi les ufologues sont hautement suspectes, et certaines apparaissent être carrément des meurtres ! »

Mon ami Jimmy Guieu, me disait fin 1999, avant de mourir lui-même du cancer : « Bernard, méfie-toi, ils sont dangereux, il y a des lignes jaunes à ne pas franchir, mais nous devons vivre debout, à la verticale, comme des hommes, et non pas couchés comme des esclaves. Écris ton livre, nous devons transmettre ce que nous savons «. Mais qui sont ces "ILS" ? Certains services ultra-secrets ? Certains types d'extraterrestres vivant parmi nous ? Certains terriens manipulés psychiquement pour exécuter des ordres qui, ainsi, ne pourraient pas être attribués aux aliens ? Travaillent-ils tous ensemble ou séparément, sans se connaître, avec les mêmes buts ?

conclusion

Après tant d'années de recherches, je pense que le phénomène ovni et l'intelligence qui le dirige, datent des temps préhistoriques. Je pense que, sous le terme de "légendes" se cachent des réalités bien réelles : Les Eloïms de la Bible, les "langues de feu", les "boucliers volants", les "nuées" en sont les manifestations dans le passé lointain. Les rubriques du Moyen Âge écrites par des érudits religieux ou celles, plus récentes, écrites par des chroniqueurs de la vie courante relatant des faits mystérieux célestes ou terrestres, tels les farfadets, les anges, les démons... et, aujourd'hui, tout ce que nous incluons dans le paranormal et les ovnis, décrivent, en des termes différents, l'action d'une ou plusieurs formes de vie différentes de la nôtre.

Des formes de vie qui évoluent dans une autre dimension mais qui côtoient la nôtre. Des formes de vie provenant du Cosmos, probablement différentes mais liées entre elles par des "passerelles" qu'il est difficile d'appréhender autrement que par l'observation et l'analyse.

Lorsqu'on étudie le phénomène ovni pendant des décennies, que l'on observe, que l'on expérimente soi-même les phénomènes paranormaux dans toute leur stupéfiante splendeur, comme je l'ai fait au contact de Jean-Claude Pantel, on retrouve les mêmes phénomènes de matérialisation et de dématérialisation, on enregistre sur bande magnétique les mêmes contenus de messages, qu'ils proviennent d'humanoïdes liés aux ovnis, ou d'entités prétendant être des voyageurs de l'Espace.

Tous ces messages nous préviennent que nous allons à la catastrophe si nous ne changeons pas notre façon de gérer notre civilisation.

Trop de coïncidences me font penser, et d'autres chercheurs sont dans mon cas, que nous sommes observés par ces différentes formes d'intelligences que nous avons du mal à comprendre et qui, essaient soit de nous faire passer des messages, soit se servent de nous par une sournoise forme de manipulation.

Même si ces intelligences se servent des mêmes connaissances technologiques et psychiques très en avance sur les nôtres, elles ne proviennent pas forcément du même vortex, mais elles peuvent, pourquoi pas, interférer entre elles sans problème.

Certaines de mes hypothèses peuvent paraître sacrilèges à certain lecteurs. Elles sont le fruit d'observations et d'études de l'histoire ancienne.

J'ai démontré, preuves à l'appui, que depuis les temps les plus reculés la tradition orale et écrite parlait de ces phénomènes mystérieux. Une raison justifie toutefois que certains pensent que le phénomène ovni est d'origine récente : les principales observations correspondent exactement à l'époque où les États-Unis ont fait exploser leur première bombe atomique à Alamogordo, dans l'État du nouveau Mexique.

Einstein, reconnu comme le plus grand savant du XXe siècle a déclaré : « Les occupants des soucoupes volantes sont des

Terriens partis il y a des milliers d'années et qui reviennent en pèlerinage ».

Seul son pouvoir d'analyse exceptionnel lui permettait d'émettre une telle hypothèse qu'on ne peut pas rejeter.

Tant que nous pratiquions une science balbutiante, l'intelligence ovni nous surveillait, se contentant de donner quelques coups de pouces de temps à autre. Quand nous sommes devenus capables de nous autodétruire et de faire disparaître toute vie de la surface de la terre, de perturber sérieusement l'équilibre du système solaire, il leur a fallu réagir. Des civilisations constituées d'espèces supérieures ont certainement décidé de venir voir de plus près ce que nous allions faire de cette fission nucléaire que nous venions de découvrir.

Si on étudie les textes anciens, on s'aperçoit que les enlèvements de terriens par des “roues de feu” ne sont pas l'apanage de l'époque moderne. Toutes les grandes religions parlent d' “envoyés du ciel”. Peut-être sont-ils encore parmi nous, invisibles ? Leurs pouvoirs extraordinaires feraient qu'ils seraient à la source et partie prenante de tous les phénomènes paranormaux que l'homme ne comprend pas. Vivant au milieu de nous, capables de se matérialiser et de se dématérialiser, s'adaptant parfaitement à notre environnement matériel et biologique, peut-être issus de notre souche terrienne, ils serviraient de liaison entre notre monde et les visiteurs de l'espace, en nous manipulant selon un programme qui nous échappe. Les phénomènes d'abductions et d'enlèvements définitifs pourraient, avec cette hypothèse, commencer à recevoir un début d'explication et l'affirmation d'Einstein devenir plus compréhensible !

Cela est difficile à admettre par des terriens qui, il y a peu encore, s'imaginaient que la Terre était le centre de l'univers.

Il faut bien nous mettre dans la tête, même si cela nous déplaît, que nous sommes sous surveillance. Je suis persuadé, par expérience vécue, que certaines "espèces" ne nous veulent aucun mal, au contraire. Elles ont essayé et elles essayent encore de nous prévenir. En goûtant à "l'Arbre de la Connaissance", en fabriquant des armes thermonucléaires, chimiques, bactériologiques, en polluant et détruisant notre environnement, en étant sur le point de faire des découvertes encore plus dangereuses, elles nous préviennent que nous allons très rapidement vers l'extinction de notre civilisation.

Certaines autres espèces nous donnent l'impression qu'elles ont besoin de nous, de notre énergie vitale, voire de nos corps physiques, peut-être pour se régénérer.

Pourquoi ces espèces n'interviennent-elles pas directement dans nos affaires ? Je vois deux raisons pour "qu'elles" ne le fassent pas. La première c'est que semble exister dans l'univers des lois applicables à toute vie intelligente, dont une avec laquelle personne ne pourrait transiger appelée "la Loi du Libre Arbitre", ou "Loi de Causalité". Cette loi, enseignée sur terre depuis la nuit des temps par les Écoles de Mystères, stipule qu'un individu est libre de faire le Bien ou le Mal, de prendre les décisions qu'il veut, de penser d'une manière ou d'une autre, etc. mais il devra obligatoirement en assumer les conséquences quelle qu'elles puissent être. Il en est exactement de même pour un pays constitué par un ensemble d'individus et, à un échelon supérieur, pour l'ensemble des pays constituant la planète. Analysez notre vie, l'histoire de notre pays ou ce qu'il s'y passe à l'heure actuelle et nous verrez que cette loi de cause à effet régit notre individualité, mais aussi notre civilisation.

La deuxième raison est que si, ne respectant pas notre libre arbitre, une autre civilisation intervenait brutalement sur Terre, cela annihilerait en une seule journée tout ce que nous avons mis des siècles à édifier. Comme le dit un dicton populaire « le bien serait pire que le mal ».

Ces différentes “espèces” qui nous visitent semblent être tombées d’accord entre elles pour ne pas intervenir dans notre gestion de la planète… tant que nous ne mettrons en danger que la vie matérielle, corporelle de ses habitants.

Je ne peux pas et je le regrette, vous préciser le dessein de ces intelligences qui nous visitent. Les scénarios que j’imagine pour construire mes hypothèses sont ceux d’un cerveau humain. Même si on n’y adhère pas, ils sont compréhensibles. Mais qu’est-ce qui nous prouve que les véritables scénarios, les véritables buts de nos visiteurs sont accessibles à un cerveau humain au stade actuel de son développement ?

Le phénomène ovni est commun à toutes les parties de la planète, mais il y a une constatation qu’on ne peut pas passer sous silence, c’est que la densité, l’importance de ce phénomène, quelle qu’en soit la forme, est plus important aux États-Unis qu’ailleurs. Si nous sommes aussi bien surveillés que je le pense, il est compréhensible qu’après la première explosion atomique, les aliens aient porté toute leur attention sur le pays technologiquement supérieur aux autres.

Notre anthropomorphisme nous empêche d’accepter qu’une autre espèce vivante soit plus évoluée que nous. Puisque que notre libre arbitre nous pousse à agir à l’encontre des lois normales de la vie, que notre technologie est en priorité axée sur la fabrication de matériels ou de molécules de destruction et de mort, ne soyons pas étonnés si nous sommes manipulés par des “êtres” disposant d’une science très avancée.

Pendant des dizaines d'années, les humains ont refusé de voir la réalité en face, malgré des milliers de témoignages significatifs, suivant en cela la propagande officielle. Aujourd'hui, et depuis quelques années, des films, au cinéma et à la télévision, des émissions radiophoniques, des journaux, de grands hebdomadaires ont fait un virage à cent quatre-vingts degrés. On semble vouloir préparer l'opinion à accepter, voir et entendre ce qui, hier, était décrié avec véhémence.

Les ufologues reconnus ne sont plus présentés comme des farfelus. Acceptons, sans rancune, de transmettre nos connaissances dans ce domaine en essayant de nous rapprocher de ceux qui, dans les hautes sphères de l'armée ou de la science, travaillent sur cet épineux sujet.

On m'a souvent demandé si je croyais que les ovnis étaient d'origine extraterrestre. Je réponds oui, sans hésiter, en apportant une précision indispensable. Ces "engins" n'ont pas été fabriqués par les hommes, ils n'ont rien à voir avec notre civilisation terrestre, donc s'ils ne peuvent pas venir de notre Terre, c'est qu'ils viennent d'ailleurs. Mais je ne pense pas que tous les ovnis proviennent de l'espace intersidéral. Le fait que certains ovnis paraissent venir d'une autre dimension rend le problème complexe.

Lorsque de nombreux témoignages décrivent d'énormes engins plongeant vers la Terre pour disparaître à l'intérieur, que d'autres les voient plonger ou sortir de la mer, ne peut-on pas envisager que certains aliens sont installés dans les profondeurs de notre sol ou des fonds sous-marins ? Dans ce cas, s'agit-il d'extraterrestres ou d'intraterrestres ?

Nous vivons dans un monde à trois dimensions, mais la quatrième, la cinquième, la sixième dimension existent sans que nous en ayons conscience. Si une ou plusieurs civilisations vivent dans ces autres dimensions, elles vivent comme nous sur Terre, mais en “parallèle”. Peut-on dans ce cas parler d'origine extraterrestre ?

Quelle que soit la clé de l'énigme, nous sommes face à une logique qui n'est pas la nôtre, nous sommes face à une intelligence tellement supérieure qu'elle n'a rien à voir avec ce que notre cerveau peut concevoir. Une intelligence qui peut se mouvoir dans la réalité telle que nous la concevons, la voyons et la vivons.

Nous nous servons de nos cinq sens pour percevoir et appréhender tout ce qui nous entoure sur cette planète, mais il nous manque, pour l'instant, d'autres sens pour percevoir ce qui existe dans d'autres dimensions, dans d'autres vortex, pour utiliser un mot “qu'ils” emploient dans leurs communications.

Cette intelligence se trouvant derrière le phénomène ovni a dépassé depuis longtemps la notion d'extraterrestres, puisqu'elle vient d'un autre Espace-Temps. Peut-être nous visitent-t-il par l'intermédiaire des “trous de vers” ou viennent-t-ils des “univers gémellaires”, comme le pense le physicien français Jean-Pierre Petit.

Les espaces n'existeraient pas comme nous les concevons. Le temps non plus. Les hommes ne peuvent raisonner qu'à partir de ce qu'ils connaissent. Notre logique, notre morale, nos conceptions archaïques sont autant de freins à notre compréhension des choses.

Lorsque l'Homo Sapiens ne comprend pas, il rejette au lieu d'essayer d'évoluer et de se mettre à la portée de ce qui lui échappe.

Aujourd'hui, la plupart des ufologues sérieux sont persuadés que le phénomène ovni nous manipule de différentes manières, difficilement perceptibles, depuis des milliers d'années, voire davantage.

Cette forme de civilisation que nous appelons "aliens", "extraterrestres", "intelligence supérieure", ou "visiteurs de l'espace-temps", n'a pas forcément besoin d'une planète pour vivre. Il semble par contre que certains aient besoin des différentes énergies émanant des cerveaux et des corps humains ou animaux.

En ce sens, nous avons la preuve qu'ils vivent sur terre depuis très longtemps. Peut-être même étaient-ils là avant nous. En conséquence, ils seraient à la fois terrestres et extraterrestres, ce qui ne les empêche pas de se déplacer dans l'espace comme semblent nous l'indiquer les observations faites sur Mars ou la face cachée de la Lune par les astronautes américains.

L'erreur fondamentale commise par tous ceux qui s'accrochent au "dogme extraterrestre", à l'exclusion de toute autre hypothèse, est qu'ils n'ont pas fait les recherches historiques qui leur auraient démontré que le phénomène est au moins aussi vieux que l'humanité.

Ils n'ont pas davantage étudié sérieusement les phénomènes paranormaux, pensant qu'ils n'ont rien à voir avec les ovnis. Ce sont là deux erreurs fondamentales.

Tous ces phénomènes sont étroitement liés. Leur étude demande bien sûr de longues recherches. Il est important de mettre en relief les analogies entre le phénomène ovni et l'ensemble du paranormal. Il y a des passerelles entre les apparitions d'ovnis, les histoires des fées, d'esprits, de fantômes, la transcommunication, le channeling, le spiritisme, la voyance, et même les possessions soi-disant démoniaques. Ces concepts paraissent, à première vue, complètement différents les uns des autres, mais ils sont liés par un dénominateur commun.

Pour comprendre le phénomène ovni, il nous faut mettre de côté les appréciations personnelles, les tabous et les idées reçues.

Je pense que cette intelligence supérieure, nous contrôle collectivement et individuellement. Cela relève d'une forme extraordinaire de manipulation mentale de nos sociétés.

Toutes les actions de cette force inconnue semblent s'inscrire dans un vaste programme pour des raisons difficilement cernables.

Nous constatons, depuis des millénaires, que cette intelligence délivre des messages au contenu répétitif de nature apocalyptique, entrecoupés parfois de messages d'amour apportés par de grands messagers. Ils ne sont jamais écoutés ou alors ils sont transformés en "affaire commerciale".

Si vous étudiez l'histoire des peuples ou les témoignages de rencontres du troisième et quatrième type, vous vous apercevrez que ces messages semblent destinés à provoquer des réactions émotionnelles, individuelles ou de masse. Elles sont axées sur la peur.

Je pense qu'une partie de l'intelligence ovni a besoin impérativement de l'énergie physique développée par les terriens de façon intense quand leur émotion est à son paroxysme.

Lorsqu'on étudie l'histoire depuis la Bible, lorsqu'on étudie les phénomènes ovnis ou paranormaux dans leur ensemble, on voit qu'il y a une volonté évidente, incompréhensible, de provoquer des flots d'émotions violentes.

Nous savons aujourd'hui, par expérience, que les aliens brouillent les pistes, sèment la confusion dans les esprits, pour nous faire "prendre des vessies pour des lanternes", avec une discrétion machiavélique.

Je pense, comme Jacques Vallée, que cette intelligence a placé depuis très longtemps notre humanité sous un "système de contrôle" très efficace, au point que nous n'y prêtons que très peu d'attention.

Les témoignages d'observations d'humanoïdes, qu'elles aient lieu lors de rencontres du troisième ou quatrième type, ou dans le cadre d'un atterrissage d'ovni, nous font penser que ces "êtres" fonctionnent sur des bases physiologiques et psychologiques différentes des nôtres. Dans de nombreux cas, on peut penser qu'on a affaire à des sortes de robots biologiques pourvus de vie, mais qui agiraient dans notre environnement sur ordre d'une autre intelligence située ailleurs et inaccessible à nos sens. Cela pourrait donner un début d'explication aux différents soit disant crashs d'ovnis qui, s'ils étaient volontaires, étaient sans importance pour eux. Certains textes et événements me font croire qu'il y a des "hiérarchies" chapeautant ces différents phénomènes et qui se regroupent au sommet d'une pyramide symbolique de responsabilités.

Le problème crucial n'est plus de savoir qu'elle est l'identité exacte de l'intelligence inconnue qui, sous ses multiples formes, exerce cette "manipulation" sur l'humanité depuis des temps les plus reculés, mais d'essayer de comprendre la raison véritable de cette emprise sur notre civilisation.

Nous sommes de plus en plus d'ufologues à penser que cette intelligence nous trompe systématiquement sur sa véritable nature et sur ses buts réels. Nous pensons que tout ce qu'elle nous incitera à croire sans l'effort de la réflexion et de l'analyse, faussera notre jugement et nous empêchera de découvrir la vérité. Tous ces phénomènes existent, ils ont tout fait et ils font tout, pour que nous le sachions, mais il y a, derrière, un dessein volontairement dissimulé.

Il semble que ceux que nous appelons les "aliens" soient passés maîtres dans le domaine de la "réalité virtuelle". Ils peuvent matérialiser de la matière, peut-être en se servant de la "forme pensée", sous l'apparence qui leur est nécessaire à un moment donné. Ils peuvent aussi créer des pensées, des sensations, des émotions, des visions indépendantes de notre volonté, s'ils en éprouvent le besoin ou la nécessité, de susciter des suicides, des épidémies, des guerres ou des actes de terrorisme.

Bien sûr, c'est tellement énorme, tellement effrayant, qu'il serait parfaitement compréhensible de ne pas souscrire à cette thèse. Souvenons-vous du dicton populaire qui dit : « Plus c'est énorme, plus ça passe ». Il semble que nos visiteurs l'utilisent à merveille.

Une chose est certaine : nous sommes des êtres inférieurs par rapport à cette intelligence, ce qui est difficilement acceptable pour l'égocentrisme humain. Mais si nous acceptons ce fait, dont nous ne sommes pas responsables, il nous sera plus facile d'accepter que nous ayons du mal à comprendre.

Il est fort possible que cette intelligence ne soit pas là, en dépit des apparences, pour nous servir mais plutôt pour se servir de nous.

Plutôt qu' "intelligence" j'aurai pu utiliser le terme "niveau de pensée" comme nous l'utilisons pour faire comprendre combien le nôtre est supérieur à celui des animaux. Il est à peu près certain que nos animaux familiers, s'ils observent notre technologie avec leur "niveau de pensée" et qu'ils veulent en comprendre la finalité, se heurtent à des problèmes insurmontables. On peut admettre qu'il est normal qu'il en soit de même pour nous, humains, par rapport à ceux que nous appelons les "aliens".

Il y a une trentaine d'années, la grande majorité des ufologues affirmaient que l'origine des ovnis et de leurs occupants ne pouvait être qu'extraterrestre. Cette thèse mettait beaucoup de scientifiques au bord de la crise cardiaque, puisque comme le célèbre professeur Monod, ils affirmaient que : « la création étant le fruit du hasard, notre présence étant le fruit de l'évolution, la science pouvait affirmer que nous étions seuls dans l'univers, et qu'il ne pouvait pas en être autrement ».

Depuis, les choses ont bien changé. Aujourd'hui, où les plus grands physiciens parlent "d'hyperespaces" et de voyages intersédéraux rendus possibles par l'application de nouvelles lois de la physique. L'idée que la vie existe partout dans l'univers a fait son chemin auprès de la majorité des scientifiques.

Cette évolution de la pensée a été rendue possible grâce à de très grands noms de la science, comme le Dr Shapley, doyen des astronomes américains, Sir B. Lovell, directeur du radiotélescope de Jodrell Bank, Sir Fred Hoyle, professeur d'astronomie à l'Université de Cornell qui s'est fait remarquer par ses prises de positions en faveur de l'existence des ovnis. Tous soutenaient l'hypothèse que des millions de planètes de notre galaxie, la Voie Lactée, pouvaient être habités.

Sir Fred Hoyle émit même l'hypothèse qu'une civilisation galactique pourrait bien exister avec des civilisations plus ou moins évoluées.

Ces savants partaient du principe que cela n'avait aucun sens de penser que nous étions la seule planète habitée, alors que notre simple galaxie comprendrait au minimum cent milliards de planètes... et que l'univers contiendrait cent milliards de galaxies. Partant de là, il est envisageable que les habitants de planètes ayant commencé leur évolution technologique il y a des milliers, voire des millions d'années, auraient sur nous une avance inimaginable, puisque notre technique industrielle et scientifique n'a commencé qu'il y a seulement deux cents petites années !

Quand au problème du déplacement, jugé impossible du fait de l'immensité des distances à parcourir, nous avons vu que la physique nouvelle l'envisageait comme parfaitement possible.

La notion de “super-espace”, émise par des physiciens d’avant-garde est très compliquée à comprendre, mais le physicien John A. Wheeler l’a présentée d’une façon claire. Il dit que la forme de l’Univers physique que nous observons ressemble à un beignet, et que les étoiles et galaxies constituant cet univers sont réparties sur la surface courbe de ce beignet. L’intérieur creux du beignet est constitué par cette zone mystérieuse et inconnue du “Super-espace”, dans lequel il n’y a ni temps, ni espace. Tous les voyages effectués dans ce Super-espace s’y feraient donc spontanément. John A. Wheeler pense que cet univers physique où nous nous trouvons, est un univers “bâtard”, et qu’il a été surajouté à une création précédente (l’intérieur du beignet), que certains appellent “univers parallèle”...

En exposant sommairement ce genre de théorie, je veux faire ressortir le fait que des civilisations provenant d’autres planètes ou d’autres galaxies, sont en mesure de nous visiter sans s’occuper des notions de durée ni d’espace. Ce que nous pourrons faire un jour lorsque nous saurons mettre en application technologique nos théories actuelles est obligatoirement vraie dans la réciprocité. Rien n’interdit d’autres civilisations de venir nous visiter.

L’origine des ovnis, me parait être une combinaison de la thèse extraterrestre (la surface du beignet) et de celle des univers parallèles (l’intérieur du beignet). Notre difficulté à comprendre cela clairement vient du fait que nos schémas mentaux reposent sur des principes éculés mais néanmoins solidement ancrés dans nos esprits.

Nous ignorons tout de la technologie que nous utiliserons demain. Nous ignorons tout des nouvelles lois physiques qui seront découvertes dans l’avenir et qui nous permettront justement de mettre en application cette technologie. Ce qui nous semble impossible à réaliser aujourd'hui, et a contrario impossible à réaliser par d'autres, nous sera possible demain ou après-demain. Ce qui nous semble impossible à comprendre de nos jours quand nous analysons la complexité du phénomène ovni sera compréhensible demain... ou après-demain. La science humaine dans son ensemble se restructure constamment. Peu ou prou, toute découverte faite par l'homme remet l'ensemble en question, et nous fait souvent faire un bond formidable dans la voie du progrès.

Le regretté Pierre Guérin disait : « Nul ne peut dire ce qui est possible et ce qui ne l'est pas, s'agissant d'un domaine encore totalement inexploré, qui transcende le domaine connu ». Il était Maître de recherche au CNRS, ce qui ne l'empêcha pas d'être un grand ufologue.

Je n'ai pas écrit ce livre pour essayer de convaincre qui que ce soit. J'ai simplement essayé de transmettre mon expérience dans un domaine sur lequel j'ai beaucoup travaillé, et depuis fort longtemps. Les générations futures verront peut-être si mes hypothèses sont justes.

J'ajouterai plus particulièrement pour les lecteurs qui voudront garder l'esprit éveillé en toute chose, que nul ne peut rien connaître vraiment s'il ne l'aborde sans parti pris et avec un esprit libre et serein. Les penseurs orientaux ont fait observer à juste titre que, pour qu'il y ait perception complète de quoi que ce soit, il faut non seulement un objet à percevoir et un sujet pour en prendre conscience, mais encore un troisième élément non moins indispensable, qui est une "parfaite attention". Soyons attentifs à tout, ayons l'esprit en éveil, allons chercher l'information où elle se trouve, n'attendons pas qu'on nous l'amène sur un plateau. N'acceptons pas le nivellement par le bas, augmentons nos connaissances par la recherche.

En devenant des “cherchants”, des “apprenants”, nous ne saurons pas tout sur le sujet étudié, mais nous en saurons un peu plus que la majorité des gens… ce qui est déjà pas mal !

Même s’il ne fait pas grand bruit, j’ai pensé faire le bien en écrivant ce livre. Car je pense que le bien ne fait jamais de bruit et que le bruit ne fait jamais de bien !

Peut-être comprenenz-vous mieux maintenant le sens du titre de ce livre : **Ovnis : attention danger !**

Si vous voulez en savoir plus…

Une association :

De nombreux sites Internet vous permettront de continuer à vous informer sur le mystère des ovnis. Il existe aussi des associations ufologiques sérieuses parmi lesquelles il me faut en citer une sans laquelle je n'aurais pas pu écrire ce livre. Il s'agit du:

Groupe Sentinelle,
8 rue Bertrand de Vogué
51100 REIMS
E-mail : : ovnis@online. fr
Site Internet : http ://ovnis. free. fr

Une revue :

Publiée par les éditions JMG, la revue *Parasciences* diffuse chaque trimestre des informations de fond sur les phénomènes paranormaux et les ovnis (voir quelques pages plus loin).

Jean-Claude Pantel

D'autre part, tout au long de ce livre il a été fait référence à Jean-Claude Pantel dont je n'ai pas pu parler faute de place.

Ceux qui désirent en savoir davantage sur ce personnage hors du commun pourront prendre connaissance de deux ouvrages qu'il a rédigé :

Les visiteurs de l'Espace temps
Tome I. *L'initiation.*
Tome II : *Le message*
Ils sont publiés aux Éditions Ramuel
60640 Villeselve
Tel 03 4443 01 00

Table des matières

Remerciements 9
1. Origine du phénomène ovni 13
2. Les ovnis dans l'histoire 35
3. Révélations à Roswell 51
4. Retour sur la bible 77
5. Une planète sous surveillance 95
6. Quelques cas incontournables 179
7. L'aventure extraordinaire du Dr X. 193
8. Des objets insolites 211
9. Les aspects physiques des "extraterrestres" 217
10. Les scientifiques et l'ufologie 249
11. Mutilations animales et phénomène ovni 271
12. Les abductions 279
13. Les disparitions définitives 349
14. Les crops-circles 399
15. Des chercheurs qui dérangent 409
Conclusion 421

Dans la même collection :

Aimé Michel et la quête du surhumain
Michel Picard

Des scientifiques à la recherche de Dieu
Jackie Landreaux-Valabrègue

Ovnis, la levée progressive du secret
Gildas Bourdais

Fin d'un monde et psyché du futur
Partrick Janoüen de Villartay

La réincarnation en questions
Collectif

Expériences autour d'un miroir
E.S. Mercier et Djohar Si Ahmed

Les ovnis laboratoires du futur
Michel Picard

Le retour des magiciens
Rémy Chauvin

La vie vient d'une intelligence supérieure
Jean Sider

3003, la route des étoiles
Luc Mary

à paraître :

Les mutilations animales
Michel Granger

Yin-Yang mythe ou réalité
Jacques Mittler

Dans la même collection :

Les Ovnis, laboratoire du futur

Michel Picard

Selon l'auteur de ce livre fort original, les Ovnis, d'abord catalyseurs de l'histoire humaine, sont le reflet en miroir d'un avenir énigmatique qui pourrait bien être celui de notre humanité.

Au long de ces 310 pages, Michel Picard démontre que les Ovnis sont, en regard de notre société, des phénomènes inavouables, faisant par conséquent l'objet d'un camouflage politique, d'un dénigrement extravagant et d'une subtile manipulation des esprits par le biais de médias et de scientifiques complaisants et désinformés.

Dépassant la simple polémique, Michel Picard dresse un tableau clair de la problématique Ovni, avec de nombreux exemples - souvent inédits - et une originalité de ton qui fait de lui un chercheur hors normes.

320 pages
ISBN : 2-912507-61-8
Prix TTC 18,30 €

Ce livre peut vous être adressé contre 21, 65 € franco de port.

Dans la même collection :

Ovnis: la levée progressive du secret

Gildas Bourdais

Selon un sondage récent, 70 % des Américains sont convaincus que leur gouvernement cache la vérité sur les Ovnis. L'attitude des autorités américaines, qui persistent à nier en bloc la réalité des Ovnis, malgré l'accumulation de témoignages et documents - y compris de documents officiels - prouvant le contraire, pose le problème de la politique officielle de maintien du secret sur les Ovnis aux États-Unis.
Gildas Bourdais présente dans ce nouveau livre les témoignages et documents les plus convaincants sur les secrets américains, tels que la récupération d'Ovnis accidentés, les études qui en ont été faites, et même les contacts ultra-secrets qui ont été réalisés. C'est ainsi une histoire incroyable des Ovnis qui est peu à peu dévoilée, par des témoins "de l'intérieur" en nombre croissant.

430 pages

ISBN : 2-912507-38-3

Prix TTC 21,34€

Ce livre peut vous être adressé contre 24,69 € franco de port.

Dans la même collection :

Le Retour des magiciens

Rémy Chauvin

Scientifique de réputation internationale, Rémy Chauvin s'insurge dans ce livre contre une insidieuse dictature qui interdit aux scientifiques français de s'intéresser à des sujets tabous.

Anticonformiste, en rupture avec une conception étriquée de la science, Rémy Chauvin dénonce l'attitude sectaire de certains groupes prétendument sceptiques dont l'attitude inquisitoriale muselle les esprits et empêche tout progrès dans les sciences d'avant-garde.

Passionné par l'étude scientifique des phénomènes paranormaux, s'appuyant sur les travaux publiés aux États-Unis par le *Journal of Scientific Exploration*, Rémy Chauvin démontre que ces phénomènes, tout comme ceux liés aux Ovnis, sont l'objet des préoccupations de nombreux physiciens et astronomes.

Commentant des expériences scientifiques rigoureuses, il nous explique que certains sujets ont le pouvoir de guérir à distance des souris infectées par des maladies graves ; que la télépathie et la vision à distance ont été maintes fois expérimentées avec succès pendant la "guerre froide" ; que les Ovnis ont été photographiés, suivis au radar, observés par de nombreux cosmonautes, etc.

Dans tous ces domaines, la France, muselée par l'action insidieuse de rationalistes sectaires, perd un temps précieux.

Rémy Chauvin lance un cri : Réveillons-nous, balayons les tabous et, enfin, avançons !

220 pages

ISBN : 2-912507-69-3

Prix TTC 15 €

Ce livre peut vous être adressé contre 18, 35 € franco de port.

Dans la même collection :

La Vie vient d'une intelligence supérieure

L'hypothèse extraterrestre

Jean Sider

360 pages

ISBN : 2-912507-74-X

Prix libraire 18,50 €

Pour l'auteur de ce livre, il n'y a pas eu mutations d'espèces en d'autres espèces chez tous les êtres vivants. L'homme ne descend pas du singe. Il démontre que l'évolutionnisme **n'est qu'un mythe**. Des preuves scientifiques irréfutables montrent que ce dogme est utopique.

Jean Sider le pense et le démontre : la vie sur Terre a été importée ou créée par une intelligence supérieure, en d'autres termes par des extraterrestres.

Selon lui, il existe une forme de conscience inconnue qui s'active dans notre environnement planétaire depuis l'aube des civilisations. Des preuves testimoniales et historiques de sa présence sur notre planète l'indiquent sans aucun doute possible.

De nombreux individus, au cours de notre histoire, ont vécu des contacts avec cette intelligence supérieure qui s'est présentée sous diverses identités. Des Dieux d'antan aux Extraterrestres de notre ère spatiale, en passant par les Fées, les Démons, et les Esprits, ce ne sont que des stratagèmes qu'elle a utilisés pour tromper les êtres humains.

Ce livre, qui bouscule les idées reçues de l'orthodoxie scientifique, s'appuie sur des arguments cohérents et solides pour laisser entrevoir de fantastiques perspectives sur la finalité du genre humain. Il indisposera les partisans d'un rationalisme dur et impur, mais il conviendra aux amateurs d'idées révolutionnaires sur nos origines et leur lien avec le monde paranormal.

Ce livre peut vous être adressé contre 21, 80 euros franco de port

EXTRAIT DE NOTRE CATALOGUE

- *Saint Suaire et résurrection* Pascal Vivant
- *Les Manifestations métapsychiques des animaux* Ernest Bozzano
- *L'aspect expérimental du surréalisme* Y. Duplessis
- *Les Phénomènes psychiques au moment de la mort* Emest Bozzano
- *Les Miroirs magiques* Emest Bosc
- *La parapsychologie réalité ou fantasmes* Jean Moisset
- *La transcommunication* (collectif)
- *Eclatante survie* Christine André
- **Le grand choix** Jackie Landreaux-Valabrègue
- *Nos vies oubliées* Pascale Lafargue
- *Les lieux de l'Au-delà* Didier Audinot
- *Au-delà de toute espérance* Patrick Marcadet
- *La mort ouvre sur la vie* Neuvill Randall
- *Les racines du bien-être* Désiré Le Gall
- *Ils nous guident* Joan Rose
- *Nos retrouvailles guidées par l'au-delà* Chantal et Vincent Halczok
- *Mystères et merveilles* Jacques Arnal
- *La loi des séries*Jean Moisset
- *L'église hantée de Delain* Elisabeth Becker
- *Les chants de l'amour éternel* M. Simonet
- *Les annales du mystère* E. Ronecker
- *Des signes par milliers* Jean Martin
- *Le dossier des hantises* Gilles Bergal
- *Le mystère des vierges noires* Daniel Castille
- *Mystères au coeur de la science* Jean Moisset
- *Messages de l'après-vie* Bernard Raquin
- *Le petit monde des fées et des lutins* de René Louis
- *Dialogues avec l'éternité* G. di Simone
- *Paroles de femmes sous intégrisme* C. Sultani
- *Les moissons de l'espérance* Chrisitne André
- *Raconte...* Sophie Aman
- *Un grain dans la machine* Alain Guillo
- *Horizon de lumière* Jean Martin
- *La part de l'ange* Amélia Octave

Imprimé en France par :
JMG éditions
8, rue de la mare
80290 AGNIERES
Dépôt légal mars 2003